에듀윌과 함께 시작하면,
당신도 합격할 수 있습니다!

자소서와 면접, NCS와 직무적성검사의 차이점이 궁금한
취준을 처음 접하는 취린이

대학 졸업을 앞두고 취업을 위해 바쁜 시간을 쪼개며
채용시험을 준비하는 취준생

내가 하고 싶은 일을 다시 찾기 위해
회사생활과 병행하며 재취업을 준비하는 이직러

누구나 합격할 수 있습니다.
이루겠다는 '목표' 하나면 충분합니다.

마지막 페이지를 덮으면,

**에듀윌과 함께
취업 합격이 시작됩니다.**

취업 1위

누적 판매량 242만 부 돌파
베스트셀러 1위 3,615회 달성

공기업 NCS | 100% 찐기출 수록!

NCS 통합 기본서/실전모의고사
피듈형 | 행과연형 | 휴노형 봉투모의고사

매1N
매1N Ver.2

한국철도공사 | 부산교통공사
서울교통공사 | 국민건강보험공단
한국수력원자력+5대 발전회사

한국전력공사 | 한국가스공사
한국수자원공사 | 한국수력원자력
한국토지주택공사 | 한국도로공사

NCS 10개 영역 기출 600제
NCS 6대 출제사 찐기출문제집

대기업 인적성 | 온라인 시험도 완벽 대비!

20대기업 인적성 통합 기본서

GSAT 삼성직무적성검사
통합 기본서 | 실전모의고사

LG그룹 온라인 인적성검사

SKCT SK그룹 종합역량검사
포스코 | 현대자동차/기아

농협은행
지역농협

영역별 & 전공   취업상식 1위!

공기업 사무직 통합전공 800제
전기끝장 시리즈 ❶, ❷

이해황 독해력 강화의 기술
PSAT형 NCS 수문끝

공기업기출 일반상식

기출 금융경제 상식

언론사 기출 최신 일반상식

* 에듀윌 취업 교재 누적 판매량 합산 기준(2012.05.14~2024.10.31)
* 온라인 4대 서점(YES24, 교보문고, 알라딘, 인터파크) 일간/주간/월간 13개 베스트셀러 합산 기준(2016.01.01~2024.11.05 공기업 NCS/ 직무적성/일반상식/시사상식/ROTC/군간부 교재, e-book 포함)
* YES24 각 카테고리별 일간/주간/월간 베스트셀러 기록

더 많은
에듀윌 취업 교재

에듀윌 취업

취업 대세 에듀윌!
Why 에듀윌 취업 교재

기출맛집 에듀윌!
100% 찐기출복원 수록

주요 공·대기업 기출복원 문제 수록
과목별 최신 기출부터 기출변형 문제 연습으로 단기 취업 성공!

공·대기업 온라인모의고사
+ 성적분석 서비스

실제 온라인 시험과 동일한 환경 구성
대기업 교재 기준 전 회차 온라인 시험 제공으로 실전 완벽 대비

합격을 위한
부가 자료

교재 연계 무료 특강
+ 교재 맞춤형 부가학습자료 특별 제공!

eduwill

취업 1위

취업 교육 1위
에듀윌 취업 **무료 혜택**

교재 연계 **강의**

- 시사상식 무료특강(167강)
- MBC 기본직무소양평가 대비 NCS 주요 영역 문제풀이 무료특강(19강)

※ 2025년 3월 10일에 오픈될 예정이며, 강의명과 강의 오픈 일자는 변경될 수 있습니다.
※ 무료 특강 이벤트는 예고 없이 변동 또는 종료될 수 있습니다.

교재 연계 강의 바로가기

교재 연계 **부가학습자료**

다운로드 방법

STEP 1
에듀윌 도서몰
(book.eduwill.net) 로그인
→
STEP 2
도서자료실 →
부가학습자료
클릭
→
STEP 3
[최신판 언론사 기출 최신 일반상식] 검색

- MBC 기본직무소양평가 대비 NCS 주요 영역 256제(PDF)
- 언제라도 출제되는 파이널 상식 자료집(PDF)
- MBC 기본직무소양평가/KBS 직무적성평가(KSAT) 대비 모의고사(PDF)

온라인모의고사
& 성적분석 서비스

참여 방법

하기 QR 코드로 응시링크 접속
→
해당 온라인 모의고사 [신청하기] 클릭 후 로그인
→
대상 교재 내 응시코드 입력 후 [응시하기] 클릭

※ '온라인모의고사 & 성적분석' 서비스는 교재마다 제공 여부가 다를 수 있으니, 교재 뒷면 구매자 특별혜택을 확인해 주시기 바랍니다.

온라인 모의고사 신청

모바일 OMR
자동채점 & 성적분석 서비스

실시간 성적분석 방법

STEP 1
QR 코드 스캔
→
STEP 2
모바일 OMR 입력
→
STEP 3
자동채점 & 성적분석표 확인

※ 혜택 대상 교재는 본문 내 QR 코드를 제공하고 있으며, 교재별 서비스 유무는 다를 수 있습니다.
※ 응시내역 통합조회
에듀윌 문풀훈련소 → 상단 '교재풀이' 클릭 → 메뉴에서 응시확인

• 2023, 2022, 2021 대한민국 브랜드만족도 취업 교육 1위 (한경비즈니스)/2020, 2019 한국브랜드만족지수 취업 교육 1위 (주간동아, G밸리뉴스)

처음에는 당신이 원하는 곳으로
갈 수는 없겠지만,
당신이 지금 있는 곳에서
출발할 수는 있을 것이다.

– 작자 미상

최신판
에듀윌 취업
언론사 기출 일반상식

언론사 기출 일반상식의 모든 것!

합격을 위한! 알짜!
정보만 모았다

최근 1년 언론사 기출 논작문 주제

➲ P. 6

2024년부터 2025년 2월까지 언론사에서 출제된 논작문 주제를 한눈에 볼 수 있도록 정리했습니다. 논작문 주제는 종종 상식과 연결되므로, 기본적인 상식 이해가 필수입니다. 글쓰기의 핵심은 논리력이므로, 기출 주제를 확인하며 완성도 높은 글을 쓰는 연습이 중요합니다. 또한, 논술과 작문의 기본은 다독(多讀)·다작(多作)·다상량(多商量)이라는 점을 잊지 말아야 합니다.

5단계 학습전략 가이드

➲ P. 10

'① 핵심 한줄 설명 ⇨ ② 자세히 이해하기 ⇨ ③ 예문 ⇨ ④ 관련 용어 ⇨ ⑤ 기출' 총 5단계로 구성되어 외우기 쉽고 오래 기억할 수 있습니다.

학습자별 추천 공부법

➲ P. 12

용어 설명뿐만 아니라 학습에 필요한 다양한 요소를 수록해 맞춤식 학습이 가능합니다. A형, B형, C형, D형 중 자신에게 맞는 방법을 적용하여 학습할 수 있습니다.

최근 1년 언론사 기출 논작문 주제

※ 2024년~2025년 2월 기준

언론사		주제
경향신문	[논술]	• 윤석열 대통령에 대한 2차 체포영장 집행과 관련해 대통령 비서실장이 발표한 대국민 호소문을 읽고, 그 주장에 대해 논하시오.(2025) • 한강은 노벨상 수상 후 스웨덴 한림원과의 통화에서 "우리는 역사를 통해 많은 것을 배울 기회가 있지만, 그럼에도 (비극이) 반복되는 것 같다. 우리가 언젠가 과거로부터 배울 수 있기를 바란다."라고 말했다. 이 발언의 의미와 시사점을 분석하고, 자신의 경험과 구체적인 사례를 들어 설명하시오.(2024) • "정치적 평등은 경제적 불평등 앞에서 무의미한 것이 되고 말았습니다. 소수의 사람들이 다른 사람들의 재산, 돈, 노동, 그리고 삶에 대한 통제권을 거의 장악하고 있기 때문입니다. 이와 같은 경제 폭정에 맞서기 위해 우리는 정부라는 조직화된 권력에 호소해야 합니다."라는 FDR의 연설이 2024년 현 사회에 주는 시사점은 무엇인가? 이를 자신의 경험과 구체적인 사례를 들어 논하시오.(2024) • 지난해 북한 김정은 국무위원장이 '적대적 두 국가'라는 발언을 한 이후, 국내에서도 '평화적 두 국가'에 대한 담론이 등장하며 논쟁이 벌어졌다. 이를 바탕으로 통일의 시기와 방법에 대한 다양한 견해가 나오고 있다. 이에 대한 자신의 입장을 밝히고, 그 이유를 구체적으로 논하시오.(2024)
	[작문]	• '우리 시대'의 특징을 나타내기 위해 다음 두 가지 소재 중 하나를 선택하여 1,200자 내외로 작문하시오. (벽/책, 각각의 사전적 정의 제공, 2025) • 은행 가계대출 통계 및 주택 매매·분양 거래 통계(2024) • 고요서점의 릴레이 낭독 관련 칼럼(2024) • 바이든 재선 포기 편지 전문(2024) • 저출산고령사회위원회 제2차 인구비상대책회의(6.19.)에서 발표한 저출생 대책의 신속한 이행과 추가 과제 발굴을 통한 '추세 반전' 대응 방안(2024)
연합뉴스TV	[논술]	• 마이클 샌델의 저서 공정하다는 착각에서 발췌한 글을 읽고, 능력주의에 대한 찬반을 논하시오.(발췌문 제공, 2025) • 대형마트 의무휴업 폐지에 대한 주된 쟁점을 서술하고, 유통사, 소비자, 전통시장 상인, 마트 근로자 간의 상생 방안을 제시하시오.
전주MBC	[작문]	내 인생에서 가장 인상적인 하루
브릿지 경제	[논술]	코리아 디스카운트 AI
CJB 청주방송	[논술]	기계적 중립은 언론의 공정성을 보장하는 원칙으로, 보도나 방송이 특정 정치적·사회적 입장에 치우치지 않도록 하는 것을 의미한다. 그러나 최근 일부 언론이 이를 지나치게 강조한 나머지, 중요한 사회적 맥락이나 사실을 충분히 전달하지 못한다는 비판이 제기되고 있다. 언론이 기계적 중립을 유지하면서도 사회적 책임을 다할 수 있는 방안에 대해 논하시오.
대한경제	[논술]	• 지역 격차, 대기업과 중소기업 간 불균형, 학력 차이 등 다양한 양극화 문제가 발생하고 있다. 이 중 하나 이상의 사례를 들어, 주택 및 부동산 정책을 통한 해결 방안을 제시하시오. • 우리나라가 직면한 대내외적 리스크 중 가장 심각하다고 생각하는 한 가지를 선택하고, 그 원인과 해결책을 논하시오.

언론사	주제
머니투데이	[논술] • AI가 한국 산업에 미치는 영향에 대해 논하시오. • 내년 한국의 경제성장률이 1%대로 예상되면서 저성장에 대한 우려가 커지고 있다. 한국 경제의 저성장 원인과 대응 방안을 논하시오.
부산MBC	[논술] 생성형 AI가 사회 전반에 확산됨에 따라, AI와의 협업이 저널리즘에서도 중요한 요소가 되고 있다. AI 시대에 기자가 갖춰야 할 새로운 역량과 방송 저널리즘의 변화에 대해 논하시오.
연합인포맥스	[논술] 국가 부채, 국내외 경제 상황, 통화 정책 등을 고려할 때, 우리나라에 필요한 재정 정책에 대해 논하시오.
딜사이트경제	[논술] • 트럼프의 보호무역주의에 대응한 우리나라 수출산업 지원 방안 • AI 발전에 따른 전통 제조업의 생존 전략 • 삼성전자 반도체 산업의 발전 방향 • 3월 공매도 재개에 대한 평가 • 우리나라 경제 상황에 적합한 금리 정책: 인하, 동결, 인상 중 무엇이 적절한가?
서울경제	[논술] • 트럼프 미국 대통령 후보자의 MAGA 슬로건 당선과 한국 경제에 미치는 영향 • 노란봉투법의 주요 내용과 문제점(약술) • 비대해진 국회 권력의 문제점과 바람직한 국회의 역할(약술)
서울신문	[논술] • 총선 때마다 4년 중임제, 의원내각제, 현행 5년 단임제 등 다양한 개헌 주장이 제기된다. 이 중에서 가장 바람직한 권력 구조는 무엇인지 논하시오. • 한국은행이 제안한 '지역별 비례선발제'는 입시 경쟁 완화와 지역 격차 해소를 위한 방안으로 제시되었다. 이 제도가 타당한지 논하시오.
대전MBC	[논술] • 갈등과 대립, 그리고 언론의 역할 • '○○'을 키우는 법 (○○는 자유 선택)
뉴시스	[논술] 시·도 교육감 직선제에 대한 논의 [작문] 의대 증원
인베스트 조선	[논술] 사모펀드는 선인지, 악인지 논하시오. [작문] 부(wealth)
조선일보/ TV조선	[논술] 미래에 AI 판사가 사형을 선고한다면, 우리는 그 판결을 받아들일 수 있는가? [작문] 지난 여름
MBC(예능PD)	[작문] 하루 24시간은 각 시간대마다 고유한 분위기가 존재한다. 방송 프로그램 편성 역시 이를 고려하여 이루어진다. 당신이 생각하는 가장 매력적인 시간대와 그 이유를 서술하시오.
MBC(방송촬영)	[작문] 편의점
MBC (취재/스포츠/ 영상기자)	[논술] 일상 대화나 토론에서 종종 "이러니 저러니 해도 팩트 아니냐?" 혹은 "팩트인 건 맞지 않느냐?"라는 논리가 등장한다. 팩트가 중요한 것은 분명하지만, 팩트에만 지나치게 집중하면 문제가 될 수 있다는 의견도 있다. 위 표현들이 사용되는 맥락을 구체적인 사례와 함께 설명하고, 이러한 논리가 사회 담론 형성에 미치는 영향을 분석하시오.

언론사	주제
농민신문	[논술] • 2025년, 우리나라는 초고령화 사회로 진입하게 된다. 초고령 사회에서 예상되는 위기 요인을 분석하고, 농업과 농촌 분야에서의 대책을 제시하시오. • K-푸드 수출에 대한 세계적 관심이 높아지고 있다. 농업의 한계를 고려한 K-푸드의 성공 전략을 논하시오. [작문] 나를 지탱해주는 힘
채널A	[논술] 트럼프와 해리스가 각각 당선되었을 때, 한국 경제에 어떤 영향이 있을 것인지 분석하고, 이에 대한 한국의 대응 방안을 논하시오. [작문] • 예능PD: '인지상정'과 '각자도생'을 활용하여 작문하시오. • 추석
동아일보	[논술] 최근, 수십 년 전 만들어진 상속세 기준을 수정해야 한다는 주장이 제기되고 있다. 중산층 기준 완화에 대해서는 여야 모두 합의했으나, 대기업과 고소득층의 상속세 개편을 두고는 의견이 엇갈린다. 바람직한 상속세 개편안에 대해 논하시오. (1,600자 내외) [작문] 화
대한경제	[논술] • 가짜뉴스가 정치권, 연예계 등 다양한 분야에서 확산되고 있다. 세계경제포럼(WEF)은 AI 기반 딥페이크 가짜뉴스를 글로벌 위기 요인 중 하나로 지목하기도 했다. 가짜뉴스의 영향과 파장을 분석하고, 이를 해결하기 위한 해법과 대응책을 논하시오. • 다양한 정책 대응에도 불구하고 저출산 문제는 여전히 심각하다. 저출산 현상의 근본 원인과 한국 사회에 미치는 영향을 분석하고, 이를 해결하기 위한 방안을 제시하시오. • 정부는 내년도 국가 예산을 677조 원으로 편성했다. 재정 건전성을 강조한 '짠물 예산'이라는 분석이 나오고 있으며, SOC 예산이 3.6% 감액되면서 국가 인프라와 국민 안전이 위협받을 수 있다는 우려도 있다. 재정 건전성과 미래 성장 동력을 동시에 확보할 수 있는 예산 편성 방안을 논하시오.
조선비즈	[논술] • 두산그룹은 두산밥캣과 두산로보틱스 간의 주식 교환 비율을 시가총액 기준으로 산정해 1대 0.63주로 정하고, 금융감독원에 증권신고서를 제출했다. 그러나 일부 주주들은 두산밥캣이 알짜 기업이고, 두산로보틱스는 적자 기업이라며 합병 비율의 불공정성을 지적하고 있다. 이에 대한 본인의 입장을 논하시오. • 개 식용 금지법에 대한 본인의 생각을 서술하시오.
JTV 전주방송 (취재기자)	[논술] 의정 갈등이 6개월째 지속되고 있다. 정부는 지역 의료 및 필수 의료 강화를 위해 의대 정원 2,000명 증원 등 여러 정책을 발표했으나, 전공의들은 이에 반발해 사직하는 등 갈등이 심화되고 있다. 이로 인한 국민 피해를 분석하고, 정부와 의료계가 갈등을 해결하기 위한 방안을 논하시오.
MBC 경남	[논술] MBC 경남 뉴스에 대해 비판적으로 논하시오.
아주경제	[논술] 저출생과 고령화로 인한 인구 구조 변화가 부동산에 미칠 영향은 무엇이며, 이에 대한 정책의 방향은 어떻게 설정되어야 할지 논하시오.
문화일보	[논술] 7월 17일은 제헌절로, 헌법 제정을 기념하는 날이다. 헌법은 대한민국의 자유민주질서를 명확히 규정하고 있으며, 헌법 1조의 민주공화국 원칙, 헌법 4조의 자유민주적 기본 질서에 입각한 통일 조항에서 이를 확인할 수 있다. 그러나 최근 정치권에서는 삼권분립, 법치주의, 시장경제 원칙이 위협받고 있다는 우려가 나오고 있다. 이러한 상황을 설명하고, 이에 대한 본인의 의견을 논리적으로 서술하시오.

언론사	주제
SBS	[논술] AI 시대에 기자의 역할은 여전히 필요한가? 필요하다고 생각하든, 필요하지 않다고 생각하든, 자신의 입장을 정하고 다른 사람을 설득할 수 있도록 논리적으로 서술하시오. (자료 2개 제시. 자료1 AI의 빠른 팩트체크, AI 발전에 따른 대체 직업에 기자 포함)
경인일보	[논술] 의정 갈등을 둘러싼 의료개혁에 대한 자신의 생각을 서술하시오. (1200자 이내) [작문] 팬덤에 대해 서술하시오. (1200자 이내)
한국일보	[논술] 의대 정원 확대가 사실상 확정되면서 '지역의사제', '공공의대' 등 다양한 대안이 제시되고 있지만, 이에 대한 찬반 논쟁이 이어지고 있다. 찬성하는 경우에는 어떤 조건이 필요하며, 예상되는 부작용은 무엇인지 논하시오. 반대하는 경우, 그 이유를 제시하고 현실적인 새로운 대안을 제시하시오. [작문] 팬덤
스튜디오프리즘 (예능PD)	[작문] 아래의 조건에 따라 이야기를 완성하시오. 1. 첫 문장 또는 마지막 문장으로 "나는 지금 양화대교 위에 서 있다."를 사용하시오. 2. 제시어 5개를 반드시 사용하시오: 마동석, 편의점, 밤양갱, 원영적 사고, 피지컬, 가스라이팅, 환승, 빨간 알약, 꽃다발, 웃음소리 3. 제목을 꼭 포함하시오.
주간조선	[논술] 김어준의 뉴스공장은 언론으로서의 역할을 하고 있는가? 이에 대한 찬반 입장을 밝히고, 그 순기능과 역기능에 대해 서술하시오.
동아매거진	[논술] 의정 갈등이 격화되고 있는 가운데, 정부가 의사의 기소를 면제해주는 의료사고 처리 특례법을 내놓았다. 이에 대한 찬반 입장을 정하고, 그 이유를 서술하시오. (1600자 내외) [작문] 숏폼(1,600자)
지디넷코리아	[논술] 라인사태 문제의 원인과 해결책을 논하시오. [작문] 5년, 10년 뒤 AI 도입이 더욱 강화될 것이다. AI 시대에서 경쟁력을 갖춘 기자는 어떤 기자일지 자유롭게 논하시오.
이데일리	[논술] • AI 기반 딥페이크 및 가짜뉴스 확산이 사회적 문제로 떠오르고 있다. 그러나 과도한 규제가 글로벌 빅테크 기업들의 AI 시장 점유율에 부정적인 영향을 미칠 수 있다는 우려도 있다. 이에 대한 본인의 입장을 논하시오. • 지난해 촉법소년 수가 2만 명에 달했다. 이에 따라 촉법소년 연령을 하향해야 한다는 주장과, 연령 하향이 낙인 효과 등 부작용을 초래할 수 있다는 우려가 대립하고 있다. 촉법소년 연령 하향에 대한 본인의 생각을 서술하시오. [작문] • AI와 함께 살아갈 미래의 나 자신에 대해 서술하시오. • 봄비에 대해 자유롭게 서술하시오.

5단계 학습전략 가이드

01 기출 상식-5단계로 암기

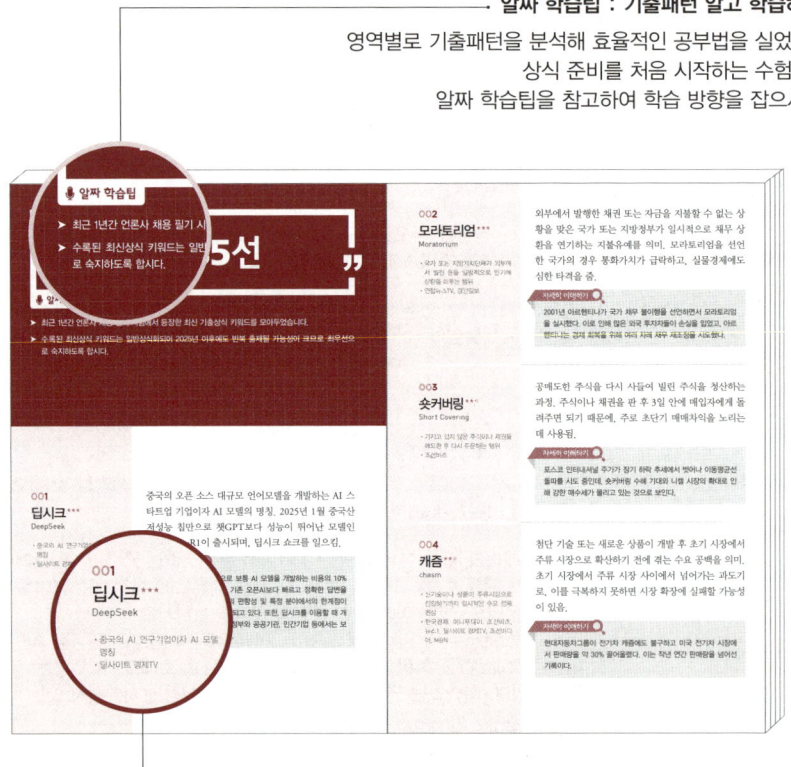

알짜 학습팁 : 기출패턴 알고 학습하자!
영역별로 기출패턴을 분석해 효율적인 공부법을 실었으니
상식 준비를 처음 시작하는 수험생은
알짜 학습팁을 참고하여 학습 방향을 잡으세요.

기출 표제어 : 오직 기출된 용어만 담았다!
- 상식 용어마다 중요도, 키워드, 기출처를 표기하였습니다.
- 해당 용어가 얼마나 중요한지, 어떤 언론사에서 출제되었는지 확인할 수 있습니다.
- 무작정 외우기보다 키워드를 먼저 보고 용어의 뜻을 파악하며 연상학습하세요.

02 5단계 학습전략

한 번에 다 소화하려고 하면 체하기 마련이죠! 언론사 취업 커뮤니티의 최근 5개년 필기시험 후기를 샅샅이 분석해 '출제된 상식, 출제될 상식'만 엄선하여 5단계로 구성하였습니다. 단계별로 나누어 암기해 상식 대비 시간을 단축해 보세요!

1 단계 : 핵심 한줄 설명으로 용어 익히기
꼭 알아야 할 핵심 한줄 설명만 담았습니다. 불필요한 내용까지 줄줄 외우지 말고 핵심만 암기하세요.

2 단계 : 자세히 이해하기로 빈틈없이 쓸어담기
심화 학습이 필요한 용어에는 자세한 설명을 추가하였습니다.

3 단계 : 예문으로 익숙해지기
실제로 용어가 어떻게 쓰이는지 예문을 통해 파악하면 오래 기억할 수 있습니다.

4 단계 : 관련 용어로 가지치기
해당 용어를 학습할 때 필수로 연계해 알아야 할 용어, 한 번에 묶어서 학습하면 유용한 용어를 설명하였습니다.

5 단계 : 기출 확인하며 출제패턴 파악하기
언론사 시험에 출제된 문제를 복원하여 수록했습니다. 출제경향을 파악해 상식 시험의 감을 잡으세요.

03 중요 상식 - 최종 점검

객관식 문제로 최종 마무리하고, 영역별로 배경지식까지 쌓을 수 있습니다.

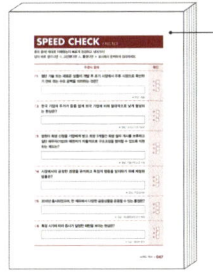

SPEED CHECK : 객관식 시험 대비하자!
언론사 필기시험에는 객관식이 주로 출제되니 실전을 치르듯 정답을 고르는 연습을 하세요.

학습자별 추천 공부법

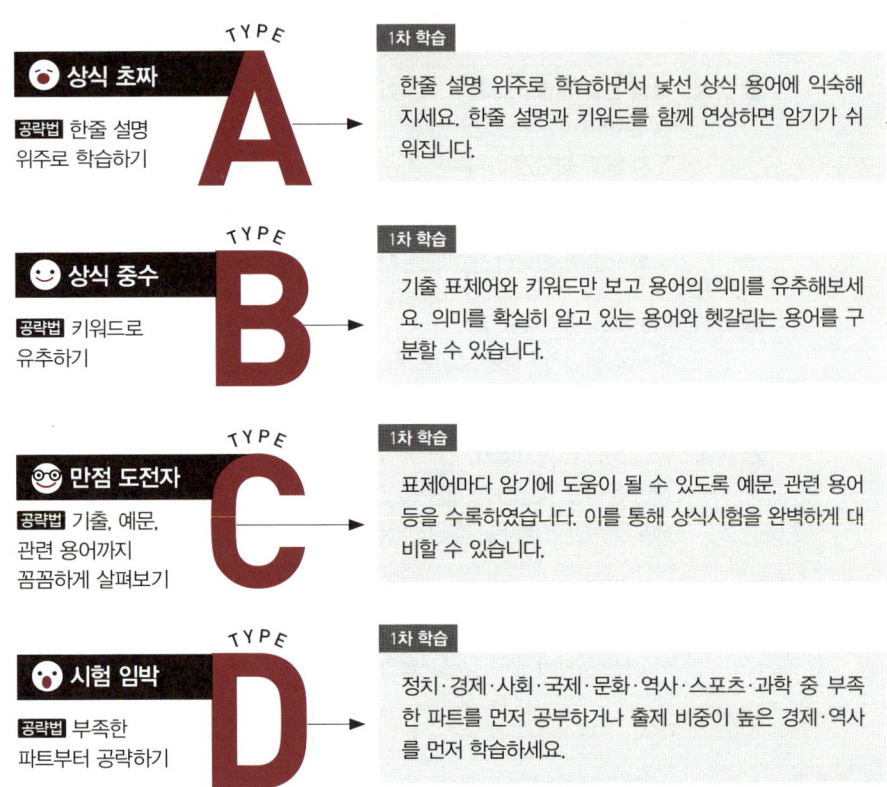

언론고시란? 언론사 입사 시험 통과가 고시만큼 힘들다고 하여 언론사 준비생들 사이에서 언론사 입사시험을 언론고시라고 부릅니다.
필기시험 중 논술과 작문의 차이는? 논술은 출제된 주제에 대한 나의 주장과 그 주장을 뒷받침할 수 있는 근거를 논리적으로 들어 작성하는 글이기 때문에 논리력이 중요합니다. 작문은 얼마나 참신하게, 좋은 문장력으로 글을 썼는지가 주요 평가요소인 글쓰기입니다.
논술과 작문 분량은? 언론사마다 다르지만 보통 한 시간 내외로 시간제한이 있기 때문에 평소 시간에 맞춰 1000~2000자 정도로 글 쓰는 연습을 하면 됩니다.

공부 방식은 다르더라도 '최신 용어'와 출제 가능성이 높은 '최다 기출 용어'를 수록한 Part01과 Part02는 모든 수험생이 꼭 학습해야 합니다.

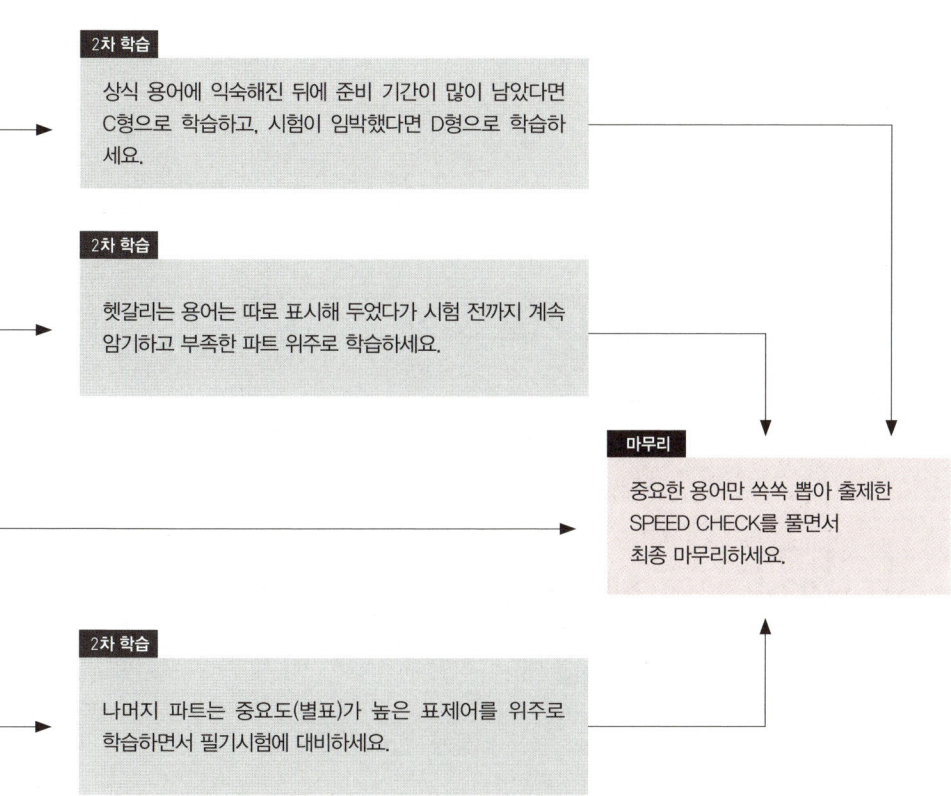

자격요건 충족? 지원하는 언론사에 따라서 필요로 하는 자격증 또는 자격요건이 있습니다. 해당 내용을 확인하여 준비해 둔 이후로는 상식 대비, 글쓰기 실력 키우기에 집중하는 것이 중요합니다.
신문 선택은? 자신이 희망하는 언론사의 매체를 탐독하는 것은 기본이고, 보수 · 진보 성향의 신문을 비교하며 읽으면 좋습니다. 여기에 경제지까지 추가하면 금상첨화!
초보 언시생, 방학 동안 무엇을 준비하면 좋은가? 자신에게 부족한 부분을 보충하는 것이 우선이지만 다양한 책 읽기, 언론사 인턴, 기본 스펙 쌓기 등을 준비하는 것이 좋습니다.

Contents

최근 1년 언론사 기출 논작문 주제
5단계 학습전략 가이드
학습자별 추천 공부법

Part 01 최신 기출 85선

최신 기출 85선	018
[SPEED CHECK]	047

Part 02 최다 기출 210선

최다 기출 210선	050
[SPEED CHECK]	114

Part 03 핵심 기출 760선

Chapter 01 정치

정치·행정	118
법률	136
북한·안보	140
[SPEED CHECK]	144

Chapter 02 경제

경제·경영	148
금융·무역	173
[SPEED CHECK]	189

Chapter 03 사회	사회일반	192
	노동·복지·환경	211
	[SPEED CHECK]	224

Chapter 04 국제	국제정치	228
	국제경제	241
	[SPEED CHECK]	246

Chapter 05 문화·매스컴	문학·철학·매스컴	250
	미술·음악·대중문화	267
	[SPEED CHECK]	284

Chapter 06 역사	한국사	288
	세계사	308
	[SPEED CHECK]	312

Chapter 07 스포츠	스포츠일반	316
	대회·종목별	319
	[SPEED CHECK]	327

Chapter 08 과학	기초과학	330
	정보통신(IT)	340
	[SPEED CHECK]	354

기출복원 모의고사

연합뉴스 TV, 뉴시스, 조선미디어, 한국일보, 스튜디오S	358
정답과 해설	378
찾아보기	400

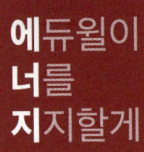

에듀윌이
너를
지지할게
ENERGY

나는 깊게 파기 위해
넓게 파기 시작했다.

– 스피노자(Baruch de Spinoza)

Part 01

언론사 기출 최신 일반상식

최신 기출 85선

최신 기출 85선

🎙️ **알짜 학습팁**

▶ 최근 1년간 언론사 채용 필기 시험에서 등장한 최신 기출상식 키워드를 모아두었습니다.
▶ 수록된 최신상식 키워드는 일반상식화되어 2025년 이후에도 반복 출제될 가능성이 크므로 최우선으로 숙지하도록 합시다.

001
딥시크***
DeepSeek

- 중국의 AI 연구기업이자 AI 모델 명칭
- 딜사이트 경제TV

중국의 오픈 소스 대규모 언어모델을 개발하는 AI 스타트업 기업이자 AI 모델의 명칭. 2025년 1월 중국산 저성능 칩만으로 챗GPT보다 성능이 뛰어난 모델인 DeepSeek-R1이 출시되며, 딥시크 쇼크를 일으킴.

> **자세히 이해하기**
>
> 딥시크 R1은 개발비용으로 보통 AI 모델을 개발하는 비용의 10% 정도밖에 들지 않았지만, 기존 오픈AI보다 빠르고 정확한 답변을 제공한다. 하지만, 데이터의 편향성 및 특정 분야에서의 한계점이 보이고 있다는 단점이 지적되고 있다. 또한, 딥시크를 이용할 때 개인정보 유출 우려가 있어, 정부와 공공기관, 민간기업 등에서는 보안 문제로 사용을 제한했다.

002
모라토리엄 ★★★
Moratorium

- 국가 또는 지방자치단체가 외부에서 빌린 돈을 일방적으로 만기에 상환을 미루는 행위
- 연합뉴스TV, 경인일보

외부에서 발행한 채권 또는 자금을 지불할 수 없는 상황을 맞은 국가 또는 지방정부가 일시적으로 채무 상환을 연기하는 지불유예를 의미. 모라토리엄을 선언한 국가의 경우 통화가치가 급락하고, 실물경제에도 심한 타격을 줌.

> **자세히 이해하기**
> 2001년 아르헨티나가 국가 채무 불이행을 선언하면서 모라토리엄을 실시했다. 이로 인해 많은 외국 투자자들이 손실을 입었고, 아르헨티나는 경제 회복을 위해 여러 차례 채무 재조정을 시도했다.

003
숏커버링 ★★☆
Short Covering

- 가지고 있지 않은 주식이나 채권을 매도한 후 다시 주문하는 행위
- 조선비즈

공매도한 주식을 다시 사들여 빌린 주식을 청산하는 과정. 주식이나 채권을 판 후 3일 안에 매입자에게 돌려주면 되기 때문에, 주로 초단기 매매차익을 노리는 데 사용됨.

> **자세히 이해하기**
> 포스코 인터내셔널 주가가 장기 하락 추세에서 벗어나 이동평균선 돌파를 시도 중인데, 숏커버링 수혜 기대와 니켈 시장의 확대로 인해 강한 매수세가 몰리고 있는 것으로 보인다.

004
캐즘 ★★☆
chasm

- 신기술이나 상품이 주류시장으로 진입하기까지 일시적인 수요 정체 현상
- 한국경제, 머니투데이, 조선비즈, 뉴스1, 딜사이트 경제TV, 조선미디어, MBN

첨단 기술 또는 새로운 상품이 개발 후 초기 시장에서 주류 시장으로 확산하기 전에 겪는 수요 공백을 의미. 초기 시장에서 주류 시장 사이에서 넘어가는 과도기로, 이를 극복하지 못하면 시장 확장에 실패할 가능성이 있음.

> **자세히 이해하기**
> 현대자동차그룹이 전기차 캐즘에도 불구하고 미국 전기차 시장에서 판매량을 약 30% 끌어올렸다. 이는 작년 연간 판매량을 넘어선 기록이다.

005
스위프트 노믹스 ★★☆
Swiftonomics

- 미국의 팝스타 테일러 스위프트의 공연 및 활동이 지역 경제에 미치는 영향
- 스튜디오S, 스튜디오 프리즘

세계적인 팝스타 테일러 스위프트의 막강한 티켓 파워로 공연장 주변의 호텔, 식당 등의 매출이 상승했음. 테일러 노믹스(Taylornomics)라고도 함.

> **자세히 이해하기**
> 스위프트의 공연으로 인해 해당 지역의 경제 지표가 달라지면서 '테일러 노믹스' 또는 '스위프트 노믹스'라는 신조어가 만들어졌다.

006
팬슈머 ★☆☆
Fansumer

- 직접 제품이나 브랜드의 생산 과정에 참여하는 소비자
- 스튜디오S

상품이나 브랜드의 생산 과정에 직접 참여해 생산 경험과 즐거움을 느끼는 소비자. 적극적인 소비를 하면서도 무조건적인 지지보다는 비판과 간섭, 견제도 일삼는다는 특징이 있음.

> **자세히 이해하기**
> 한때 대한민국에 열풍이었던 오디션 프로그램 '프로듀스×101'도 팬슈머 활동 중 하나이다. 팬들은 직접 투표와 홍보 등의 행동을 통해 연습생을 정식 데뷔시킨다.

007
김치프리미엄 ★★☆
Kimchi Premium

- 한국에서 거래되는 가상 자산 가격이 외국 시장보다 더 비싸게 거래되는 현상
- 코리아헤럴드

한국 시장에서의 비트코인, 이더리움 등의 가상 자산이 해외 가상 자산 시장보다 더욱 비싸게 팔리는 현상. 한국을 대표하는 '김치'와 정가보다 높은 가격을 의미하는 '프리미엄'이 결합한 용어.

> **자세히 이해하기**
> 2024년 도널드 트럼프 후보의 재당선 이후, 비트코인이 매일 고공 행진 하는 가운데, 국내 시장에는 '김치 프리미엄'의 실종으로 오히려 국내 거래소에서 싸게 거래됐다.

008 코리아 디스카운트 ★★☆
Korea Discount

- 한국 기업의 주가가 글로벌 동종 기업에 비해 낮게 평가되는 현상
- 코리아헤럴드

한국 기업의 주가가 동종 업계의 외국 기업에 비해 낮게 형성되는 현상. 이는 한국 주식시장의 취약성을 집약적으로 드러내는 표현이기도 함. 주요 원인으로는 정치적 불안, 경제적 요인, 기업의 지배 구조 문제 등이 꼽힘.

자세히 이해하기

금융투자업계의 연구에 따르면, 성장이 낮은 기업들이 주를 이루는 경제구조가 코리아 디스카운트의 주요요인이며, 이를 해결하기 위해서는 미래 산업에서 성장할 수 있는 기업을 육성하는 정책이 필요하다고 밝혔다.

009 출자전환 ★★★
Conversion Of Investment

- 기업의 채무를 주식으로 전환하는 방식
- 조선비즈

기업의 재무구조 개선 방안 중 하나로, 기업의 채무를 주식으로 전환해 부채를 조정하는 방식. 채권자가 주주로 전환되는 경우가 많음. 금융기관이 보유하고 있는 해당 기업의 채권을 주식으로 직접 전환하는 직접 출자전환 방식과 투자자가 매출 채권을 할인 매입 후 기업의 주식과 상계하는 간접 출자전환 방식이 있음.

자세히 이해하기

2010년 금호산업은 채권단의 출자전환을 통해 재무구조를 개선하였으며, 이 과정에서 오너 일가가 최대 주주 자리를 잃게 되었다.

010 자율구조조정 지원 ★★☆
Autonomous Restructuring Support

- 법원이 기업에게 회생 절차 개시를 보류하고 채무자인 기업과 채권자가 자율적으로 구조조정을 협의하도록 지원하는 제도
- 한국경제, 머니투데이, 조선비즈, 뉴스1, 딜사이트 경제TV, 조선미디어

법원이 회생 신청을 기업에게 받은 후 최장 3개월간 회생 절차 개시를 보류하고 채무자(기업)와 채권자가 자율적으로 구조조정을 협의할 수 있도록 지원하는 제도. 은행이 아닌 구조조정 전문가가 기업 경영 정상화를 중재하게 함.

자세히 이해하기

법원이 티몬과 위메프와는 달리 인터파크 커머스의 ARS 기간을 한달 더 연장 승인했다. 두 업체와는 달리 인터파크 커머스는 투자자와 투자 협상을 진행하는 등 채권자들이 납득할 만한 자구 계획안을 추진하고 있기 때문이다.

011
디지털 시장법 ★★☆
Digital Markets Act

- 유럽 연합이 대형 IT 기업에 공정한 경쟁을 촉진하고 소비자 보호를 강화하기 위해 제정한 법안
- 뉴스1

유럽연합(EU)이 제정한 법안으로, 디지털 플랫폼의 공정한 경쟁을 촉진하고 소비자 보호를 강화가 주 목적임. 주요 내용은 '게이트키퍼'로 지정된 대형 플랫폼 기업에 대해 특정 의무를 부여하고, 시장 지배적 위치 남용을 방지하며, 중소기업의 접근성을 높이는 것임.

> **자세히 이해하기**
> 디지털 시장법이 2024년 초에 시행되면서 빅 테크 기업들에 대한 반독점 행위 규제가 본격화되고 있다.

012
펀플레이션 ★☆☆
Funflation

- 여가 활동과 오락 분야에 드는 비용의 상승 현상
- 스튜디오S

재미를 뜻하는 펀(Fun)과 물가 상승을 의미하는 인플레이션(inflation)이 합성된 신조어로, 코로나19로 억눌렸던 여가 활동에 대한 수요가 증가하면서 여행이나 외식 등에 드는 비용이 급등한 현상.

> **자세히 이해하기**
> 펀플레이션 현상이 가장 두드러지는 분야는 대중음악 공연으로, 코로나19 전후의 대중음악 공연 티켓 비용이 큰 폭으로 상승했다.

013
스티키 인플레이션 ★★★
Sticky Inflation

- 한 번 오른 물가는 지속적으로 상승하는 현상
- 코리아헤럴드

끈적거리는 인플레이션이라는 뜻으로, 오른 물가는 끈적하게 붙어서 내려오지 않는 상승 경향이 지속되는 현상. 오랜 기간 동안 물가 상승이 지속되고, 낮은 변동성과 금리 인상에도 물가 하락을 기대하기 어렵다는 특징.

> **자세히 이해하기**
> 통화당국은 스티키 인플레이션이 발생할 경우, 이를 진정시키기 위해 더 높은 강도의 긴축정책을 사용한다.

014
샴의 법칙 ★★★
Sahm Rule

- 최근 3개월의 실업률 상승치를 이용해 경기 침체의 가능성을 나타내는 지표
- 조선미디어, 연합 인포맥스

미국 연방준비제도의 경제학자 클라우디아 샴 박사가 고안한 지표로 최근 3개월의 실업률의 평균치가 지난해 최저치보다 0.5%p 이상 높을 경우 경기 침체에 접어들었다고 판단함.

> **자세히 이해하기**
> 미국 노동부의 발표에 따르면 지난 3개월 평균 실업률이 4.13%로 지난 1년 중 최저치보다 0.53%p 높아 샴의 법칙 기준에 부합했다.

015
왝더독 ★☆☆
Wag the dog

- 선물시장이 거대해지면서 현물시장을 흔드는 현상
- 뉴스1

주객이 전도된 상황을 의미할 때 주로 사용하는 단어. 주식시장에서는 현물거래에서 파생된 선물거래의 영향이 커지면서 몸통인 현물시장이 좌우되는 현상.

> **자세히 이해하기**
> 주식 프로그램 매매의 비중이 커지면서 왝더독 현상은 심화되고 있는데, 그 이유는 경기 변화와 무관하게 선물과 현물의 가격 차이에 따라 이루어지는 프로그램 매매의 성격 때문이다.

016
ROE ★☆☆
Return on Equity

- 기업의 자기자본에 대한 수익성을 나타내는 지표
- 한국경제

기업의 자기자본에 대한 수익성을 나타내는 지표로, 순이익을 자기자본으로 나누어 계산함. 이 비율은 기업이 자기자본을 얼마나 효율적으로 활용하여 이익을 창출하는지를 보여주며, 투자자들이 기업의 경영 성과를 평가하는 데 중요한 역할을 함.

> **자세히 이해하기**
> KT는 자회사 합병 및 자산양도 등으로 2028년까지 ROE를 9~10%까지 달성하겠다고 목표를 밝혔다. 2023년 KT의 ROE는 6.1%를 기록했으며, 같은 기간 국내 경쟁사인 SK텔레콤과 LG유플러스의 ROE는 각각 9.6%, 7.5%를 기록했다.

017
독점금지법 ★★★
Antitrust Law / 獨占禁止法

- 시장에서의 공정 경쟁을 보호하고 독점적 행동을 방지하기 위한 법률
- 아주경제

시장에서의 공정한 경쟁을 유지하고 독점적 행동을 방지하기 위해 제정된 법률. 이 법은 기업이 시장 지배력을 남용하거나 가격 담합, 합병 및 인수로 경쟁을 제한하는 행위를 금지함. 독점금지법은 소비자 보호와 시장의 효율성을 높이는 데 기여하며, 공정한 경제 환경을 조성하는 데 중요한 역할을 함.

자세히 이해하기
인도 현지에서 삼성전자와 샤오미 같은 스마트폰 업체가 독점금지법을 위반했다는 조사 결과가 나왔다.

018
풍선효과 ★☆☆
Balloon effect

- 규제를 강화하면 다른 문제가 발생하는 현상
- 연합뉴스TV, 아주경제

특정 지역이나 분야에서 규제가 강화되거나 제한이 발생할 때, 그 효과가 다른 지역이나 분야로 옮겨가는 현상.

자세히 이해하기
서울의 전세난은 수도권 전셋값까지 올리게 하는 풍선효과를 발생시켰다. 또 다른 풍선효과로는 전셋값이 오르면서 월세 수요자가 늘어난 것을 들 수 있다.

019
개인종합자산관리계좌 ★★★
Individual Savings Account

- 다양한 금융상품을 한 계좌에서 운용할 수 있는 통장
- 아주경제, 한국일보

한 계좌에서 다양한 금융상품을 운용할 수 있는 통합 관리계좌. 금융회사 중 한 곳에서 1인 1계좌만 개설이 가능함. 서민형 ISA의 경우 400만 원까지 비과세되며 일반형 ISA의 경우 200만 원까지 비과세 혜택을 누릴 수 있음.

자세히 이해하기
기획재정부는 2025년 경제정책 방향에서 ISA의 납입한도와 비과세 한도를 확대하고, 국내 투자형 ISA를 신설한다는 계획을 발표했다.

020 무순위 청약★★☆

- 순위별로 청약을 마친 뒤, 미계약 또는 미분양된 물량에 대해 청약 신청을 받는 절차
- 이투데이

미분양된 주택이나 당첨자의 계약 포기 등으로 인해 발생한 잔여 주택을 다시 청약을 받는 절차. 이 과정에서는 일반 청약과는 달리 청약 통장이 필요 없고, 순위 없이 추첨으로만 당첨자를 선정.

> **자세히 이해하기**
> 최근 무순위 청약의 경쟁률이 급증하고 있으며, 일부 지역에서는 100대 1 이상의 경쟁률을 보이고 있다.

021 캘린더 효과★★☆
Calendar Effect

- 특정 시기에 주식 시장이 일정한 패턴을 보이는 현상
- 딜사이트

특정 시기에 따라 증시가 일정한 패턴을 보이는 현상. 대표적인 캘린더 효과로는 1월 효과, 서머랠리(summer rally), 산타랠리(santa rally)와 추수감사절을 전후한 미국 증시의 상승 등이 있음.

> **자세히 이해하기**
> 크리스마스를 전후로 연말과 연초에는 주식 시장이 상승세를 보이는데 이를 산타랠리라 부른다. 이는 대표적인 캘린더 효과 중 하나이다.

022 테크 래시★★☆
Techlash

- IT 기업에 대한 반발심을 나타내는 용어
- 뉴스1

빅테크 기업들의 영향력이 커지면서 부정적인 사회 현상과 문제들이 제기되자 빅테크 기업들에 대한 반발이 증가하는 현상.

> **자세히 이해하기**
> AI의 발전으로 인해 인간의 일자리가 AI로 대체될 수 있다는 가능성이 제기되었다. 많은 노동자들이 AI로 인해 대규모 실직할 수도 있다는 두려움에 테크 래시 현상이 두드러지고 있다.

023
웨스팅하우스 ★★☆
Westinghouse

- 미국의 전력 및 원자력 산업의 선두 기업
- 한국경제, 머니투데이, 조선비즈, 뉴스1, 딜사이트 경제TV, 조선미디어

1886년에 설립되었으며 발전소 설계, 원자로 건설, 전력 시스템 및 관련 기술을 개발함. 원자력 발전소의 운영 및 유지 보수에서도 중요한 역할을 하고 있음.

> **자세히 이해하기**
> 2024년 체코 원전 수주에 대해 한국수력원자력과 웨스팅하우스가 법적 공방을 벌였다. 웨스팅하우스는 자사의 지식재산권 침해 문제를 들어 강력하게 반발하였으나, 2025년에 한국수력원자력과 웨스팅하우스의 분쟁은 합의로 종결되었다.

024
스피어 ★☆☆
Sphere

- 라스베이거스에 있는 혁신적인 공연 및 전시 공간
- 한국경제

2023년에 개관한 라스베이거스의 스피어는 독특한 구형 디자인과 최첨단 기술로 주목받고 있음. 스피어는 몰입형 경험을 제공하는 대형 스크린과 음향 시스템을 가지고 있음.

> **자세히 이해하기**
> 정식 명칭은 'MSG 스피어'다. 미국의 스포츠·엔터테인먼트 기업 매디슨 스퀘어 가든(MSG)이 2019년 착공하여 2023년에 완공하였으며, 총공사비 23억 달러(약 3조 원)를 쏟아부어 만든 역작이다.

025
비토 크라시 ★★☆
Vetocracy

- 상대 정당의 주장이나 정책 등을 견제하고 반대하는 극단적인 정치 현상
- 코리아헤럴드

프란시스 후쿠야마 교수가 미국의 양당 정치를 비판하며 만든 용어. 반대 정파의 입법과 정책을 강력하게 반대해 좌절시키는 현상.

> **자세히 이해하기**
> 대통령실과 집단 여당, 그에 맞서는 야당이 충돌하면서 오늘날의 한국 정치는 비토 크라시의 늪에 빠졌다고 볼 수 있다.

026 확장억제 ★★★
Extended Deterrence
擴張抑制

- 미국의 동맹국을 방어하기 위해 군사력과 핵무기를 포함한 억제력을 제공하는 전략
- 뉴스1

미국의 동맹국이나 우방국이 제3국으로부터 핵공격이나 위협을 당할 때 이들 국가의 안보를 보장하기 위해 미국의 억제력을 확장하여 제공하는 것. 핵우산을 제공하는 것을 포함함.

> **자세히 이해하기**
> 북핵 위협이 증가하면서 한국과 미국이 확장억제를 강화하기 위한 다양한 군사 훈련과 전략적 자산 배치 계획을 논의하고 있다.

027 워싱턴 선언 ★★★
Washington Declaration

- 한국과 미국이 북한의 위협에 대응하고 군사 협력을 강화하기 위해 체결한 안보 문서
- 뉴스1

2023년 4월, 한국과 미국 간의 안보 및 군사 협력을 강화하기 위해 체결된 문서로, 북한의 핵 위협에 대응하고, 양국의 동맹을 더욱 굳건히 하겠다는 내용. 또한, 군사 훈련, 정보 공유, 그리고 전략적 자산의 배치를 통해 한미 동맹의 전투 준비 태세를 강화하겠다는 내용.

> **자세히 이해하기**
> 한미동맹 70주년을 맞아 진행된 정상회담을 통해서 한미 양국 정상은 워싱턴 선언을 채택하였다. 하지만 도널드 트럼프 전 대통령의 재당선으로 인해 워싱턴 선언이 무효화될 것이라는 의견들도 많이 있는 상황이다.

028 일대일로 ★★★
One belt, One road
一帶一路

- 중국이 2013년 제안한 글로벌 경제 개발 전략
- 한국경제, 머니투데이, 조선비즈, 뉴스1, 딜사이트 경제TV, 조선미디어

중국이 2013년 제안한 글로벌 경제 개발 전략으로, 아시아, 유럽, 아프리카를 연결하는 육상 및 해상 실크로드를 통해 인프라 투자와 경제 협력을 촉진하는 프로젝트. 교통, 에너지, 통신 등의 분야에서 국가 간 협력을 강화하고, 무역과 투자를 확대하여 경제 성장을 도모하는 것을 목표로 함.

> **자세히 이해하기**
> 시진핑 주석은 아프리카 정상들과 만난 자리에서 일대일로 경제 협력 강화 의지를 드러냈다. 하지만 일대일로는 주변 개발도상국 상당수가 불어난 채무를 감당하고 있지 못하고 있어, 국제사회의 비판을 받고 있다.

029
IPEF ★★★
Indian-Pacific Economic Framework

- 미국 주도 하에 아시아-태평양 지역의 경제 협력을 강화하기 위한 다자간 경제 협정
- 조선비즈

미국 주도 하에 아시아-태평양 지역의 경제 협력을 강화하기 위한 다자간 경제 협정. 2022년 출범되었으며, 무역, 공급망, 청정에너지 등의 분야에서 협력을 촉진하고, 경제적 회복력과 지속 가능한 발전을 목표로 함.

> **자세히 이해하기**
> 바이든 정부 주도로 구축된 경제협력체인 IPEF가 도널드 트럼프 정부의 재출범으로 인해 폐지 가능성도 배제할 수 없다는 분위기다.

030
위드마크 ★★☆
Widmark

- 혈중 알코올 농도를 계산하는 공식
- 한국경제, 머니투데이, 조선비즈, 뉴스1, 딜사이트 경제TV, 조선미디어

알코올 농도를 측정하는 데 사용되는 공식. 이 공식은 혈중 알코올 농도(BAC)를 계산하는 데 활용되며, 개인의 체중, 음주량, 음주 시간 등을 고려함.

> **자세히 이해하기**
> 음주 후 일정 시간이 지난 뒤 당시의 혈중 알코올 농도를 측정하는 방법 중 가장 널리 알려진 것이 위드마크 공식이다.

031
고틀란드 섬 ★★★
Gotland

- 스웨덴 발트해 중앙부에 있는 섬
- 한국경제

스웨덴 발트해에 위치한 섬. 스웨덴 본토와 약 90km 떨어져 있음. 스웨덴의 문화적 역사적 중심지로, 자연의 아름다움과 풍부한 역사를 경험할 수 있는 곳임.

> **자세히 이해하기**
> 스웨덴 참모총장에 의하면 러시아 푸틴 대통령이 스웨덴 발트해 영토 고틀란드 섬을 장악하려고 한다고 경고했다.

032 최신기출
고대역 메모리 ★★☆
High Bandwidth Memory

- 고속 데이터 전송과 높은 대역폭을 제공하는 메모리 기술
- 한국경제, 머니투데이, 조선비즈, 뉴스1, 딜사이트 경제TV, 조선미디어, 한겨레

고속 데이터 전송과 높은 대역폭을 제공하는 메모리 기술로, 주로 그래픽 카드와 고성능 컴퓨팅 시스템에서 사용됨. HBM은 기존의 DRAM(동적 랜덤 액세스 메모리)보다 훨씬 높은 데이터 전송 속도를 제공하여, 대용량 데이터 처리와 고성능 연산이 필요한 응용 프로그램에 적합함.

자세히 이해하기

SK하이닉스가 2025년에도 고대역 메모리 부문에서 업계 1위를 유지할 것으로 보인다. 2024년 SK하이닉스는 HBM을 앞세워 최대 실적을 올렸으며, 삼성전자 DS의 연간 기준 영업이익을 뛰어넘었다.

기출 고속 데이터 전송과 높은 대역폭을 제공하는 메모리 기술은?
: HBM

033
킬 체인 ★★☆
Kill Chain

- 적의 미사일을 탐지하고 공격으로 잇는 공격형 방위 시스템
- 가톨릭 평화방송

군사 작전에서 적의 공격을 사전에 탐지하고 차단하기 위한 체계적인 접근 방식. 탐지, 식별, 추적, 타격 결정, 타격 실행, 효과 평가 단계로 구성되어 있음.

자세히 이해하기

북핵 위협에 맞설 킬 체인의 핵심으로 꼽히는 공군 타우러스 장거리 공대지미사일이 2017년 이후로 실사격을 한 번도 하지 않았다가 2024년에 전격 실사격을 실시하였다.

034
커넥티드 카 ★☆☆
Connected Car

- 정보통신 기술과 자동차를 연결해서 각종 서비스를 구현하는 차량
- 가톨릭 평화방송

인터넷에 연결돼서 실시간 데이터 통신이 가능한 차량. 차량과 외부 인프라, 다른 차량 또는 모바일 기기와 연결이 가능함. 이를 통해 운전자는 다양한 정보, 원격 진단, 자율 주행까지 이용할 수 있음.

자세히 이해하기

커넥티드 카는 자동차가 단순 이동 수단을 넘어, 다양한 기능을 수행하는 스마트 기기로의 진화하고 있음을 시사한다.

035
데드 덕 ★☆☆
Dead Duck

- 정책이나 정치적 상황이 실패하거나 효과를 발휘하지 못하는 상태를 비유하는 말
- 뉴스1

특정 정책이나 정치인, 정당의 지지율이 하락해 정치적인 생명력이 소진된 상태. 정치적 상황이 부정적으로 흘러갈 때 표현하는 단어.

> **자세히 이해하기**
> 임기 말의 정치인은 권력 누수가 되는 것을 레임덕이라고 부른다. 절름발이 오리라는 뜻인데, 정책 수행 능력에 문제가 생겨 다리를 절며 걷는 것이 비슷하다고 하여 붙은 것이다. 이보다 더 심한 경우면서, 보통 지지율이 한자리로 떨어지게 되면 데드 덕이라고 부른다.

036
조용한 해고 ★★★
Quiet Cutting

- 직원을 해고하지 않고 자연스럽게 직장을 떠나도록 유도하는 조치
- 머니투데이, 한국일보

기업이 직접적으로 직원을 해고할 수는 없으니 자연스럽게 직원이 직장을 떠날 수 있도록 직원 재배치나 직무평가 강화, 승진 기회 박탈 등 불이익을 취하는 조치.

> **자세히 이해하기**
> 직원에게 장기간 봉급 인상을 거부하거나 승진 기회를 박탈하는 식으로 조용히 불이익을 주면서 스스로 직장을 떠나도록 하는 것이 조용한 해고의 방식이다.

037
합계출산율 ★☆☆
Total Fertility Rate

- 여성 1인당 평균 출생아 수
- 뉴스1

여성이 가임 기간(15~49세)에 낳을 것으로 예상되는 평균 출생아 수. 합계출산율이 2.1 이상인 경우, 인구가 안정적으로 유지되거나 증가하는 것으로 간주되며, 이를 '대체 출산율'이라고 함.

> **자세히 이해하기**
> 2024년 우리나라의 합계출산율은 0.74명이다. 2023년에 비해 0.2명 늘은 수치로, 이는 저출생 추세 반전 계기가 형성되었다고 본다.

038
파운드리★★☆
Foundry

- 반도체 제조만 전담으로 하는 기업
- 딜사이트

설계 회사의 요구에 따라 반도체 웨이퍼를 생산하는 전문 제조업체. 이 방식은 설계와 제조를 분리하여, 설계 회사는 기술 개발과 마케팅에 집중할 수 있게 하고, 파운드리는 생산 공정의 효율성을 극대화 할 수 있게 함.

> **자세히 이해하기**
> 세계적인 파운드리는 TSMC, 삼성전자 등인데, 최근 미국이 중국을 압박하고자 파운드리업체에 반도체 수출 추가 규제를 추진할 것으로 알려졌다.

039
CITES★★★
Convention on International Trade in Endangered Species of Wild Fauna and Flora

- 멸종 위기 동식물의 국제 거래를 규제하기 위한 조약
- 조선비즈

멸종 위기에 처한 야생 동식물의 국제 거래를 규제하기 위한 조약. 1973년에 체결된 이 조약은 각국이 협력하여 보호종의 남획을 방지하고 생물 다양성을 유지하기 위해 설계됨.

> **자세히 이해하기**
> 몇 달 전, 삼성물산 에버랜드리조트의 중국으로 반환된 판다 '푸바오' 역시 CITES 조약의 중요한 보호 대상 중 하나이다. 이 조약으로 인해 만 4세가 되기 전 중국으로 반환된 것인데, 멸종 위기인 만큼 근친 교배 방지 등 철저한 관리를 위해서 이다.

040
고향사랑 기부제★★★

- 개인이 지방자치단체에 기부를 하면 금액에 따라 세제 혜택과 지역 특산품을 제공하는 제도
- 한국경제, 머니투데이, 조선비즈, 뉴스1, 딜사이트 경제TV, 조선미디어

2021년 10월 19일에 제정해 2023년 1월 1일부로 시행된 제도로 저출산과 고령화로 인한 지방 소멸 위기의 대응책으로 만들어진 제도. 고향사랑 기부제의 주체는 개인으로 법인은 해당하지 않음. 기부 상한액은 개인당 연간 2000만 원임.

> **자세히 이해하기**
> 기부금의 30% 이내에서 답례품을 제공한다. 10만원까지는 전액 세액 공제하며, 10만원 초과분에 대해서는 16.5%의 공제가 적용된다.

041
렉라자 *☆☆
Leclaza

- 유한양행이 개발한 국내 신약 31호인 폐암 치료제
- 뉴시스

국내 제약사가 개발한 항암제 중 최초로 FDA 승인을 받은 폐암 치료제. 비소세포폐암 환자에게 투여하면, 특정 유전자 변이를 표적으로 하여, 효과적으로 종양을 억제. 렉라자는 유럽에서도 승인됨.

> **자세히 이해하기**
> 폐암은 암세포의 크기에 따라 소세포 폐암과 비소세포 폐암으로 구분하는데, 렉라자의 경우 비소세포 폐암에서 최고의 치료법으로 꼽힌다.

042
스테로이드 *☆☆
Steroid

- 염증을 줄이고 면역 반응을 억제하는 호르몬
- 한국경제, 머니투데이, 조선비즈, 뉴스1, 딜사이트 경제TV, 조선미디어

부신에서 분비되는 호르몬으로 체내의 면역 및 염증 반응을 억제함. 오랫동안 만성 염증성 장 질환의 치료에 사용된 약제이지만 근육량 증가의 목적으로 오용될 수도 있음.

> **자세히 이해하기**
> 상처는 염증을 동반하는데, 스테로이드는 강한 항염 및 면역 억제 효과로 자주 사용된다. 스테로이드는 탁월한 효과만큼이나 부작용 역시 많아서 사용에 주의해야 한다. 면역체계 이상으로 자기 자신의 조직이나 세포를 공격하는 비정상적인 면역활성 상황에서도 면역반응을 억제하는 스테로이드 약물은 매우 효과적이다.

043
프로파간다 *☆☆
Propaganda

- 특정 이념이나 의견, 정책 등을 설득하기 위한 커뮤니케이션
- 전자신문

'선전'이라고 부르며, 대중에게 특정 이념이나 의견에 대해 대중매체를 활용해 설득하는 커뮤니케이션 활동. 원래는 긍정적인 설득의 의미를 담고 있었으나, 오늘날에는 부정적인 개념이 들어가 있음.

> **자세히 이해하기**
> 영국의 일간지 가디언은 일론 머스크가 소유한 소셜미디어 X는 유해 플랫폼이자, 사악한 프로파간다 기계라고 반발했다.

044
글로컬 대학***
Glocal University

- 세계적 교육과 지역 사회의 연계를 통해 글로벌 인재를 양성하고 지역 발전에 기여하는 대학
- 전자신문

글로벌(Global)과 로컬(Local)의 합성어로, 세계적 수준의 교육과 연구를 제공하면서 지역 사회와 밀접하게 연계된 대학을 의미. 이러한 대학은 국제적인 인재를 양성하는 동시에 지역의 특성과 필요를 반영하며 지역 발전에 기여함.

> **자세히 이해하기**
> 2025년 교육부는 글로컬대학 선정과정을 4년에서 3년으로 단축하여 25년에 10개 이내의 글로컬 대학을 선정할 예정이다.

045
강감찬***

- 고려 시대 전쟁 영웅
- 스튜디오 프리즘

948년에 출생 1031년에 사망. 그가 이끈 귀주대첩은 1010년에 거란의 대군을 상대로 승리한 전투로, 고려의 국방을 강화하고 민족의 자존심을 세움.

> **자세히 이해하기**
> 강감찬은 고구려의 을지문덕, 조선의 이순신과 더불어 외적으로부터 나라를 지킨 3대 장군으로 손꼽힌다.

046
신문왕**☆

- 전제왕권을 확립했으며, 녹읍을 폐지한 통일신라 제31대 왕
- 스튜디오S

통일신라의 제31대 왕. 전제왕권을 확립하고, 9서당을 완비해 군사권을 장악했으며, 9주 5소경 제도를 완성했음. 그리고 중앙 및 지방 관리에게 주었던 녹읍을 폐지하였음.

> **자세히 이해하기**
> 삼국유사에 따르면 삼국을 통일한 문무왕은 죽어서도 나라를 지키기 위해 동해의 용이 되었고, 신문왕은 용이 일러준 대로 대나무를 가져와 피리를 만들었는데, 이것이 바로 '만파식적'이다. 이 피리를 불면 신라에 침입한 적군이 물러가고, 병이 나아 신라의 국보로 삼았다.

047
황현 ★★☆
黃玹
- 절명시와 매천야록을 남긴 조선 말기의 학자이자 우국지사
- 조선미디어

1855년에 출생해 1888년 한양으로 올라와 과거에 급제. 갑신정변 이후 정권의 부패에 크게 실망하여 고향으로 돌아가 학문 연구와 후진 양성을 하였음. 1910년 한일 강제 합병이 되자, 절명시 4수를 남기고는 스스로 생을 마감.

> **자세히 이해하기**
> 황현의 당시 전해 들은 이야기를 엮은 역사책 「매천야록」은 잘못 기록된 부분도 있으나, 갑오개혁 이후의 내용이 자세히 저술되어 있어 역사 연구에 귀중한 자료이다.

048
나석주 ★★☆
羅錫疇
- 일제 강점기에 의열단에 가입해 조선식산은행과 동양척식주식회사에 투탄 의거를 단행한 독립운동가
- 조선미디어

1892년에 출생해 1926년에 사망. 백범 김구가 설립한 양산 학교를 다녔으며, 의열단에 입단해 조선식산은행과 동양척식주식회사에 폭탄을 투척하였음. 1962년 건국훈장 대통령장이 추서됨.

> **자세히 이해하기**
> 나석주는 국내에서 군사자금을 모금하여 대한민국임시정부에 보냈으며, 후에 중국으로 건너가 의열단에 입단하였다.

049
황석영 ★★☆
黃晳暎
- 한국의 소설가. 대표작은 삼포 가는 길, 장길산 등
- 뉴스1, 뉴시스

1943년에 만주 장춘에서 출생. 1962년 등단한 후 1970년 조선일보 신춘문예에 '탑'이 당선되며 본격적인 작품 활동을 시작. 민족운동을 한 적이 있으며 한국 문학계의 대표적인 리얼리즘 작가임.

> **자세히 이해하기**
> 황석영 작가의 작품은 인간미를 상실하게 하는 상황 속에서도 훼손된 가치를 극복하고자 한다.

050
최인훈 ★☆☆
崔仁勳

- 한국의 소설가. 대표작으로는 광장, 소설가 구보 씨의 일일, 열하일기 등이 있음
- 조선미디어

1936년에 함북 회령에서 출생, 2018년도에 사망. 그의 대표작인 '광장', '회색인', '소설가 구보 씨의 일일' 등은 우리나라의 분단 현실에 초점을 맞춰 해석되고 있음. 한국 현대문학사에 큰 획을 그은 것으로 평가됨.

> **자세히 이해하기**
> 최인훈은 한국 소설에 드문 지성적 깊이와 문명사적 관점으로 한반도의 분단 현실을 다룬 작가였다.

051
오타니 쇼헤이 ★☆☆
大谷 翔平

- 일본 국적의 로스앤젤레스 다저스 소속의 야구선수
- 스튜디오 프리즘, 조선미디어

일본 국적의 1994년 출생 야구선수로, 2017년 미국의 메이저리그에 진출. 투수와 지명타자를 겸하고 있으며, 외야수로 경기를 뛸 때도 있음. 2023년 12월 LA 다저스와 전 세계 프로 스포츠 사상 최고의 금액으로 계약함.

> **자세히 이해하기**
> 오타니 쇼헤이의 시즌 50호 홈런 볼은 역대 홈런 볼 최고액인 439만 2000달러에 낙찰됐다.

052
이시바 시게루 ★☆☆
石破茂

- 일본의 자유민주당 소속의 정치인
- 한국경제, 머니투데이, 조선비즈, 뉴스1, 딜사이트 경제TV, 조선미디어, 세계일보

일본 국적의 1957년 출생 정치인, 2024년 10월 1일 기시다 후미오 총리를 이어 일본의 제102·제103대 총리로 취임. 자민당 총재 선거에서 아시아의 북대서양 조약 기구(NATO) 창설, 미일 지위 협정 개정, 자위대 처우개선의 공약을 내세움.

> **자세히 이해하기**
> 이시바 시게루 일본총리는 윤대통령의 구속과 관련하여 직접적인 언급을 피하면서 어떤 정권이 들어서더라도 한일관계의 중요성은 변함이 없다고 입장을 밝혔다.

053
하워드 슐츠 ★★☆
Howard Schultz

- 미국의 기업인이며, 스타벅스 CEO를 역임했음
- 조선미디어, 뉴시스

미국 국적의 1953년 출생 기업인으로, 1986년부터 2000년, 2008년부터 2017년, 총 두 차례 스타벅스의 CEO를 역임한 적이 있음. 11개였던 스타벅스 매장을 77개국 2만 8000여 개까지 성장시킨 주역.

> **자세히 이해하기**
> 하워드 슐츠는 스타벅스를 세계적인 커피 프랜차이즈로 성장시켰을 뿐만 아니라, 동시에 기업의 사회적 책임을 실천했다.

054
우에다 가즈오 ★★☆
植田 和男

- 일본의 경제학자이자, 제32대 일본은행 총재
- 한국경제, 머니투데이, 조선비즈, 뉴스1, 딜사이트 경제TV, 조선미디어, 이투데이

일본 국적의 1951년 출생 경제학자로, 현재는 일본은행 총재. 도쿄대에서 경제학부를 공부하고 미국 메사추세츠공대에서 경제학 박사를 받음. 일본 오사카대와 도쿄대에서 경제학부 교수를 지냈으며, 일본은행 정책 위원회 심의 위원을 역임함.

> **자세히 이해하기**
> 우에다 가즈오총재는 미국 새 행정부의 정책전망과 새로운 분기별 성장률 및 인플레이션 전망에 따라 기준금리 인상 가능성의 입장을 밝혔다.

055
비탈릭 부테린 ★☆☆
Vitalik Buterin

- 이더리움이라는 블록체인 시스템을 만든 공동 창업자
- 전자신문

1994년 출생 프로그래머로, 퍼블릭 블록체인 플랫폼인 이더리움의 공동 창업가. 2013년 이더리움 백서를 발간, 2014년 '포브스'와 '타임'이 공동 주관하는 '월드 테크놀로지 어워드'에서 IT 소프트웨어 부문 수상자로 선정.

> **자세히 이해하기**
> 비탈릭 부테린은 현재 스위스에서 거주 중인데, 스위스가 국가적으로 암호화폐를 지원하고, 크립토 밸리라는 암호화폐 활성화 지역의 가능성을 기대하고 있기 때문이다. 이더리움 재단 역시 스위스에 위치해 있다.

056
라이칭더 ★★☆
賴淸德 Lai Ching-te

- 대만의 정치인이자, 현재 제16대 총통
- 전자신문

대만 국적의 1959년 출생 정치인으로, 대만의 제16대 총통. 소속 정당은 민주진보당으로 입법위원, 타이난시 시장, 행정원 원장을 역임했으며, 2020년부터 2024년 5월 20일 총통 취임 직전까지는 부총통으로 재직.

> **자세히 이해하기**
> 친미(親美)적이며, 독립적인 성향의 라이칭더 대만 총통은 '하나의 중국'의 원칙을 받아들이면 대만은 소멸하게 될 것이라고 강조했다.

057
삼체 ★★☆
The Three-Body Problem
三體

- 중국의 소설가 '류츠신'이 지은 SF 장편 소설로, 아시아 최초 휴고상을 수상한 작품
- 스튜디오 프리즘

2006년 6월에 중국의 SF 잡지 커환시제에서 연재를 시작해 2008년 단행본으로 출간되었음. 중국에서 300만 부가 팔렸고, 2015년에는 SF 문학계의 권위 있는 상인 휴고 상의 장편 소설 부문 수상작으로 선정됨.

> **자세히 이해하기**
> 삼체는 버락 오바마 전 미국 대통령이 원작의 팬으로 알려졌으며, 페이스북 창업자 마크 저커버그가 2015년 최고의 책 중 하나로 꼽으면서 더욱 많이 회자되었다. 넷플릭스의 새 시리즈 제작 당시 오바마 전 미국 대통령에게 카메오 출연을 요청했지만 거절당했다.

058
성난 사람들 ★☆☆
BEEF

- 블랙 코미디 장르의 넷플릭스 드라마
- 스튜디오 프리즘

한국계 이성진 감독이 각본과 연출을 맡고, 한국계 배우들이 대거 출연함. 미국 방송계 최고 권위를 자랑하는 프라임 타임 에미상에서 8관왕을 차지함. 한국계가 주조연 주축인 외국 작품이며 스태프들도 한국계 미국인이 다수 참여함. 이 때문에 한국 관련 요소가 자주 등장함.

> **자세히 이해하기**
> 성난 사람들은 미국에서 동양계 사람들의 현실적인 삶과 인생 역경 등을 표현하는 드라마이다.

059
발롱도르 ★★☆
Ballon d'or

- 세계 축구선수 중 가장 뛰어난 활약을 보여준 선수에게 수여하는 상
- 스튜디오 프리즘

프랑스의 축구 잡지 '프랑스 풋볼'이 주관하는 상으로 1956년에 도입되었음. 수상자는 그 해의 성과, 팀의 성과, 개인 성과, 팀 기여도, 시즌 동안의 전반적인 활약으로 평가함. 발롱도르는 2024년 68회째를 맞이하며, 2023년 8월 1일부터 2024년 7월 31일까지 뛰어난 활약을 펼친 후보 가운데 투표로 수상자를 선택함.

> **자세히 이해하기**
> 2024년의 발롱도르의 주인공은 맨체스터 시티 FC의 로드리가 되었다. 기자단 투표 2위는 비니시우스 주니오르, 3위는 주드 벨링엄(이상 레알 마드리드)에게 돌아갔다.

060
샐러리 캡 ★★☆
Salary Cap

- 구단에서 한 팀 선수들에게 지불할 수 있는 연봉 총액 상한제
- 한국경제, 머니투데이, 조선비즈, 뉴스1, 딜사이트 경제TV, 조선미디어, 스튜디오 프리즘

스포츠 리그에서 한 팀에 소속된 전체 선수에게 지급할 수 있는 최대 급여를 제한하는 제도. 팀 간 경쟁을 균등하게 하고, 재정적 불균형을 방지하는 역할을 함.

> **자세히 이해하기**
> 배구 전 국가대표이자 흥국생명의 김연경 선수는 남자 배구와 여자 배구의 샐러리 캡의 차이가 크다며, 앞으로 선수들이 더 좋은 대우를 받으며, 더 좋은 환경에서 훈련할 수 있었으면 좋겠다고 말했다.

061
부르즈 할리파 ★★★
Burj Khalifa

- 아랍에미리트연방 두바이에 있는 세계에서 가장 높은 건물
- 스튜디오 프리즘

아랍에미리트 두바이의 중심부 다운타운 두바이에 있는 세계 최고층 빌딩. 높이는 828m이고, 건축 디자인과 구조설계는 SOM이 맡았으며, 삼성물산이 시공에 참여함.

> **자세히 이해하기**
> 부르즈 할리파는 세계에서 가장 높은 건축물이라는 기록을 유지하고 있다. 부르즈 할리파에 들어간 총 공사비는 약 15억 달러(2010년 기준)가 투입된 것으로 알려져 있다. 부르즈 할리파 같은 건축물은 피뢰시스템을 설치하도록 법제화 되어있는데 건축물 자체가 거대한 피뢰침 구실을 한다.

062
사도 광산 ★★☆
Sado mine 佐渡金山

- 일본 니가타현 사도시의 사도섬에 있는 금산
- 조선미디어, 서울경제

1601년에 발굴되어서 1989년까지 운영된 일본에서 가장 오래된 광산. 현재는 광산 고갈로 채굴이 중단. 태평양전쟁 당시 조선인들이 강제 노역에 동원된 곳으로 유네스코 세계유산 등재를 추진한 2021년부터 한일 외교 갈등으로 번졌으나 결국 2024년 7월 31일 등재됨.

> **자세히 이해하기**
> 일본은 사도 광산의 유산 대상 기간을 16세기~19세기 중반으로 한정해서 조선인 강제 노역을 의도적으로 배제하였다. 일본 정부가 추도식 명칭에 '감사'라는 표현을 넣자고 주장했으나, 한국 정부는 이에 반대했다. 일본의 강제동원이 정당한 조치였다는 뜻으로 비칠 수 있기 때문으로 풀이된다.

063
연담도시 ★☆☆
Conurbation 連擔都市

- 여러 도시나 도시 지역이 서로 인접하여 하나의 큰 도시권 또는 연속적인 도시 지역을 형성한 상태
- 연합뉴스TV

개별 도시가 서로 합쳐지거나 교외 지역이 확장되어 구분이 어렵게 되면서, 단일한 도시처럼 기능하게 되는 현상. 이는 도시화와 인구 증가, 경제 발전의 결과로 나타남.

> **자세히 이해하기**
> 천안과 아산은 연담도시 전략을 공유하기 위해서 '천안-아산 신교통혁명 공약'을 발표했다. 뿐만 아니라 사천시와 진주시 역시 신뢰 관계를 바탕으로 연담도시를 구상하고 있는 중이다.

064
후티 반군 ★☆☆
Houthi rebels

- 예멘의 시아파 무슬림 분파인 자이드파(Zaydi)를 기반으로 한 무장 단체이자 정치 세력
- 전자신문, 조선미디어, 한국일보

1994년 북예멘에서 조직된 단체로, 이슬람 시아파 분파인 자이드파가 중심이 됨. 후세인 바르레딘 알후티에 의해 창단되었고, 창단자인 초대 지도자의 이름을 땀. 이란식 시아파 국가를 수립하는 것을 목표로 하고 있으며, 반미-반이스라엘 성향을 가짐.

> **자세히 이해하기**
> 예멘의 친이란 반군 후티 반군이 홍해를 운항하는 선박들을 공격해 수에즈 운하의 병목 현상이 심화되었다.

065
간편결제 *☆☆
Simple Payment

- 복잡한 절차 없이 간단하게 결제하는 시스템
- 스마트페이
- 연합뉴스TV

온라인과 오프라인에서 빠르고 간편하게 결제하는 전자 결제 서비스. 스마트폰, 스마트워치 등 기기에 저장된 정보를 이용해 바로 결제됨.

> **자세히 이해하기**
> 온라인 간편결제 서비스 선호도에 설문 조사에 따르면 소비자들은 네이버페이를 가장 많이 사용하는 것으로 나타났다.

066
2차 전지 **☆
Secondary Battery

- 재충전이 가능한 하나 이상의 전기화학 셀로 구성된 배터리
- 머니투데이, 한겨레

재충전을 통해 반영구적으로 사용이 가능한 전지. 다양한 모양과 크기로 생산되며, 일회용 배터리보다 초기 비용이 많이 드나, 재충전으로 인한 총 소요비용이 적으며, 환경에 미치는 영향도 적음.

> **자세히 이해하기**
> 전기자동차, 전동 휠체어 골프 카트, 전기 자전거 등에 2차 전지가 사용되며, 하이브리드 자동차 및 전기 자동차에서는 비용을 줄이면서 배터리의 무게, 크기를 줄이고 수명을 늘리기 위한 연구가 진행되고 있다.

067
하이패스 **☆
Hi-Pass

- 고속도로 통행료를 자동으로 결제하는 시스템
- 연합뉴스TV

차량에 장착된 전자태그를 통해 고속도로의 통행료를 자동으로 지불하는 시스템. 운전자는 정체 없이 요금을 지불할 수 있어 편리하며, 통행료 수납소에서의 대기 시간을 줄일 수 있음. 이 시스템은 교통 흐름을 원활하게 하고, 운영 비용을 절감하는 데 기여함.

> **자세히 이해하기**
> 한국도로공사의 자료에 따르면 하이패스 통행료 미납 건수는 해마다 증가하는 추세라고 한다. 최근 5년간 통행료 미납 1억 2,171만 건 중 고지와 강제징수 절차 등을 통해 약 90%는 수납됐지만, 아직 1,255만 건(330억 원)은 미납 상태라고 한다.

068
빅컷 ★★★
Big Cut

- 중앙은행이 기준금리를 0.5% 포인트 인하하는 것
- 조선미디어, 대전 MBC

중앙은행이 기준금리를 0.5% 포인트 인하하는 것인데, 경기 부진을 해소하거나 물가 안정, 자산 시장 활성화를 위해 단행함. 인플레이션이 심화되거나 가계부채가 증가할 수도 있음.

> **자세히 이해하기**
> 미국 연방준비제도는 기준금리를 두 달만에 추가로 0.25%p 인하했으며, 이는 24년 9월 빅컷을 단행한 데에 이은 두 차례 연속 인하 조치다. 제롬 파월 연준 의장은 '최대 고용'과 '안정적인 물가'라는 이중 목표를 달성하기 위해 빅컷을 진행했다고 밝혔다.

069
국민보도연맹 ★★☆
國民保導聯盟

- 1949년 설립된 한국의 반공단체
- 한국일보

한국 전쟁 이전, 공산주의에 대한 반대와 정부의 정당성을 강화하기 위해 결성된 단체. 정보 수집과 선전 활동을 통해 국민의 반공 의식을 고취시키고, 공산당의 확산을 저지하려 함.

> **자세히 이해하기**
> 이승만 정부 당시, 국민보도연맹은 좌익활동에 가담했던 사람들을 쉽게 통제·관리하기 위해 1949년 설립한 관변 단체다.

070
유류분 ★★☆
遺留分

- 상속에서 법정상속인에게 보장되는 최소한의 상속분
- 한국일보, 세계일보

유언이나 상속 계약에 따라 상속인이 받을 수 있는 최소한의 몫으로, 법정상속인이 상속인의 의사에 반하여 상속재산을 빼앗기지 않도록 보호함.

> **자세히 이해하기**
> 헌법재판소의 형제, 자매 유류분권이 위헌 판결에 따라 상속 제도에 변화가 있을 것으로 전망된다. 형제·자매가 상속 대상에서 제외되면서 피상속인은 자신의 재산을 더욱 자유롭게 처분할 수 있게 될 것으로 보인다.

071
늘봄학교 ★★★

- 평일 오전 7시부터 오후 8시까지 학생을 학교에서 돌봐주는 제도
- 뉴스1

정규 수업 외에 학교와 지역사회의 다양한 교육 자원을 연계해 성장과 발달을 지원하는 종합 교육 프로그램. 맞벌이 부부를 위해 오전 7시부터 오후 8시까지 프로그램 및 저녁식사를 제공함.

> **자세히 이해하기**
>
> 늘봄학교는 2024년 1학기에 전국적으로 시범사업을 진행한 후 2학기부터 본격적으로 시행되었으며, 늘봄학교 프로그램 확대 측면에서, 기존 학교 운영과 분리된 늘봄학교를 운영하기 위해 지자체, 대학, 기업 등이 협력해 양질의 프로그램을 진행하고 있다.

072
스핀 오프 ★☆☆
Spin-off

- 원작에서 파생된 작품
- 연합뉴스TV

원작 작품에서 캐릭터나 설정에 기초해 새로운 이야기를 만들어 내는 것. 원작의 세계관을 공유하고 있지만 주인공이나 이야기가 다를 수도 있음.

> **자세히 이해하기**
>
> 유명한 스핀 오프 작품으로는 '슈렉'의 매력적인 조연 장화 신은 고양이의 활약을 다룬 '장화 신은 고양이'가 있다.

073
패러디 ★★☆
Parody

- 원작의 전반적 흐름, 구조 등을 흉내 내거나 과장해 풍자나 해학적으로 표현하는 방법
- 연합뉴스TV

특정 작품, 장르, 스타일을 모방하여 풍자하거나 비꼬는 방식의 창작물. 원작의 특징을 과장하거나 변형해 유머를 창출하며, 종종 사회적 비판이나 문화적 메시지를 담고 있음.

> **자세히 이해하기**
>
> 블랙핑크의 멤버 '로제'와 세계적인 팝스타 '브루노 마스'가 함께 부른 'APT.'에 대한 패러디가 쏟아지고 있다.

074
블랙 코미디 ★★☆
Black Comedy

- 어두운 주제나 사회적 금기를 유머로 풀어내는 장르
- 스튜디오 프리즘

어두운 주제를 웃음을 통해 환멸과 냉소를 표현하는 것으로 일반적인 코미디와는 달리 불쾌감을 주기도 함. 이러한 방식으로 관객에게 깊은 생각을 유도하고, 사회적 비판을 담는 경우가 많음.

> **자세히 이해하기**
> 블랙 코미디는 부조리 문학 속에서 등장한다. 현실 세계 속에서 인간의 조건은 본질적으로 부조리하다는 인식을 바탕으로 하고 있는 부조리 문학은 표현주의(Expressionism)와 초현실주의(Surréalisme)에 그 뿌리를 두고 있다. 카프카의 소설 중 '변신' 역시 블랙 코미디 작품에 해당한다.

075
오컬트 영화 ★★☆
occult movie

- 초자연적인 현상을 바탕으로 한 공포 영화이며 SF 영화
- 조선미디어

초자연적이고 신비로운 현상을 다루는 장르, 일반적으로 과학적으로 설명할 수 없는 사건이나 존재를 중심으로 전개됨. 이 장르는 공포, 미스터리, 스릴러 요소를 포함하며, 종종 종교적 또는 신비주의적 주제를 담고 있음.

> **자세히 이해하기**
> 오컬트 영화는 비현실적인 공포 영화와는 달리 악마의 실체와 존재를 현실 세계에서 끄집어내고 마치 실화처럼 사건을 다루는 특성을 지니고 있다. 한국의 유명한 오컬트 영화로는 '검은 사제들', '파묘'가 있다.

076
슈퍼 IP ★☆☆
Super Intellectual Property

- 다양한 장르로 확장이 가능한 지적재산권
- 스튜디오S

기획 단계에서부터 활용성과 확장성을 전제로 만들어진 지식재산권으로, 지식재산권은 인간의 창작 활동을 통해 생성된 무형의 자산에 대한 법적 권리를 의미함.

> **자세히 이해하기**
> 웹툰 '나 혼자만 레벨업'의 기반으로 만들어진 애니메이션이 호평을 받으며, 완결된 원작이 역주행하고, 관련 게임까지 출시되면서 슈퍼 IP로써 저력을 보여줬다.

077
Rizz **☆

- 매력, 카리스마라는 뜻의 영어 신조어
- 이투데이

미국 MZ 세대들의 영어 신조어 중 하나로 일부러 어 필하지 않아도 저절로 이성에게 매력을 뽐내는 것을 의미함.

> **자세히 이해하기**
> 옥스퍼드 영어사전이 2023년 올해의 단어로 'Rizz'를 선정했다. '이 성을 끌어당기는 매력'이라는 뜻을 가졌다.

078
제미나이 **☆
Gemini

- 구글의 인공지능 언어 모델기반 인공지능
- 이투데이

구글이 공개한 차세대 대규모 언어 모델기반 인공지능. 제미나이는 텍스트뿐만 아니라 다양한 자료를 이해하고 추론하는 멀티 모달 기능을 핵심으로 함. 구글은 최신 칩을 지속 개발해 최첨단 AI 모델 학습을 강화해나갈 계획임.

> **자세히 이해하기**
> 제미나이는 다양한 AI 모델을 운영하기 때문에 모델의 규모 역시 크고 많은 컴퓨팅 자원을 필요로 한다.

079
온 디바이스 AI *☆☆
On-Device Artificial Intelligence

- 기기 자체에 탑재되어 있는 인공지능 서비스
- 전자신문, SBS

외부 서버 혹은 클라우드에 연결되어 있는 것이 아닌 스마트 기기 자체적으로 탑재되어 있는 인공지능.

> **자세히 이해하기**
> 최근 업계에서는 온 디바이스 AI를 기기에 장착해 제품의 경쟁력을 높이려는 시도가 계속되고 있다. 농업 및 임업용 기계 제조회사인 대동은 트랙터에 온 디바이스 AI를 탑재해 무인 농작업 트랙터를 선보였다.

080 할루시네이션 ★★☆
hallucination

- 생성형 인공지능이 잘못된 정보 혹은 허위 정보를 생성하는 현상
- 코리아헤럴드

영어로 환각, 환영, 환청을 뜻하는데, 인공지능 언어 모델이 질문에 대해 잘못된 답변을 출력하는 경우를 의미. 인공지능 모델의 학습 데이터나 입력 데이터의 결함으로 인해 발생할 수 있음.

자세히 이해하기

생성형 AI 업계에서는 할루시네이션을 최소화하는 것이 가장 시급한 과제로 떠오르고 있다. 할루시네이션을 극복하기 위해 개발자들은 인공지능의 학습데이터 정교화 등의 다양한 노력을 기울이고 있다.

081 팹리스 ★★☆
Fabless

- 반도체 산업에서 반도체의 설계와 개발에만 집중하는 기업
- 이투데이

제조 설비를 뜻하는 패브리케이션(fabrication)과 리스(less)를 합성한 것. 팹리스는 반도체 산업에서 반도체 칩의 설계를 담당하고, 실제 생산은 외부의 파운드리 업체에 의뢰함.

자세히 이해하기

1980년대 미국에서 처음 등장했으며, 디지털 산업의 발전으로 각종 반도체 사용범위가 증가하면서 팹리스 회사는 중요한 고부가가치를 창출하는 기업으로 부각되었다. 대표적인 팹리스 기업으로는 미국의 퀄컴(Qualcomm)과 브로드컴(Broadcom)이 있다.

082 ASML ★★☆

- 네덜란드 반도체 장비 업체
- 이투데이

네덜란드에 본사를 둔 반도체 장비 제조업체로, 극자외선(EUV) 노광장비의 독점 생산으로 유명한 기업. 이 장비는 첨단 반도체 제조에 필수적임.

자세히 이해하기

네덜란드 반도체 장비 제조업체 ASML의 CEO 크리스토프 푸케는 미국의 중국 견제의 수출 통제 압박이 계속될 것이라며 유럽연합 차원에서 논의가 필요하다고 주장했다.

083
경상분지★★☆
Gyeongsang Basin
慶尚盆地

- 경상남북도에 분포된 경상계의 분지 혹은 퇴적분지
- 아주경제

중생대 백악기 경상 누층군이 퇴적된 거대한 분지. 지형학적으로 경상분지는 경상남·북도와 강원도 태백 일대, 전라남도 해남 일대를 포괄함.

> **자세히 이해하기**
> 우리나라에는 크고 작은 중생대 퇴적분지들이 있는데, 그중 공룡발자국 화석 대부분은 경상분지에서 발견됐다.

084
열대야★★☆
Tropical Night 熱帶夜

- 여름철 밤의 최저 기온이 25도 이상인 현상
- 조선비즈

여름철 밤에도 기온이 25도 이상 유지되는 현상으로, 주로 도시 지역에서 발생. 높은 습도와 열섬 효과로 인해 불쾌감을 주며, 수면 질 저하와 건강 문제를 유발함.

> **자세히 이해하기**
> 2023년 9월에는 열대야 일수가 1.0일이었다면 2024년 9월의 경우 평균 열대야 일수가 4.3일이었다. 우리나라의 열대야가 지속되는 원인은 북태평양 고기압의 영향 때문인데, 북태평양 고기압은 고온다습한 성질을 가지고 있다.

085
후이늠★★☆
Houynhnm

- 조너선 스위프트의 소설 '걸리버 여행기'에 등장하는 가상의 종족
- 뉴시스

조너선 스위프트의 걸리버 여행기에 나오는 가상의 종족. 인간과 달리 이성적이며, 탐욕이 없는 존재로 전쟁이나 다툼이 존재하지 않는 평화적인 사회를 유지함.

> **자세히 이해하기**
> 최근 서울국제도서전의 주제는 '후이늠'으로 선정되었는데, 평화와 이상적인 사회를 추구하자는 메시지를 전달하기 위해서이다.

SPEED CHECK 스피드 체크

중요 용어! 제대로 이해했는지 빠르게 점검하고 넘어가자!
답이 바로 생각나면 ○, 고민했다면 △, 틀렸다면 × 표시해서 완벽하게 정리하세요.

주관식 문제	확인

01 첨단 기술 또는 새로운 상품이 개발 후 초기 시장에서 주류 시장으로 확산하기 전에 겪는 수요 공백을 의미하는 것은?

◀ 정답 : 캐즘

02 한국 기업의 주가가 동종 업계 외국 기업에 비해 절대적으로 낮게 형성되는 현상은?

◀ 정답 : 코리아 디스카운트

03 법원이 회생 신청을 기업에게 받고 최장 3개월간 회생 절차 개시를 보류하고 일단 채무자(기업)와 채권자가 자율적으로 구조조정을 협의할 수 있도록 지원하는 제도는?

◀ 정답 : 자율구조조정 지원

04 시장에서의 공정한 경쟁을 유지하고 독점적 행동을 방지하기 위해 제정된 법률은?

◀ 정답 : 독점금지법

05 2016년 출시되었으며, 한 계좌에서 다양한 금융상품을 운용할 수 있는 통장은?

◀ 정답 : 개인종합자산관리 계좌

06 특정 시기에 따라 증시가 일정한 패턴을 보이는 현상은?

◀ 정답 : 캘린더 효과

주관식 문제

07 미국 주도 하에 이루어진 아시아-태평양 지역의 경제 협력을 강화하기 위한 다자간 경제 협정은?

◀ 정답 : IPEF

08 설계 회사의 요구에 따라 반도체 웨이퍼를 생산하는 전문 제조업체는?

◀ 정답 : 파운드리

09 멸종 위기에 처한 야생 동식물의 국제 거래를 규제하기 위한 조약은?

◀ 정답 : CITES

10 국내 제약사가 개발한 항암제 중 최초로 FDA 승인을 받은 폐암 치료제는?

◀ 정답 : 렉라자

11 개별 도시가 서로 합쳐지거나 교외 지역이 확장되어 구분이 어렵게 되면서, 단일한 도시처럼 기능하게 되는 현상은?

◀ 정답 : 연담도시

12 인공지능 언어 모델이 질문에 대해 잘못된 답변을 출력하는 경우를 의미하는 것은?

◀ 정답 : 할루시네이션

Part 02

언론사 기출 최신 일반상식

최다 기출 210선

최다 기출 210선

🎙 알짜 학습팁

▶ 언론사 상식시험은 주관식·약술형의 비중이 높습니다. 표제어뿐만 아니라 한줄 설명까지 알고 있어야 주관식 서술형에 대비할 수 있습니다. 시험에 단골로 출제되는 키워드부터 학습하세요.

▶ 지난 수년간 언론사 상식시험에 가장 많이 출제된 상식 키워드를 최다 기출 210선에 담았으니 기출 복원된 문제를 위주로 내용을 파악하세요.

▶ 여러 번 읽으며 키워드 위주로 이해하고 표로 정리된 내용, 관련 용어는 꼼꼼히 암기해야 높은 점수를 얻을 수 있습니다.

001
대통령 ★★★
大統領

- 키워드: 40세 이상, 5년 단임
- 기출처: 춘천MBC, 매일경제, 울산MBC

국가의 원수(元首)로서, 외국에 대해 국가를 대표하고 행정권의 수반이 되는 최고 통치권자

선출	• 최고득표자가 2인 이상인 때에는 국회의 재적의원 과반수가 출석한 공개회의에서 다수표를 얻은 자를 당선자로 한다. • 대통령 후보자가 1인일 때에는 그 득표수가 선거권자 총수의 3분의 1 이상이 아니면 대통령으로 당선될 수 없다. • 대통령으로 선거될 수 있는 자는 국회의원의 피선거권이 있고 선거일 현재 40세 이상이어야 한다.
임기	• 대통령의 임기는 5년으로 하며, 중임할 수 없다.(단임제) • 임기가 만료되는 때에는 임기만료 70일 내지 40일 전에 후임자를 선거한다.
기출	대통령의 임기는 몇 년인가? : 5년

> ✅ **대통령 거부권 (법률거부권)**
> 국회에서 이송된 법률안에 대통령이 이의를 달아 국회로 되돌려 보내 재의를 요구할 수 있는 헌법상 권한. 대통령은 그 법률안에 이의가 있을 시 법률안이 정부에 이송된 후 15일 이내 국회로 환부하고 재의 요구 가능. 국회에서 재의결에 부쳐 재적의원 과반수 출석과 출석의원 3분의2 이상의 찬성으로 의결하면 대통령의 공포 없이 법률로서 효력 발생

002
대통령의 권한 ★★★

- 행정부 수반
- 경향신문, 목포MBC

국가 원수	• 긴급 처분·명령권　• 계엄 선포권 • 국민투표 부의권
행정부 수반	• 행정에 관한 최고 결정권 및 지휘권 • 법률 집행권 • 국가 대표 및 외교에 관한 권한 • 정부 구성권　　• 공무원 임면권 • 국군 통수권　　• 재정에 관한 권한 • 영전 수여권
입법권	• 국회 임시회의 집회 요구권 • 국회 출석 발언권 • 헌법 개정에 관한 권한 • 법률안 제출권과 거부권 및 공포권 • 명령 제정권
사법권	• 위헌 정당 해산 제소권 • 사면·감형·복권에 관한 권한
기출	방송통신위원회 위원장의 임명 권한은 누구에게 있는가? : 대통령

003 최신기출
대통령과 국회 동의 ★★★

- 긴급명령, 계엄선포
- 뉴스1, 경향신문, 경인일보, 대한경제

대통령의 직권	특별사면
국회의 동의를 얻어야 하는 경우	• 조약의 체결·비준　• 일반사면 • 국무총리, 감사원장, 대법원장의 임명 • 예비비 설치　　• 선전포고 및 강화 • 국군의 해외 파병 • 외국 군대의 국내 주둔　• 국채모집
국회의 승인을 받아야 하는 경우	• 예비비의 지출　　• 긴급명령 • 긴급재정경제처분 및 명령
국회에 통고하여야 하는 경우	계엄선포
기출	국회의 동의 없이 대통령의 직권으로 할 수 있는 것은? : 특별사면

004
대통령제 ★★☆
大統領制

- 미국, 프랑스
- CBS 기자, 포항MBC

대통령을 중심으로 국정이 운영되는 정부 형태

자세히 이해하기

대통령제에서는 국민이 대통령을 선출하지만 의원내각제에서는 의회의 다수 의석을 차지한 정당 대표가 수상이 되어 내각을 구성한다. 대통령제를 채택한 국가로는 ▲한국 ▲미국 ▲프랑스 등이 있다. 의원내각제를 채택한 국가는 ▲영국 ▲일본 ▲독일이 대표적이다.

005 최신기출
역대 대통령 ★★★

- 20대 대통령
- 춘천MBC, 한겨레신문, 헤럴드경제

정부명칭	대통령	재임기간
제1공화국	이승만(1~3대)	1948~1960
제2공화국	윤보선(4대)	1960~1962
제3공화국	박정희(5~7대)	1963~1979
제4공화국	박정희(8~9대)	
	최규하(10대)	1979~1980
제5공화국	전두환(11~12대)	1980~1988
제6공화국	노태우(13대)	1988~1993
문민정부	김영삼(14대)	1993~1998
국민의정부	김대중(15대)	1998~2003
참여정부	노무현(16대)	2003~2008
이명박 정부	이명박(17대)	2008~2013
박근혜 정부	박근혜(18대)	2013~2017(파면)
문재인 정부	문재인(19대)	2017~2022
윤석열 정부	윤석열(20대)	2022~2027(2025년 직무정지)

기출
- 문재인 대통령은 몇 대 대통령인가?
  : 19대
- 역대 대통령을 순서대로 쓰시오.
- 이승만 – (　　) – 박정희 – (　　) – 전두환 – 노태우 – 김영삼
  괄호 안에 들어갈 역대 대통령을 쓰시오.
  : 윤보선, 최규하

006
연동형 비례대표제 ★☆☆
連動形 比例代表制

- 권역별 정당 득표율
- 경향신문, MBN, MBC

각 정당의 득표율에 따라 의석을 배분하는 제도

자세히 이해하기

정당이 받은 표에 비례해 의석수가 결정되므로, 사표(死票)를 최소화할 수 있어 소수당에 유리하다. 2020년 4월 15일 총선부터 47명의 비례대표 의석수 중 30석에 연동형 비례대표제를 도입하는 준연동형 비례대표제가 실시됐다. 그러나 거대 양당의 비례대표용 위성정당 창당으로 소수당에 불리한 결과가 나왔다.

007
포퓰리즘 ★★★
populism

- 대중의 인기
- 조선일보, 경인일보

정책의 실현성이나 본래의 목적을 외면하고 대중의 인기에만 영합하는 정치 형태

예문 국회의원 선거를 앞두고 선심성 공약이 난무하는 등 포퓰리즘이 기승을 부리고 있다.

008 최신기출
고위공직자 범죄수사처 ★☆☆
高位公職者犯罪搜査處

- 권력형 비리 전담 기구
- 경향신문, 연합뉴스, 한국일보

약칭 공수처. 검찰개혁 방안 중 하나로, 고위공직자 및 그 가족의 비리를 수사 및 기소할 수 있는 독립기관

자세히 이해하기

고위공직자(대통령·국회의원·법관·지방자치단체장·검사 등)에 대한 수사권, 기소권, 공소유지권을 이양해 검찰의 정치 권력화를 막고 독립성을 제고하기 위해 공수처 설치법이 논의되었으며, 2019년 4월 29일 패스트트랙으로 지정됐고 그해 12월 30일 국회 본회의를 통과했다. 2025년 2월 기준 공수처장은 오동운이다.

기출 공수처의 정식 명칭과 초대 처장의 이름을 쓰시오.
: 고위공직자범죄수사처, 김진욱

009
공직자 임기 ★★★

- 국회의원 4년
- 춘천MBC, MBN, 한국일보

헌법상 주요 공직자 임기

임기	직책
2년	국회의장, 국회부의장, 검찰총장
4년	국회의원, 감사원장·감사위원, 지방자치단체장·지방자치의원
5년	대통령
6년	대법원장 및 대법관, 선거관리위원회 위원, 헌법재판소 재판관
10년	일반법관

기출 대통령, 국회의원, 대법원장의 임기를 합하면?
: 15[대통령(5)+국회의원(4)+대법원장(6)]

010 최신기출
국민연금 ★☆☆
國民年金

- 정부, 공적연금
- YTN 방송기자, 한겨레신문, 경향신문, 매일경제, 헤럴드경제

소득활동이 중단된 국민이 기본 생활을 유지할 수 있도록 정부가 직접 운영하는 공적연금제도

자세히 이해하기

2024년 9월 정부는 국민연금 '보험료율'을 9%에서 13%로 인상, 명목소득대체율은 42%수준으로 2%p 상향 조정, 기금수익률은 1%p 이상 높이는 모수개혁으로 장기 재정 안정성을 확보하겠다고 발표했다.

기출 국민연금과 관련해 옳은 것은?
: 공무원, 군인, 사립학교 교원은 가입 대상이 아니다.

011 최신기출
국세 ★★☆
國稅

- 국가 재정수입
- 경향신문, SBS, 한국일보, 뉴스1

국가의 재정수입을 위해 국가가 국민에게 부과하는 조세. 조세 징수의 주체에 따라 국세와 지방세로 구분

국세 · 지방세

국세 (國稅)	소득세, 법인세, 상속세, 증여세, 종합부동산세, 부가가치세, 개별소비세, 교통·에너지·환경세, 주세(酒稅), 인지세(印紙稅), 증권거래세, 교육세, 농어촌특별세
지방세 (地方稅)	취득세, 등록면허세, 레저세, 담배소비세, 지방소비세, 주민세, 지방소득세, 재산세, 자동차세, 지역자원시설세, 지방교육세
기출	다음 중 국세에 해당하지 않는 것은? : 재산세

012
정기국회 ★☆☆
定期國會

- 예산 심의·확정
- 매일경제

매년 9월 1일(공휴일인 경우 그 다음날) 정기적으로 개회하는 국회. 예산안 심의·확정, 법안 심의·통과

기출	정기국회에 대해 옳지 않은 것은? : 예산안 심의 및 결산 (⇨ 예산안 심의·확정하지만, 결산은 하지 않음)

013
정당해산 심판 ★☆☆
政黨解散 審判

- 헌법재판소 권한
- 시사저널, 연합뉴스

어떤 정당의 목적이나 활동이 헌법이 정하는 민주적 기본질서를 인정하지 아니하는 경우 정부의 청구에 의하여 그 정당을 해산할 것인지 여부를 심판하는 것. 헌법재판소의 권한 중 하나

🔍 **자세히 이해하기**

정부가 정당해산 심판을 청구할 경우 헌법재판관 9명 중 7명 이상 출석해 전체 3분의 2인 6명 이상 찬성하면 정당해산이 결정된다.

✅ **정당의 기능**
여론형성 및 조직화, 정치지도자 배출, 정치교육 및 사회화 기능, 권력통제 등

기출	헌법재판관 9명 중 7명 이상의 출석과 전체 3분의 2인 6명 이상의 찬성으로 결정되는 것은? : 정당해산 심판

014
징벌적 손해배상제 ★★★
懲罰的損害賠償制

- 정신적 피해 보상
- 경향신문, 충북MBC

가해자의 불법행위에 대한 재산상의 원금·이자에 정신적 피해 보상 등 형벌적 요소로서의 금액을 추가적으로 포함해 배상하도록 한 제도

예문 민주당은 2021년 8월 임시국회에서 징벌적 손해배상제 등을 골자로 하는 언론중재법 개정안을 처리하려 했으나 국민의힘과 언론단체 등의 거센 반발에 부딪혀 무산됐다. 징벌적 손해배상제는 2011년 하도급법에 처음 도입됐고 제조물책임법 등 20개 법률로 확대돼왔다. 현행법으로도 피해액의 3~5배까지 배상을 물릴 수 있다.

015 최신기출
필리버스터 ★★★
filibuster

- 의사진행 방해
- YTN, 뉴스1, 경향신문, 연합뉴스TV, 이투데이, 아주경제

의회에서 합법적인 방법을 이용하여 고의로 의사진행을 방해하는 행위

자세히 이해하기 의회의 의사진행을 방해하는 구체적인 행위로는 법안의 통과·의결 등을 막기 위해 발언시간을 고의로 늘리는 것, 유회(流會), 산회(散會)의 동의, 불신임안 제출, 투표의 지연 등이 있다.

기출 국회에서 소수파 의원들이 다수파의 독주를 막거나 기타 필요에 따라 합법적인 방법과 수단을 동원해 의사진행을 고의로 방해하는 행위를 일컫는 말은?
: 필리버스터

016
추가경정예산 ★★☆
追加更正豫算

- 경비 부족, 본예산 변경
- 서울경제, 문화일보

'추경'이라고도 함. 국회에서 예산이 의결된 후 새로운 사정으로 소요경비의 과부족이 생길 때 본예산에 변경을 가하는 예산. 2020년 59년 만에 4차 추경

017 최신기출
기초연금 ★☆☆
基礎年金

- 65세 이상, 하위 70%
- 경향신문, 조선일보, 조선미디어

65세 이상, 소득인정액 기준 하위 70% 이하인 노인에게 지급되는 일정 금액의 연금을 지급하는 사회보장제도

자세히 이해하기 공무원, 사립학교교직원, 군인, 별정우체국직원 등 직역연금 수급권자 및 그 배우자는 원칙적으로 기초연금 수급 대상에서 제외된다.

018 세이프 가드 ★☆☆
safe guard

- 무역보호조치
- 방송통신심의위원회, 연합인포맥스

특정 품목의 수입이 급증하여 국내 산업에 커다란 손실을 입힐 것으로 판단되는 경우 일시적으로 발동하는 긴급 수입제한조치

> **반덤핑 (anti-dumping)**
> 외국의 특정제품이 국내가격보다 싸게 수입돼 관련 산업이 타격을 받는 것을 방지하기 위한 조치

019 예산안 심의 절차 ★★★

- 90일 전까지 국회 제출
- 세계일보, 부산일보, 국민일보

제출 → 회부 → 상임위원회 예비심사 → 예산결산특별위원회 종합심사 → 본회의 심의, 의결 → 정부 이송 및 공고. 2024년 정부가 제출한 2025년 예산은 총수입 651.8조원, 총지출 677.4조원 규모

> **자세히 이해하기**
> - 제출 : 정부는 예산안을 편성하여 회계연도 개시 90일 전까지 국회에 제출해야 한다.
> - 회부 : 국회의장은 예산안을 소관상임위원회에 회부하고, 소관상임위원회는 예비심사를 하여 국회의장에게 보고한다.

> **기출** 국회 통과 기준 2022년 총예산은?
> : 607.7조원

020 국가경찰위원회 ★☆☆
國家警察委員會

- 경찰 인사·예산
- 아주경제

경찰의 인사·예산 등 주요정책 및 경찰 업무 발전 등에 관한 사항을 심의·의결하는, 행정안전부 소속 합의제 행정기관

> **경찰국 (警察局)**
> 경찰청에 대한 인사권 및 승인이 필요한 중요 정책 사항을 관장하는, 행정안전부 내부 부국(部局). 사실상 행안부 장관이 직속 통제해 경찰이 반발했지만 윤석열 정부가 경찰에 대한 민주적 통제 강화 방안이라고 주장해 2022년 8월 2일 공식 출범

> **국가수사본부 (國家搜査本部)**
> 경찰의 수사 업무를 총괄하기 위해 2021년 1월 1일 출범한 독립 수사 기구. 국가경찰 사무는 경찰청장, 수사경찰 사무는 국가수사본부장, 자치경찰 사무 지휘 감독은 시도지사 소속 독립 행정기관인 시도자치경찰위원회가 담당

021
재산권 ★☆☆
財産權

- 공공복리, 한계
- EBS, 경향신문

사법상·공법상의 경제적 가치가 있는 모든 권리. 채권 및 소유권 이외의 재산권은 20년간 행사하지 아니하면 소멸시효가 완성.

> **자세히 이해하기**
> 대한민국 헌법에 규정된 6가지 의무는 ▲납세 ▲국방 ▲교육 ▲근로 ▲재산권 행사에 관한 의무 ▲환경 보전의 의무다. 빈부 격차의 문제 등을 해결하고자 '재산권의 행사는 공공복리에 적합하도록 하여야 하며, 재산권의 한계를 법률로 정한다'고 규정했다.

> ✅ **자연권 (自然權)**
> 사람이 태어날 때부터 자연적으로 가지는 권리로 어떠한 경우에도 자유와 권리의 본질적 내용을 침해할 수 없음

022
헌법개정 절차 ★★★

- 재적의원 3분의 2 이상의 찬성
- 춘천MBC, 뉴스1, 제주MBC

- 제안 : 국회 재적의원 과반수 또는 대통령의 발의
- 공고 : 대통령이 20일 이상 공고
- 국회 의결 : 헌법개정안이 공고된 날로부터 60일 이내, 국회 재적의원 3분의 2 이상의 찬성으로 의결
- 국민투표 : 국회를 통과한 헌법개정안을 30일 이내에 국민투표에 부쳐 국회의원 선거권자 과반수의 투표와 투표자 과반수의 찬성을 얻으면 확정
- 공포 : 헌법개정이 확정되면 대통령이 즉시 이를 공포

023 최신기출
패스트트랙 ★☆☆
fast track

- 330일 이내
- 뉴시스, 스튜디오S, 아주경제

국회에서 긴급성이 있는 특별한 법안을 신속히 처리할 수 있도록 법안 심사 시한을 정해 놓은 제도

> **자세히 이해하기**
> 패스트트랙 안건으로 지정된 법안은 해당 상임위에서 최대 180일, 법제사법위에서 최대 90일, 본회의에서 최대 60일 논의한 뒤 본회의에 상정돼 표결을 거친다. 즉 상임위에서 심의·의결이 안 돼도 330일이 지나면 법안이 곧바로 본회의에 자동 상정된다.

> ✅ **패스트트랙 지정 주요 법안**
> ▲사회적 참사 특별법 ▲유치원 3법 ▲선거제 개혁안 ▲공수처 설치 법안(2개) ▲검경 수사권 조정안

024 헌법재판소 ★★★
憲法裁判所

- 탄핵 및 정당의 해산 심판
- 뉴시스, 목포MBC, 춘천MBC

법령이 실정법 최고 규범인 헌법에 위배되는지를 심판하기 위해 설치된 특별재판소

> **○ 헌법재판소의 구성**
> 헌법재판소의 재판관은 헌법재판소장을 포함해 총 9명. 헌법재판소 재판관의 임기는 6년이며 연임 가능
>
> **○ 헌법재판소의 역할**
> • 법원의 제청에 의한 법률의 위헌 여부 심판
> • 탄핵 및 정당의 해산 심판
> • 국가기관 상호 간, 국가기관과 지방자치단체 간 및 지방자치단체 상호 간의 권한쟁의에 관한 심판
> • 법률이 정하는 헌법소원에 관한 심판

025 국회선진화법 ★☆☆
國會先進化法

- 다수결의 횡포 방지
- KBS, 세계일보, 이투데이

다수당의 횡포와 몸싸움을 방지하자는 취지에서 2010년 여야가 표결로 통과시킨 '국회법 개정안'의 별칭. 국회의장의 직권상정을 엄격히 제한하고 쟁점 법안을 재적의원 5분의 3 이상이 동의해야 신속처리안건(패스트트랙)으로 상정할 수 있도록 함

026 윤창호법 ★★★

- 음주운전 처벌 기준 강화
- 뉴시스, TV조선, 매일신문

음주운전에 대한 처벌과 기준을 강화한 특정범죄 가중처벌 등에 관한 법률 및 도로교통법 개정안

> **자세히 이해하기**
> 음주운전의 면허정지 기준을 현행 혈중알코올농도 0.05% 이상에서 0.03% 이상, 면허취소 기준은 0.10% 이상에서 0.08% 이상으로 정했다. 종전 음주운전 3회 적발 시 면허 취소됐던 것은 2회로 강화했다. 음주운전 반복 시 가중처벌이 위헌이란 결정으로 2022년 윤창호법 효력이 상실됐다.

027 사면권 ★☆☆
赦免法

- 일반사면, 특별사면
- 이투데이, 제주MBC

국가원수가 자비를 베풀어 형벌을 면제하는 직권

> **자세히 이해하기**
> 사면에는 일반사면과 특별사면이 있다. ▲일반사면은 특정 죄목에 대해 일괄적으로 처벌을 면제해주며 형을 언도(선고)받은 효력이 상실된다. ▲특별사면은 대통령이 행하는 특권으로 특정 범인에 대해 형을 사면하는 것이다.

028
반의사불벌죄 ★★★
反意思不罰罪

- 처벌 불가
- 뉴시스, 매일경제, 뉴스1

피해자가 가해자의 처벌을 원하지 않을 경우에 그 의사에 따라 처벌할 수 없는 범죄

자세히 이해하기
외국원수·외국사절에 대한 폭행·협박 등의 죄, 외국의 국기·국장 모독죄, 단순·존속폭행죄, 과실치상죄, 단순·존속협박죄, 명예훼손죄 및 출판물 등에 의한 명예훼손죄 등이 있다.

029
플리바게닝 ★★☆
plea bargaining

- 혐의 인정, 형량 감축
- 국제신문, 매일경제, 춘천MBC

피의자가 자신의 혐의를 인정하거나 타인에 대한 증언을 하면 검찰 측이 형량을 낮춰주는 제도

자세히 이해하기
우리나라에는 아직 법적으로 도입되지 않은 제도다. 수사 비용의 절감 및 사건을 쉽게 해결한다는 장점이 있다.

030
김영란법 ★☆☆
金英蘭法

- 3·5·5
- SBS 기자, MBN, TV조선

부정부패를 방지하고자 김영란 전 대법관의 제안으로 만들어진 '부정청탁 및 금품 등 수수의 금지에 관한 법률'

자세히 이해하기
공무원이나 공공기관원, 학교 교직원 등이 100만원 이상의 금품을 받으면 '직무 관련성이 없더라도' 처벌하는 것이 골자다. 음식물, 선물, 경조사비 상한액은 각각 5만원, 5만원(농축수산물 15만원), 5만원(조의금과 화환 합산 시 10만원, 조의금은 항상 5만원 이하)으로 제한한다. 정부는 2023년부터 설날과 추석 명절 기간에 경제 활성화를 위해 농축수산 선물 상한액을 30만원으로 상향했다.

031
김용균법 ★★★

- 안전 규제 강화
- 연합뉴스, MBC, SBS

산업안전보건법 전부개정안. 위험의 외주화 방지를 위해 산업 현장의 안전 규제를 대폭 강화한 법

자세히 이해하기
2018년 충남 태안화력발전소 협력업체의 비정규직 노동자 김용균 씨가 운송설비 점검 중 사고로 숨진 이후 논의가 이뤄지며 제정됐다. 위험 작업의 사내 도급을 원칙적으로 금지하는 내용이 핵심이다.

기출 김용균법의 정식 법명은?
: 산업안전보건법

032 민식이법 ★☆☆

- 스쿨존, 징역 3년
- 스튜디오S, 헤럴드경제, 경향신문

어린이보호구역(스쿨존) 내 신호등 및 과속단속카메라 설치 의무화 등을 담은 도로교통법. 스쿨존에서 시속 30km 이상으로 달리거나 안전운전 의무를 위반하다가 교통사고를 내 어린이를 사상케 하면 가중처벌하는 특정범죄 가중처벌 등에 관한 법률

자세히 이해하기
13세 미만 어린이를 상대로 과실로 사망에 이르게 한 경우 무기 또는 3년 이상의 징역, 어린이를 상해에 이르게 한 경우 1년 이상 15년 이하의 징역 또는 500만원 이상 3000만원 이하의 벌금에 처하도록 한다.

033 데이터 3법 ★★★

- 데이터 규제 해제
- SBS, 서울경제

개인정보 보호법·정보통신망법·신용정보법 개정안

자세히 이해하기
빅데이터 산업 육성을 위해 데이터(가명정보) 이용에 따른 규제를 푸는 법으로 2018년 11월 국회에 발의됐으나 1년 넘게 계류되다 2020년 1월 9일 열린 본회의에서 통과됐다.

034 유치원 3법 ★★☆

- 학교급식법
- 대전MBC, 충북MBC

유아교육법·사립학교법·학교급식법 개정안

자세히 이해하기
박용진 더불어민주당 의원이 유치원 공공성 강화를 위해 발의한 법안으로 2018년 12월 신속처리안건(패스트트랙)으로 지정됐고, 2020년 1월 13일 국회를 통과했다.

035 재정신청 ★★☆
裁定申請

- 불복신청
- 경향신문, 문화일보

고소를 한 자가 검사로부터 공소를 제기하지 아니한다는 통지를 받은 때에 그 검사 소속의 지방검찰청 소재지를 관할하는 고등법원에 그 처분에 관한 불복을 신청하는 절차

자세히 이해하기
검사의 처분에 대한 불복신청인 재정신청은, 법원 재판에 대한 불복신청인 상소와 다르다.

036 최신기출
중대재해 기업처벌법 ★★★
重大災害企業處罰法

- 경영자 직접 책임
- 조선일보, SBS, 경향신문, 한겨레

노동자 사망사고와 같은 중대한 재해가 발생할 경우 대표이사 등 경영 책임자도 처벌할 수 있도록 한 법

자세히 이해하기

2022년 1월부터 시행됐고, 노동자 사망사고 발생 시 경영 책임자는 최소 1년 이상 징역, 10억원 이하의 벌금을 물어야 한다. 기존 산업안전보건법이 법인을 법규 의무 준수 대상자로 하고, 사업주가 안전보건 규정을 위반할 경우에 한해서만 처벌을 한 데 비해, 중대재해기업처벌법은 법인과 별도로 사업주에게도 법적 책임을 묻는다는 차이가 있다. 상시근로자 50인 미만 사업장(공사금액 50억 미만)에 대한 법 적용은 2024년부터 시행됐다.

기출 중대재해처벌법의 설명으로 옳은 것은?
: 5인 이상 사업장에 적용된다.

037
한일 무역분쟁 ★★☆
韓日 貿易分爭

- 3대 품목
- 한국일보, 이투데이, 경향신문

일본 정부가 한국 대법원의 강제 징용 판결에 반발해 2019년 7월 1일 한국에 단행한 공업 소재 수출 규제 조치로부터 시작된 분쟁. 2023년 교섭을 통해 일본이 화이트리스트에 한국을 복귀시켜 분쟁이 종료됨

◆ **일본의 반도체·디스플레이 수출규제 3대 품목**
▲플루오린 폴리이미드 ▲포토레지스트 ▲불화수소(에칭가스)

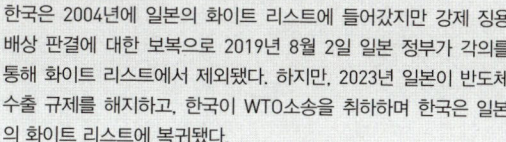

038
화이트 리스트 ★★☆
white list

- 한국 배제
- 경향신문, 서울경제, 헤럴드경제

백색국가. 일본이 자국의 안전보장에 위협이 되는 첨단기술이나 전자부품 등을 정부의 허락 없이 다른 국가 등에 수출할 수 있게 한 국가 명단

자세히 이해하기

한국은 2004년에 일본의 화이트 리스트에 들어갔지만 강제 징용 배상 판결에 대한 보복으로 2019년 8월 2일 일본 정부가 각의를 통해 화이트 리스트에서 제외됐다. 하지만, 2023년 일본이 반도체 수출 규제를 해지하고, 한국이 WTO소송을 취하하며 한국은 일본의 화이트 리스트에 복귀됐다.

039 전시작전통제권 ★★★
WOC
Wartime Operational Control

- 한미연합사령관
- 코리아헤럴드, 충북MBC

전쟁 발발 시 군대의 작전을 지휘·통제할 수 있는 권한

> **자세히 이해하기**
>
> 6·25전쟁 발발 직후 이승만 대통령은 맥아더 국제연합군 사령관에게 작전지휘권을 위임했고, 그 후 작전통제권은 한미연합군 사령관에게 위임됐다. 1994년 12월 평시작전통제권은 한국군에 환수됐으나, 전시작전통제권은 아직 한미연합사령관이 행사하고 있다.

040 김정은 ★★☆ [최신기출]
金正恩
1984~

- 국무위원회 위원장
- 연합뉴스TV, SBS 기자, 국민일보, 한겨레

조선민주주의인민공화국(북한)의 최고 지도자

> ◉ **김정은이 맡고 있는 직책**
> - 조선로동당 중앙군사위원회 위원장
> - 조선로동당 중앙위원회 정치국 상무위원
> - 조선로동당 총비서
> - 조선민주주의인민공화국 국무위원회 위원장
> - 조선민주주의인민공화국 무력 최고사령관
>
> ◉ **김여정(김정은 여동생)이 맡고 있는 직책**
> - 조선민주주의인민공화국 국무위원회 위원
> - 조선로동당 중앙위원회 선전선동부 부부장
> - 최고인민회의 대의원
>
> **기출** 북한의 공식 명칭과 김정은의 공식 직함은?
> : 조선민주주의인민공화국, 조선로동당 총비서

041 지소미아 ★★★
GSOMIA
General Security Of Military Information Agreement

- 한·일 갈등
- 경향신문, 서울경제, 경기일보

군사정보보호협정. 군사 동맹국끼리 비밀군사정보를 서로 제공할 때 제3국 누설을 막으려고 체결하는 협정

> **자세히 이해하기**
>
> 정부는 2019년 8월 22일 "일본이 우리나라를 화이트 리스트(수출절차 우대국)에서 배제하는 등 협정을 유지하는 것이 우리의 국익에 부합하지 않는다고 판단했다"며 한일 군사정보보호협정 종료를 공식 발표했다. 그러나 일본이 한국의 화이트 리스트 제외 조치를 재검토하는 조건으로 정부는 2019년 11월 23일 0시를 기해 발효될 예정이던 한·일 군사정보보호협정 종료 통보의 효력을 일시 중지했다. 2023년 윤석열 정부에서는 지소미아를 비롯한 한·일 군사정보 교류 협력 정상화를 선언하였다. 이에 대해 이재명 대표는 일본 자위대의 한반도 진주 가능성을 열어준 것이라 규탄했다.

042
KADIZ **★★★☆**
Korea Air Defense Identification Zone

- 공군 공역
- 세계일보, MBN

한국방공식별구역. 공군이 국가 안보의 필요성에 따라 영공 외곽 공해 상공에 설정한 공역

> **자세히 이해하기**
> 한국, 중국, 일본은 각각 자국 방공식별구역으로 KADIZ, CADIZ, JADIZ를 설정하고 있다. 중국 및 러시아 군용기의 KADIZ 침입이 빈번하게 일어나고 있다.

043 최신기출
CVID **★★★**
Complete, Verifiable, Irreversible Dismantlement

- 핵 폐기
- KBS, 세계일보, 서울경제

완전하고 검증 가능하며 불가역적인 핵 폐기. 조지 W. 부시 행정부 1기에 수립된 미국의 북핵 해결 기본 원칙

- CPD(Complete and Permanent Dismantlement) : 완전하고 영구적인 핵 폐기
- FFVD(Final, Fully Verified Denuclearization) : 최종적이고 완전하게 검증된 핵 폐기
- PVID(Permanent, Verifiable, Irreversible Dismantling) : 영구적이고 검증가능하며 돌이킬 수 없는 핵 폐기
- CVIG(Complete Verifiable Irreversible Guarantee) : 북한이 비핵화를 전제로 미국에 요구하는 완전한 체제 보장

> **예문**
> 트럼프 대통령이 북한을 핵능력 보유국(nuclear power)으로 언급하여, CVID를 포기하는 것이 아니냐는 지적이 제기되고 있다.

044 최신기출
SLBM **★★★**
Submarine Launched Ballistic Missile

- 잠수함에서 발사
- 뉴스1, SBS, 한국경제신문, 매일경제

잠수함발사탄도미사일. 대륙간탄도미사일을 잠수함에서 발사할 수 있도록 개량한 미사일

> **자세히 이해하기**
> 2021년 9월 15일 우리나라가 독자 개발한 잠수함발사탄도미사일(SLBM) 발사시험에 성공하면서 세계 7번째 SLBM 보유국 반열에 올랐다. SLBM 발사관이 10개 설치된 3600톤급 잠수함이 착공되었으며, 2029년 건조 완료 후 2031년 해군에 인도될 예정이다.

> **기출**
> 북한이 최근 (   ) 발사에 성공하면서 우리나라도 핵잠수함을 도입해야한다는 목소리가 있었다. (   )에 들어갈 말을 적고, 두 줄 이내로 설명하라.
> : SLBM

045 양적완화 ★★★
QE
Quantitative Easing

- 경기부양, 통화공급
- 충북MBC, 연합인포맥스

경기부양을 위해 국채매입 등의 수단으로 시장에 유동성을 직접 공급하는 정책

> **자세히 이해하기**
>
> 미국이 양적완화를 시행하면 달러 공급이 증가해 달러 가치가 절하(달러 약세)된다. 반면에 한국 원화 가치는 높아져 한국 제품의 가격이 상승한다. 여기에 달러 약세로 인한 투기자금이 원자재로 몰리면서 국제원자재 가격 상승까지 맞물린다면 한국의 대미수출은 타격이 불가피하다. 미국 정부는 경기 회복에 따라 2014년 10월 29일 양적완화를 공식 종료했다. 그러나 코로나19의 유행으로 경기가 안 좋아지자 2020년 3월 무제한 양적완화를 시행했고 그 결과 유동성 과잉과 인플레이션이 나타나자 2022년부터 양적완화 중단 및 양적긴축 실시에 돌입했다.

> **유동성 (liquidity)**
> 기업의 자산을 현금으로 전환할 수 있는 능력을 나타내는 용어

> **기출**
> 미국의 양적완화에 대한 설명으로 옳지 않은 것은?
> : 금리 인상(⇨ 양적완화는 저금리 기조)

046 테이퍼링 ★★☆
tapering

- 양적완화 축소
- 한국경제, 아주경제, 매일경제

양적완화(QE) 조치의 점진적인 축소를 의미

> **자세히 이해하기**
>
> 정부가 경제 위기에 대처하기 위해 취했던 양적완화의 규모를 점진적으로 축소해 나가는 출구전략의 일종이다. 사전적 의미로 테이퍼링은 '점점 가늘어지다, 끝이 뾰족해지다'라는 뜻이다.

047 최신기출 베블런 효과 ★★☆
Veblen effect

- 과시욕, 허영심
- CBS, 매일신문, 목포MBC, MBN, 조선일보

상품의 가격이 상승하는데도 불구하고 허영심이나 과시욕으로 인해 수요가 증가하는 현상

> **예문**
> 미국의 사회학자 베블런은 『유한계급론』(1899)에서 베블런 효과와 같이 사회적 지위를 과시하기 위한 소비형태를 지적하였다.

048 최신기출
낙수 효과 ***
trickle down effect

- 부유층, 경기부양
- YTN 취재기자, 충북MBC, 경인일보, 한겨레신문

대기업의 성장을 촉진하면 중소기업과 소비자에게도 그 혜택이 돌아가 전체적으로 경기가 활성화된다는 경제이론

> **예문** 오픈소스 AI인 딥시크의 등장은 AI기술을 자체 개발 중인 국내 기업에 낙수 효과를 가져올 것이라는 기대를 모으고 있다.

049 최신기출
부가가치세 **☆
VAT
Value Added Tax

- 국세, 소비세
- EBS, 서울신문, 경향신문

제품이나 그 부품이 팔릴 때마다 과세되는 소비세

> **기출** 지방세가 아닌 것은?
> : 부가가치세

050 최신기출
코넥스 **☆
KONEX
Korea New Exchange

- 소규모 기업 주식시장
- 국민일보, 헤럴드경제, 대전MBC, 뉴스1

코스닥 전 단계의 중소·벤처기업 전용 주식시장. 창업 초기 소규모 기업의 원활한 자금 조달을 위해 만들어짐

- **코스피(KOSPI)** : 증권거래소에 상장된 상장기업의 주식시장 및 그 지표. 우리나라를 대표할 만한 대기업들이 상장
- **코스닥(KOSDAQ)** : 코스피에 상장되기에 부족하나 앞으로 발전가능성이 많은 중소·벤처기업들의 자금 조달을 위해 열리는 주식시장

051 최신기출
IPO ***
Initial Public Offering

- 주식 공개 매도
- 한국경제, 머니투데이, TV조선, 이투데이

기업공개. 기업이 최초로 외부투자자에게 주식을 공개 매도하는 것

> ✓ **프리(pre) IPO**
> IPO 전에 미리 투자자들로부터 일정 자금을 유치 받는 것

052 최신기출
공매도 ***
空賣渡
short stock selling

- 없는 것을 판다
- 매경TV, 한겨레, 스튜디오S, 경인일보, 한국일보, 연합뉴스TV, 이투데이, 머니투데이, SBS, 전자신문, 국민일보

주식을 소유하지 않고 매도 주문을 내는 것

> **자세히 이해하기** 🔍
> 현재 주식을 소유하지 않고 있음에도 향후 주가가 하락할 것을 예상하고 주식을 빌려 판 뒤, 실제 주가가 하락하면 같은 종목을 싼값에 되사서 차익을 챙기는 매매 기법이다. 증시에 활력소가 되는 반면, 시장을 교란시켜 기업·투자자에게 피해를 줄 수 있다.

053
통화스와프 ★★☆
currency swaps

- 통화 교환
- 서울경제, 연합인포맥스

서로 다른 통화를 약정된 환율에 따라 일정한 시점에 상호 교환하는 외환거래를 의미

> ⦿ **통화스와프 체결 국가 (2025년 1월 기준)**
> ▲중국 ▲캐나다 ▲스위스 ▲호주 ▲인도네시아 ▲UAE
> ▲말레이시아 ▲튀르키예 ▲치앙마이 이니셔티브 ▲일본
>
> **기출** 한국과 통화스와프를 체결하지 않은 국가는?

054 최신기출
파레토 법칙 ★★★
Pareto's Law

- 80 : 20
- CBS, 충북MBC, 춘천MBC, 연합뉴스TV

80 대 20 법칙. 20%의 상품 또는 상위 20% 고객이 총 매출의 80%를 차지한다는 경제 용어

> ⦿ **파레토 최적 (Pareto optimum)**
> 자원배분이 가장 효율적으로 이루어진 최적의 상태

055
롱테일 법칙 ★☆☆
long tail theory

- 역(逆) 파레토 법칙
- 춘천MBC, MBN

80%의 '사소한 다수'가 20%의 '핵심 소수'보다 뛰어난 가치를 창출한다는 이론. 파레토 법칙의 반대

056
밴드왜건 효과 ★★☆
band-wagon effect

- 다수의 선택에 편승
- KBS, CBS, 경인일보

다수의 선택에 무작정 따르게 되는 현상

> ▼ **자세히 이해하기**
> 어떤 재화에 대한 수요가 많아지면 그 경향에 따라 다른 사람들의 재화에 대한 수요가 증가한다는 의미에서 '편승 효과'라고도 한다. 밴드왜건은 대열의 선두에서 행진을 이끄는 악대차를 의미한다.
>
> ⦿ **언더독 효과 (underdog effect)**
> 약자가 강자를 이겨주기를 바라는 심리 현상

057
리니언시 제도 ★★☆
leniency 制度

- 담합, 자진신고
- 한국경제TV, 한겨레신문

자진신고자 감면제도. 기업이 가격 등 담합 사실을 먼저 정부 당국에 실토하면 그 기업의 과징금을 경감 또는 면제해주는 제도

058 최신기출
유동성함정 ★★★
liquidity trap

- 케인스 주장, 현금 보유
- 머니투데이, 아시아경제, KNN

금리를 낮추고 통화량을 늘려도 경제적인 파급 효과가 일어나지 않게 되는 것

> **자세히 이해하기**
> 금리가 어느 정도까지 내려가면 사람들은 곧 금리가 오를 것으로 예상하여 채권을 매입하지 않고 현금을 보유하려는 성향이 높아진다. 이때 중앙은행이 아무리 통화량을 늘려도 사람들이 현금을 보유하고 있기 때문에 경제적인 파급 효과가 일어나지 않게 된다. 1930년대 대공황 때 아무리 돈을 풀어도 경기가 살아나지 않은 것을 두고 영국 경제학자 존 케인스가 처음 사용한 용어다.

059
주택공시가격 ★★★
住宅公示價格

- 부동산 과세 기준
- 아주경제, 서울경제, 머니투데이

정부가 정기적으로 조사·발표하는 집값

> **자세히 이해하기**
> 종합부동산세 등 부동산 과세의 기준이 된다. 주택 등 건물 가격은 공시가격, 땅값은 공시지가라고 한다.

060 최신기출
DTI ★★★
Debt To Income
총부채상환비율

- 대출한도 규제
- 연합뉴스, 한겨레, 서울신문, 이투데이, 머니투데이, 아주경제, 대전MBC

주택담보대출을 받을 때 매년 상환해야 하는 금액이 연소득의 일정 비율을 넘지 않도록 제한하기 위해서 대출한도를 정하는 계산 비율

> ● **LTV (Loan To Value ratio, 주택담보대출비율)**
> 주택가격 대비 주택담보대출금액이 차지하는 비율. 윤석열 정부는 2022년 10월 무주택자에 대한 LTV를 50%로 완화하고 투기·투기과열지구 내 15억원 초과 아파트의 주택담보대출을 허용하기로 했다.
>
> ● **DSR (Debt Service Ratio, 총부채원리금상환비율)**
> 빚의 원금과 이자를 갚는 데 들어가는 돈이 소득에서 차지하는 비율. 주택담보대출은 물론 다른 부채 원리금 상환까지 판단하므로 DTI보다 엄격한 규제

061 최신기출
통상임금★★★
通常賃金

- 일률적, 고정적
- UBC 울산방송, 안동MBC, 매일경제, 한겨레

근로자에게 일률적·고정적으로 지급되는 월급·주급·일급·시급 등의 총칭. 정기상여금, 근속수당 등 포함

예문 노동고용부는 출산휴가 또는 육아휴직 급여 수급을 완료해 변경된 통상임금 판단기준에 따라 급여를 받지 못한 근로자를 대상으로 추가급여를 지급하기로 했다.

기출
- 통상임금에 대해 옳지 않은 설명은?
: 3개월 동안 총 임금을 일한 날로 나눈 것이다.(⇨ 평균임금에 대한 설명)
- 근로자에게 일률적·고정적으로 지급되는 월급·주급·일급·시급 등의 총칭은?
: 통상임금

062 최신기출
최저임금 제도★★★
最低賃金 制度

- 2025년 10,030원
- 서울경제, 아시아경제, 뉴시스, 경향신문

국가가 임금액의 최저한도를 결정하고 사용자에게 그 지급을 법적으로 강제하는 제도

자세히 이해하기
근로자의 생활안정과 노동력의 질적 향상을 꾀하고 국민경제의 건전한 발전을 위한 제도다. 2025년 최저임금은 10,030원으로 2024년(9,860원)보다 1.7%(170원) 올랐다.

기출 2025년 최저임금은 얼마인가?
: 10,030원

063 최신기출
스튜어드십 코드★★★
stewardship code

- 기관투자가의 의결권 행사
- 경인일보, 충북MBC, 헤럴드경제

연기금과 자산운용사 등 주요 기관투자자들의 주주의결권 행사를 적극적으로 유도하기 위한 자율 지침

예문 스튜어드십 코드 도입 이후 국민연금은 주주총회에서 적극적으로 표를 행사했고 2019년 조양호 한진 회장의 대한항공 경영권 박탈에 결정적 영향을 미쳤다.

064
O2O 마케팅★☆☆
Online to Offline marketing

- 오프라인 유도
- TV조선, 광주MBC

온라인으로 고객을 유치하여 오프라인으로 유도하는 마케팅

기출 스타벅스의 사이렌오더처럼 온라인과 오프라인을 연결하는 플랫폼은?
: O2O 서비스

065 최신기출
기준금리 ★★★
base rate

- 금융통화위원회
- 뉴스1, 아시아경제, 한겨레, 머니투데이, 아주경제, SBS

한국은행(중앙은행) 안에 설치된 금융통화위원회에서 매달 회의를 통해 결정하는 금리. 2025년 1월 16일 기준 기준금리는 3.00%

자세히 이해하기

한국은행이 금융기관과 환매조건부증권(RP) 매매나 자금조정 예금 및 대출 등의 거래를 할 때 기준이 되는 정책금리이다. 한국은행에서 기준금리를 발표하면 시중은행들이 이를 기준으로 금리를 책정하기 때문에 시중 통화량과 물가를 조정할 수 있다.

기출 한은 기준금리 빅스텝 원인은?
: 물가 안정

066
구글세 ★★☆
Google tax

- 다국적 기업, 악용 방지
- 서울경제, 제주MBC, MBN

구글 등 다국적 기업을 대상으로 부과되는 각종 세금

자세히 이해하기

구글 같은 글로벌 기업이 세법을 악용해 저세율 국가 계열사에 특허 사용료나 이자 명목으로 막대한 금액을 넘겨 절세하는 것을 막고자 부과하는 세금이다. 디지털세라고도 한다. 2021년 10월 G20 정상회의에서 각국은 2023년부터 다국적 기업의 전체 이익 중 25%에 대해 매출 발생 국가가 과세권을 갖고, 법인세도 최저 15% 이상을 적용하는 디지털세 도입 최종 합의안을 승인했다.
콘텐츠 저작권 관점에서는 신문사의 뉴스 콘텐츠를 게재해 광고 수익을 챙기는 포털사이트에 세금 형태로 부과하는 저작료를 뜻한다.

067
더블딥 ★★☆
double deep

- 이중침체
- 부산일보, 연합뉴스TV

경기침체 후 잠시 불황에서 벗어나 짧은 기간 성장을 기록하다가 다시 불황에 빠지는 이중침체 현상

기출 경기가 악화됐다가 회복되고 다시 악화되는 현상을 일컫는 말은?
: 더블딥

068
엠부시 마케팅 ★★★
ambush marketing

- 교묘, 매복
- 춘천MBC, SBS 제작PD

교묘히 규제를 피해가는 마케팅 기법

기출 올림픽 기간에 후원 업체가 아니면서 광고를 통해 올림픽과 관련 있는 업체라는 인상을 주는 전략은?
: 엠부시 마케팅

069 백기사 ★★★
白騎士

- 우호적, M&A
- 연합뉴스, 방송통신심의위원회

적대적 인수합병(M&A)의 대상이 된 기업에 우호적인 제3의 기업 인수자

> ✓ **적대적 M&A**
> - 경영층이 반대하는 가운데 시장에서 주식을 매입하여 경영권을 장악하는 M&A
> - 적대적 M&A 방어법: 백기사, 황금낙하산, 초토화법
>
> **기출** 다음 중 적대적 M&A 방어법이 아닌 것은?
> : 위임장 대결(⇨ 적대적 M&A 수단)

070 최신기출 블랙스완 ★★☆
black swan

- 충격, 파급
- 아주경제, KBS, 울산MBC, 연합인포맥스

발생가능성이 거의 없어 보이지만 일단 발생하면 예기치 못한 충격과 엄청난 파급 효과를 가져 오는 사건

> ✓ **화이트스완 (white swan)**
> 위기가 반복되더라도 적절한 대응책을 마련하지 못해 닥치는 현상

071 사회적기업 ★★☆
social enterprise

- 사회서비스, 영리
- 뉴스1, MTN

일자리 제공으로 지역주민의 삶의 질을 높이는 등 사회적 목적을 추구하는 동시에 영리활동도 함께 수행하는 기업

072 최신기출 스태그플레이션 ★★★
stagflation

- 경기침체 물가상승
- MBN, 연합인포맥스, 광주MBC, 스튜디오 프리즘

경기침체에도 불구하고 물가가 오히려 오르는 현상

> **자세히 이해하기** 🔍
> 침체를 뜻하는 스태그네이션(stagnation)과 인플레이션(inflation)의 합성어다.

- 인플레이션: 통화량 증가 → 물가 상승
- 디플레이션: 경기 하락 → 물가 하락
- 리세션: 호황 중단 → 생산활동 저하, 실업률 상승
- 애그플레이션: 농산물 가격 급등 → 전반적인 인플레이션

073 최신기출
서킷브레이커 ★★★
circuit breaker

- 거래 일시 정지
- 서울경제, SBS 방송경영, 조선미디어

종합주가지수나 선물 가격이 큰 폭으로 변동하였을 때 시장에 미치는 영향을 최소화하기 위해 도입한 제도

자세히 이해하기

코스피 또는 코스닥 지수가 전일 종가 지수 대비 8% 이상 하락해 1분간 지속되는 경우 서킷브레이커 1단계가 발동해 20분간 매매거래를 중단한 뒤 10분간 단일가매매로 재개한다. 2단계로 전일 대비 15% 이상 하락하고 1단계 발동시점 대비 1% 이상 추가 하락해 1분간 지속될 경우 다시 20분간 매매거래 중단 후 10분간 단일가매매로 재개한다. 3단계로 지수가 전일 대비 20% 이상 하락하고 2단계 발동 시점 대비 1% 이상 추가 하락해 1분간 지속될 경우 당일 장을 종료시킨다.

기출 서킷브레이커에 대한 설명으로 옳지 않은 것은?
: 지수가 15% 등락 시에만 거래가 중단된다.(⇨ 8, 15, 20% 하락 시 각각 발생)

074
스톡옵션 ★★☆
stock option

- 성과 중심
- 조선비즈, 방송통신심의위원회, 국제신문

기업이 성과에 따라 임직원에게 자사 주식을 매입·처분할 수 있도록 한 인센티브제도

자세히 이해하기

자사 주식을 시세보다 적은 금액에 구입하여 일정 기간이 경과하면 임의대로 처분할 수 있기 때문에 자금이 부족한 벤처기업 등은 이를 활용해 유능한 인력을 장기간 확보할 수 있다.

기출 스톡옵션에 대해 설명하시오.

075 최신기출
ELS ★★☆
Equity Linked Securities
주가연계증권

- 주가 지수 연계, 금융상품
- 스튜디오S, 매일경제, 서울경제, 경향신문, 딜사이트, 뉴스1, 이투데이

특정한 주식의 가격 또는 지수와 관련해 수익률이 결정되는 금융상품

자세히 이해하기

투자 자금의 일부는 국공채에 투자해 원금을 일부 보장하고, 나머지는 주식에 투자해 주가 또는 지수의 변동에 따라 만기 지급액을 결정하는 증권이다.

076 최신기출
워크아웃 ★★★
workout

- 기업 회생
- 뉴스1, 서울경제, 딜사이트, 코리아헤럴드

부실기업의 구조조정을 위해 기업과 금융기관이 서로 협의해 진행하는 기업 개선 작업

> **자세히 이해하기**
> 기업의 파산보다 사적인 계약협의를 통한 회생이 일자리 보존과 생산 설비 가동에 있어 보다 적은 비용이 소요될 것이라고 판단될 경우에 활용된다. 일반적으로 은행 대출금의 출자 전환, 상환 유예, 이자 감면, 일부 부채 탕감 등의 부채 구조조정을 도와주며 기업은 자산 매각, 주력 사업 정비, 계열사 정리 등의 구조조정 노력을 이행해야 한다.

077 최신기출
골디락스 ★★★
Goldilocks

- 고성장, 저물가
- YTN, CBS, 연합인포맥스, 뉴스1, 연합뉴스TV

경제가 높은 성장을 이루고 있으면서도 물가상승이 없는 이상적 상태

> **기출** 골디락스 경제에 대해 약술하시오.

078 최신기출
재정준칙 ★★★
財政準則

- 재정건전성
- 뉴시스, 연합인포맥스, 세계일보

재정건전성지표가 일정 수준을 넘지 않도록 관리하는 규범

> **자세히 이해하기**
> 한국형 재정준칙 도입 방안의 골자는 2025년부터 GDP 대비 국가채무 비율은 60%, 통합재정수지 비율은 -3% 이내로 관리하며, 이를 넘길 경우 건전화 대책을 의무적으로 마련해야 한다는 내용이다. 두 가지 기준 중 하나가 기준치를 넘어도 다른 하나가 그에 해당하는 만큼 기준을 밑돌면 재정준칙 규제를 적용받지 않도록 설계됐다.

079
토마 피케티 ★★★
Thomas Piketty
1971~

- 21세기 자본론, 부의 불평등
- 헤럴드경제, 한국경제, 경향신문

부의 불평등에 대해 연구하는 프랑스 경제학자로, 『21세기 자본』의 저자

> **21세기 자본 (Capital in the Twenty-First Century)**
> 돈이 돈을 버는 속도(자본수익률)가 사람이 일해서 돈을 버는 속도(경제성장률)보다 빠르기 때문에 자본주의가 발전할수록 빈부격차가 심해진다고 주장

080 케인스 ***
John Maynard Keynes
1883~1946

- 완전고용
- 한겨레신문, YTN 방송기자, 춘천MBC

완전고용의 실현을 위해 공공지출 등 정부의 직접적 정책이 필요하다고 주장한 영국의 경제학자

> **자세히 이해하기**
>
> 대표적 저작 『고용·이자 및 화폐에 관한 일반이론』에서 완전고용을 실현하기 위해서는 유효수요를 확보하기 위한 공공지출 등 정부의 보완책이 필요하다고 주장했다. 이를 위한 수단으로써 적극적인 재정금융정책의 채택을 주장했다.

> ● **절약의 역설 (paradox of thrift)**
> 개인으로 볼 때는 소비를 줄이고 저축을 늘리는 것이 합리적이지만, 사회 전체로 볼 때는 오히려 소득의 감소를 초래할 수 있다는 이론. 케인스가 처음 주장한 개념

081 화폐단위 ***
貨幣單位

- 바트, 링깃
- 문화일보, 춘천MBC

원(한국), 엔(일본), 위안(중국), 유로(유럽연합), 뉴타이완달러(대만), 홍콩달러(홍콩), 싱가포르달러(싱가포르), 바트(타이), 페소(필리핀·멕시코·아르헨티나), 링깃(말레이시아), 루피(인도·스리랑카·파키스탄), 동(베트남), 투그릭(몽골), 타카(방글라데시), 뉴 킵(라오스), 리엘(캄보디아), 헤알(브라질), 리라(튀르키예), 루블(러시아)

> **기출** 화폐단위가 옳지 않은 것은?
> : 영국-달러 (⇨ 영국은 파운드)

082 데드크로스 ***
dead cross

- 약세장 신호
- KBS, 아이뉴스24, MBN, 세계일보

주가의 단기 이동평균선이 중장기 이동평균선 아래로 떨어지는 현상. 약세장으로 전환하는 신호

> ● **인구 데드크로스**
> 사망자 수가 출생아 수보다 많아지면서 인구가 자연 감소하는 현상

083 최신기출
ESG ★★★

- 기업의 비재무적 요소
- 더벨, 매일경제, 한국경제, 아주경제, 스튜디오프리즘, 딜사이트, 연합인포맥스, KNN, 인베스트조선

환경보호(Environment)·사회공헌(Social)·지배구조를 포함한 윤리경영(Governance)의 줄임말

> **자세히 이해하기**
>
> 기업이 환경보호에 앞장서고, 사회적 약자에 대한 지원 및 사회공헌 활동을 활발히 하며, 법과 윤리를 철저히 준수하는 윤리경영을 실천하는 것을 말한다. 유럽연합(EU)이나 미국 등에서는 이미 기업을 평가할 때 ESG가 중요한 기준으로 자리 잡고 있다. 지속성장을 위해 ESG는 선택이 아닌 필수라는 데 세계적으로 공감대가 형성됐다.

기출 ESG가 무엇의 약자인지 쓰시오
: Environment·Social·Governance

084
마이데이터 ★★☆
My Data

- 개인정보 활용
- TV조선, 스튜디오S, 뉴스1

흩어진 개인 신용정보를 본인이 원하는 대로 쉽게 관리할 수 있도록 해주는 서비스

마이데이터 허가 업체 (2025년 1월 31일 본허가·서비스 기준)

구분	업체	구분	업체
은행	국민, 농협, 신한, 우리, 기업, 하나, 대구, SC제일, 광주, 전북	저축	웰컴저축은행, 동양저축은행
보험	교보생명, KB손보, 신한라이프	상호금융	농협중앙회
금투	미래에셋증권, 키움증권, 하나금투, NH투자증권, 한투증권, KB증권, 현대차증권, 교보증권, 신한금투	CB사	나이스평가정보, KCB
카드·캐피탈	국민, 하나, BC, 현대, 신한, 우리, 롯데카드, 현대캐피탈, KB캐피탈, KB국민카드, 삼성카드	핀테크·IT 등	뱅크샐러드, 핀크, 쿠콘, 카카오페이, 토스, NHN페이코, SK플래닛, 헥토이노베이션, 네이버파이낸셜, 핀다, 팀윙크, 유비벨록스, LG CNS 등

085
분양가상한제***
分讓價上限制

- 택지비, 건축비
- 이투데이, 헤럴드경제, MBN

주택을 분양할 때 택지비와 건축비에 건설업체의 적정 이윤을 보탠 분양가격을 산정하여 그 가격 이하로 분양하도록 정한 제도

> **예문** 경실련은 "분양가상한제를 전면적으로 도입하면 집값은 물론 전세까지 안정화할 수 있을 것"이라고 말했다.

086
DLF***
Derivative Linked Fund

- DLS 편입 펀드
- 헤럴드경제, 머니투데이

파생결합펀드. 주가지수를 비롯해 실물자산 등을 기초자산으로 하는 파생결합증권(DLS)을 편입한 펀드

> **예문** 2022년 11월 금융위원회가 DLF 불완전판매와 관련해 손태승 우리금융 회장 징계 안건을 논의 중인 것으로 알려졌다.

087
동학개미운동*☆☆

- 주식판 반외세 운동
- 코리아헤럴드, MBC, 한국경제

코로나19 사태로 외국인 투자자가 한국 주식을 팔며 급락세가 이어지자 이에 맞서 개인 투자자들(개미)이 대규모 매수세를 이어간 상황을 빗댄 표현

> **자세히 이해하기**
> 외국인은 2020년 3월 22거래일 중 단 하루(3월 4일)를 제외한 21거래일 동안 유가증권시장에서 12조5550억원을 순매도했지만, 같은 기간 개인은 11조1869억원을 순매수해 사실상 외국인의 매도 물량을 그대로 받았다.

088 최신기출
업사이클링***
upcycling

- 쓰레기, 재탄생
- 스튜디오S, 대전MBC, 연합뉴스TV, 전자신문

기존에 쓰레기로 간주했던 것들을 새로운 제품으로 재탄생시켜 부가가치를 창출하는 것. 단순 재활용인 리사이클링의 업그레이드

> **프루갈리스타 (frugalista)**
> 중고 옷을 사거나 지인과 바꿔 입는 등 절약하면서도 센스 있게 옷을 입으며 유행을 선도하는 사람

089 최신기출
양도소득세 ★★☆
讓渡所得稅

- 재산 양도 세금
- CBS, TV조선, 한국일보, 머니투데이

재산의 소유권을 양도하면서 발생하는 소득에 대해 부과하는 조세

자세히 이해하기

토지나 건물, 지상권, 전세권, 당첨권, 주식이나 파생상품 등을 양도하여 발생하는 이익에 대해 과세되며, 손해를 볼 경우에는 과세되지 않는다. 1세대 1주택이고, 2년 이상 보유한 경우에는 양도소득세가 과세되지 않지만, 양도 당시 실제거래가액이 12억 원을 초과하는 고가주택은 제외된다. 주식의 경우 국내주식 및 국외 주식의 양도소득을 합산한 금액에서 연 250만원이 기본 공제된다.

기출 2023년부터 적용되는 주식 양도소득세 기준 금액은?
: 2000만원

기출 변형 2025년 기준 주식 양도소득세 기본 공제 금액은?
: 250만원

090
구독경제 ★★☆
subscription economy

- 정기 결제 서비스
- KBS, MBN, 머니투데이

일정 기간 구독료를 지불하고 상품, 서비스 등을 받을 수 있는 경제활동

예문 구독 서비스 시장이 점점 커지며, 1인당 3~4개의 구독서비스를 이용하고 있는 사람이 가장 많은 것으로 나타났다. 최신 제품 및 서비스, 개인 맞춤형 서비스 등의 장점으로 구독경제시장은 2025년에 더 크게 성장할 것으로 전망된다.

091
티저 광고 ★★☆
teaser advertising

- 궁금증 유발
- 방송통신심의위원회, YTN, 뉴스1

주로 신제품 출시 전에 회사명·상품명을 감추거나 제품의 일부분만 보여주며 소비자들의 궁금증을 유발시킨 후 서서히 또는 일시에 그 베일을 벗기는 광고기법

✓ 서브리미널 광고 (subliminal advertising)
잠재의식 광고. 1957년 미국의 동기조사 전문가 비케리가 상영 중인 필름에 '콜라를 마시자', '팝콘을 먹자'라고 하는 광고를 3000분의 1초로 5초마다 169회씩 6주간 영사한 결과 영화관 내 매점에서 두 상품의 매출액이 급증했다고 해 화제가 되었다.

기출 처음에 회사명과 상품명을 밝히지 않고 광고의 대상자에게 호기심을 제공하는 형태의 광고는?
: 티저광고

092
4차 산업혁명 ★★★
4th Industrial Revolution

- 차세대 산업
- 국민일보, 한겨레신문, OBS

로봇기술, 인공지능(AI), 생명과학 등의 주도로 제조업과 정보통신기술(ICT)을 융합해 작업 경쟁력을 높이는 차세대 산업혁명

- 1차 산업: 농림수산업, 목축·수렵업
- 2차 산업: 광업, 제조업, 건설업
- 3차 산업: 상업, 금융·보험, 운송·수송 등 기타 서비스업
- 4차 산업: 정보, 통신, 교육, 서비스 등 지식 집약적 산업

기출 **논술** 4차 산업혁명이 가져올 생활의 변화에 대해 설명하시오.

093 최신기출
리쇼어링 ★★★
reshoring

- 외국 진출
- 서울경제, 뉴스1, 언론중재위원회, 연합인포맥스

기업이 해외로 생산 기지를 옮겼다가 다시 본국으로 돌아가는 현상. 리쇼어링 기업을 유턴(U-turn)기업이라고도 함

● **오프쇼어링 (off-shoring)**
기업업무의 일부를 해외 기업에 맡겨 처리하는 현상

094
소득주도성장 ★★★
所得主導成長

- 총수요 확대
- 경향신문, 아시아경제, 한국경제TV

저임금 노동자 및 가계의 소득을 증대시켜 소비와 총수요를 확대하고 내수 활성화를 통해 경제 성장과 소득 증가로 이어지는 선순환구조를 만들겠다는 문재인 정부의 핵심 경제 정책

기출 **논술** 소득주도성장이란 무엇인가? 그 장점과 단점, 그리고 실현 가능성을 논하시오.

095
법정근로시간 ***
法定勤勞時間

- 주당 52시간
- 한국경제, SBS, 매일신문

근로기준법이 규정한 주당 근로시간. 300인 이상 기업과 공공기관은 주당 52시간(법정근로 40시간+연장근로 12시간)

> **자세히 이해하기**
> 50~299인 기업은 2020년 1월 1일, 5~49인 기업은 2021년 7월 1일부터 주당 근로시간 52시간을 적용했다. 한편, 2025년 2월 이재명 대표는 반도체 인력에 대한 주 52시간 근로 예외 적용의 필요성을 언급하였다.

> ◉ **특례업종 (特例業種)**
> 주당 52시간 근로시간 적용이 제외되는 ▲육상운송업 ▲수상운송업 ▲항공운송업 ▲기타운송서비스업 ▲보건업 등 5종류 업종

096
피터팬 증후군 ★☆☆
Peter Pan syndrome

- 어른 아이
- 한국경제TV, 뉴스1

육체적으로는 어른이 되었지만 여전히 어린이로서 대우받고 보호받기를 원하는 심리. 중소기업이 지원 혜택 박탈과 규제를 두려워해 중견·대기업으로 성장하지 않고 정체되는 현상

097
스톡홀름 증후군 ★☆☆
Stockholm syndrome

- 인질의 동화
- 안동MBC, 매일경제, 연합뉴스

인질이 인질범에게 동화돼 오히려 그들에게 호감을 갖고 동조하는 비이성적 현상을 뜻하는 범죄심리학 용어

> ◉ **리마 증후군 (Lima syndrome)**
> 스톡홀름 증후군과 반대되는 용어로 인질범들이 인질에게 동화돼 공격적인 태도가 완화되는 현상

098 셧다운 제도 ★★☆
shutdown 制度

- 16세 미만, 심야게임 제한
- 코리아헤럴드, 연합인포맥스, 한국일보

16세 미만 청소년에게 심야시간(0~6시)의 인터넷 게임 제공을 제한하는 제도. 2022년 1월 1일부터 셧다운제를 폐지하고 '게임시간 선택제'로 일원화

◉ **게임시간 선택 제도 (선택적 셧다운제)**
16세 미만 게임 이용자의 보호자가 게임업체에 요청해 해당 이용자의 게임접속을 제한·관리하도록 하는 서비스 제도

◉ **콘솔게임 (console game)**
TV에 연결해서 즐기는 비디오게임. 소니 플레이스테이션, 마이크로소프트 X박스가 대표적

099 피그말리온 효과 ★★★
Pygmalion effect

- 기대에 부응
- SBS, G1 강원민방, 경향신문

타인의 기대나 관심을 받을 경우 그러한 기대에 부응하여 긍정적인 행태를 보이게 되는 현상

◉ **로젠탈 효과 (Rosenthal effect)**
칭찬의 긍정적 효과를 설명하는 용어로 피그말리온 효과와 의미가 같음. 교사의 기대에 따라 학습자의 성적이 향상되는 효과가 대표적 사례

기출 교사가 학생 개인을 지도하는 관점에 따라 성취도가 달라지는 현상과 관계 깊은 것은?
: 피그말리온 효과

100 가스라이팅 ★★★ (최신기출)
gaslighting

- 정신 세뇌
- 아이뉴스24, 한국일보, TV조선, 스튜디오프리즘, SBS, 이투데이

타인의 심리나 상황을 교묘하게 조작하여 스스로 의심하게 함으로써 그 사람에 대한 지배력을 강화하는 정신적 학대 행위. 스릴러 영화 거장 히치콕 감독의 1944년작 '가스등(gaslight)'에서 착안

101 노모포비아 ★☆☆
Nomophobia

- 휴대폰, 불안
- KBS, 매일경제

'노 모바일폰 포비아(No mobile-phone phobia)'의 줄임말로 휴대전화가 없으면 불안감을 느끼는 증상

🔍 **자세히 이해하기**
하루 세 시간 이상 스마트폰을 사용하는 사람들은 노모 포비아에 걸릴 가능성이 높은 것으로 알려져 있으며, 스마트폰이 없는 상태로 5분도 버티지 못할 경우 노모 포비아 증후군이라 판단한다.

102 원자력***
原子力
nuclear power

- 원자핵, 핵반응
- 매일경제, 부산일보, 연합뉴스

원자핵의 붕괴나 핵반응의 경우에 방출되는 에너지가 지속적으로 연쇄 반응을 일으켜 동력 자원으로 쓰일 때의 원자핵 에너지

자세히 이해하기
국내에는 ▲고리(부산·울산, 2017년 6월 1호기 폐쇄) ▲월성(경주, 2019년 12월 24일 1호기 폐쇄) ▲한빛(영광) ▲한울(울진) ▲새울(울산) 원자력발전소가 있다.

기출
- 다음 중 원자력 발전소에 대한 설명 중 옳지 않은 것은?
  : 울진 1호가 최초(⇨ 고리 1호가 최초)
- 영구정지가 결정된 원전은?
  : 고리원전 1호기, 월성원전 1호기

103 사일로 효과**☆
organizational silos effect

- 부서 이기주의
- MBN, 춘천MBC, 매일신문

조직에서 부서끼리 교류하지 않고, 자기 부서의 이익만을 추구하는 현상

자세히 이해하기
곡식을 저장해두는 큰 탑 모양의 창고인 사일로(silo)처럼, 부서끼리 담을 쌓고 있는 현상이다.

104
24절기 ***

- 황도
- 포항MBC, SBS 라디오PD

태양의 황도상 위치에 따라 계절의 변화를 나타낸 것

24절기 구분(양력 기준)

계절	절기	일자	내용
봄	입춘	2월 4일 또는 5일	봄의 시작
	우수	2월 18일 또는 19일	봄비가 내리고 싹이 틈
	경칩	3월 5일 또는 6일	개구리가 겨울잠에서 깨어남
	춘분	3월 20일 또는 21일	낮이 길어짐
	청명	4월 5일 또는 6일	봄 농사 준비
	곡우	4월 20일 또는 21일	농사비가 내림
여름	입하	5월 5일 또는 6일	여름의 시작
	소만	5월 21일 또는 22일	본격적인 농사 시작
	망종	6월 5일 또는 6일	씨 뿌리기 시작
	하지	6월 21일 또는 22일	낮이 가장 긴 시기
	소서	7월 7일 또는 8일	더위의 시작
	대서	7월 22일 또는 23일	더위가 가장 심함
가을	입추	8월 7일 또는 8일	가을의 시작
	처서	8월 23일 또는 24일	더위가 식고 일교차 큼
	백로	9월 7일 또는 8일	이슬이 내리기 시작
	추분	9월 23일 또는 24일	밤이 길어짐
	한로	10월 8일 또는 9일	찬이슬이 내리기 시작
	상강	10월 23일 또는 24일	서리가 내리기 시작
겨울	입동	11월 7일 또는 8일	겨울의 시작
	소설	11월 22일 또는 23일	얼음이 얼기 시작
	대설	12월 7일 또는 8일	큰 눈이 옴
	동지	12월 21일 또는 22일	밤이 가장 긴 시기
	소한	1월 5일 또는 6일	가장 추운 때
	대한	1월 20일 또는 21일	큰 추위

기출
- '개구리가 겨울잠을 깨고 나온다'는 절기는?
  : 경칩
- 다음 24절기 중 봄이 아닌 것은?
  : 소만(⇨ 여름)

105
리플리 증후군 ★★☆
Ripley syndrome

- 거짓말
- KBS, SBS, 경향신문

자신이 꿈꾸는 허구를 진실이라 믿고 거짓된 말과 행동을 상습적으로 반복하는 반사회적 성격장애를 뜻하는 용어

기출 허구의 세계를 진실로 믿는 반사회적 인격장애는?
: 리플리 증후군

106 최신기출
규제 샌드박스 ★★★

- 신기술 규제 유예
- SBS, 경향신문, 스튜디오프리즘

신산업·신기술 분야에서 새로운 제품이나 서비스를 출시할 때 일정 기간 동안 규제를 면제·유예시켜주는 제도

자세히 이해하기

2018년 국회에서 정보통신기술(ICT) 분야에 한정한 규제 샌드박스 3법(산업융합법, 정보통신융합법, 지역특구법)이 통과됨으로써, 2019년부터 해당 분야의 신기술과 서비스는 최대 4년 동안 규제가 면제되었다. 국내 1호 규제 샌드박스 안건은 도심에 수소충전소를 설치할 수 있도록 하는 것이었다.

107 최신기출
젠트리피케이션 ★★☆
gentrification

- 원주민 내몰림
- 스튜디오S, 매일신문, 경향신문, 연합뉴스TV

중산층 이상의 사람들이 도심 지역의 노후한 주택 등으로 유입되면서 주거비가 상승해 기존의 저소득층 주민(원주민)이 내몰리는 현상

자세히 이해하기

본래는 낙후 지역에 중산층이 들어와 지역이 다시 활성화되는 도심 재활성화를 뜻했지만, 최근에는 외부인이 원주민을 몰아내는 부정적 의미로 쓰인다. 예컨대 홍대, 삼청동 등 임대료가 저렴한 도심에 갤러리, 공방 등이 생겨 유동인구가 늘어나자 대규모 프랜차이즈가 입점하면서 소규모 가게가 동네를 떠나게 되는 것이다.

108
사보타주 ★★☆
sabotage

- 태업
- 대전MBC, KBS 시사교양PD

근로자가 고의적으로 사용자의 사유재산을 파괴하거나 업무를 게을리 하는 쟁의행위

109 세컨더리 보이콧 ***
secondary boycott

- 경제관계 단절
- 뉴스1, 문화일보

특정한 국가와 거래하는 제3국의 기업이 미국 금융기관과 거래하지 못하도록 하는 미국의 금융제재 방식

자세히 이해하기

서방세계가 이란에 대해 적용했던 경제제재로, 북한에 대한 세컨더리 보이콧은 북한과 금융·경제 거래가 가장 많은 중국에도 압박이 된다.

기출 해당 국가뿐만 아니라 거래하는 제3자까지 모두 제재할 수 있는 조항은?
: 세컨더리 보이콧

110 제로페이 ***
zero pay

- 소상공인 간편결제서비스
- SBS, YTN, 한국경제

소상공인의 가맹점 수수료 부담을 줄이기 위해 민관이 협력하여 도입한 모바일 간편결제서비스

제로페이 계좌결제 수수료율

소상공인 가맹점	• (연매출액) 8억원 이하: 0% • 8억원 초과~12억원 이하: 0.3% • 12억원 초과: 0.5%
일반 가맹점	30억원 초과: 1.2%

111 파랑새 증후군 *☆☆
bluebird syndrome

- 이상 추구
- KBS 촬영기자, 방송통신심의위원회

현실에 만족하지 못하고 항상 새로운 이상만을 추구하는 병적인 증세

- 피터팬 증후군: 육체적으로는 어른이 되었지만 여전히 어린이로서 대우받고 보호받기를 원하는 심리
- 꾸바드 증후군: 남편이 임신 중인 아내와 함께 식욕상실, 매스꺼움, 구토 등을 겪는 증상

112 회색코뿔소 *** 최신기출
grey rhino

- 예상 위험 간과
- 춘천MBC, 이투데이, 안동MBC, 연합인포맥스, 한국경제, 아주경제

지속적인 경고가 나와서 충분히 예상할 수 있는데도 쉽게 간과하는 위험 요인

자세히 이해하기

코뿔소는 멀리서도 눈에 잘 띄지만 두려워서 피하지 못하거나 대처 방법을 몰라 일부러 무시하는 것을 비유한 말이다. 예상할 수 없었던 위험 요인인 블랙스완과 구분된다.

113
트래블 버블***
travel bubble

- 격리 없이 자유여행
- KBS, 이투데이, 헤럴드경제

코로나19 감염 관련, 비교적 안전한 국가 간 자유로운 관광을 허용하는 제도

> **자세히 이해하기**
> 트래블 버블이 합의되면 해외에서 입국 시 코로나19 확산을 막기 위해 2주간 의무적으로 해야 하는 격리 조치가 면제된다. 코로나19 사태로 장기적인 경기침체를 겪고 있는 일부 국가들이 어려운 경제상황을 타개하려는 의도로 추진된 바 있다. 한국은 2021년 7월에 사이판과 첫 트래블 버블을 시행했다.

114
그루밍 성범죄**☆
grooming 性犯罪

- 심리적 지배
- 한국일보, MBN 뉴스PD

가해자가 피해자에게 호감을 얻거나 돈독한 관계를 만들어 심리적으로 지배한 뒤 성폭력을 가하는 성범죄

> **● 2차 피해 (secondary victim)**
> 성범죄, 학원폭력, 인종차별 등 혐오성 범죄 전반에서 피해자가 겪는 부정적인 처우를 아울러 일컫는 말. 2차 피해를 가하는 것은 2차 가해라고 함

115
성인지 감수성***
性認知 感受性

- 성차별 민감성
- 뉴시스, 연합뉴스, MBN

양성 평등에 대한 이해와 지식을 갖추고 일상생활 속의 성차별적 요소를 감지해 내는 민감성

> **예문**
> 2018년 4월 권순일 대법관은, 학생을 성희롱했다는 이유로 징계를 받은 대학교수가 낸 해임 결정 취소소송 상고심에서 "법원이 성희롱 관련 소송 심리를 할 때는 그 사건이 발생한 맥락에서 성차별 문제를 이해하고 양성평등을 실현할 수 있도록 성인지 감수성을 잃지 않아야 한다"고 말했다. 이는 국내 판례에서 성인지 감수성이 처음으로 등장한 사례다.

116 최신기출
인포데믹***
infodemic

- 정보전염병
- 코리아헤럴드, MBN, YTN

근거 없는 각종 루머들이 IT 기기나 미디어를 통해 확산되면서 사회에 치명적인 위기를 초래하는 현상. 정보(information)와 전염병(epidemic)의 합성어

117
MZ세대 ★★★
generation MZ

- 밀레니얼세대, Z세대
- 부산일보, 더벨,

1980년부터 2004년생까지를 일컫는 밀레니얼세대와 1995년부터 2004년 출생자를 뜻하는 Z세대를 합쳐 지칭

> **자세히 이해하기**
>
> 디지털 환경에 익숙하고, 최신 트렌드 및 남과 다른 이색적인 경험을 추구하는 특징이 있다.

118
뉴트로 ★★★
new-tro

- 복고, 새롭게
- 스튜디오S, 서울경제, MBN

복고(retro)를 새롭게(new) 즐기는 경향

> **자세히 이해하기**
>
> 과거에 유행했던 디자인이 수십 년 뒤에 다시 유행하는 현상을 예로 들 수 있다. 아날로그 감성에 최신 기술로 기능을 강화한 상품(서비스)으로서 중장년층에는 추억과 향수를, 젊은 세대에는 새로움과 재미를 안겨 준다.

119 최신기출
탄소중립 ★★☆
net zero

- 탄소 제로
- 전자신문, 동아일보, 아주경제

화석연료 사용 등으로 배출되는 온실가스의 실질적인 배출량을 0이 되도록 하는 상태

> **자세히 이해하기**
>
> 탄소중립은 2016년 발효된 파리협정 이후 121개 국가가 '2050 탄소중립 목표 기후동맹'에 가입하며 전 세계의 화두가 됐다. 2019년 12월 유럽연합(EU)을 시작으로 중국(2020년 9월 22일), 일본(2020년 10월 26일), 한국(2020년 10월 28일) 등의 탄소중립 선언이 이어진 바 있다.

120
페르소나 논 그라타 ★★☆
persona non grata

- 외교사절 거부
- 경향신문, YTN, 국제신문

외교사절을 파견할 때 접수국이 사전 동의 내지 승인을 거부하겠다는 의사 표명

> **자세히 이해하기**
>
> 아그레망(외교사절 파견 시 상대국에게 얻는 사전 동의)을 받은 사람은 ▲페르소나 그라타(persona grata)라고 한다. 반면 주재국은 이유에 따라 파견국의 외교사절을 거부할 수도 있는데, 이처럼 아그레망을 받지 못한 외교상 기피 인물은 ▲페르소나 논 그라타라고 한다.

121
콘클라베***
conclave

- 교황 선출 투표
- 경향신문, 연합뉴스

가톨릭교회에서 교황을 선출하는 선거 시스템

> **자세히 이해하기**
>
> 교황 선출 투표는 전폭적인 지지를 얻는 당선자가 나올 때까지 반복을 거듭하는 방식으로 이뤄진다. 선거인단인 추기경들이 투표용지에 한 명의 이름을 기입하고 유효표 3분의 2 이상을 얻으면 교황으로 선출되나 아무도 선출되지 않으면 다음날부터 오전, 오후 두 번씩 투표가 실시된다.

122
EU**☆
European Union
유럽연합

- 유럽통합
- 이투데이, 목포MBC

1993년 11월 1일 발효된 유럽통합조약에 따라 재탄생한 유럽공동체 연합 기구

> ✓ **EU 회원국 (27개국, 2025년 1월 기준)**
> 독일, 프랑스, 이탈리아, 네덜란드, 벨기에, 룩셈부르크, 아일랜드, 덴마크, 그리스, 스페인, 포르투갈, 스웨덴, 핀란드, 오스트리아, 헝가리, 폴란드, 체코, 슬로베니아, 에스토니아, 사이프러스, 라트비아, 리투아니아, 몰타, 슬로바키아, 루마니아, 불가리아, 크로아티아

123
G7***
Group of 7

- 서방 선진국
- 연합뉴스, SBS

미국, 일본, 영국, 프랑스, 독일, 이탈리아, 캐나다 등 서방 선진 7개국

> - G5 : 미국, 프랑스, 영국, 독일, 일본
> - G6 : G5(미국, 프랑스, 영국, 독일, 일본) + 이탈리아
> - G7 : G6(미국, 프랑스, 영국, 독일, 일본, 이탈리아) + 캐나다
> - G8 : G7(미국, 프랑스, 영국, 독일, 일본, 이탈리아, 캐나다) + 러시아
> - G14 : G8(미국, 프랑스, 영국, 독일, 일본, 이탈리아, 캐나다, 러시아) + 브라질, 인도, 중국, 남아프리카공화국, 멕시코, 사우디아라비아
> - G20 : G14(미국, 프랑스, 영국, 독일, 일본, 이탈리아, 캐나다, 러시아, 브라질, 인도, 중국, 남아프리카공화국, 멕시코, 사우디아라비아) + 유럽연합(EU) 의장국, 대한민국, 호주, 튀르키예, 아르헨티나, 인도네시아

> **기출** 다음 중 G7에 속하지 않는 국가는?
> : 중국

124 최신기출
IMF★☆☆
International Monetary Fund
국제통화기금

- 금융기구, 경제위기
- 문화일보, 뉴스1, SBS, 연합뉴스TV

세계무역 안정을 목적으로 설립된 국제금융기구. 외환 시세 안정, 외환 제한 철폐, 자금 공여 등을 통한 가맹국의 고용 증대, 소득 증가, 생산 자원 개발 등이 주임무

> **기출** 구제금융을 지원하는 국제채권단 3곳은?
> : 유럽연합(EU), 유럽중앙은행(ECB), 국제통화기금(IMF)

125
CPTPP★★★
Comprehensive and Progressive agreement for Trans-Pacific Partnership
포괄적·점진적 환태평양경제동반자협정

- 자유무역, 미국·일본
- MBN, 한겨레, KBS

아시아·태평양 지역을 중심으로 한 다자간 자유무역협정. 미국과 일본 주도의 TPP로 탄생했으나 트럼프 행정부에서 미국이 탈퇴하고 CPTPP로 개칭

자세히 이해하기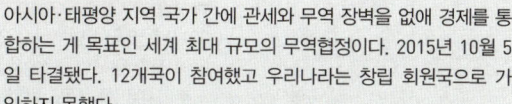

아시아·태평양 지역 국가 간에 관세와 무역 장벽을 없애 경제를 통합하는 게 목표인 세계 최대 규모의 무역협정이다. 2015년 10월 5일 타결됐다. 12개국이 참여했고 우리나라는 창립 회원국으로 가입하지 못했다.

● **CPTPP 회원국 (12개국, 2025년 1월 기준)**
일본, 호주, 브루나이, 캐나다, 칠레, 말레이시아, 멕시코, 뉴질랜드, 페루, 싱가포르, 베트남. 영국, 미국은 2017년 1월 공식 탈퇴

> **기출** CPTPP에 대한 설명으로 옳지 않은 것은?
> : 중국이 주도한다.(⇨ 중국은 불참했다.)

126 최신기출
고노 담화★★☆

- 3대 담화, 위안부 인정
- 춘천MBC, 한겨레신문, 경향신문

1993년 고노 요헤이 당시 일본 관방장관이 일본군 위안부에 대한 일본군의 강제성을 인정한 담화

● **일본 과거사 반성 3대 담화**
미야자와 담화(1982년), 고노 담화(1993년), 무라야마 담화(1995년)

● **무라야마 담화**
1995년 일본의 전후 50주년을 기념하는 종전 기념일에서 당시 총리였던 무라야마 도미이치가 발표한 담화

> **기출** 일본 관방장관이 위안부 문제를 인정한 담화는?
> : 고노 담화

127 교토의정서 ***
Kyoto protocol

- 온실가스, 규제
- 서울경제, 한겨레신문

온실가스 감축목표를 규정하고 의무를 달성하지 못하면 규제를 부과할 수 있도록 한 국제규약

> **예문** 2012년 종료 예정이었던 교토의정서 체제가 2020년까지 연장되고 2021년부터 파리협정으로 대체됐다.

128 노벨상 *** 최신기출
Nobel Prize

- 인류, 공헌, 6종류
- 충북MBC, 뉴스1, 경향신문, SBS

인류에 공헌한 사람들에게 수여되는 최고 권위의 상. 매년 12월 10일, 스웨덴 스톡홀름(평화상은 노르웨이 오슬로)에서 수상식이 개최됨

> ◆ **노벨상 종류**
> ▲경제학상 ▲화학상 ▲생리의학상 ▲물리학상 ▲문학상 ▲평화상

> ◆ **한강**
> 2016년 영국의 맨부커상 인터내셔널 부문 및 2024년 노벨문학상을 수상한 한국의 소설가이다. 주요 작품으로는 『소년이 온다』, 『채식주의자』, 『흰』, 『몽고반점』, 『희랍어 시간』 등이 있다.

129 시진핑 **☆ 최신기출
習近平
1953~

- 중국 국가주석
- 한겨레신문, TV조선, 국민일보, 매일경제, 한국일보

중화인민공화국 정치인으로 현재 중국 국가주석

시진핑 연표

1953년	베이징 출생(부친: 시중쉰 전 부총리)
1974년	공산당 입당
1979년	칭화대 졸업, 당 중앙군사위 판공청 비서
1985년	푸젠성 샤먼시 부시장
1987년	유명 가수 펑리위안과 결혼
2008년	국가부주석
2012년	공산당 총서기
2013년	국가주석, 공산당 중앙군사위 주석
2018년	중국 공산당, 국가주석 2연임 제한 조항 삭제
2021년	역대 3번째[마오쩌둥(1945)·덩샤오핑(1981)] 역사 결의 채택
2022년	20차 당대회에서 3연임 확정하며 사실상 영구 집권 체제 완성

> **기출** 시진핑이 맡고 있는 직책은?
> : 국가주석, 중앙군사위 주석, 공산당 총서기

130
AIIB***
Asia Infrastructure Investment Bank
아시아인프라투자은행

• 중국 주도, 아시아
• 국민일보, 목포MBC

중국의 시진핑 국가주석이 제안해 설립한 국제투자은행으로 아시아·태평양 지역 국가들의 대규모 인프라 투자에 쓰일 자금 마련이 주된 목적. 2015년 창립회원국은 한국 포함 57개국이며 2024년 기준 110개국

기출
• 다음 중 AIIB에 가입하지 않은 나라는?
 : 일본
• 다음 중 AIIB 창립 회원국이 아닌 곳은?
 : 대만

131
아마존*☆☆
Amazon

• 제프 베조스
• 이투데이, TV조선

전자상거래 기반의 세계 최초 인터넷서점이자 종합쇼핑몰. 클라우드 서비스인 아마존 웹서비스 운영

주요 IT 기업 창업자
• 아마존 : 제프 베조스
• 메타 플랫폼스(페이스북) : 마크 저커버그
• 구글 : 래리 페이지, 세르게이 브린
• 트위터 : 잭 도시, 비즈 스톤, 에번 윌리엄스, 노아 글래스
• 테슬라 : 일론 머스크
• 애플 : 스티브 잡스

기출 아마존의 인공지능(AI) 플랫폼 이름은?
 : 알렉사 (Alexa)

132
국제원자력기구**☆
IAEA
International Atomic Energy Agency

• UN산하 기구
• 전자신문, 헤럴드경제

원자력의 평화적 이용과 국제적 공동관리를 위해 설립한 UN 산하 준독립기구. 오스트리아 빈에 본부를 두고 있으며 2005년 노벨평화상을 수상함

자세히 이해하기
1970년에 발효된 핵확산금지조약(NPT)에 따라 핵무기 비보유국은 IAEA와 평화적 핵이용 활동을 위한 안전협정(safeguards agreement)을 체결해야 하고, IAEA는 핵무기 비보유국이 핵연료를 군사적으로 전용하는 것을 방지하기 위해 핵무기 비보유국의 핵물질 관리 실태를 점검하고 현지에서 직접 사찰할 수 있다.

기출 후쿠시마오염수 방류 규제를 검토한 기관은?
 : IAEA 조사단

133 유로존 ***
Eurozone

- 단일통화, 유럽중앙은행
- 충북MBC, SBS, 문화일보

국가 통화로 유로를 도입해 사용하는 국가나 지역을 통틀어 부르는 말

자세히 이해하기

유럽중앙은행(ECB, European Central Bank)은 유로존 내의 통화정책의 책임을 맡고 있다. 유로존 소속 20개국은 오스트리아, 벨기에, 키프로스, 핀란드, 프랑스, 독일, 그리스, 아일랜드, 이탈리아, 룩셈부르크, 몰타, 네덜란드, 포르투갈, 슬로베니아, 스페인, 슬로바키아, 에스토니아, 라트비아, 라투아니아, 크로아티아다.

기출 유로화를 쓰지 않는 나라는?
: 영국, 스웨덴, 크로아티아, 덴마크, 스웨덴, 노르웨이, 헝가리, 폴란드, 루마니아, 불가리아, 체코, 스위스 등

134 ILO ***
International Labor Organization
국제노동기구

- 근로조건 개선
- 경향신문, 청주MBC, 경남MBC

노동자의 근로조건 개선 및 지위 향상을 위하여 설치된 국제연합(UN)의 전문기구

자세히 이해하기

ILO 핵심협약에는 ▲노조활동 보장 협약(87·98호) ▲강제노동 금지 협약(29·105호) ▲아동노동 금지 협약(138·182호) ▲균등대우 협약(100·111호) 등이 포함되는데 우리나라는 국내 기업 사정을 들어 아동노동 금지, 균등대우 협약만 비준하다가 2021년 4월 노조활동 보장 협약, 강제노동 금지 협약 중 29호까지 비준을 완료했다. 2025년 1월 기준 비준하지 않은 핵심협약은 강제노동 금지 협약 중 105호(강제노동 철폐)뿐이다.

135 브렉시트 ***
Brexit

- 영국, EU 탈퇴
- 연합뉴스, 서울경제, 충북MBC

'Britain(영국)'과 'exit(탈퇴)'의 합성어로 영국의 유럽연합(EU) 탈퇴를 의미

자세히 이해하기

2016년 6월 23일 브렉시트 탈퇴 국민투표가 가결되고 2020년 1월 31일 23시부로 영국이 유럽연합(EU)에서 정식으로 탈퇴함에 따라 유럽 정치·경제적 통합의 상징이었던 EU가 균열됐다.

✓ **리스본 조약 (Treaty of Lisbon)**
경제는 물론 정치적 통합을 목표로 한 유럽연합(EU) 개정조약

기출 브렉시트와 관련한 것은?
: 리스본 조약 50조

136
할랄***
Halal

- 이슬람 허용
- 매일신문, 전주MBC, SBS

아랍어로 '허용된 것'이란 뜻으로, 이슬람교도인 무슬림이 먹고 쓸 수 있는 제품을 총칭

자세히 이해하기

이슬람식 알라의 이름으로 도살된 고기(주로 염소고기·닭고기·쇠고기 등)와 이를 원료로 한 화장품 등이 해당된다.

⊙ 하람 (Haram)
무슬림에게 금지된 것. 도축하지 않고 자연사한 동물의 고기, 동물의 피와 그 피로 만든 식품, 돼지고기와 돼지의 부위로 만든 음식 등이 해당됨

137
파리기후변화협정***
Paris Climate Change Accord

- 교토의정서 대체
- 한국일보, 한겨레, 세계일보

포스트2020 또는 파리협정. 기후변화의 주범인 온실가스 배출을 줄이기 위한 기후변화협약인 교토의정서의 효력이 2020년 만료됨에 따라 이를 대체하는 신기후체제

자세히 이해하기

프랑스 파리에서 열린 제21차 유엔기후변화협약(UNFCCC) 당사국총회가 2015년 12월 12일, 2020년 이후의 새 기후변화체제 수립을 위한 최종 합의문인 파리기후변화협정을 최종 채택하며 포스트2020 시대를 예고했다. 파리협정은 산업화 이전 수준 대비 지구 평균온도가 2℃ 이상 상승하지 않도록 온실가스 배출량을 단계적으로 감축하는 내용이 골자다. 2017년 6월 1일 트럼프 당시 미국 대통령은 파리협정이 미국에 불이익을 가져다준다며 탈퇴했지만, 이후 조 바이든 대통령이 2021년 1월 취임하자마자 바로 파리협정에 재가입했다.

기출 2015년에 열린 기후변화협약은?
: 파리협정

138
쿼드 플러스***
Quad plus

- 비공식 안보회의
- KBS, 한겨레, 뉴스1

미국·인도·일본·호주 등 4개국이 참여하고 있는 쿼드에 한국·베트남·뉴질랜드 3개국을 더한 구상

⊙ 쿼드 (Quad)
미국·인도·일본·호주 등 4개국이 참여하고 있는 비공식 안보회의체

기출 다음 중 쿼드에 소속된 국가가 아닌 것은?
: 캐나다

139
코백스 퍼실리티 ***
COVAX facility

- 백신 분배 프로젝트
- SBS, 헤럴드경제, MBN

백신 공동 구매·배분을 위한 국제 프로젝트

자세히 이해하기

세계보건기구(WHO)·세계백신면역연합(GAVI)·감염병혁신연합(CEPI)이 공동으로 운영하는 것으로, 개발도상국 등 주도적으로 코로나19 백신을 확보하기 어려운 전 세계 국가에 코로나19 백신을 공정하게 배분하려는 목적으로 설립되었다. 코백스 퍼실리티는 코로나19 백신을 2021년 말까지 전 세계 인구의 20%에 균등하게 공급하는 것을 목표로 했다.

예문
SK바이오사이언스는 국산 1호 코로나19 백신 스카이코비원의 2023년 세계보건기구(WHO) 긴급사용목록(EUL, Emergency Use Listing) 등재가 완료된 후 코백스 퍼실리티 등을 통해 글로벌 시장에 본격적으로 공급할 계획이었으나, 엔데믹으로 전환됨에 따라 2024년 5월에 등재를 철회했다.

140
블랙 라이브스 매터 ★★☆
black lives matter

- 인종차별 반대
- EBS, TV조선

'흑인의 목숨도 소중하다'는 의미. 주로 '#BlackLivesMatter'와 같은 해시태그를 다는 것으로 실행된 흑인 민권 운동

◉ 조지 플로이드 사망 사건
2020년 5월 25일 미국에서 아프리카계 미국인 조지 플로이드가 경찰에 의해 체포되던 중 질식사한 사건으로 인종차별 항의 시위와 블랙 라이브스 매터 캠페인 촉발

141 최신기출
FTA ***
Free Trade Agreement
자유무역협정

- 무역특혜
- 뉴스1, 목포MBC, 뉴시스

제한조건을 완화하거나 제거하여 국가 간 상품의 이동을 자유롭게 하는 무역특혜를 상호 부여하는 협정

한국 FTA 체결 현황(2024년 12월 기준)

진행상황	국가
발효 (18건)	ASEAN(동남아시아국가연합), EFTA(유럽자유무역연합), EU(유럽연합), 중미(5개국), 미국, 싱가포르, 칠레, 페루, 튀르키예, 인도(CEPA, 포괄적 경제동반자협정), 호주, 캐나다, 중국, 뉴질랜드, 베트남, 콜롬비아, 영국, RCEP(15개국), 이스라엘, 캄보디아, 인도네시아, 필리핀
서명·타결 (5건)	UAE, 에콰도르, 과테말라, GCC(6개국), 조지아

142
유네스코 유산 ★★★
UNESCO heritage

• 갯벌, 연등회
• 경인일보, 매일신문, 경향신문

유네스코(국제연합교육과학문화기구)가 인류 보편적 가치와 중요성을 인정하고 보호하는 유·무형의 유산

한국의 유네스코 유산(2025년 2월 기준)

구분	내용
세계유산 (문화·자연· 복합유산)	▲한국의 갯벌 ▲한국의 서원 ▲산사, 한국의 산지승원 ▲백제역사유적지구 ▲남한산성 ▲한국의 역사마을:하회와 양동 ▲조선 왕릉 ▲제주 화산섬과 용암 동굴 ▲고창, 화순, 강화의 고인돌 ▲경주 역사 지구 ▲창덕궁 ▲수원 화성 ▲해인사 장경판전 ▲종묘 ▲석굴암과 불국사 ▲가야 고분군
인류무형 문화유산	▲연등회 ▲씨름(남북한 공동 등재) ▲제주해녀문화 ▲줄다리기 ▲농악 ▲김장문화 ▲아리랑(남북한 개별 등재) ▲줄타기 ▲택견 ▲한산 모시짜기 ▲대목장(大木匠) ▲매사냥 ▲가곡 ▲처용무 ▲강강술래 ▲제주칠머리당 영등굿 ▲남사당놀이 ▲영산재 ▲강릉단오제 ▲판소리 ▲종묘제례 및 종묘제례악 ▲탈춤
세계기록 유산	▲국채보상운동 기록물 ▲조선통신사에 관한 기록 ▲조선왕실 어보와 어책 ▲한국의 유교책판 ▲KBS 특별생방송 '이산가족을 찾습니다' 기록물 ▲새마을운동 기록물 ▲난중일기 ▲5·18 광주 민주화운동 기록물 ▲일성록 ▲동의보감 ▲고려대장경판 및 제경판 ▲조선왕조 의궤 ▲불조직지심체요절 하권 ▲승정원일기 ▲조선왕조실록 ▲훈민정음 해례본 ▲4.19혁명 기록물 ▲동학농민혁명기록물

💡 **북한의 유네스코 세계유산**
▲개성 역사유적지구(만월대, 개성 첨성대, 개성 성곽, 개성 남대문, 성균관, 숭양서원, 선죽교와 표충사, 왕릉 등)
▲고구려 고분군(5개 지역 63기 고분)

기출
• 인류무형문화유산이 아닌 것은?
  : 풍물놀이
• 유네스코 세계문화유산이 아닌 것은?
  : 훈민정음(⇨ 세계기록유산)

143
미장센 ★★★
mise-en-scene

• 시각적 요소
• SBS, 연합뉴스

연극의 무대나 영화의 화면에서 나타나는 모든 시각적 요소. 이를 배열하는 행위

144 최신기출
가짜뉴스 ★★★
fake news

- 확증편향
- TV조선, 연합뉴스, 동아일보, 대한경제, 이데일리, 서울신문, YTN, 코리아헤럴드

아예 없던 일을 언론사 기사처럼 만들거나 거짓 정보를 사실인 듯 포장해 유통하는 뉴스

자세히 이해하기
인터넷과 SNS 시대에 진실성과 관계없이 클릭 수로 광고 수익에 접근할 수 있고 전파력이 큰 온라인 매체의 속성으로 가짜뉴스가 활개치고 있다.

● **확증편향 (確證偏向)**
정보의 객관성과 상관없이 자신의 선입관을 뒷받침하는 근거만 선택적으로 수용하는 편향된 현실 인식 방식으로서 가짜뉴스 확산의 원인을 제공

145
마키아벨리즘 ★☆☆
Machiavellism

- 군주론
- 조선일보, 방송통신심의위원회

정치적 목적을 달성하기 위해 수단과 방법을 가리지 않는 국가지상주의적 이념

자세히 이해하기
르네상스 시기의 정치이론가인 마키아벨리의 『군주론』(1513)에서 나온 용어로 정치는 도덕과 종교로부터 독립성을 가지므로 정치 목적의 달성을 위해서는 혹여나 수단이 도덕에 반하거나 종교에 반하더라도 정당화시킬 수 있다는 정치 사상이다.

146
스낵컬처 ★★★
snack culture

- 간편하게 문화생활
- SBS, CBS, 아시아경제

과자(스낵)처럼 언제 어디서나 간편하게 즐기는 문화 콘텐츠

자세히 이해하기
인터넷을 통해 생산·유통되며 회당 소비하는 데 오래 걸리지 않는 웹툰, 웹소설, 웹드라마, 카드뉴스 등이 대표적 스낵컬처 콘텐츠다.

---

147 최신기출
칸트 ★★☆
Immanuel Kant
1724~1804

- 순수이성비판
- MBC, 조선일보, SBS

근대 계몽주의를 정점에 올려놓았고 독일 관념철학의 기초를 놓은 프로이센의 철학자

● **칸트의 3대 비판서**
『순수이성비판』, 『실천이성비판』, 『판단력비판』

148 플라톤 ★★★
Plato
BC 427~BC 347

- 이데아설
- 한국언론진흥재단, MBC

고대 그리스의 철학자. 객관적 관념론의 창시자이며 이데아설을 제창

예문 플라톤은 국가 존재의 목적과 사명은 정의의 실현이므로 국가는 정의의 원리에 기초하여 건설되어야 한다고 보았다.

◎ **이데아(idea)설**
이데아는 비물질적이고 영원한 실재이며, 감각에 호소하는 경험적 사물의 세계는 이데아를 모방한 것이라는 이원론적 세계관

◎ **플라톤의 4주덕**
▲지혜 ▲용기 ▲절제 ▲정의

기출 플라톤과 관련 없는 사상은?
: 리케이온(⇨ 그리스 아테네의 교육기관 및 정원)

149 이중섭 ★★☆
李仲燮
1916~1956

- 서양화, 소
- 스튜디오S, 경향신문, 채널A

한국 근대 서양화를 대표하는 화가. 소를 모티브로 한 작품이 많고 대담하고 거친 선묘가 특징

▲ 이중섭, 흰 소(1954)

150 오징어 게임 ★★☆
Squid Game

- 한국 최초 넷플릭스 1위
- 조선일보, YTN

황동혁 감독이 제작한 넷플릭스 오리지널 드라마

자세히 이해하기
한국 드라마 최초로 전 세계 넷플릭스 드라마 부문 시청률 1위를 달성했다. 이 드라마로 오영수는 한국인 최초로 골든글로브 남우조연상을 수상했고 이정재는 아시아인 최초로 미국 에미상 남우주연상을 수상했다. 2024년 12월에 시즌2가 공개되었으며, 공개와 동시에 넷플릭스 전세계 TV쇼 부문 1위를 차지했다. 이야기의 완결편인 시즌 3는 2025년 6월에 공개될 예정이다.

황동혁 감독의 대표 작품
▲도가니 ▲수상한 그녀 ▲남한산성 ▲오징어 게임

151
카피레프트 ★★☆
copyleft

- 카피라이트 반대, 공유
- 춘천MBC, 한국일보

지식재산권(저작권)을 의미하는 카피라이트(copyright)에 반대되는 개념으로서, 저작물을 독점하지 않고 자유롭게 공유하자는 운동

> **기출** 다음 중 카피레프트와 관련 없는 것은?
> : Freeware, CCL, 안드로이드, 리눅스(관련있음)
>   DRM(관련없음)

---

152 최신기출
레미제라블 ★★☆
Les Miserables

- 빅토르 위고
- TV조선, YTN, SBS, 스튜디오프리즘

프랑스의 대문호 빅토르 위고(Victor-Marie Hugo, 1802~1885)의 장편소설

> **자세히 이해하기**
> 뮤지컬로 재탄생한 『레미제라블』은 피끓는 혁명정신, 노동자와 농민들의 거친 저항 정신, 가난한 사람들의 인간애를 다루며, 매우 문학적이고 웅장한 오페라형 뮤지컬이란 평을 받는다.

153
맹자 ★★☆
孟子
BC 372~BC 289

- 유교, 4단
- 충북MBC, 한겨레, EBS

중국 전국시대 유교 사상가로 4단(인간의 4가지 마음)과 성선설(인간의 성품은 본래부터 선하다는 학설) 주장

> **맹자의 4단(四端)**
> 측은지심(惻隱之心), 수오지심(羞惡之心), 사양지심(辭讓之心), 시비지심(是非之心)

> **기출** 맹자의 4단이 아닌 것은?
> : 교우이신(交友以信)

154
메세나 ★★★
Mecenat

- 예술, 기업 지원
- CBS, 국제신문, KBS

문화예술·스포츠 등에 대한 기업의 지원활동을 총칭

> **자세히 이해하기**
> 로마제국 시대에 문화예술가들을 적극적으로 지원했던 정치가 마에케나스(Gaius Clinius Maecenas)에서 유래된 말이다.

155 최신기출
미켈란젤로 ★☆☆
Michelangelo
1475~1564

- 다비드상
- EBS, YTN 방송기자, TV조선, 경인일보, KNN

르네상스 시대 이탈리아의 대표적인 화가이자 조각가

미켈란젤로의 주요작품
- 그림: 최후의 심판, 천지창조(시스티나 성당 천장화), 아담의 창조
- 조각상: 다비드, 피에타

▲ 다비드

▲ 최후의 심판

156 최신기출
엠바고 ★★★
embargo

- 통상금지, 보도유보
- 춘천MBC, 연합뉴스TV, UBC 울산방송

뉴스기사의 보도를 일정 시간까지 유보하는 것

자세히 이해하기
본래는 한 나라가 특정 국가에 대해 모든 경제교류를 중단하는 통상금지(通商禁止)를 뜻하는 경제 용어지만, 언론에서는 어떤 뉴스의 보도를 일정 시간까지 유보하거나 이를 요청하는 것을 의미한다.

157
오프 더 레코드 ★★★
off the record

- 비공식 발언
- 대구TBC, YTN

기록에 남기지 않는 비공식 발언. 정보 제공자가 정보를 제공할 때 보도하지 않을 것을 약속하고 제보하는 것

158
PPL ★★★
Product PLacement
간접광고

- 드라마 광고
- SBS, 원주MBC

영화, 드라마 등에 자사의 특정 제품을 등장시켜 간접적으로 홍보하는 것

자세히 이해하기
현행 방송법은 보도와 뉴스 프로그램, 오락·교양 프로그램에 한해 방송 시간의 5%(지상파)~7%(유료방송) 이내, 전체 화면 크기의 4분의 1 이내에서 PPL을 허용하고 있다.

159
오페라★★☆
opera

- 종합무대예술
- 경인일보, TV조선

음악, 미술, 문학, 연극, 무용적인 요소 등이 합쳐진 종합무대예술. 16C 말 이탈리아에서 일어난 음악극의 흐름을 따르며, 모든 대사를 노래로 표현

- 오페라 세리아: 그리스신화나 고대의 영웅담을 제재로 한 엄숙하고 비극적인 이탈리아 오페라
- 오페라 부파: 18C의 희극적이고 대중적인 오페라로, 오페라 세리아와 구분됨

기출 오페라와 작가를 옳게 연결한 것은?
: 투란도트, 나비부인-푸치니

160
판소리★★★

- 소리꾼, 고수
- 한겨레, 안동MBC, 경인일보

한 명의 소리꾼과 한 명의 고수(북치는 사람)가 음악적 이야기를 엮어가며 연행하는 장르. 2003년에 유네스코 세계무형유산에 등재

기출 판소리 12마당 중 현재 전해지는 것은?
: 춘향가, 심청가, 흥보가, 수궁가, 적벽가(총 5마당)

161 최신기출
OTT★★★
Over The Top

- 미디어 콘텐츠, 온라인
- 매일경제, 이투데이, 경향신문, 머니투데이, 스튜디오프리즘, SBS, KNN

기존 통신·방송사업자 이외 제3사업자들이 온라인을 통해 드라마, 영화 등 다양한 미디어 콘텐츠를 TV, PC, 스마트폰 등에 제공하는 서비스

국내외 OTT 서비스

국내	▲왓챠플레이 ▲웨이브 ▲티빙 ▲쿠팡플레이 등
해외	▲넷플릭스 ▲디즈니플러스 ▲애플TV플러스 ▲프라임 비디오 등

기출
- OTT는 무엇의 약자인가?
: Over The Top
- 파라마운트+와 제휴를 맺은 국내 OTT 업체는?
: 티빙

예문 2022년 12월 1일부터 티빙이 KT 시즌을 흡수합병하는 방식으로 통합하기로 하면서 국내 OTT 시장의 지각변동이 불가피해졌다.

162 퍼블리시티권 ★★★
right of publicity

- 초상권
- 스튜디오S, CBS

자신의 성명 또는 초상을 상업적으로 이용하고 통제할 수 있는 권리

> **초상권 (肖像權)**
> 자신의 얼굴 및 모습이 승낙 없이 촬영당하거나 전시되었을 경우 손해배상 청구권을 인정하는 권리. 인격권으로서의 초상권과, 퍼블리시티권과 유사한 재산권으로서의 초상권이 있음

163 방탄소년단 ★★★ [최신기출]
BTS

- 빌보드 1위 그룹
- KBS, 연합뉴스, EBS, 조선미디어, 국민일보, 매일경제

하이브(HYBE) 엔터테인먼트 소속의 세계적인 7인조 그룹

> **방탄소년단 멤버**
> ▲진 ▲지민 ▲RM ▲슈가 ▲뷔 ▲정국 ▲제이홉
>
> **방탄소년단의 빌보드 HOT 100 차트 1위곡**
> ▲Dynamite ▲Savage Love(BTS Remix) ▲Life goes on ▲Butter ▲Permission to Dance ▲My Universe

164 봉준호 ★★★ [최신기출]
奉俊昊, 1969~

- 아카데미 4관왕
- 충북MBC, 연합뉴스, EBS, 대전MBC

2020 아카데미상 4관왕(감독상, 편집상, 국제영화상, 최우수 작품상) 수상작 영화 '기생충'의 감독

> **봉준호 주요작**
> '플란다스의 개', '살인의 추억', '괴물', '마더', '설국열차', '옥자', '기생충'

> **기출** 2021 베니스 영화제 심사위원장으로 위촉된 한국 영화감독은?
> : 봉준호

> **자세히 이해하기**
> 2021년 윤기형 감독의 다큐멘터리 영화 『보는 것을 사랑한다』에 출연하였다. 2025년 2월에는 봉준호 감독이 연출한 영화 『미키17』이 개봉한다. 『미키17』은 죽으면 다시 프린팅 되는 미키가 17번째 죽음의 위기에서 18번째 미키가 새로 프린팅 되며 벌어지는 이야기를 그린 영화이다.

165 필즈상 ★★☆ [최신기출]
Fields Medal

- 허준이(2022년 수상)
- SBS, 뉴시스, 경인일보

수학의 새로운 분야 개척에 공헌한 40세 미만 수학자에게 4년 주기로 수여하는 세계적 권위의 상

166 최신기출
그린 택소노미 ★★☆
green taxonomy

- 녹색 산업 경제 활동 범위
- MBN, 대전MBC, 서울경제

환경적으로 지속가능한 경제 활동의 범위

> **자세히 이해하기**
>
> 유럽연합(EU)이 2020년 6월 세계 최초로 그린 택소노미를 발표했다. 당시에는 원자력 발전을 포함한 원자력 관련 기술이 포함되지 않았는데, 2022년 2월 2일 천연가스와 원자력 발전에 대한 투자를 환경·기후친화적인 지속가능한 금융 녹색분류체계(taxonomy)로 분류하는 'EU 택소노미'를 확정·발의했다. 한국의 녹색 분류 체계인 K-택소노미에는 원자력발전이 제외돼 있다가 윤석열 정부에서 포함됐다.

167
3·1운동 ★★☆

- 1919년
- KBS, 스튜디오S

1919년 3월 1일을 기점으로 일어난 독립만세운동. 대한민국 임시정부 수립의 계기가 됨

> ◉ **대한민국 임시정부 (大韓民國 臨時政府)**
> 3·1운동 이후 조국의 광복을 위해 1919년 4월 11일 상하이에 수립한 정통 정부. 기존 임시정부 수립일은 4월 13일이었지만 학계의 요구에 따라 2019년부터 4월 11일로 바로잡음

> **기출** 3·1운동이 발생한 해는?
> : 1919년

168
모스크바 3상회의 ★☆☆

- 신탁통치
- SBS, 언론중재위원회

1945년 모스크바에서 제2차 세계대전 전후문제 처리를 위해 소집한 미국·영국·소련 3국의 외상 회의

> **자세히 이해하기**
>
> 한국에 임시 민주 정부를 수립하기 위해 미·소공동위원회를 설치한다는 것과 '한국은 정부 수립 능력이 없으므로 5년간 미국·영국·중국·소련 4개국이 신탁통치 한다'는 내용을 협의했다.

> ◉ **신탁통치 (信託統治)**
> 독립할 능력이 없는 나라를 강대국이 일정 기간 동안 통치해 주는 것

> **기출** 모스크바 3상회의에 참여한 3국가를 모두 쓰시오.
> : 미국, 영국, 소련

169
을미사변 ★★☆
乙未事變

- 명성황후 시해사건
- 춘천MBC, SBS 아나운서, EBS

고종 32년(1895) 미우라 일본공사가 친러 세력을 제거하기 위해 일본 자객들을 궁궐에 침투시켜 명성황후를 시해한 사건

자세히 이해하기

을미사변 후 친일내각이 들어서고 단발령이 시행되었는데, 이는 민족감정을 크게 자극해 의병을 일으키는 계기가 됐다.

항일의병운동

을미의병	을미사변과 단발령에 분격한 유생들이 친일내각 타도를 목표로 일으킨 항일의병으로, 농민층이 가담해 전국적으로 확대됨(1895년)
을사의병	을사늑약(을사조약)으로 상실된 독립국으로서의 자주권을 회복하기 위해 일으킨 항일 무력투쟁(1905년)
정미의병	고종 강제퇴위와 군대해산을 계기로 의병투쟁이 확대된 의병전쟁(1907년)

기출	다음 역사적 사실을 순서대로 나열하시오. : 강화도조약(1876) → 임오군란(1882) → 갑신정변(1884) → 동학농민혁명(1894) → 갑오개혁(1894) → 을미사변(1895) → 을미개혁(1895) → 아관파천(1896)

170
직지심체요절 ★★★
直指心體要節

- 청주 흥덕사, 세계기록유산
- 국민일보, MBC

직지심경. 현존하는 세계 최고(最古)의 금속 활자본

자세히 이해하기

고려 후기인 1377년에 석찬이 청주 흥덕사에서 인쇄했고, 현재 프랑스 국립도서관에 보관돼 있다. 2001년 유네스코 세계기록유산에 등재된 이 금속 활자본은 독일 구텐베르크의 금속 활자본인 신약성서보다 약 80년 이상 앞섰다.

171
4·19혁명 ★★☆

- 이승만, 부정선거
- KBS, SBS

1960년 4월 이승만의 자유당 정권이 저지른 부정선거에 항의하는 학생들의 시위가 이루어낸 민주주의 혁명

| 기출 | 한국 현대사에서 일어난 역사적 사건을 순서대로 나열하시오.
• 4·19혁명   • 5·16군사정변   • 5·18민주화운동
• 6·29민주화선언   • 12·12사태
: 4·19혁명(1960) → 5·16군사정변(1961) → 12·12사태(1979) → 5·18민주화운동(1980) → 6·29민주화선언(1987) |

172
단군신화 ★☆☆
檀君神話

- 고조선, 건국신화
- 영남일보, MBC

우리 민족의 시조인 단군과 고조선에 대한 신화

| 기출 | • 단군왕검의 뜻은?
: 제정일치 시대의 우두머리
• 단군신화가 수록되지 않은 문헌은?
: 삼국사기(⇨ 삼국유사, 제왕운기, 세종실록지리지, 응제시주, 동국여지승람에 수록) |

173
독립신문 ★★★
獨立新聞

- 최초의 한글신문, 서재필
- 방송통신심의위원회, MBC

독립정신을 높이기 위해 서재필이 정부로부터 자금 지원을 받아 1896년 4월 7일에 창간한 우리나라 최초의 민간신문이자 한글신문

> ✅ **한성순보 (漢城旬報)**
> 1883년 10월 31일(고종 20년) 창설된 한국 최초의 근대적 신문. 일종의 관보(官報)이며 순한문(純漢文)을 사용

| 기출 | 4월 7일 신문의 날은 무엇에서 유래했는가?
: 독립신문 창간일 |

174
병인양요 ★★☆
丙寅洋擾

- 천주교, 프랑스
- KBS, SBS

1866년 흥선대원군의 천주교 탄압사건에 대한 보복으로 프랑스군이 침입한 사건. 당시 프랑스군이 국보급에 해당하는 외규장각 의궤를 강탈

175 위안부 ***
慰安婦

- 이용수 할머니
- 한겨레, 조선일보

제2차 세계대전(1939~1945년) 동안 일본군의 성적 욕구 해소를 목적으로 강제로 끌려간 여성

> **수요집회 (水曜集會)**
> 일본군 위안부 문제 해결을 요구하는 집회로 공식 명칭은 '일본군 위안부 문제 해결을 위한 정기 수요시위'이며 대한민국 주재 일본 대사관 앞에서 매주 수요일에 열림. 주최 측인 정의기억연대(일본군성노예제 문제해결을 위한 정의기억연대) 윤미향 전 이사장(더불어민주당 국회의원·탈당)이 2020년 이용수 할머니의 폭로 후 횡령 혐의로 기소됨

기출 정부 등록 위안부 피해자는 총 몇 분이며, 현재 몇 분이 생존해 있는가?
: 240명 중 생존자는 7명(2025년 2월 기준)

176 신석기 시대 **☆
新石器 時代

- 빗살무늬 토기
- TBC PD, CBS

선사시대 중 인간이 간석기(마제석기)를 생활도구로 사용한 시대

선사시대 유물

구석기 시대	신석기 시대	청동기 시대
주먹도끼, 찍개, 찌르개, 골각기	갈판과 갈돌, 돌보습, 돌낫, 빗살무늬토기, 가락바퀴	비파형동검, 세형동검, 청동거울, 민무늬토기

177 강화도 조약 ***
江華島 條約

- 최초의 근대적 조약
- 부산일보, 울산MBC, EBS

1876년 일본과 맺은 최초의 근대적 불평등 조약

> **운요호사건**
> 일본 군함 운요호가 조선 해안을 탐측 연구한다는 핑계로 강화도 앞바다에 불법으로 침투해, 조선 수군을 공격하고 인적·물질적 피해를 입히고 퇴각한 사건. 강화도 조약의 원인이 됨

178
다산 정약용 ★★★
茶山 丁若鏞
1762~1836

- 다산초당, 신유박해
- KBS, TV조선

18C 실학사상을 집대성한 실학자이자 개혁가. 신유박해 때 전남 강진으로 유배돼 다산초당에서 상당수 저서 저술

> **정약용의 저서**
> - 목민심서: 목민관, 즉 지방 수령이 지켜야 할 지침을 밝히면서 치민에 관한 도리를 논함
> - 흠흠신서: 형법연구서이자 살인사건 실무지침서
> - 경세유표: 국정에 관한 일체의 제도 법규 개혁에 대해 논한 서적
> - 마과회통: 마진(痲疹: 홍역)에 관한 의서
>
> ✓ **자산어보 (茲山魚譜)**
> 정약전(정약용의 형)이 쓴 우리나라 최초의 해양생물학서

179
징비록 ★★☆
懲毖錄

- 임진왜란, 류성룡
- KBS, TV조선 동계인턴

조선 중기 문신 류성룡(柳成龍, 1542~1607)이 임진왜란 동안 경험한 사실을 기록한 책

기출 柳成龍이 남긴 임진왜란 서적은?
: 징비록

180 최신기출
월드컵 축구대회 ★★★
FIFA World Cup

- 9회 연속 본선 진출
- 스튜디오S, 조선일보, 한겨레

국제축구연맹(FIFA)이 4년마다 주최하는 세계축구선수권대회

> **자세히 이해하기**
> 월드컵 축구대회는 지역예선을 통해 선정된 32개국이 본선에서 토너먼트로 우승자를 뽑는다. 제1회 대회는 1930년 우루과이에서 개최됐다. 우리나라는 2002 한일 월드컵에서 4강, 2010 남아공 월드컵에서 16강에 올랐으며 2014 브라질 월드컵과 2018 러시아 월드컵(9회 연속 본선 진출)에서는 16강 진출에 실패했다. 하지만, 2022년 카타르 월드컵에서는 16강까지 진출하였다.

기출
- 2022 카타르 월드컵 본선에서 한국과 같은 조 나라는?
: 포르투갈, 우루과이, 가나
- 월드컵 개최 예정국은?
: 2018년 러시아 → 2022년 카타르 → 2026년 북중미(캐나다·멕시코·미국) → 2030년 모로코, 스페인, 포르투갈(100주년 기념 대회) → 2034년 사우디아라비아
- 다음 중 2030년 월드컵 공동 개최 국가에 해당하지 않는 나라는?
: 알제리(⇨ 모로코, 스페인, 포르투갈에서 공동개최)

181 메이저리그***
MLB
Major League Baseball

- 내셔널리그, 아메리칸리그
- SBS, MBC

미국 프로야구의 양대 리그인 내셔널리그(NL)와 아메리칸리그(AL)를 통틀어 이르는 말

| 기출 | • 메이저리그 자유계약선수(FA)에게 1년 계약을 제시하는 것은?
: 퀄리파잉 오퍼
• 메이저리그의 양대 리그는?
: 아메리칸리그(AL), 내셔널리그(NL) |

182 올림픽*** 최신기출
Olympic

- 평창, 도쿄
- SBS, 한겨레, EBS, MBN

국제올림픽위원회(IOC)가 4년마다 개최하는 국제스포츠대회

올림픽 개최지

하계 올림픽	2016년 브라질 리우데자네이루 → 2020년(2021년으로 연기) 일본 도쿄 → 2024년 프랑스 파리 → 2028년 미국 로스앤젤레스 → 2032년 호주 브리즈번
동계 올림픽	2014년 러시아 소치 → 2018년 대한민국 평창 → 2022년 중국 베이징 → 2026년 이탈리아 밀라노·코르티나담페초 → 2030년 프랑스 알프스 → 2034년 미국 솔트레이크시티

| 기출 | 2022년 동계올림픽, 2020년 하계올림픽 개최지는?
: 중국 베이징, 일본 도쿄 |

183 리베로***
libero

- 수비선수
- SBS, KBS, 경향신문

배구와 축구 경기에서 수비선수를 이르는 말

 자세히 이해하기

배구에서 리베로는 후위 지역에서만 경기하며 서브나 블로킹을 할 수 없고 선수들과 구별되는 유니폼을 착용한다. 축구에서의 리베로는 중앙수비수이면서 공격에도 적극 가담하는 선수를 말한다.

184 LPGA ★★★
Ladies Professional Golf Association
여자프로골프협회

- 여자 골프
- CBS, 경인일보, MBN

미국 여자프로골프협회를 지칭하는 말로 보통 국가 명칭의 약자를 앞에 붙여 KLPGA(한국) 등으로 지칭. 미국은 약자 생략

> ● LPGA 5대 메이저 대회
> ▲US 여자오픈 ▲KPMG 위민스 PGA 챔피언십 ▲아문디 에비앙 챔피언십 ▲AIG 위민스 오픈 ▲더 셰브론 챔피언십

기출 LPGA 메이저 대회가 아닌 것은?

185 비트코인 ★★★ 최신기출
Bitcoin

- 가상화폐
- 한국경제, 뉴스1, 헤럴드경제, 연합인포맥스, 전자신문

세계적으로 널리 쓰이는 온라인 가상 화폐

> **자세히 이해하기**
> 2009년 '나카모토 사토시'라고 알려진 정체불명의 프로그래머에 의해 만들어졌다. 비트코인 주소를 가진 사람들끼리 P2P 기반의 공개 키 암호방식으로 거래되며, 거리나 시간에 구애받지 않고 수수료 없이 송금할 수 있다.

기출 가상화폐에 투자한 젊은 세대가 가격 급등락으로 심리적 불안과 우울증을 겪는 현상은?
: 비트코인 블루

186 빅데이터 ★★★
big data

- 비정형 데이터 포함
- 이투데이, EBS

기존 체계로 처리하기 어려운 엄청난 양의 데이터, 또는 이러한 데이터를 수집·분류·분석하는 도구와 분석 기법 등을 포괄하는 말

기출 빅데이터 3요소(3V)는?
: 크기, 속도, 다양성

187 UHD ★★☆
Ultra High Definition

- 해상도, 고화질
- EBS, SBS 방송기술

Full-HD보다 해상도·화소가 4배 높은 차세대 고화질 영상 기술

기출 UHD TV의 풀네임은?
: Ultra High Definition TV

188 최신기출
핀테크 ***
fintech

- 모바일 결제
- 한국경제, KBS, EBS, 머니투데이

모바일 결제나 송금, 개인자산관리, 크라우드 펀딩 등 금융 서비스와 결합된 IT 기술을 지칭

자세히 이해하기

'파이낸셜(financial)'과 '기술(technique)'의 합성어. 기존 은행 창구에서 취급하던 업무를 인터넷·모바일뱅킹과 같은 전자금융 서비스 채널이 대체한 것처럼, 금융 서비스와 관련된 소프트웨어나 운용 성과를 향상시킬 수 있는 모든 기술 과정을 핀테크라고 부른다.

189
사물인터넷 ***
IoT
Internet of Things

- 사물 연결
- 이투데이, 이데일리

사람과 사물, 사물과 사물끼리 인터넷으로 연결돼 정보를 생성·수집·공유·활용하는 기술·서비스

자세히 이해하기

기존의 인터넷이 인간과 인간의 소통에 한정됐다면 사물인터넷의 쓰임새는 무궁무진하다. 건물에 센서를 붙여 전력량을 원격으로 관리하거나 자동차를 인터넷으로 연결해 무인 자율주행 서비스를 실시하는 것도 사물인터넷의 한 종류다.

190
스미싱 **☆
SMishing

- 전자금융사기
- 안동MBC, 여수MBC

문자메시지(SMS)와 피싱(phishing)의 합성어로 문자메시지 내 인터넷주소를 클릭하면 악성코드가 설치돼 개인·금융정보를 탈취하는 수법

- 피싱(phishing): 금융·공공기관을 사칭한 전화나 메일을 통해 인터넷 사이트에 접속해 보안카드 일련번호 등을 입력하도록 요구
- 파밍(pharming): 정상적인 홈페이지 주소로 접속해도 피싱(가짜) 사이트로 유도
- 혹스(hoax): 사용자를 겁주거나 속이는 거짓 경고가 포함된 메일
- 스피어피싱(spear-phishing): 특정인을 목표로 개인정보를 훔치는 피싱 공격

191
드론 **☆
drone

- 무인(無人) 비행
- 한겨레신문, 조선일보

미국의 무인 공격기, 또는 무인기를 통칭

자세히 이해하기

미국 공군의 무인정찰기, 공격기로 개발됐지만 드론 조종을 취미 생활로 즐기는 사람이 늘어나며 넓은 의미로 무인기를 통칭하고 있다. 농약 살포·촬영·측량 등 다양한 용도로 이용된다.

192 인공위성 ★★☆
artificial satellite

최신기출

- 우리별 1호
- MBN, 조선일보, 뉴스1

행성(주로 지구)의 둘레를 공전하는 인공적인 물체

자세히 이해하기

우리나라는 1992년 인공위성 '우리별 1호'를 발사한 이래 13기를 개발했다. 주요 위성 운용 현황을 살펴보면 소형위성으로는 ▲나로과학위성 1기, 다목적실용위성으로는 ▲아리랑 3호 ▲아리랑 5호 ▲아리랑 3A호, 정지궤도복합위성으로는 통신해양기상위성 ▲천리안 1호와 2018년 12월 5일 발사에 성공한 ▲천리안 2호가 운용되고 있다. 2020년 2월 18일 세계 최초의 환경탑재체가 탑재된 정지궤도복합위성 ▲천리안 2B호를 쏘아 올렸다. 2023년 5월 25일 3차 발사에 성공한 한국형 발사체 누리호는 차세대소형위성 2호를 궤도에 성공적으로 분리·안착시켰다.

인공위성의 종류

구분	내용
비행 궤도의 고도	• 정지위성 : 적도 상공을 고도 3만6000km로 비행하는 위성 • 이동위성 : 정지위성의 궤도 이외의 궤도를 비행하는 위성
사용 목적	통신위성, 방송위성, 기상위성, 지구관측위성, 항행위성, 군사위성 등

- 우리별 1호 : 영국과 공동 개발한 우리나라 최초의 인공위성
- 우리별 3호 : 우리나라 최초로 독자 개발한 인공위성
- 무궁화 1호 : 우리나라 최초 방송통신위성
- 과학기술위성 1호 : 우리나라 최초 우주 관측위성
- 아리랑 1호 : 우리나라 최초의 다목적실용위성

기출
- 인류 역사상 최초의 인공위성은?
: 스푸트니크 1호
- 2023년 11월 북한이 발사한 인공위성은?
: 만리경 1호

193 디지로그 ★★☆

- 디지털과 아날로그
- SBS디지털뉴스랩

디지털(digital)과 아날로그(analog)의 합성어로서 디지털 기반과 아날로그 정서가 융합된 첨단기술

자세히 이해하기

아날로그 문화가 디지털 사회를 더 풍부하게 해준다는 인식을 토대로, 첨단 외양에 인간적 정감과 추억이 깃들게 하는 상품이나 소비문화를 말하기도 한다.

194
유비쿼터스 ★★☆
ubiquitous

- 무선네트워크 연결
- KBS, 전자신문, 충북MBC

사용자가 시간과 장소에 구애받지 않고 자유롭게 네트워크에 접속할 수 있는 정보통신 환경

> **자세히 이해하기**
>
> 유비쿼터스는 '언제 어디에나 존재한다'는 뜻의 라틴어다. 컴퓨터에 새로운 기능을 구현하는 것이 아니라 자동차, 냉장고, 안경 등의 기기에 컴퓨터 기능을 내장하고 이를 무선네트워크로 연결하는 정보기술 패러다임을 말한다.

195 최신기출
인공지능 ★★☆
AI
Artificial Intelligence

- 기계, 컴퓨터
- 뉴스1, 경향신문, CJ E&M, 이데일리, 아주경제

기계로부터 만들어진 인공적인 지능 또는 컴퓨터가 인간의 지능적인 행동을 모방할 수 있도록 하는 것

> **자세히 이해하기**
>
> 인간의 학습·추론·지각·자연언어의 이해능력 등을 컴퓨터 프로그램으로 실현한 기술이다. 인간의 지능으로 할 수 있는 사고·학습·자기 개발 등을 컴퓨터가 할 수 있도록 하는 방법을 연구하는 컴퓨터 공학 분야를 지칭하기도 한다.

◉ 알파고 (AlphaGo)
구글이 2014년 인수한 자회사 딥마인드가 개발한 인공지능 바둑 프로그램

◉ 딥시크와 챗GPT
중국 AI 스타트업인 딥시크가 2025년 1월 20일에 출시한 딥시크 R1이 저성능 칩만으로 오픈AI사의 챗GPT와 비슷한 AI기술을 구현하여, 화제를 일으켰다. 딥시크 R1의 개발비용은 챗GPT의 개발비용의 약 5.6%에 불과하며, 폐쇄형 모델인 챗GPT와 달리 오픈소스 모델을 채택하였다. 하지만, 딥시크 R1은 오픈소스 모델인 만큼 보안의 위험성과, 악의적으로 사용될 가능성이 우려되고 있다.

기출
- 기계의 AI 수준을 판별하는 실험은?
  : 튜링 테스트
- AI 시대, 노동의 미래와 대책을 쓰시오.

196
CES ★★★
Consumer Electronics Show

- 가전, 전시회
- MBN, YTN, 경향신문

미국가전협회(CEA) 주관으로 매년 1월 미국 라스베이거스에서 열리는 세계 최대 규모의 가전·IT제품 전시회

> **세계 3대 IT 전시회**
> ▲CES ▲IFA(국제가전박람회·독일 베를린) ▲MWC(모바일 월드 콩그레스·스페인 바르셀로나)

197
미세먼지 ★★★

- 대기오염
- YTN, JTBC, 한국일보

PM, 아황산가스 등 수많은 대기오염물질을 포함하고 장기간 떠다니는 입경 10㎛(PM 10) 이하의 미세한 먼지

> **초미세먼지**
> 황산염·질산염·탄소류와 금속 성분으로 이뤄진 지름 2.5㎛(PM 2.5) 이하 크기의 중금속·화학분진
>
> **미세먼지 주의보·경보 발령기준**
> 시간당 평균농도 75㎍/㎥(주의보)·150㎍/㎥(경보)가 2시간 이상 지속될 때
>
> **미세먼지 계절관리제**
> 미세먼지 농도가 높은 12월부터 이듬해 3월까지 4개월간 강화된 배출 저감 정책 시행. ▲5등급 차량 운행 제한 및 공공차량 2부제 ▲사업장부문 관리 강화 ▲발전 및 농업부문 관리 강화 ▲국민건강 보호 ▲주간예보 등

198 최신기출
5G ★★★
fifth generation

- 28GHz, 2019년 도입
- 한국일보, 아주경제, TV조선

5세대 이동통신 기술. 28GHz의 초고역대 주파수를 이용하며 최대 전송속도가 20Gbps로 기존 4G보다 이론상 20배 빠름. 공식 명칭은 IMT-2020

199 최신기출
확장현실 ★★☆
XR
eXpended Reality

- VR, AR, MR
- SBS, 딜사이트, MBN

가상현실(VR)과 증강현실(AR), 이를 아우르는 혼합현실(MR)을 망라하는 기술 및 서비스

> **자세히 이해하기**
> X는 변수를 의미하며 VR, AR, MR뿐만 아니라 미래에 등장할 또 다른 형태의 현실 기술까지 모두 포괄할 수 있다.

200 플라세보 효과 ★☆☆
placebo effect

- 속임약 효과
- MBN, 국제신문

의사가 환자에게 진짜 약이라고 하면서 가짜 약을 투여해도 좋아질 거라는 환자의 믿음으로 병이 낫는 현상

> **노세보 효과 (nocebo effect)**
> 아무리 좋은 약을 복용하더라도 약효가 없다고 생각해 전혀 약효를 발휘하지 못하는 현상

201 PIP ★☆☆
Picture-In-Picture

- 화면 속 화면
- 연합뉴스TV

영상 속에 부가적으로 작은 화면을 띄워 다양한 메뉴를 사용할 수 있는 기능

> **자세히 이해하기**
> 스마트폰 등에서 플레이어 화면을 드래그 앤드 드롭(끌어서 놓기)해서 위치나 크기를 바꾸는 기능을 일컫는 말로도 쓰인다.

202 아나필락시스 쇼크 ★★★
anaphylaxis shock

- 과민증
- 뉴스1, 헤럴드경제

특정 알레르기 물질에 노출된 후 급격하게 전신에 나타나는 과민 반응

> **자세히 이해하기**
> 코로나19 백신 후 중증 알레르기 반응으로 아나필락시스 의심 사례가 잇따랐다. 백신 접종은 면역계가 몸 속에 들어온 항원과 싸우며 항체를 형성하는 과정인 만큼 전문가들은 면역 작용이 더 활발한 젊은 층에게 이상 반응이 더 많이 나타날 수 있다고 설명했다.

203 딥페이크 ★★☆ `최신기출`
deepfake

- 합성물
- SBS, MBC, 한겨레, MBN, 대한경제, 이데일리, 헤럴드경제

특정 인물의 얼굴 등을 인공지능(AI) 기술을 이용해 특정 영상에 합성한 편집물

> **예문** 딥페이크는 음란 영상에 유명인 등의 얼굴을 합성하는 사례가 많아 디지털 성범죄에 악용되고 있어 우려를 낳고 있다.

204 엔데믹 ★★★
endemic

- 풍토병
- MBN, 더벨

종식되지 않고 주기적으로 발생하거나 풍토병으로 고착화된 감염병

> **더블 팬데믹 (double pandemic)**
> 세계적으로 유행하는 전염병이 두 개인 상태

205
LiDAR★★☆
Light Detection And Ranging

- 빛 기술, 자율주행
- 스튜디오S, 한국일보

라이다. 빛 탐지 및 범위 측정. 빛이 돌아오기까지 걸리는 시간 및 강도를 측정해 거리, 방향, 속도, 온도, 물질 분포 및 농도 특성을 감지하는 기술

자세히 이해하기
자율주행차 실현을 위한 필수 기술로 주목받고 있다.

206
코로나바이러스 감염증-19★★★
COVID-19

- 코로나19
- 한겨레, 경향신문, SBS

코로나바이러스 계열의 변종인 SARS-CoV-2에 의해 발병하는 급성 호흡기 감염질환. 2019년 12월부터 중국 후베이성 우한에서 집단 발병하기 시작해 중국 전역과 전 세계로 확산. 공식 약칭은 COVID-19 또는 코로나19

자세히 이해하기
감염자의 비말(침방울)이 호흡기나 눈·코·입의 점막으로 침투돼 전염된다. 감염되면 2~14일(추정) 잠복기를 거쳐 발열 및 기침, 호흡곤란, 폐렴 증상이 나타나지만 무증상 감염 사례도 드물게 나오고 있다.

기출
코로나19에 대한 설명으로 옳지 않은 것은?
: 델타 변이는 영국에서 시작됐다.(×) (⇨ 영국이 아니라 인도에서 시작됨)

207
바넘효과★★☆
Barnum effect

- 사이비 대중심리학
- 스튜디오S

일반적이고 모호해서 누구에게나 적용될 수 있는 성격 묘사 등을 자신에게만 정확히 적용되는 것으로 받아들이는 성향

자세히 이해하기
미국 정치가이자 기업가, 쇼맨이었던 P.T. 바넘이 "이 세상에는 나에게 계속 속을 사람이 나타난다"라고 말한 것에 영감을 얻어 1947년 미국 심리학자 버트럼 포러가 학생들에게 심리 테스트를 진행했다. 학생들은 무작위로 작성된 평가서가 자신의 성격을 잘 반영한다고 생각했다. 바넘효과는 혈액형 성격설이나 타로 카드점, 별자리 운세 등 사이비 대중심리학이 그럴듯하게 들어맞는 느낌이 드는 이유를 설명한다. 포러효과라고도 한다.

208 트래블룰 ★★★
travel rule

- 자금세탁 방지
- 헤럴드경제, 부산일보

자금세탁 방지를 위해 가상자산 전송 시 송수신자 정보를 모두 수집해야 하는 의무를 가상자산사업자(VASP)에 부과한 규제

자세히 이해하기

국제자금세탁방지기구(FATF)는 2019년 트래블룰 대상에 가상자산을 추가했으며, 국내에서는 특정금융정보법에 따라 2022년 3월 25일부터 가상자산거래소에 가상자산 송수신인의 신원정보 기록을 의무화했다.

209 최신기출 RE100 ★★☆
Renewable Energy 100%

- 재생에너지 사용
- 동아일보, 이투데이, 연합인포맥스, 경인일보, 머니투데이

기업이 사용하는 전력량의 100%를 재생에너지 전력으로 충당하겠다는 목표의 국제 캠페인

자세히 이해하기

산업통상자원부가 기업 등 전기소비자가 재생에너지 전기를 선택적으로 구매하여 사용할 수 있는 한국형 RE100(K-RE100) 제도를 2021년부터 본격 도입했다.

✅ **CF100 (24/7 carbon-free energy)**
탄소 배출 제로(carbon free) 100%의 줄임말로 사용 전력의 100%를 태양력, 풍력, 수력, 지열, 원자력발전 등의 무탄소 에너지원으로 공급하는 캠페인. 24/7은 24시간 7일 내내 무탄소 전력 사용을 목표로 한다는 뜻. RE100보다 조금 더 포괄적인 개념

210 최신기출 P2E ★★★
Play to Earn

- 돈벌려고 게임
- 뉴스1, 이투데이, 한국일보, MBN

사용자가 게임을 하며 획득한 재화나 아이템이 블록체인 생태계에서 실제 자산으로 활용되는 모델

P2W(Pay to Win)	게임에서 이기기 위해 유료 서비스를 이용하는 구조
P2P(Pay to Play)	게임의 승패에 영향을 미치는 아이템을 팔지 않지만 게임을 사야만 플레이할 수 있는 구조

자세히 이해하기

현재 우리나라는 게임산업법에 따라 웹3기반 P2E게임은 법적으로 금지되어 있다. 하지만 트럼프 2기 정부가 출범하며, 가상자산에 친화적인 정책을 펼칠 것으로 예상되어 P2E 게임산업이 활발해질 것으로 전망하고 있다. 이에 따라 P2E 게임의 법적인 규제를 검토해야 한다는 주장이 대두되고 있다.

SPEED CHECK 스피드 체크

중요 용어! 제대로 이해했는지 빠르게 점검하고 넘어가자!
답이 바로 생각나면 ○, 고민했다면 △, 틀렸다면 × 표시해서 완벽하게 정리하세요.

주관식 문제 | 확인

01 대통령으로 선거될 수 있는 자의 나이는?

◀ 정답 : 선거일 현재 40세 이상

02 일본이 자국의 안전보장에 위협이 되는 첨단기술이나 전자부품 등을 정부의 허락 없이 다른 국가 등에 수출할 수 있게 한 국가 명단은?

◀ 정답 : 화이트 리스트

03 기관투자가들의 의결권 행사를 적극적으로 유도하기 위한 자율지침은?

◀ 정답 : 스튜어드십 코드

04 3000톤급 잠수함 신채호함에 탑재된 잠수함발사탄도미사일의 줄임말은?

◀ 정답 : SLBM

05 검찰개혁 방안 중 하나로 도입된 고위공직자 및 그 가족의 비리를 수사·기소할 수 있는 기관은?

◀ 정답 : 고위공직자범죄수사처

06 흩어진 개인 신용정보를 본인이 원하는 대로 쉽게 관리할 수 있도록 해주는 서비스는?

◀ 정답 : 마이데이터

| 주관식 문제 | 확인 |

07 기업이 사용하는 전력량의 100%를 재생에너지 전력으로 충당하겠다는 캠페인은?

◀ 정답 : RE100

08 40세 미만 수학자에게 수여되는 세계적 권위의 상으로서 허준이 교수가 수상한 것은?

◀ 정답 : 필즈상

09 타인의 심리나 상황을 교묘하게 조작하여 그 사람에 대한 지배력을 강화하는 정신적 학대 행위는?

◀ 정답 : 가스라이팅

10 충분히 예상할 수 있는데도 쉽게 간과하는 위험 요인을 일컫는 말은?

◀ 정답 : 회색코뿔소

11 CVID의 뜻은?

◀ 정답 : 완전하고 검증 가능하며 불가역적인 핵 폐기

12 자신의 성명 또는 초상을 상업적으로 이용하고 통제할 수 있는 권리는?

◀ 정답 : 퍼블리시티권

13 총부채상환비율의 영문 줄임말은?

◀ 정답 : DTI

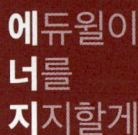

에듀윌이
너를
지지할게
ENERGY

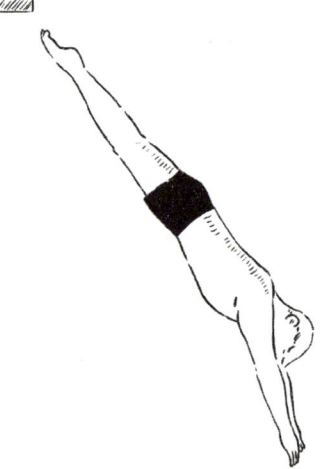

한 글자로는 '꿈'

두 글자로는 '희망'

세 글자로는 '가능성'

네 글자로는 '할 수 있어'

– 정철, 『머리를 구하라』, 리더스북

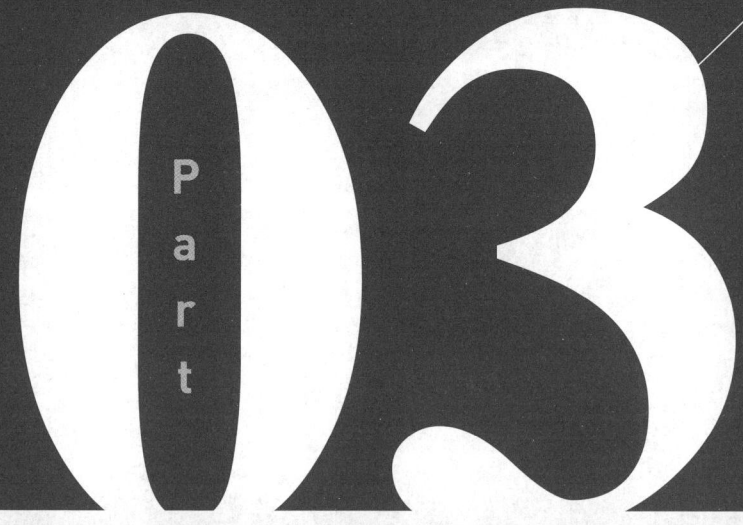

Part 03

언 론 사 　 기 출 　 최 신 　 일 반 상 식

핵심 기출 760선

Chapter01. 정치
Chapter02. 경제
Chapter03. 사회
Chapter04. 국제
Chapter05. 문화·매스컴
Chapter06. 역사
Chapter07. 스포츠
Chapter08. 과학

Chapter 01 정치

🎙 알짜 학습팁

▶ 행정조직과 각 직무의 주요 업무에 대해 숙지해야 합니다. 조직의 변경과 직무 담당자의 교체 현황은 자주 출제되니 평소 최신 내용으로 업데이트해두세요.

▶ 통치구조와 입법 과정은 단골로 출제됩니다. 주요 헌법 내용뿐만 아니라 국회의원의 수, 기초·광역자치단체 수, 법률 통과를 위한 국회의원 찬성 비율 등 구체적인 수치도 암기하세요.

▶ 북한·안보의 경우 급변하는 한반도 상황에 따라 최신 문제들이 자주 출제되고 있으니, 기출용어 외에도 최신시사와 국제정세에 관심을 두고 감각을 유지하는 것이 필요합니다.

정치
행정

001
국회의원 수 ★★★

- 키워드: 300명
- 기출처: 한국일보, EBS, 뉴스1

- 「헌법」 제41조 2항: 국회의원의 수는 법률로 정하되, 200인 이상으로 한다.
- 「공직선거법」 제21조 1항: 국회의 의원정수는 지역구 국회의원 253명과 비례대표 국회의원 47명을 합하여 300명으로 한다.

국회의원 선출

선거권	피선거권	임기	의원 수
만 18세 이상	만 25세 이상	4년	300인 (지역구 253인, 비례대표 47인)

기출	• 제21대 국회의 국회의원 정원은 몇 명인가? : 300명 • 제21대 국회의 지역구, 비례대표 국회의원 정수는? : 지역구 253석, 비례대표 47석
기출 변형	• 제22대 국회의 국회의원 정원은 몇 명인가? : 300명 • 제22대 국회의 지역구, 비례대표 국회의원 정수는? : 지역구 254석, 비례대표 46석

002 최신기출
교섭단체 ***
交涉團體

- 20인 이상
- SBS, 경인일보, YTN, 뉴스1

국회의 중요 안건 협의를 위해 의원들로 이뤄진 단체

> **자세히 이해하기**
> 국회에서 20인 이상의 소속의원을 가진 정당은 하나의 교섭단체가 된다. 그러나 다른 교섭단체에 속하지 아니하는 20인 이상의 의원으로 따로 교섭단체를 구성할 수 있다.

003 최신기출
당 3역 ***
黨三役

- 정당의 중추적 역할
- TV조선, 매일신문, 뉴시스

하나의 정당에서 중추적인 역할을 수행하는 ▲원내대표 ▲사무총장 ▲정책위원회의장(정책위의장)

- 원내대표 : 국회 내에서 소속의원들을 통솔하고, 원내(院內)에서의 당무(黨務)를 맡아보며, 각 교섭단체 간 교섭 시 소속 의원들의 의사를 사전에 종합·통일하여 당 대표로 활동하는 정당의 간부 의원
- 사무총장 : 당의 조직을 관리하고 일상 업무의 집행을 총괄하는 자
- 정책위의장 : 당의 이념과 기본 정책의 연구 및 입안을 위한 정책위원회의 의장

004
임시국회 *☆☆
臨時國會

- 국회 재적의원 4분의 1
- G1 강원민방

정기국회와 별도로 필요에 의해 소집되는 국회

언제	2, 3, 4, 5월 및 6월 1일과 8월 16일에
소집 요건	• 대통령 또는 국회 재적의원의 4분의 1 이상이 요구 시 • 국회 재적의원 4분의 1 이상이 국정조사 요구 시
회기	30일 이내

기출 임시국회 소집 요건으로 옳은 것은?

005
섀도캐비닛 **☆
shadow cabinet

- 그림자 내각
- 부산MBC

야당에서 정권을 잡았을 경우에 대비해 각료 후보로 미리 준비해 두는 내각

> ✓ **야당 (野黨)**
> 대통령제에서는 현재 정권을 잡고 있는 당(여당) 이외의 정당을 지칭. 의원내각제에서는 국회의 의석수를 많이 차지한 정당을 여당이라 하고, 소수의석을 차지한 정당을 야당이라 함

006 대통령 기록물 ★★☆
大統領記錄物

- 보호, 열람 제한
- 12.3 비상계엄 기록물 폐기 금지 결정
- YTN, 한겨레신문

「대통령기록물 관리에 관한 법률」에 따라 보유되고 있는 대통령 재임 시에 남긴 각종 기록

자세히 이해하기

관련 법률에 따라 국정 운영의 투명성과 책임성을 높이기 위해 기록물을 작성하도록 하고 있으며 최소한의 범위 내에서 열람·사본 제작 등이 허용된다. 다만 ▲국회 재적의원 3분의 2 이상의 찬성 의결이 이루어진 경우 ▲관할 고등법원장이 해당 대통령지정기록물이 중요한 증거에 해당한다고 판단하여 발부한 영장이 제시된 경우 ▲대통령기록관 직원이 기록관리 업무수행상 필요에 따라 대통령기록관의 장의 사전 승인을 받은 경우에는 열람·사본 제작·자료 제출이 가능하다. 2025년 1월 9일 '세월호 7시간 관련 기록물'은 대통령 기록물로 봐야 한다는 원심 판결이 파기되어 10년 만에 세월호 관련 기록물들이 대부분 공개될 것으로 보인다.

기출: 대통령 기록물에 대한 설명 중 틀린 것은?
: 열람하려면 재적의원 2분의 1 이상이 찬성해야 한다.
(⇨ 3분의 2 이상이 찬성해야 함)

---

007 국회의원직 상실 요건 ★★☆

- 선거법 위반 100만원
- 이투데이, 문화일보, 헤럴드경제

▲선거법 위반으로 징역 또는 100만원 이상의 벌금 선고 ▲선거사무장이나 회계책임자가 정치자금법 위반으로 300만원 이상의 벌금형 선고 시 당선무효

자세히 이해하기

형사사건의 경우 국회의원이 금고 이상의 형(집행유예 포함)을 받으면 의원직을 상실한다. 또한 국회는 의원의 자격을 심사해 징계할 수 있는데, 국회 본회의에서 국회 재적의원 3분의 2 이상의 찬성이 있을 경우 제명(구성원 자격 박탈)이 가능하다.

기출: 국회의원직이 상실되는 벌금의 기준은 얼마인가?
: 100만원 이상(「공직선거법」상)

---

008 최신기출 중앙선거관리위원회 ★★☆
中央選擧管理委員會

- 정치자금 분배
- 매일경제, EBS, 경인일보

선거와 국민투표의 공정한 관리·정치자금 분배 등 정당에 관한 사무를 처리하기 위해 설치된 헌법상 독립기관

기출: 중앙선거관리위원회에 대해 옳지 않은 것은?
: 위원장은 대통령이 임명한다. [⇨ 9인의 위원(대통령이 임명하는 3인, 국회에서 선출하는 3인, 대법원장이 지명하는 3인) 중 호선(조직 구성원들이 서로 투표해 뽑음)한다.]

009 최신기출
도청소재지 ★☆☆
都廳所在地

- 도청 있는 곳
- 경향신문, 충주일보

도청이 있는 곳. 한국의 광역자치단체는 17개(1특별시, 6광역시, 1특별자치시, 6도, 3특별자치도)

주요 도청소재지 (본청 기준)
▲경기도청(수원시) ▲강원도청(춘천시) ▲충북도청(청주시) ▲충남도청(홍성군) ▲경북도청(안동시) ▲경남도청(창원시) ▲전북도청(전주시) ▲전남도청(무안군) ▲제주도청(제주시)

010
선거 ★★☆
選擧

- 4대 원칙
- 대전MBC, 이투데이

투표를 통해 대표자를 뽑는 절차

✅ 선거의 4대 원칙
▲보통선거 ▲비밀선거 ▲직접선거 ▲평등선거

✅ 선거 용어
- 오픈 프라이머리(open primary): 대통령 등 공직 후보자를 선발할 때 일반 국민이 직접 참여해 선출하는 방식
- 스윙보터(swing voter): 마음이 흔들리는 투표자라는 의미. 부동층 유권자

기출	선거권을 갖는 최소 연령은? : 만 18세

011
선거구 ★★☆
選擧區

- 기초선거단위
- 뉴스1, 울산MBC

대표자를 선출할 수 있는 지리적 단위

구분	소선거구제	중선거구제	대선거구제
개념	한 선거구에서 1명의 대표자를 선출하는 것	한 선거구에서 2~5명의 대표자를 선출하는 것	한 선거구에서 2명 이상 다수의 대표자를 선출하는 것
장점	선거구가 좁기 때문에 후보의 자질을 평가하기가 수월하며 투표율이 높다.	여러 명을 선출하기 때문에 소수당이 진출하기 유리하다.	
단점	선거운동의 과열을 초래할 수 있으며 사표(당선자 결정에 구실을 못 한 표)가 많다.	투표율이 낮고 선거관리가 어려우며 군소정당의 난립으로 정국이 불안해질 우려가 있다.	

012 최신기출
상임위원회 ★★☆
常任委員會

- 상설특별위원회
- YTN, 한겨레신문, MBC, 경인일보

국회에서 본회의에 부의하기에 앞서 그 소관에 속한 의안을 심사하기 위해 설치된 위원회

◈ 22대 국회 위원회 현황 (2025년 1월 기준)
국회운영위원회, 법제사법위원회, 정무위원회, 기획재정위원회, 교육위원회, 과학기술정보방송통신위원회, 외교통일위원회, 국방위원회, 행정안전위원회, 문화체육관광위원회, 농림축산식품해양수산위원회, 산업통상자원중소벤처기업위원회, 보건복지위원회, 환경노동위원회, 국토교통위원회, 정보위원회, 여성가족위원회, 예산결산특별위원회, 인사청문특별위원회, 윤리특별위원회, 12.29 여객기 참사 진상 규명과 피해자 및 유가족의 피해구제를 위한 특별위원회, 윤석열 정부의 비상계엄선포를 통한 내란혐의 진상규명 국정조사 특별위원회

기출
- 국회 상임위원회 개수는? (특별위원회 제외)
  : 17개
- 국회 상임위원회가 아닌 것은?
  : 금융위원회

013 최신기출
5부 요인 ★★★

- 국가의전 서열
- 연합뉴스, 뉴시스, 경향신문, 뉴스1

국가의전 서열 2~6위에 해당하는 국회의장·대법원장·헌법재판소장·국무총리·중앙선거관리위원장

◈ 5부 요인 현황 (2025년 1월 기준)
국회의장(우원식)·대법원장(조희대)·헌법재판소장(공석(권한대행 문형배))·국무총리(한덕수)·중앙선거관리위원장(노태악)

◈ 3부 요인
국회의장·대법원장·헌법재판소장

기출 5부 요인 이름을 모두 쓰시오.

014 최신기출
이해충돌방지법 ★★☆
利害衝突防止法

- 사적 이익추구 금지
- 한국일보, 뉴시스, MBN

공직자의 직무수행과 관련한 사적 이익추구를 금지함으로써 공직자의 직무수행 중 발생할 수 있는 이해충돌을 방지하여 공정한 직무수행을 보장하고 공공기관에 대한 국민의 신뢰를 확보하기 위한 법

이해충돌방지법 적용 대상

공공기관	▲국회 ▲법원 ▲중앙행정기관 ▲지자체 ▲공직유관단체 ▲공공기관 ▲교육청 ▲국·공립학교 등 모든 공공기관
공직자	▲공무원 ▲공직유관단체·공공기관 임직원 ▲국공립학교장·교직원 등 공직자(사립학교 교직원, 언론인은 제외)

015 최신기출
정부 조직 ★★★
政府 組織

- 19부 3처 19청
- 한국일보, 한겨레

윤석열 정부에서 19부 3처 19청 재편

윤석열 정부 조직 현황 (2025년 2월 기준)

19부	기획재정부, 교육부, 과학기술정보통신부, 외교부, 통일부, 법무부, 국방부, 행정안전부, 문화체육관광부, 농림축산식품부, 산업통상자원부, 보건복지부, 환경부, 고용노동부, 국토교통부, 해양수산부, 중소벤처기업부, 국가보훈부, 여성가족부
3처	인사혁신처, 법제처, 식품의약품안전처
19청	국세청, 관세청, 조달청, 통계청, 검찰청, 병무청, 방위사업청, 경찰청, 소방청, 국가유산청, 농촌진흥청, 산림청, 특허청, 기상청, 행정중심복합도시건설청, 새만금개발청, 해양경찰청, 질병관리청, 재외동포청, 우주항공청
기출	• 부처 이름을 맞게 쓴 것은? : 산업통상자원부(○), 국토교통부(국토해양부×), 행정안전부(안전행정부×), 농림축산식품부(농림수산식품부×) • 문화재는 이것으로 이름이 바뀌었고 문화재청도 ( )청으로 이름이 바뀌었다. 이것은? : 국가유산

016
국민권익위원회 ★★☆
國民權益委員會

- 국무총리 소속
- TV조선, 이데일리

국민에게 신속하고 원활한 권익보호 및 권리구제 서비스를 제공하기 위해 2008년 창립한 중앙행정기관

> **자세히 이해하기**
> 국무총리 소속의 합의제 행정기관으로서 위원장을 포함한 총 15명의 위원(상임위원 7명과 비상임위원 8명)으로 구성된다.

017 최신기출
민정수석 ★☆☆
民政首席

- 공직기강
- SBS, 뉴스1, 이투데이

대통령비서실 소속 민정수석비서관. 청와대에서 민정·공직기강·법무·민원 업무를 수행했으나 윤석열 정부에서 청와대 이전 후 대통령실 체제에서 민정수석실을 폐지했으나, 2024년에 다시 부활시킴.

> ● 대통령실 대통령비서실장 직속 직책
> ▲민정수석 ▲정무수석 ▲시민사회수석 ▲홍보수석 ▲경제수석 ▲사회수석 ▲과학기술수석 ▲저출생대응수석

기출	민정수석을 한자로 쓰시오. : 民政首席

018 키친 캐비닛 ★★☆
kitchen cabinet

- 비선 실세
- 안동MBC, 이투데이

대통령 등 최고 권력자의 식사에 초청받아 담소를 나눌 수 있을 정도로 격의 없는 지인

자세히 이해하기
공식적 직책이 없는 키친 캐비닛이 정치에 개입하면 박근혜 정부의 최순실처럼 비선 실세가 되어 문제를 일으킬 수 있다.

019 보궐선거 ★★☆
補闕選擧

- 임기 중 사망
- KBS, 이투데이, 연합뉴스TV

대통령 또는 국회의원이 임기 중에 사망 등의 사유로 궐원 또는 궐위가 생길 때 실시하는 선거

재선거 (再選擧)
선거에서 당선된 후 당선인이 임기 개시 전에 사망하거나 선거과정에서 불법을 저질러 당선 무효 처분을 받게 된 경우에 치러짐

기출 재선거와 보궐선거의 차이점은?
: 재선거는 (임기 개시 전) 애초의 선거 자체를 무효로 하고 다시 치르는 것이며, 보궐선거는 (임기 개시 후) 선거 결과는 인정하되 빈자리를 채우기 위해 실시한다는 차이점이 있다.

020 국가교육위원회 ★★☆
國家敎育委員會

- 대통령 소속
- 뉴스1

중장기 교육제도의 틀을 마련하고 교육 여건을 개선하기 위한 대통령 소속 행정위원회로서 2022년 9월 27일 출범. 초대 위원장은 이배용

021 대통령직 인수위원회 ★☆☆
大統領職引受委員會

- 국정 인계 기구
- 스튜디오S

대통령 당선인을 보좌하여 대통령직의 인수와 관련한 업무를 담당하기 위하여 설치하는 기구. 2022년 5월 9일 해단

자세히 이해하기
위원장 1인, 부위원장 1인 및 24인 이내의 위원으로 구성되며 대통령의 임기개시일 이후 30일의 범위까지 존속할 수 있다. 인수위는 대통령직 인수에 필요한 사항 등에 관한 업무를 담당한다. 위원회 활동이 끝나면 30일 이내 위원회의 활동 경과 및 예산사용 명세를 백서로 정리하여 공개한다.

기출 대통령직 인수위원회는 언제부터 며칠까지 존속 가능한가?
: 임기개시일 이후 30일

022 최신기출
캐스팅보트 ★★☆
casting vote

- 양쪽 세력 동일
- SBS, 매일경제, 스튜디오프리즘

의회의 표결에서 가부수가 동수인 때에 의장이 가지는 결정권, 양대 정당 세력이 거의 같은 경우에 제3당의 투표로 승패를 결정하는 것

예문 역대 우리나라 대통령 선거에서도 지역구도로 갈라진 영호남 지역에 비해 상대적으로 특정 정파에 치우치지 않은 충청권이 캐스팅보트를 행사해왔다.

023
준예산 ★★★
準豫算

- 국회 예산 성립 X
- 청주MBC

새로운 회계연도가 개시될 때까지 국회에서 예산이 성립되지 못할 경우 전년도 기준으로 짜는 예산

자세히 이해하기
특정 기관의 유지 및 운영비, 공무원의 보수 등에 대해서만 지출할 수 있으며, 국회의 의결은 필요로 하지 않는다. 현재까지 준예산이 편성된 적은 없다.

- 본예산: 회계연도 개시 전 행정부가 편성한 예산안이 국회를 정상적으로 통과한 예산
- 성인지 예산: 국가의 세입·세출 예산이 남성과 여성에게 미치는 영향이 다르다는 전제하에 예산 정책의 남녀 차별적 영향을 해소하기 위한 예산

024
국정감사 ★★☆
國政監査

- 매년 1회, 포괄적 조사
- 아주경제, 헤럴드경제

국정 전반에 관해 매년 정기적으로 실시하는 포괄적인 조사

자세히 이해하기
통상 9월 말이나 10월 초 정기국회 집회 다음날에 진행하고, 상임위별로 10여 개 이상의 정부기관을 대상으로 조사한다.

● **국정조사 (國政調査)**
특정한 국정사안에 한해 실시하는 제한적 조사로, 재적의원 4분의 1 이상의 요구가 있을 때 실시

기출 국정감사와 국정조사의 차이점은?

025 최신기출
인사청문회 대상***

- 임명동의 필요 vs 없음
- 한국일보, TV조선, 조선일보, 국민일보

대통령이 행정부의 고위공직자 임명 시 국회의 검증 절차를 거치게 함

청문 주체	구분	대상
인사청문 특별위원회	국회 임명 동의 필요	▲대법원장 ▲대법관 ▲국무총리 ▲헌법재판소장 ▲감사원장
		국회에서 선출하는 ▲헌법재판관 ▲중앙선거관리위원
소관 상임위원회	국회 인준 절차 없음	대통령이 임명하는 직책의 후보자: 헌법재판관, 중앙선거관리위원, 국무위원, 방송통신위원장, 공정거래위원장, 금융위원장, 국가인권위원장, 국가정보원장, 국세청장, 검찰총장, 경찰청장, 합동참모의장, 한국은행 총재, 특별감찰관, 한국방송공사 사장 등
		대통령 당선인이 대통령직 인수에 관한 법률에 따라 지명하는 국무위원 후보자
		대법원장이 지명하는 직책의 후보자: 헌법재판관 또는 중앙선거관리위원

기출 인사청문회 대상 중 국회의 인준 절차가 필요 없는 공직자는?
: 검찰총장

026
면책 특권**☆
免責 特權

- 국회 외에서 책임 X
- 뉴스1, 조선일보

국회의원은 국회에서 직무상 행한 발언과 표결에 관해 국회 밖에서 책임지지 아니한다는 특권

> ◎ 불체포 특권 (不逮捕 特權)
> 국회의원은 현행범인 경우를 제외하고는 회기 중에 국회의 동의 없이 체포 또는 구금되지 아니한다는 특권

027
오픈 프라이머리***
open primary

- 국민 참여
- 대구TBC, MBN

국민 참여 경선. 대통령 등 공직 후보자를 선발할 때 일반 국민이 직접 참여해 선출하는 방식

폐쇄형	등록된 당원만 투표 가능
혼합형	당원 여부에 관계없이 등록하면 참여
완전 개방형	주민 누구나 참여 가능

028 최신기출
탄핵소추 ★★★
彈劾訴追

- 위법 고발
- 조선일보, 연합뉴스, 경향신문, MBN, 국민일보

누가 (대상)	대통령·국무총리·국무위원·행정각부의 장·헌법재판소 재판관·법관·중앙선거관리위원회위원·감사원장·감사위원·기타 법률이 정한 공무원이
언제	그 직무집행에 있어서 헌법이나 법률을 위배한 때
어떻게	국회에서 그들의 위법을 고발하는 것

자세히 이해하기

탄핵소추는 국회 재적의원 3분의 1 이상의 발의가 있어야 하며, 그 의결은 국회 재적의원 과반수의 찬성이 있어야 한다. 다만, 대통령에 대한 소추는 국회 재적의원 과반수의 발의와 국회 재적의원 3분의 2 이상의 찬성이 있어야 한다.
탄핵소추의 의결을 받은 자는 탄핵결정이 있을 때까지 그 권한행사가 정지되며, 탄핵심판은 헌법재판소가 행하되 탄핵의 결정을 할 때에는 구성원(헌법재판관) 6인 이상의 찬성이 있어야 한다.

기출 다음 중 탄핵소추 대상이 아닌 직책은?
: 국회의장

029
컨벤션 효과 ★★☆
convention effect

- 행사 후 지지율 상승
- 이투데이, 울산MBC

정치 이벤트(전당대회나 경선행사 등) 직후, 매스컴의 조명을 받아 후보자나 정당의 지지율이 일시적으로 상승하는 현상

030
로그롤링 ★★☆
logrolling

- 투표거래
- 춘천MBC, TV조선

서로 도와 투표거래를 하는 행위. 이권이 걸린 법안을 국회의원들끼리 담합해서 통과시키는 형태

자세히 이해하기

A안건에 대해 찬성해주는 조건으로 상대의 B법안에 대해 찬성투표를 해주는 투표거래행위. 희망하는 위원회로의 배정, 파티 초청 등 다양한 이익 담합 사례를 들 수 있다.

031 이원집정부제 ★★☆
二元執政府制

- 절충. 정부형태
- 연합뉴스, BBS 불교방송

대통령제와 의원내각제를 절충한 정부형태

> **자세히 이해하기**
> 평상시에 대통령은 국방·외교, 총리는 내정을 담당하고 전쟁 등 비상시에는 대통령이 모든 권한을 행사한다. 프랑스 정부 형태가 대표적이다.

032 폴리페서 ★★☆
polifessor

- 정치+교수
- MBN, 원주MBC

학문보다는 정치권에 진출해 정치적 욕망을 실현하는 데 관심이 있는 교수를 일컫는 말

> **자세히 이해하기**
> 정치를 뜻하는 '폴리틱스(politics)'와 교수를 의미하는 '프로페서(professor)'의 합성어다.

033 그린북 ★★☆ 최신기출
Green Book

- 경제동향분석, 기획재정부
- 매일경제, G1 강원민방, SBS

기획재정부가 매월 1회 발간하는 '국내외 경제동향' 분석 책자

> ◎ 베이지북 (Beige Book)
> 미국의 경제동향보고서

034 국가안전보장회의 ★★★
NSC
National Security Council

- 안보·통일·외교 기구
- 한국일보, 뉴스1, 헤럴드경제

헌법상 필요 기구로서 국가 안보·통일·외교와 관련된 최고 의결 기구이자 대통령 직속 자문기관

> **자세히 이해하기**
> 이명박 정부에서 폐지했다가 박근혜 정부에서 다시 설치했다. NSC 의장은 대통령이 맡는다.

기출
- NSC를 구성하는 사람은?
 : 대통령, 국무총리, 국가정보원장, 통일부장관, 외교부장관, 국방부장관 등
- NSC의 한글 명칭은?
 : 국가안전보장회의

035 국무회의 ★★☆
國務會議

- 정책심의기관
- 제주MBC, 한겨레신문

대한민국 정부의 권한에 속하는 주요 정책을 심의하는 최고 정책심의기관

자세히 이해하기

국무회의는 대통령 및 국무총리와 15명 이상 30명 이하의 국무위원으로 구성된다. 대통령은 국무회의의 의장이 되며, 국무총리는 부의장이 된다.

기출
- 국무회의 개의와 의결 기준은?
  : 구성원 2분의 1 이상(과반수) 출석으로 개의하고, 출석 구성원 3분의 2 이상 찬성으로 의결한다.
- 국무회의에 반드시 배석해야 하는 직책이 아닌 것은?
  : 국가정보원장

036 국무위원 ★★☆
國務委員

- 국무회의 구성원
- 조선일보, 뉴스1, 한국일보

국정에 관해 대통령 보좌 및 국정 심의를 담당하는 국무회의 구성원

자세히 이해하기

국무위원은 국무회의의 소집을 요구하고 의장을 통하여 국무회의에 의안을 제출하며, 국무회의에 출석·발언하고 그 심의에 참가할 권한과 의무가 있다. 또한 대통령과 국무총리의 유고시(특별한 사정이나 사고가 있는 상태)에는 서열에 따라서 그 직무를 대행할 수 있는 권한이 있다.

✅ **국가 의전 서열(높은 순)**
대통령—국회의장—대법원장—헌법재판소장—국무총리—중앙선거관리위원장—여당 대표—야당 대표

037 국무총리 ★★☆
國務總理

- 대통령 보좌
- 경인일보, 한국일보

대통령의 명을 받아 행정각부를 통괄하는 대통령의 제1위의 보좌기관

기출
- 국무총리에 대한 설명으로 옳지 않은 것은?
  : 행정각부 장에 대한 임명권이 있다.(⇨ 국무위원과 행정각부 장의 임명에 대한 제청권과 국무위원 해임건의권을 가짐)
- 현재 국무총리 이름을 쓰시오. (2025년 2월 기준)
  : 한덕수(2024년 12월 27일 국무총리 탄핵소추 가결로 직무정지)

038 경제사회노동위원회 ★★☆
經濟社會勞動委員會

- 노사정위원회
- YTN, 한겨레신문

노동자·사용자·정부(노사정) 등이 노동정책 및 이와 관련된 경제·사회정책 등을 협의하는 대통령 소속 자문기구

> **자세히 이해하기**
>
> 1998년 노사정위원회라는 이름으로 출범했으며 2006년 경제사회발전노사정위원회로 이름을 바꾸었다. 2015년 일반해고 기준을 명확히 하는 노사정 대타협안에 합의했으며 문재인 정부에 들어서 2018년 11월 22일 기존 노사정위를 대체하는 경제사회노동위원회(경사노위)가 출범했다. 경사노위에는 기존 노사단체 외에 청년과 여성, 비정규직은 물론 중소·중견기업, 소상공인 대표 등도 추가돼 총 18명으로 구성됐다. 2025년 2월 기준 경사노위 위원장은 권기섭 전 고용노동부 차관이다.

039 애자일 조직 ★★☆
agile organization

- 민첩한 조직
- 헤럴드경제, 안동MBC

부서 간 경계를 허물고 필요에 맞게 소규모 팀을 구성해 유연하게 업무를 수행하는 조직. 민첩한 조직이란 뜻

> ● **애드호크라시 (adhocracy)**
> 기존의 관료조직을 대체할 미래의 새로운 조직. 전문적인 훈련에 의해 유연하게 기능별로 분화된 횡적 조직

040 파킨슨의 법칙 ★★☆
Parkinson's law

- 관료조직의 거대화
- 문화일보, 디지털타임스

공무원의 수는 업무의 유무와 경중에 관계없이 계속 증가하며 심지어 업무량이 감소해도 증가한다는 행정학 법칙. 1955년 영국의 행정학자 파킨슨이 주장

041 도어스테핑 ★★☆
door stepping

- 대통령 약식 회견
- 부산일보

출근하는 대통령을 잠깐 멈춰 세워 대통령실 담당 기자들이 주요 현안에 대해 짧게 묻고 대통령이 즉답하는 약식 회견

> ● **백브리핑 (back briefing)**
> 백그라운드 브리핑의 줄임말로, 공식적 기자회견이 끝난 뒤 회견장에 모인 기자들에게 취재원을 밝히지 않는 조건으로 구체적인 사항을 설명하는 것

042 최신기출
직접세 ★★☆
直接稅

- 담세자, 납세자
- 경향신문, 한국경제신문, KNN

세금을 부담하는 담세자와 세금을 납부하는 납세자가 동일인인 경우의 조세. 소득세, 법인세, 상속세, 증여세, 종합부동산세 등

> ◎ 간접세 (間接稅)
> 세금을 납부하는 사람과 실제로 부담하는 사람이 다른 세금. 주세, 개별소비세, 인지세, 부가가치세, 증권거래세 등

> 기출
> - 직접세에 해당하지 않는 것은?
>   : 개별소비세
> - 간접세의 종류를 아는 대로 적으시오.

043
기초자치단체 ★★☆
基礎自治團體

- 시군구
- EBS 기자, 경향신문

시·군·구의 자치단체. 우리나라 자치단체는 기초자치단체와 광역자치단체(특별시·광역시·도)로 구분

> 자세히 이해하기
> 기초자치단체는 광역자치단체의 조례·규칙 등에 의해 일정한 규제를 받는다.

> ◎ 광역자치단체 (廣域自治團體)
> ▲서울특별시 ▲부산광역시 ▲대구광역시 ▲인천광역시 ▲광주광역시 ▲대전광역시 ▲울산광역시(이상 6대 광역시) ▲경기도 ▲강원특별자치도 ▲충청북도 ▲충청남도 ▲경상남도 ▲경상북도 ▲전라남도 ▲전북특별자치도 ▲세종특별자치시 ▲제주특별자치도(총 17개)

> 기출
> 경기도 내 기초자치단체(시·군) 수는?
> : 31개

044
국민소환제 ★★☆
國民召還制

- 파면
- 연합뉴스TV, 방송통신심의위원회

국민이 선출한 국회의원이 부적격하다고 판단될 때 국민이 직접 그 책임을 물어 파면시키는 제도

> 자세히 이해하기
> 정적 제거 악용, 정치적 무관심 등 현실적인 이유로 우리나라를 포함한 대부분 국가에서 제도화하지 않았다.

> 기출
> 공직자 임명 후 국민 동의 하에 해임할 수 있도록 한 제도는?
> : 국민소환제

045 주민소환제★★☆
住民召還制

- 지방자치단체장, 지방의원
- 경인일보, 뉴스1, 부산일보

지방자치단체장, 지방의원 등 선거직 공무원에게 문제가 있을 때 임기 중 주민투표를 통해 해직시킬 수 있는 제도

> **자세히 이해하기**
> 주민소환투표는 주민소환투표권자 총수의 3분의 1 이상의 투표와 유효투표 총수의 과반수의 찬성으로 확정되며, 주민소환투표 대상자는 그 결과가 공표된 시점부터 직위를 상실하며, 그로 인해 실시하는 해당 보궐선거에 후보자로도 등록될 수 없다.

> **기출** 주민소환제 대상이 아닌 것은?
> : 국회의원

046 주민투표제★★☆
住民投票制

- 지역 현안 투표
- 중앙일보

주민이 자신의 지역 현안(쓰레기 매립장 설치, 읍·면·동의 분리·합병 등)에 대해 직접 투표로 결정하는 제도

주민투표제 장·단점

장점	단점
• 주민의 정치적 참여 • 참여의식 함양 • 지역 통합	• 지방행정에 혼란(주민투표 남발의 경우) • 지방의회 기능 위축

047 데마고기★☆☆
demagogy

- 대중 선동, 허위정보
- 한국언론진흥재단, 연합뉴스

특정한 문제에 대하여 대중의식을 선동하기 위하여 유포시키는 허위정보

> ✔ **헤게모니 (hegemony)**
> 국가나 정치사회가 물리력뿐만 아니라 제도, 사회관계, 관념 속으로 자발적 동의를 끌어냄으로써 지배를 유지하는 수단

048 행정심판★★☆
行政審判

- 약식쟁송
- 안동MBC, 연합뉴스TV

행정청의 위법·부당한 처분으로 권리나 이익을 침해 받은 국민이 법적으로 구제받도록 하는 제도

> **자세히 이해하기**
> 행정심판은 행정작용에 속하는 약식쟁송으로, 사법작용에 속하는 정식쟁송인 행정소송과 차이가 있다.

049
사회간접자본 ★★☆
SOC
Social Overhead Capital

• 간접기여
• 국제신문, YTN

생산활동에 직접적으로 참여하지는 않으나, 간접적으로 기여하는 자본

자세히 이해하기

물건을 생산하는 데에는 직접적으로 사용되지 않지만 도로, 전력, 통신, 항만, 철도 등 생산활동에 간접적으로 도움을 주는 시설을 말한다. 사회간접자본이라고 일정하게 규정되어 있는 것은 아니며, 어떠한 생산을 위하여 간접적으로 제공되는 모든 시설을 포괄한다.

기출 다음 중 사회간접자본이 아닌 것은?
: 은행

050
법정계량단위 ★★☆
法定計量單位

• 물상의 상태 측정
• 서울경제

계량법에서 규정한 물상의 상태의 양을 측정할 때 쓰이는 계량단위

구분	개념	단위
기본단위	기본이 되는 7개의 단위	• 길이 : 미터(m) • 질량 : 킬로그램(kg) • 시간 : 초(s) • 전류 : 암페어(A) • 온도 : 켈빈(K) • 물질량 : 몰(mol) • 광도 : 칸델라(cd)
유도단위	기본단위의 조합 또는 기본단위 및 다른 유도단위의 조합에 의하여 형성되는 단위	• 넓이 : 제곱미터(m^2) • 속도 : 미터퍼 세컨드(m/s) • 방사선 : 래드(rad) • 부피 : 세제곱미터(m^3) • 주파수 : 헤르츠(Hz)
보조단위	기본단위 및 유도단위를 십진배수나 분수로 표기하는 것	• 데카(da) : 10^1 • 킬로(k) : 10^3 • 기가(G) : 10^9 • 테라(T) : 10^{12} • 밀리(m) : 10^{-3} • 나노(n) : 10^{-9}
특수단위	특수한 계량의 용도에 쓰이는 단위	• 해리 : 1해리=1852m • 헥타르(ha) : 1ha=1hm^2=$10^4 m^2$ • 다인(dyn) : 1dyn=1g·cm/s^2 =10^{-5}N • 가우스(G) : 1G=10^{-4}T

기출 1ha는 몇 m^2인가, 또 몇 평인가?
: 1ha=10000m^2=3025평

051
게리맨더링★★☆
gerrymandering

- 유리한 선거구 설정
- 매일신문, 이투데이

특정 정당 혹은 특정 후보자에게 유리하도록 자의적으로 선거구를 정하는 것

> **자세히 이해하기**
> 1812년 미국 매사추세츠 주지사 E.게리가 자신이 속한 공화당에 유리하도록 자의적으로 선거구를 정한 것을 반대당에서 비꼬는 말에서 시작됐다.

052
미란다★★☆
miranda

- 상징 조작
- 국민일보, 대전MBC

인간의 감성적·비합리적 측면에 호소해 권력을 미화하고 피지배자의 복종을 유도하는 포스터, 슬로건, 제복, 노래 등의 정치적 상징 조작

> **크레덴다 (credenda)**
> 피지배자에게 이성적으로 권력을 정당화·합리화하는 것. 미란다의 반대

053
국회의장단★☆☆
國會議長團

- 국회의장·부의장
- MBN

국회의장과 국회부의장을 통틀어 칭하는 용어

> **자세히 이해하기**
> 국회의장단은 국회의장 1인과 국회부의장 2인으로 구성된다. 국회부의장은 원내 제1당과 제2당에서 각각 한 명씩 선출한다. 국회의장은 당선된 다음 날부터 그 직에 있는 동안은 당적을 가질 수 없으며, 임기는 2년이다. 또한 문제가 발생할 경우 국회의 동의를 얻어 사임할 수 있다. 2025년 2월 기준으로 국회의장단은 우원식 국회의장(전 더불어민주당 의원), 이학영 부의장(더불어민주당 의원), 주호영 부의장(전 국민의힘 의원)이다.

054
브래들리 효과★★☆
Bradley effect

- 여론조사와 다른 결과
- 부산MBC, 아시아경제

선거 여론조사 당시에는 지지율이 높게 나왔던 유색인종 후보가 실제 선거에서는 낮은 득표율을 얻는 현상

> **자세히 이해하기**
> 상당수 백인들이 인종적 편견을 숨기기 위해 투표 전에는 흑인 후보를 지지한다고 진술하지만 실제 투표장에서는 백인 후보를 찍는 경향이 있다.

055
옴부즈맨★★★
ombudsman

- 행정 감찰관
- 방송통신심의위원회, YTN, 춘천MBC

정부 견제를 위한 일종의 행정 감찰관제도

> **자세히 이해하기**
>
> 1809년 스웨덴에서 국민을 대신해 정부나 기업, 단체 등의 활동을 감시하고 견제하는 행정 감찰 제도로 창안된 옴부즈맨 제도는 이후 언론·기업 등 사회 각 분야에 도입되어 시청자와 소비자의 불만을 수렴하고 시정하는 제도로 발전하였다.
> 국내 방송사들도 시청자와의 대화, 시청자의 불만 조사 및 수렴, 그에 대한 제작진의 입장을 표명하는 옴부즈맨 프로그램을 제작 방영하고 있다.

056
사회계약론★★☆
社會契約論

- 루소
- MBC 드라마PD, YTN

사회 및 국가 성립의 역사적·논리적 근거를 평등하고 이성적인 개인들 간의 계약(契約)에서 구하려는 이론

> **루소 (J.J. Rousseau, 1712~1778)**
> 사회계약은 사회의 각 구성원이 자신의 모든 권리를 공동체에 양도하여 '일반 의지'를 형성하는 것이라고 주장. 직접 민주주의와 국민 주권주의를 옹호했고, 저항권은 인정하지 않았음

> **기출** 『에밀』의 저자는?
> : 장 자크 루소

057
휘슬블로어★★★
whistle-blower

- 내부고발자
- SBS 기자, MBN 취재기자

특정 집단의 구성원으로서 자신이 근무하는 조직의 불법이나 부정 거래에 관한 정보를 신고하는 사람

> **자세히 이해하기**
>
> 영국 경찰관이 호루라기를 불어 시민의 위법 행위와 동료의 비리를 경계하던 것에서 유래한 용어다.

058 최신기출
원내정당★★★
院內政黨

- 1석 이상
- 한겨레신문, 헤럴드경제, MBN, SBS, 경향뉴스, 뉴스1

1석 이상 국회 의석을 가진 정당

> **제22대 국회 원내정당 (2024년 5월 기준)**
> ▲더불어민주당(175석) ▲국민의힘(108석) ▲조국혁신당(12석) ▲개혁신당(3석) ▲새로운미래(1석) ▲진보당(1석)

> **기출** 제21대 국회 원내 5개 정당을 모두 쓰시오
> : 더불어민주당, 국민의힘, 정의당, 기본소득당, 시대전환

059 발롱데세 ★★☆
ballon d'essai

- 여론동향 탐색
- 헤럴드경제, 포항MBC

여론의 동향을 탐색하기 위해 흘려보내는 정보

> **자세히 이해하기**
> 기상상태의 관측을 위해 띄우는 시험기구(trial balloon)에서 비롯된 기상용어로, 현재는 여론의 동향을 탐지하기 위해 고의 또는 의식적으로 흘려보내는 정보나 의견을 의미한다.

060 엽관제 ★★★
獵官制

- 승리의 대가
- SBS 기자, 경향신문

선거에서 이긴 정당이 충성도가 높은 지지자에게 승리의 대가로 관직 임명이나 다른 혜택을 주는 관행

장점	• 정당이념의 철저한 실현 가능 • 공무원의 높은 충성심 확보 가능 • 강력한 정책추진·정책변동에 대한 대응성 빠름
단점	• 부정부패와 행정기강의 문란 초래 • 행정의 무책임성 조장

─── 법률 ───

061 법관 ★★☆
法官

- 재판사무 담당 공무원
- 문화일보, 안동MBC, 연합뉴스

헌법과 법원조직법이 정한 바에 따라 임명돼 사법부를 구성하고 대법원과 각급 법원에서 재판사무를 담당하는 공무원

> **자세히 이해하기**
> 법관은 대법원장과 대법관, 일반법관으로 분류된다. ▲대법원장은 국회의 동의를 얻어 대통령이 임명하고, ▲대법관은 대법원장의 제청으로 국회의 동의를 얻어 대통령이 임명한다. ▲일반법관(판사)은 대법관회의의 동의를 얻어 대법원장이 임명한다.

> **기출** 대법관의 임명은 어떻게 이뤄지는가?
> : 대법원장의 제청으로 국회의 동의를 얻어 대통령이 임명

062 상고 ★★☆
上告

- 제2심 판결, 대법원
- 안동MBC, SBS

제2심 판결에 대한 상소(불복신청)

상소(上訴)	상급법원에 재심을 요구하는 일
항소(抗訴)	제1심 판결에 대해 상급법원에 상소
항고(抗告)	법원의 결정에 대한 상소

> **기출** 상고 또는 항소의 제기기간은?
> : 판결 선고일로부터 7일

063 최신기출
기소유예 ★★☆
起訴猶豫

- 공소 제기X
- YTN, 포항MBC, 경인일보

범죄를 저지른 사람에 대하여 정황을 참작해 공소를 제기하지 않는 검사의 처분

> **자세히 이해하기**
> 검사는 범인의 연령, 성행, 지능과 환경, 피해자에 대한 관계, 범행의 동기, 수단과 결과, 범행 후의 정황을 참작하여 공소를 제기하지 아니할 수 있다. 이와 같이 기소유예를 인정하는 입법주의를 기소편의주의라고 하며, 이에 반대되는 개념을 기소법정주의라고 한다.

064
구속적부심 ★★☆
拘束適否審

- 인신보호영장
- 뉴스1, SBS 기자

적법하지 않은 절차나 권한이 없는 자에 의해 불법으로 피의자가 구속됐을 경우, 그를 구제 및 보호하기 위해 법원에 인신보호영장을 신청하는 제도

> **구속영장 (拘束令狀)**
> 피의자의 도주가 우려되는 경우 피의자를 구속하기 위한 영장. 일반적으로 피의자의 소환 조사 과정에서 48시간 이내에 구속영장을 청구하는 사후 구속영장이 사용됨

065
수사지휘권 ★★☆
搜査指揮權

- 검찰 수사 지휘 또는 중단
- TV조선, 한국일보

법무부 장관이 특정 사건에 대해 검찰 수사를 지휘·중단할 수 있는 권한

> **기출** 수사지휘권을 처음 발동시킨 법무부 장관은?
> : 천정배

066
검수완박 ★★★

- 검찰청법 개정안
- 경인일보, 문화일보

'검찰 수사권 완전 박탈'의 줄임말. 2022년 4월 30일과 5월 3일 각각 국회 본회의를 통과한 검찰청법·형사소송법 개정안

> **자세히 이해하기**
> 이른바 검수완박법이라고 불리는 검찰청법 개정안은 검찰의 수사 대상 범죄를 기존 6대 범죄에서 부패·경제 범죄로 축소하는 내용이 골자다. 또 다른 검수완박법인 형사소송법 개정안은 검찰의 보완수사 범위를 제한하는 내용이다. 한편, 한동훈 전 법무부 장관은 2022년 8월 시행령 개정을 통해 검찰의 공직자·선거·방위사업범죄 수사권 상당 부분을 복원했다.

067
소멸시효 ★★★
消滅時效

- 권리 소멸
- 제주MBC, KBS 방송경영

권리 불행사라는 사실상태가 일정 기간 계속된 경우에 권리소멸의 효과가 발생하는 것

> **자세히 이해하기**
> 일반채권과 판결 등에 의하여 확정된 채권의 소멸시효는 10년이고, 상사채권과 공법상의 채권은 5년이다. 단기소멸시효 기간의 규정이 있고 기타 재산권은 20년이다. 특별한 규정이 있으면 그에 의한다.

> **기출**
> 다음 각 빈칸에 들어갈 말로 적절한 것은?
> 채권은 (㉠)간 행사하지 아니하면 소멸시효가 완성한다. 채권 및 소유권 이외의 재산권은 (㉡)간 행사하지 아니하면 소멸시효가 완성한다.
> : ㉠ 10년 ㉡ 20년

068
일몰제 ★★☆
日沒制

- 자동 소멸
- 전자신문

법률이나 각종 규제의 효력이 일정 기간이 지나면 자동적으로 없어지도록 하는 제도

> **자세히 이해하기**
> 입법 당시와 여건이 달라져 필요 없게 된 후에도 법률·규제가 좀처럼 없어지지 않는 폐단을 없애기 위해 도입됐다.

069 최신기출
친족상도례 ★★☆
親族相盜例

- 친족 재산범죄 특례
- 조선일보, TV조선, 머니투데이, 아주경제

친족 사이 재산범죄(강도죄, 손괴죄, 점유강취죄 제외)에 관해 그 형을 면제하거나 친고죄로 정한 형법상 특례

> **자세히 이해하기**
> 직계혈족, 배우자, 동거친족, 동거가족 또는 그 배우자 사이 절도죄·사기죄·공갈죄·횡령죄·배임죄·권리행사방해죄나 장물죄는 그 형을 면제하고, 그 밖 친족 사이 이러한 죄를 범했을 때 피해자의 고소가 있어야 기소할 수 있다. 형법은 가족 사이 발생한 재산범죄에 관해 개입을 자제하려는 취지에서 이러한 특례를 인정하고 있다. 하지만, 2024년 6월 27일 헌법재판소에서는 친족이 저지른 권리행사방해죄를 면제하도록 한 형법 제328조 제1항에 대해 헌법불합치 결정을 내렸다.

070
반론권★★☆
反論權

- 불공정 보도에 반론
- 매일경제, 한국언론진흥재단

언론의 불공정한 보도에 의해 명예훼손을 당한 사람이 반론할 수 있는 권리

> **자세히 이해하기**
> 개인의 인격권을 보호하고 알권리를 보장하기 위한 제도적 장치이다. 즉, 신문·잡지·방송 등의 언론보도나 논평에 의해 피해를 입은 사람이 해당 언론에 대해 반박문이나 정정문을 게재하거나 방송하도록 요구할 수 있는 권리를 말한다.

071
미필적 고의★★★
未必的 故意

- 용인
- TV조선, MBC, 국제신문

자기 행위로 인한 범죄결과의 발생 가능성을 인식하고도 이를 용인하고 있는 경우

072 최신기출
친고죄★★☆
親告罪

- 피해자의 고소
- 뉴시스, 뉴스1

피해자의 고소·고발이 있어야 공소를 제기할 수 있는 범죄

> ✅ **친고죄에 해당하는 범죄**
> ▲사자명예훼손죄 ▲모욕죄 ▲비밀침해죄 ▲업무상비밀누설죄 ▲친족 간에 일어난 재산죄(단, 강도죄와 손괴죄는 제외) ▲디자인보호법의 침해죄 및 저작권법 중 비영리 침해행위

073
배임죄★★☆
背任罪

- 본인 손해
- 아시아경제, 한국경제

타인의 사무를 처리하는 사람이 불법적인 방법으로 이익을 취득하거나, 제3자로 하여금 이를 취득하게 해 본인에게 손해를 가하는 죄

> - **횡령죄**: 타인의 재물을 보관하는 자가 그 재물을 횡령하거나 반환을 거부하는 범죄
> - **수뢰죄**: 공무원 또는 중재인이 그 직무에 관해 뇌물을 수수·요구 또는 약속한 때에 성립하는 범죄

북한 안보

074 남북공동연락사무소 ★★☆
南北共同聯絡事務所

- 북한이 폭파
- 연합뉴스

2018년 문재인 정부 제1차 남북정상회담에서 설치가 합의된 남북한 간 상시적 연락·협의 기관. 2020년 북측이 남측의 동의 없이 폭파

> **자세히 이해하기**
>
> 북한은 2020년 6월 16일 대북전단 살포 등에 대한 남한 당국의 대응을 문제 삼아 개성 남북공동연락사무소를 폭파했다. 남북공동연락사무소는 2018년 4월 27일 남북 정상이 합의한 판문점 선언에 따라 2018년 9월 개성공단 내에 문을 열었고 ▲남북 간 교섭 및 연락 ▲당국 간 회담 및 협의 ▲민간교류 지원 ▲왕래 인원 편의 보장 등의 기능을 담당해 왔다. 남북공동연락사무소 개소에는 우리나라 정부 예산 170억원가량 투입된 것으로 알려져 남측 재산을 잿더미로 날린 북한의 처사를 비난하는 여론이 일었다.

075 최신기출 공동선언 ★★★
共同宣言

- 국가 간 의사표시
- 한겨레, 한국일보

국가 간 의사표시 형식의 하나로 역대 남북 간 중대 협의 형식으로 이용됨

- **7·4 남북공동성명**: 1972년 박정희 대통령 지시로 이후락 중앙정보부장과, 김일성 주석이 협의하고 통일의 원칙에 대해 남북한이 동시에 발표한 공동성명
- **6·15 남북공동선언**: 2000년 김대중 대통령과 김정일 국방위원장이 남북정상회담에서 합의한 선언
- **10·4 남북공동선언**: 2007년 노무현 대통령과 김정일 국방위원장이 남북정상회담에서 합의한 선언
- **4·27 판문점선언**: 2018년 문재인 대통령과 김정은 국무위원장이 남북정상회담에서 합의한 선언
- **9·19 평양공동선언**: 2018년 문재인 대통령과 김정은 국무위원장이 평양 남북정상회담에서 비핵화·군사·경제·이산가족·문화 체육 분야 등에 합의한 선언

> **기출** 남북 간 공동선언 순서는?
> : 7·4 남북공동성명 → 6·15 남북공동선언 → 10·4 남북공동선언 → 4·27 판문점선언 → 9·19 평양공동선언

076 DMZ ★★☆
DeMilitarized Zone
비무장지대

- 통제지역
- 영남일보, 한국일보

국제조약이나 협약에 의해서 무장이 금지된 지역. 군대의 주둔, 무기의 배치, 군사시설의 설치 등이 금지되고 출입이 엄격히 통제된 지역. 우리나라는 휴전선으로부터 남북으로 각각 2km 지대

> **예문** 정부는 2019년 4월 27일 강원 고성 DMZ 둘레길(평화의 길)을 민간에 개방했다.

077
NLL ★★★
Northern Limit Line
북방한계선

- 해상경계선
- 오마이뉴스, 한겨레신문

1953년 한국전쟁 정전 직후 클라크 주한 유엔군 사령관이 북한과 협의 없이 일방적으로 설정한 해상 경계선으로서 현재까지 무력 충돌 위험이 존재

| 기출 | NLL은 무엇의 약자인가?
: Northern Limit Line |

078
광개토대왕함 ★★☆
廣開土大王艦

- 최초 한국형 구축함
- SBS 기자

KDX-I 계획으로 건조된 최초의 한국형 구축함

> ● 대한민국 해군 구축함
> 광개토대왕급(3000톤급), 충무공 이순신급(4000톤급), 세종대왕급(7600톤급), 정조대왕급(8200톤급)

079 최신기출
핵우산 ★★☆
核雨傘

- 핵무기, 동맹국가의 안전
- 목포MBC, 코리아헤럴드

핵억지력. 핵무기를 보유한 국가가 핵무기를 보유하지 않은 동맹국가의 안전을 보장하는 것

| 예문 | 미국 2025 회계연도 국방수권법안(NDAA) 상·하원 단일안에서 주한미군 병력 현재 수준 유지 및 핵우산 제공 공약이 재확인 됐다. |

080
장거리 탄도미사일 ★★★
ICBM
InterContinental Ballistic Missile

- 전략미사일
- 스포츠서울, 한국일보, 경향신문

5500km 이상의 사정거리를 가진 장거리 전략미사일

> **자세히 이해하기**
> 사정거리 5500km 이상인 장거리 미사일에 보통 메가톤급 핵탄두를 장착하고 있다. 북한은 2017년 7월 4일 ICBM급인 화성-14형을 발사했다. 같은 해 11월 20일에는 미국 본토에 도달할 수 있는 화성-15형 시험발사에 성공했다. 2020년 10월 열병식에서는 화성-15형보다 커진 신형 ICBM을 공개했다. 2024년 10월 31일에는 화성-19형으로 추정되는 미사일 시험 발사에 성공했다.

081
NPT ★★☆
Nuclear nonProliferation Treaty

- 핵확산금지조약
- 헤럴드경제, 국민일보

비핵보유국의 핵무기 보유와 핵보유국의 비보유국에 대한 핵무기 양여를 금지하는 조약

| 기출 | NPT에서 공인한 핵 보유국은?
: 미국, 영국, 프랑스, 러시아, 중국 |

082
군사안보 지원사령부 ★★☆
軍事安保支援司令部

- 국군기무사령부 해편
- 경향신문, 경기방송 라디오PD

기존 국군기무사령부(기무사)가 해편되면서 이를 대체해 2018년 9월 1일 공식 출범한 군 보안·방첩 전문 기관

083
핵·WMD 대응 체계 ★★☆

- 핵미사일 대응
- TV조선, 국민일보

북한 핵미사일에 대응하기 위한 작전계획. 기존 3축 체계 용어를 대체

자세히 이해하기

전략목표 타격, 한국형미사일방어(KAMD), 압도적 대응(KMPR) 3축으로 구성된다. 핵·WMD 대응 체계의 4D는 탐지(Detect), 결심(Decision), 방어(Defense), 격퇴(Destroy)이다.

● 3축 체계
킬 체인(적 미사일을 탐지·공격하는 방위시스템), KAMD, KMPR

084
양심적 병역거부 ★★☆
良心的 兵役拒否

- 대체복무제
- 충북MBC, SBS

병역이나 집총을 자신의 양심에 반하는 행위라고 확신하며 거부하는 행위

자세히 이해하기

2018년 헌법재판소가 대체복무를 규정하지 않은 병역법에 헌법불합치 결정을 내리고 2020년 10월 26일부터 양심적 병역거부자가 교도소에서 36개월간 보조업무를 하는 대체복무제를 시행했다.

085
오커스 ★★☆
AUKUS

- 호주·영국·미국
- 경향신문

호주·영국·미국 세 국가가 2021년 9월 15일 공식 출범한 외교안보 삼각동맹

자세히 이해하기

오커스는 미국의 대중국 포위망 강화와 영국의 브렉시트 전략에 따른 아시아·태평양 지역에서의 역할 증대. 그리고 중국 팽창에 대비해 국방력 증가를 추진하고 있는 호주의 이해관계가 맞아 떨어져 탄생했다. 영미 양국은 오커스를 통해 호주에 고농축 우라늄을 원료로 하는 핵 추진 잠수함 기술 지원하기로 했다.

086
파이브 아이즈★★☆
Five Eyes

- 상호 첩보 동맹
- 경향신문, 부산일보

영어권 기밀정보 동맹체로 상호 첩보 동맹을 맺고 있는 ▲미국 ▲영국 ▲캐나다 ▲호주 ▲뉴질랜드 5개국을 이르는 말

087
사드★★☆
THAAD
Terminal High Altitude Area Defense

- 미사일, 한국
- MBN, SBS, 경향신문

적의 탄도미사일 공격으로부터 방어할 목적으로 제작된 미국의 고(高)고도미사일방어체계

> **자세히 이해하기**
> 2016년 7월 우리나라는 사드 배치를 공식 결정했다. 한미 양국은 2017년 3월 사드의 주한미군 배치 작업을 전격 시작해 2017년 9월 7일 경북 성주에 사드를 배치했다.

> **⊙ 사드 3불**
> 사드 한반도 배치를 둘러싼 중국과의 갈등을 해결하기 위해 2017년 10월 한국이 제시한 3가지 원칙. ▲사드 추가배치를 검토하지 않고 ▲한·미·일 안보협력이 군사동맹으로 발전하지 않을 것이며 ▲미국의 미사일방어(MD) 체제에 참여하지 않겠다는 원칙. 2022년 8월 중국이 기존 3불에 ▲주한미군에 배치된 사드의 운용 제한이라는 1한(限)까지 거론하며 한국을 압박

088
작전계획★★☆
作戰計劃

- 군 운용
- 세계일보, 한겨레신문

북한의 선제공격과 우발적인 도발 등 한반도 유사시를 대비한 한미연합사령부의 공동 군(軍)운용 계획

구분	특징
작계 5015	전면적계획
작계 5026	정밀공습계획
작계 5028	개념계획
작계 5030	북한 동요계획

> **⊙ 작계 5015 (OPLAN 5015)**
> 북한 급변 사태에 대비한 기존 작계 5029와 북한과의 전면전에 대비한 작계 5027을 통합해 개선한 한미연합사령부의 군 운용 계획. 기존 방어 개념에서 선제 타격 개념을 도입하고 수뇌부를 사살하는 참수작전 포함

SPEED CHECK 스피드 체크

중요 용어! 제대로 이해했는지 빠르게 점검하고 넘어가자!
답이 바로 생각나면 ○, 고민했다면 △, 틀렸다면 × 표시해서 완벽하게 정리하세요.

주관식 문제	확인

01 당 3역을 쓰시오.

◀ 정답 : 원내대표, 사무총장, 정책위의장

02 야당에서 정권을 잡았을 경우에 대비해 각료 후보로 조직한 내각은?

◀ 정답 : 섀도캐비닛

03 출근하는 대통령을 잠깐 멈춰 세워 기자들이 묻고 대통령이 즉답하는 약식 회견은?

◀ 정답 : 도어스테핑

04 새로운 회계연도가 개시될 때까지 국회에서 예산이 성립되지 못할 경우 전년도 기준으로 짜는 예산은?

◀ 정답 : 준예산

05 대통령 등 공직 후보자를 선발할 때 일반 국민이 직접 참여해 선출하는 방식은?

◀ 정답 : 오픈 프라이머리

06 정치 이벤트(전당대회나 경선행사 등) 직후 지지율이 상승하는 현상은?

◀ 정답 : 컨벤션 효과

주관식 문제	확인

07 국가의전 서열이 두 번째로 높은 직책은?

◀ 정답 : 국회의장

08 6대 광역시를 쓰시오.

◀ 정답 : 부산광역시, 대구광역시, 인천광역시, 광주광역시, 대전광역시, 울산광역시

09 제1심 판결에 대해 상급법원에 상소하는 것을 일컫는 용어는?

◀ 정답 : 항소

10 범죄를 저지른 사람에 대해 정황을 참작해 공소를 제기하지 않는 검사의 처분은?

◀ 정답 : 기소유예

11 NPT에서 공인한 핵 보유국을 쓰시오.

◀ 정답 : 미국, 영국, 프랑스, 러시아, 중국

12 사회 및 국가 성립의 역사적·논리적 근거를 평등하고 이성적인 개인들 간의 계약(契約)에서 구하려는 이론은?

◀ 정답 : 사회계약론

13 호주·영국·미국 세 국가가 2021년 9월 15일 공식 출범한 외교안보 삼각동맹은?

◀ 정답 : 오커스

주관식 문제	확인

14 친족 사이 재산범죄에 관해 그 형을 면제하는 특례는?

◀ 정답 : 친족상도례

15 체포 후 몇 시간 내에 검찰은 구속영장을 신청하여야 하는가?

◀ 정답 : 48시간

16 NLL(북방한계선)은 무엇의 약자인가?

◀ 정답 : Northern Limit Line

17 기존 국군기무사령부(기무사)가 해편되면서 이를 대체한 기관은?

◀ 정답 : 군사안보지원사령부

18 남북공동선언 중 가장 먼저 실행된 선언은?

◀ 정답 : 7·4 남북공동성명

19 양심적 병역거부자는 교도소에서 몇 개월간 대체복무를 해야 하는가?

◀ 정답 : 36개월

20 KDX-1 계획으로 건조된 최초의 한국형 구축함은?

◀ 정답 : 광개토대왕함

에듀윌이
너를
지지할게

ENERGY

사소한 것에 목숨을 걸기에는
인생이 너무 짧고,
하찮은 것에 기쁨을 빼앗기기에는
오늘이 소중합니다.

Chapter 02 경제

🎙️ 알짜 학습팁

▶ 경제 용어는 언론사 상식시험에서 가장 많이 출제되는 분야 중 하나입니다. 경제 전문 매체의 경우 상식 문항의 대부분을 차지하기도 하므로 철저하게 학습해야 합니다.

▶ 최신 국내외 경제 현황과 관련 있는 용어가 자주 출제되므로 이에 대한 대비가 필요합니다.

▶ 관세의 종류, 물가 변동의 종류, 쿼드러플 위칭데이 등 세부적인 개념이 묶여 있는 키워드는 변별력 높은 문제로 출제될 가능성이 높은 만큼 철저한 학습이 요구됩니다.

▸ 경제 경영

089 최신기출
공유경제 ★★★
sharing economy

- 키워드: 우버, 에어비앤비
- 기출처: KBS, TV조선, YTN, 연합뉴스TV, 대전MBC

한 번 생산된 제품을 여럿이 공유해서 쓰는 협업 소비를 기본으로 한 경제 방식

자세히 이해하기
IT기술의 발전에 의해 개인 간의 거래가 편리해지면서 공유경제가 활성화됐다. 그러나 온라인을 통한 개인 간 거래는 제품이나 서비스의 질을 보장하기가 어렵다는 문제점이 있다.

기출
공유경제와 관련 있는 것은?
: 우버, 에어비앤비, 비스타제트 등

090
언택트 마케팅 ★★★
untact marketing

- 비대면 마케팅
- 대구TBC, 춘천MBC

비대면 형태로 제품과 서비스를 제공하는 마케팅

자세히 이해하기
코로나19가 유행하면서 접촉을 줄이고 싶은 소비자들의 소비 성향으로 언택트 마케팅이 각광받고 있다. 대표적인 사례로 무인 결제 기기(키오스크), 챗봇, 온라인 강의, VR(가상현실) 등이 있다.

기출
'언택트 시대에도 우리에게 친구가 필요하다'는 주제로 프로그램을 기획하시오.

091
불황형 흑자***
不況型 黑字

- 수입 감소
- 서울경제, 뉴스1

경기 불황기에 수출 감소폭보다 수입 감소폭이 더 크게 나타나면서 경상수지가 흑자를 나타내는 것

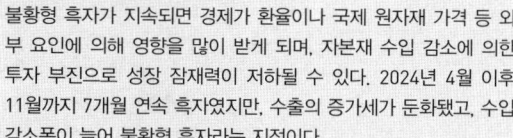

불황형 흑자가 지속되면 경제가 환율이나 국제 원자재 가격 등 외부 요인에 의해 영향을 많이 받게 되며, 자본재 수입 감소에 의한 투자 부진으로 성장 잠재력이 저하될 수 있다. 2024년 4월 이후 11월까지 7개월 연속 흑자였지만, 수출의 증가세가 둔화됐고, 수입 감소폭이 늘어 불황형 흑자라는 지적이다.

092
10분위분배율*☆☆

- 불평등지수
- 충북MBC, 제주MBC

소득분배의 불균형 정도를 측정하는 불평등지수. 최하위 40% 계층이 전체 소득 중 차지하는 점유율을 최상위 20% 계층이 차지하는 소득 점유율로 나누어 계산

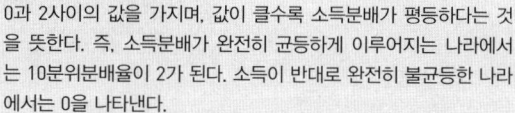

0과 2사이의 값을 가지며, 값이 클수록 소득분배가 평등하다는 것을 뜻한다. 즉, 소득분배가 완전히 균등하게 이루어지는 나라에서는 10분위분배율이 2가 된다. 소득이 반대로 완전히 불균등한 나라에서는 0을 나타낸다.

| 기출 | 10분위분배율에 대해 틀린 설명은?
: 0과 10사이 값을 가진다. (⇨ 0과 2사이 값을 가짐) |

093 최신기출
FANG***

- 미국 IT 빅4
- 서울경제, MBN, YTN, 경향신문

팡. 미국 IT(정보기술) 업계의 '빅 4'인 페이스북(Facebook : 메타로 사명 변경)·아마존(Amazon)·넷플릭스(Netflix)·구글(Google)의 알파벳 첫 글자를 딴 말

◎ FAANG
FANG에 애플(Apple)까지 포함

◎ MAGA
마가. 마이크로소프트(Microsoft)·애플(Apple)·구글(Google)·아마존(Amazon)

◎ MANGO (반도체 유망주)
마벨(MRVL), 브로드컴(AVGO), AMD, ADI, 엔비디아(NVDA), 글로벌파운드리스(GFS), 온세미컨덕터(ON)

◎ 네카라쿠배
네이버·카카오·라인플러스·쿠팡·배달의민족

094 탄력관세 ★★☆
彈力關稅

- 산업보호, 물가안정
- 아주경제, YTN, 제주MBC

국내 산업을 보호하고 물가를 안정시키기 위해 정부가 관세율을 인상·인하할 수 있도록 한 관세

- 보복관세: 자국 상품에 대해 불리한 대우를 하는 나라의 상품에 대한 보복의 성격을 띤 관세
- 긴급관세: 특정 상품이 지나치게 국내에 수입되어 국내 산업이 심각한 피해를 입는다고 판단되는 경우 부과하는 관세
- 할당관세: 수입품의 일정한 수량을 기준으로 부과하는 관세
- 반덤핑관세: 덤핑 방지를 목적으로 정부가 수입품에 대하여 부과한 관세
- 상계관세: 수출국이 특정 수출산업에 대해 장려금이나 보조금을 지급해 수출상품의 가격경쟁력을 높일 경우 수입국이 그 수입상품에 대해 보조금액에 해당하는 만큼 부과하는 관세
- 계절관세: 일정한 계절에만 부과하는 관세
- 슬라이딩관세: 가격 변동이 심한 수입품의 가격을 안정시키는 관세

자세히 이해하기
트럼프 대통령은 캐나다와 멕시코에 각각 25%, 중국에 10%의 보편관세를 부과하는 행정명령에 서명했다. 캐나다와 멕시코에 대한 보편관세는 한 달간 유예했으나, 중국에 대한 관세는 발효되었다.

095 볼트온 ★☆☆
bolt-on

- 인수 시너지 효과
- 연합인포맥스

사모펀드(PEF)가 동종업계 기업을 인수해 시장지배력을 확대하거나 전·후방 사업체를 인수해 기업 가치를 끌어올리는 전략

예문
매각 진행 중인 롯데렌탈이 SK렌터카를 인수한 어피니티에 매각될 경우 '볼트온' 전략을 통한 성장이 기대된다. 어피니티가 롯데렌탈까지 인수할 경우 국내 렌탈 1위 사업자로 거듭나게 된다.

096 긱 이코노미 ★★★
gig economy

- 초단기 계약직
- KBS, 머니투데이, 한국경제TV

긱 경제. 기업이 필요할 때만 인력을 활용하는 초단기 계약직 형태

자세히 이해하기
긱(gig)이란 '임시로 하는 일'이란 뜻으로 재즈 공연장 주변에서 즉흥적으로 연주자를 섭외해 공연을 즐기는 데서 유래한 말이다. 기업은 고용 유지에 대한 부담 없이 필요로 할 때만 인력을 활용할 수 있지만 질 낮은 일자리만 늘어난다는 우려가 있다.

097 최신기출
경제성장률 ★★★
經濟成長率

- 성장 척도
- 연합인포맥스, 머니투데이, 이투데이, MBC, 아주경제, 뉴스1

한 나라의 경제가 전년도에 비해 얼마나 성장했는지를 백분율로 나타낸 것

자세히 이해하기
1년 동안 경제활동을 한 각 영역이 전년도와 비교해 얼마나 성장했는지 판가름하는 지표가 되는 것으로, 한 나라의 경제발전 정도를 측정하는 중요한 척도가 된다.

기출 [논술] 한국의 경제성장률이 1%대로 예상되면서 저성장 우려가 커지고 있다. 한국 경제의 저성장 원인을 분석하고, 이를 극복할 수 있는 대책을 논하시오.

098 최신기출
GDP ★★☆
Gross Domestic Product
국내총생산

- 국가, 영토 중심
- 국민일보, 뉴스1, 머니투데이, 대전MBC

1년 동안 한 국가(영토)에서 생산된 재화와 용역의 시장가치를 합산한 것

● **GDP 디플레이터(deflator)**
명목GDP를 실질GDP로 나눈 것으로, 국가경제의 포괄적인 물가수준을 나타냄

기출 [논술] 한국이 GDP 10위권 대에 진입할 수 있었던 주요 요인을 서술하시오.

099
GNP ★★☆
Gross National Product
국민총생산

- 국민, 국적 중심
- 평화방송, 국제신문

한 나라의 국민이 일정 기간 생산한 모든 최종 재화와 서비스를 시장 가격으로 평가한 것

자세히 이해하기
GDP가 영토 중심 개념이라면 GNP는 국적이 중요한 기준이다. 현재 GNP지표는 발표되지 않고 이를 GNI로 대신하고 있다.

100
GNI ★★★
Gross National Income
국민총소득

- 국민의 평균 생활수준
- 문화일보, 헤럴드경제

한 나라의 국민이 생산 활동에 참여한 대가로 받은 소득의 합계

자세히 이해하기
자국민이 외국에서 받은 소득이 포함되는 반면 외국인에게 지급한 소득은 제외된다. 일반적으로 국민들의 평균 생활수준을 알아보기 위해 사용되는 지표가 1인당 국민소득(GNI)이다.

101
스놉 효과 **☆
snob effect

- 속물 효과
- 이투데이, 조선일보

특정 상품에 대한 소비가 증가하면 그에 대한 수요가 줄어드는 소비 현상

> **기출** 다음 설명하는 현상 중 잘못된 것은?
> : 스놉 효과는 제품의 소비가 늘어나면 수요가 증가하는 현상이다.(⇨ 수요가 감소한다)

102
넛크래커 **☆
nut cracker

- 선진국-개도국, 샌드위치
- 매일경제TV, 방송통신심의위원회

한 나라 경제가 선진국에 비해서는 기술과 품질 경쟁력에서, 후발 개발도상국에 비해서는 가격 경쟁력에서 밀리는 현상

> **예문** 한국 스마트폰 업체는 고가 시장에서 미국 애플에 밀리고 저가 시장에서는 중국 샤오미에 치이는 넛크래커 상태가 되고 있다.

103
김치본드 **☆
kimchi bond

- 채권, 원화 아닌 달러
- 목포MBC

외국 기업이 자금 조달을 위해 대한민국에서 원화가 아닌 달러나 유로화 등으로 발행하는 채권

> - 아리랑본드 : 외국 기업이 국내에서 원화로 발행하는 채권
> - 양키본드 : 외국계 기관이 미국 채권 시장에서 달러로 발행하는 채권
> - 사무라이본드 : 외국계 기관이 일본 채권 시장에서 엔화로 발행하는 채권

104
경제5단체 ***

- 재계 이익 대변
- 이투데이, 안동MBC

재계의 이익을 대변하고 대정부 압력단체 역할을 수행하는 5개의 경제 단체로 전국경제인연합회(전경련·회장 : 류진(이하 2025년 2월 기준)), 대한상공회의소(대한상의·최태원), 한국무역협회(무협·윤진식), 한국경영자총협회(경총·손경식), 중소기업중앙회(중기중앙회·김기문)가 속함

> ✓ 경제4단체
> 경제5단체 - 한국경영자총협회
>
> ✓ 경제6단체
> 경제5단체 + 은행협회 또는 한국중견기업연합회 또는 소상공인연합회

105 생산가능인구 ★★★
生産可能人口

- 15~64세
- CBS, 국제신문

경제활동을 할 수 있는 연령대(15~64세)의 인구

자세히 이해하기

생산가능인구는 연령이 충족되고 일할 의사와 능력이 있는 ▲경제활동인구(취업자+실업자)와 일할 의사가 없는 ▲비경제활동인구로 구분된다.

106 탄력적 근로시간제 ★★☆
彈力的 勤勞時間制

- 유연근무제
- 충북MBC, 서울경제

탄력근로제. 특정일의 노동시간을 연장하는 대신 다른 날의 노동시간을 단축해 일정 기간 평균 노동시간을 법정노동시간에 맞추는 유연근무제의 일종

자세히 이해하기

업무가 적을 때는 다른 근로일의 근무시간을 단축시켜 일정 기간 주당 평균 근로시간을 52시간(법정 근로시간 40시간+연장근로 12시간)으로 맞추는 제도다. 경제사회노동위원회(경사노위)가 2019년 2월 19일 탄력근로제 단위 기간을 현행 최대 3개월에서 6개월로 확대하는 합의안을 도출해 2021년 4월부터 시행됐다.

107 브레턴우즈체제 ★★★
The Bretton Woods System

- 금환본위제, 고정환율제
- 한국경제, 춘천MBC

연합국 통합금융회의에서 승인된 국제통화체제. 1944년 미국 브레턴우즈에서 고정환율제 도입

자세히 이해하기

제2차 세계대전 이후에 각국의 자국화 평가절하 경쟁으로 통화제도가 파탄됐던 사실을 반성하고, 국제통화기금(IMF)과 세계은행(IBRD) 협정을 통해 가맹국의 외환시세를 안정시키려 한 제도다. 이에 따라 각국은 금환본위제와 고정환율제를 도입했다. 그러나 1971년 미국이 금과 달러의 교환을 정지하면서 브레턴우즈체제가 무너졌고 주요국 통화의 대부분은 변동환율제로 이행했다.

108 브릭스 ★★☆
BRICS

- 신흥 경제 5국
- 문화일보, 원주MBC

2000년 이후 대표적 신흥경제 5국인 브라질(Brazil), 러시아(Russia), 인도(India), 중국(China), 남아프리카공화국(Republic of South Africa)의 합성어. 2024년 이란, 이집트, 에티오피아, 아랍에미리트 연합(UAE)이 가입했고, 2025년 1월에는 인도네시아가 가입하며 회원국이 총 10개국으로 늘어났다.

109
페그제 *☆☆
peg system

- 통화가치, 고정
- 연합인포맥스, 충북MBC

한 나라의 통화가치를 다른 국가의 통화(주로 미국 달러)에 고정시켜두고 정해진 환율로 교환을 약속한 환율제도

자세히 이해하기
환율변동에 대한 불확실성이 사라져 대외교역 및 자본유출입이 활발해지는 장점이 있지만 달러의 가치변동에 영향을 많이 받아 통화 자체의 가치가 적절히 반영되지 못한다.

110
그레이스완 ***
grey swan

- 예측 가능, 해결책 X
- 아주경제, 헤럴드경제

이미 시장에 알려져 예측할 수 있는 악재이지만 마땅한 해결책이 없어 위험요인이 시장에 계속 존재하는 상태

111
핫머니 ***
hot money

- 단기 자금
- 경인일보, 방송통신심의위원회

국제 금융시장에서 각국의 단기금리 및 환율 차이로 발생하는 투기적 이익을 목적으로 이동하는 단기 자금

예문 핫머니 유출 압력이 강해 외환보유고 감소 추세는 상당 기간 지속될 가능성이 높다.

112
지니계수 ***
Gini's coefficient

- 소득분배의 불평등
- 부산일보, 조선일보

소득분배의 불평등도를 나타내기 위한 수치. 1에 가까울수록 빈부의 격차가 크다는 뜻

기출 지니계수에 대한 설명으로 틀린 것은?
: 0이면 완전 불평등 (⇨ 완전 평등)

113
갭투자 **☆
gap投資

- 전세 끼고 매입
- JTBC, SBS

집값과 전셋값 차이(gap)가 적은 집을 전세를 끼고 매입하는 투자 방식

자세히 이해하기
가령 5억원인 주택의 전세금 시세가 4억5000만원이라면 전세를 끼고 5000만원만 들여 집을 살 수 있다. 부동산 시장 교란의 주범으로 꼽힌다.

114 엥겔계수 ★★★
Engel's coefficient

- 식료품비 차지 비중
- KBS, 경향신문

총 가계지출액에서 식료품비가 차지하는 비율

○ 엥겔의 법칙 (Engel's law)
소득수준이 낮을수록 전체의 생계비에 대한 식료품 소비가 차지하는 비중이 커진다는 경제법칙

기출 | 가계의 소비 지출 중에서 식료품비가 차지하는 비율을 나타내는 지표로, 가계의 생활 수준을 측정하는 데 사용하는 것은?
: 엥겔계수

115 공정시장 가액비율 ★★☆
公正市場價額比率

- 종부세 과세표준
- 아시아경제, 머니투데이

종합부동산세(종부세) 과세표준을 정할 때 적용하는 공시가격의 비율

▶ 자세히 이해하기
주택 공시가격 대비 실제 세금을 매기는 과세표준의 비율로, 비율이 높을수록 세금 부담이 높아진다. 2022년 1세대 1주택자가 보유한 주택은 공정시장 가액비율이 60%에서 45%로 인하되었으며 2025년까지 유지중이다.

116 엔젤 투자 ★★★
angel investment

- 벤처기업
- 방송통신심의위원회

벤처기업에 자금을 대고 주식으로 그 대가를 받는 고수익 고위험 투자 형태

○ 엔젤계수 (angel coefficient)
가계지출비 중 교육비가 차지하는 비율

117 최신기출
코픽스 ★★☆
COFIX
Cost Of Funds IndeX

- 주택대출 기준금리
- 이투데이, 머니투데이, 아주경제

은행연합회가 국내 8개 은행의 상품별 금액·금리를 기준으로 산출해 공시하는 주택대출 기준금리

▶ 자세히 이해하기
코픽스 지수 산출의 대상이 되는 자금조달 상품에는 ▲정기예금 ▲정기적금 ▲상호부금 ▲양도성예금증서(CD) ▲환매조건부채권(RP)매도 ▲금융채 등이 있다. 은행들은 코픽스에 대출자의 신용도를 반영하여 일정률의 가산금리(스프레드)를 더해 대출금리로 결정한다.

118
카르텔★★☆
cartel

- 기업, 연합
- 뉴시스, 한국언론진흥재단

시장을 통제하기 위한 목적으로 동종 또는 유사 산업 분야의 기업들이 연합하는 것

- 트러스트(trust): 시장 독점을 위해 동일 부문의 여러 기업체가 독립성을 잃고 합동하는 것
- 신디케이트(syndicate): 카르텔에서 협정을 체결하고 공동판매소를 만들어 판매하는 고도화된 카르텔 형태
- 콘체른(konzern): 여러 산업에 걸쳐 다각적으로 독점력을 발휘하는 거대한 기업 결합체

119
환율★★★
換率

- 평가절하, 원화가치
- MBC, 경향신문

외화 1단위를 얻기 위해 지불해야 하는 자국 통화의 양으로서, 자국통화와 외국통화의 교환비율을 의미

- (원-달러) 환율상승=원화 평가절하=원화가치 하락: 수출 증가, 수입 감소, 물가 상승, 경상수지 개선, 외채 상환 부담 가중
- (원-달러) 환율하락=원화 평가절상=원화가치 상승: 수출 감소, 수입 증가, 물가 하락, 경상수지 악화, 외채 상환 부담 감소

120
CEPA★★☆
Comprehensive Economic Partnership Agreement

- 한국-인도
- 헤럴드경제

포괄적 경제동반자협정. 자유무역협정(FTA)과 같은 의미로서 한국-인도 간 FTA를 CEPA로 지칭. 인도와는 발효 상태, 한국과 UAE의 CEPA는 2023년에 타결되었으며, 협정 발표를 앞두고 있음.

> **기출** 한국과 CEPA를 체결한 국가는?
> : 인도

121
업틱룰★☆☆
uptick rule

- 직전 가격 이하 공매도 금지
- 연합인포맥스

매도에 따른 직접적인 주식 가격 하락 방지를 위해, 직전 가격 이하로 공매도 호가 제출을 금지하는 제도

> **자세히 이해하기**
>
> 예를 들어 A전자 주식 직전가가 4만9000원이라면, 공매도 호가는 4만9050원, 4만9100원 등 4만9000원을 초과하는 금액으로만 제출할 수 있다. 2025년 3월 4일 국내 첫 대체거래소 넥스트레이드가 출범하여, 한국거래소의 독점체제가 사라지고 증권 거래 편의성이 대폭 향상될 것으로 보인다. 공매도에 따른 직접적 가격하락을 방지하는 업틱룰은 넥스트레이드와 한국거래소 각각의 직전체결가 기준으로 운영된다.

122
다우지수 ★★★
Dow-Jones average

- 뉴욕증권, 우량기업 30개
- 스튜디오S, SBS

미국의 다우존스사가 뉴욕증권시장에 상장된 우량기업 주식 30개 종목을 기준으로 산출하는 세계적인 주가지수

- S&P500: 신용평가기관 S&P에 의해 산출된 뉴욕증권거래소 상장 500개 우량기업 종목의 평균
- 나스닥종합주가지수: 미국 벤처기업이나 중소기업들의 주식을 거래하는 나스닥(NASDAQ)시장의 종합주가지수

123
토빈세 ★★★
Tobin's tax

- 외환거래 부과세금
- 충북MBC, EBS

단기성 외환거래에 부과하는 세금

자세히 이해하기
국제 투기자본의 급격한 자금유출입으로 각국의 통화가 급등락하며 통화 위기가 촉발되는 것을 막기 위한 규제 방안으로 토빈세가 논의되고 있다.

124
빅맥지수 ★★★
Big Mac index

- 물가·환율, 비교지표
- 연합인포맥스, MBN

미국 맥도날드사의 햄버거 메뉴인 빅맥의 각국 가격을 달러로 환산한 뒤 미국 내 빅맥 가격과 비교한 지수

자세히 이해하기
각국의 상대적 물가 수준과 환율 수준을 비교하는 지표로 활용된다. 한 국가의 빅맥지수가 낮을수록 해당국의 통화가 달러화보다 저평가된 것으로, 높을수록 고평가된 것으로 해석된다.

✓ **라떼지수 (latte Index)**
커피전문점 스타벅스의 카페라떼가 각국에서 얼마에 팔리느냐를 통해 세계 도시의 물가를 가늠해보는 척도

125 최신기출
조각투자 ★★★

- 소수점 투자
- MBN, 연합인포맥스

고가 미술품이나 부동산 등 자산에 대해 여러 투자자들이 소액으로 함께 투자하고 이익을 공동으로 배분받는 형식의 투자 기법

자세히 이해하기
2025년 6월부터 조각투자 발행 플랫폼이 정식 제도화된다. 이에 따라 조각투자 사업자는 인가를 취득한 사업자만 운영이 가능하며, 소비자 보호 등에 있어서도 증권사와 비슷한 규제를 적용받게 될 예정이다.

126
케인스주의 ★★★
Keynesianism

- 정부의 시장 개입
- 한겨레신문, 경향신문, 춘천MBC

시장의 불완전성과 정부의 시장 개입 필요성을 강조한 영국 경제학자 케인스의 경제 이론 관점

> ⊙ 유효수요 이론
> 소비와 투자로 이루어지는 유효수요의 크기에 따라 소득수준과 고용수준이 결정된다고 주장한 1930년대 케인스 고용이론의 기본

127
물가 변동의 종류 ★★★

- 애그플레이션
- 이데일리, 연합인포맥스, EBS

용어	내용
인플레이션 (inflation)	통화량의 증가로 화폐가치가 하락하고 물가가 상승하는 현상
디플레이션 (deflation)	경기가 하강하면서 물가도 지속적으로 하락하는 현상
하이퍼인플레이션 (hyperinflation)	인플레이션이 상상을 초월할 정도로 과도해 화폐의 액면가치가 사실상 상실된 상태
스태그플레이션 (stagflation)	경기침체에도 불구하고 물가가 오히려 오르는 현상
리플레이션 (reflation)	디플레이션 상태에서 벗어나 심한 인플레이션까지는 이르지 않은 상태
애그플레이션 (agflation)	농업(agriculture)과 인플레이션(inflation)의 합성어로, 농산물의 가격 급등이 다른 물가에도 영향을 주어 전반적인 인플레이션을 일으키는 것
디스인플레이션 (disinflation)	인플레이션 상태를 벗어나기 위해 점차 통화를 수축시켜 물가상승률을 낮추는 경제조정정책
스크루플레이션 (screwflation)	물가는 치솟지만 임금은 그대로여서 가계의 살림살이가 쥐어짤 정도로 나빠지는 현상

> **기출** 인플레이션 상황에서 알맞은 정책으로 옳은 것은?
> : 흑자재정(긴축재정)(⇨ 정부가 세금을 많이 거두고 지출을 줄여 경기를 안정화시키는 정책)

128
J커브 효과 ★★☆
J-curve effect

- 무역수지
- SBS 방송경영, 서울경제

정부가 무역수지 개선을 위해 통화를 평가절하(환율상승)해도 초기에 무역수지가 오히려 악화되다가 상당한 시간이 지난 후에야 개선되는 현상

> **예문** 원달러 환율은 12.3 비상계엄 이후 급등하였다. 일반적으로 다른 조건이 동일 할 경우 환율이 올랐을 때 J커브 효과를 기대하지만, 최근 환율상승은 정치적 리스크 및 한국 성장의 전망 악화로 인한 것으로 효과를 단편적으로 예측하기는 힘들다.

129 초개인화 ★★☆
超個人化

- 니즈 예측
- 뉴시스

소비자의 상황과 맥락을 실시간으로 파악한 뒤 니즈를 예측해서 상품이나 서비스를 제공하는 마케팅 전략

> **자세히 이해하기**
> 성별, 거주지, 라이프스타일 등 개인별 특성을 통해 분류하는 마케팅 기법인 개인화에서 더 나아간 것이 초개인화다.
>
> **기출** 개인화와 초개인화의 차이는?

130 디드로 효과 ★★☆
Diderot Effect

- 깔맞춤 소비
- 한국일보, 이투데이

하나의 물건을 사고 나서 그 물건에 어울릴 만한 물건을 계속 구매하는 등 또 다른 소비로 이어지는 현상

131 로렌츠 곡선 ★★☆
Lorenz curve

- 소득 불균형
- YTN, 목포MBC

소득의 불균등한 정도를 나타내는 곡선

> **자세히 이해하기**
> 누적인원의 백분율은 x축에, 누적소득의 백분율은 y축에 표시한다. 곡선이 대각선에 가까울수록 소득 분포가 균등한 것이다.

132 래퍼 곡선 ★★☆
Laffer curve

- 세율과 세수의 역설
- 아시아경제, 이투데이

일정 수준 이상으로 세율이 높아지면 근로 의욕이 감소돼 오히려 조세수입이 감소하기 시작한다는, 세율과 세수의 역설적 관계를 나타낸 곡선

133 섀도보팅 ★★☆
shadow voting

- 의결권 대리행사
- 문화일보, 이투데이

정족수 미달로 주주총회가 무산되지 않도록 하기 위해 참석하지 않은 주주들의 투표권을 행사할 수 있는 의결권 대리행사 제도. 대주주에게 유리

> **차등의결권 (差等議決權)**
> 특정 주식에 보유한 지분율 이상의 의결권을 부여하는 제도. 대주주에게 유리

134
5대 금융지주 ★☆☆

- 시중은행
- 문화일보

2024년 기준 자산순으로 KB금융지주·신한금융지주회사·하나금융지주·NH농협금융·우리금융지주

> ✅ **금융지주회사 (金融持株會社)**
> 은행, 증권, 보험사 등 다른 금융기관의 주식이나 지분을 보유하면서 그 회사를 지배하는 회사

135 최신기출
기회비용 ★★☆
機會費用

- 선택과 포기
- 이투데이, 경향신문

동시에 주어진 여러 가능성 중 하나를 선택했을 때 그로 인해 포기할 수밖에 없는 다른 쪽의 가치

136 최신기출
사모펀드 ★★★
PEF
Private Equity Fund

- 비공개, 소수 투자자
- SBS 방송경영, 인베스트조선

비공개로 소수의 투자자의 자금을 모아 주식이나 채권 등에 투자하여 운용하는 펀드

> ✅ **공모펀드**
> 공개적으로 특정하지 않은 많은 투자자들로부터 자금을 모아 운용하는 펀드

137 최신기출
헤지펀드 ★★☆
hedge fund

- 투자 위험, 높은 수익
- 아시아경제, 경향신문, SBS

투자 위험을 안고 높은 수익을 추구하는 적극적 투자 자본. 위험 회피보다 투기적 성격이 강함

138
CSV ★★★
Create Shared Value

- 공유가치창출
- 뉴시스

비즈니스 경쟁력을 강화하는 동시에 기후변화, 경제 양극화 등과 같은 사회적 조건을 개선하는 기업의 정책 및 경영활동

> 🔍 **자세히 이해하기**
> CSR이 기업이 이윤을 벌어들인 후 일정 금액을 사회에 환원하는 방식이라면 CSV는 사회적 가치 및 이윤 추구가 동시에 발생하는 기업 활동이라는 차이가 있다.

139 레버리지 비율 ★☆☆
leverage ratios

- 타인자본
- 인베스트조선, YTN

기업이 타인자본에 의존하고 있는 정도를 나타내는 비율

> ◉ 레버리지 효과 (leverage effect)
> 타인자본을 지렛대로 삼아 자기자본이익률을 높이는 것으로 지렛대 효과라고도 함

140 스파게티볼 효과 ★★☆
spaghetti bowl effect

- FTA 활용률 저하
- 언론중재위원회, KBS

여러 나라와 자유무역협정(FTA)을 체결했지만 각 나라마다 교역 조건이 달라 FTA 활용률이 떨어지는 현상. 지역마다 다른 무역 규정이 스파게티 국수처럼 얽히고설키는 부작용이 발생한다는 의미

141 윔블던 효과 ★☆☆
Wimbledon effect

- 외국 자금 시장 장악
- KBS 기획행정, 원주MBC

국내 시장에서 외국기업이 자국기업보다 활발히 활동하거나 외국계 자금이 금융시장을 장악하는 현상

> 자세히 이해하기
> 영국 런던에서 열리는 윔블던 테니스 대회에서 주최국인 영국 선수들보다 외국 선수들이 더 많은 우승을 차지하는 데서 유래됐다.

142 우루과이 라운드 ★★★
UR
Uruguay Round

- 다자간 무역 협상
- YTN, 춘천MBC

세계 각국의 관세·비관세 장벽을 철폐하는 것을 목적으로 하는 다자간 무역 협상. 1986년 우루과이에서 시작해 1994년 모로코에서 완전 타결

- 기술라운드(TR) : 기술개발 지원정책을 국제적으로 표준화시키려는 다자간 협상
- 그린라운드(GR) : 환경문제에 대한 다자간 협상

143 긴축발작 ★★★
taper tantrum

- 양적완화 축소
- 연합뉴스, 이투데이

테이퍼 탠트럼. 선진국의 양적완화 축소 정책이 신흥국의 통화가치 및 증시의 급락을 초래하는 현상

> 예문
> 2025년 1월 미국 채권시장에서는 Fed가 양적긴축(중앙은행이 보유하던 채권을 만기 전에 매각하여 시중 은행의 유동성을 흡수하는 것)을 통해 은행의 유동성을 계속 흡수한다면 2019년의 긴축발작이 다시 일어날 것이라는 우려가 제기되었다.

144 디깅소비 *☆☆
digging 消費

- 소비자 니즈 예측
- 연합인포맥스

소비자가 선호하는 품목이나 영역에 깊게 파고드는 (digging) 행위가 관련 제품 소비로 이어지는 것

> ✅ **셀프 디깅 (Exploring Identity)**
> 나 자신을 제대로 이해하고 가치를 높이며 표현하기 위한 소비로 유전자 검사, 심리검사 등의 셀프 진단 및 사주나 타로 등이 자신을 알기 위한 방법으로 인기를 얻고 있다.

145 립스틱 효과 ***
lipstick effect

- 저가 제품
- 매일신문, EBS

경기가 좋지 않은 상황에서 낮은 비용으로 욕구를 충족시키는 저가 제품 매출이 오히려 증가하는 현상

146 슈바베의 법칙 ***
Schwabe's law

- 주거비용
- G1 강원민방, 춘천 MBC

소득수준이 낮을수록 전체 생계비에서 주거비용이 차지하는 비율이 높아진다는 법칙

> **기출** 엥겔계수에 대한 설명이 아닌 것은?
> : 소득과 주거비에 대한 이론이다. (⇨ 슈바베의 법칙)

147 펜트업 효과 *☆☆ 최신기출
Pent-up effect

- 보상 소비
- 연합인포맥스, MBN

코로나 팬데믹 등에 억눌렸던 소비 심리와 수요가 급속도로 되살아나는 현상

> **자세히 이해하기**
> 여행업계는 2024년 1분기에 코로나 팬데믹으로 억눌렸던 여행 수요가 폭증하는 펜트업 효과로 실적 반등에 성공했으나 12.3 비상계엄 선포 및 환율급등으로 인해 24년 12월부터 25년 1,2 분기에는 영업이익이 하락할 것으로 전망하고 있다.

148 갈라파고스 신드롬 ***
Galapagos syndrome

- 우물 안 개구리
- 울산MBC, 한국언론진흥재단

자국시장만을 염두에 두고 제품을 만들어 글로벌 경쟁에서 뒤떨어지는 현상

> **자세히 이해하기**
> 기술력이 뛰어났던 일본 가전 기업이 자국시장에만 집중하다가 글로벌 표준에서 벗어나 도태된 것이 대표적인 사례다.

149
펭귄효과 *☆☆
penguin effect

- 소비 동조
- 이투데이, 연합인포맥스

남들이 구매하기 시작하면 자신도 그에 자극돼 덩달아 구매를 결심하는 현상

150
그레셤의 법칙 **☆
Gresham's law

- 양화, 악화
- 국제신문, 방송통신심의위원회

소재의 가치가 서로 다른 화폐가 동일한 명목 가치를 가진 화폐로 통용되면 소재가치가 높은 화폐(양화)는 유통시장에서 사라지고 소재가치가 낮은 화폐(악화)만 유통된다는 것

151
리엔지니어링 *☆☆
reengineering

- 경영 혁신
- 전주MBC

기업의 체질 및 구조와 경영 방식을 근본적으로 뜯어고쳐 경쟁력을 확보하는 경영 혁신 방법

- 리스트럭처링(restructuring): 사업구조재건축을 통한 경영 합리화, 구조조정이라고 함
- 턴어라운드(turnaround): 리엔지니어링과 리스트럭처링을 포함하는 넓은 의미의 기업회생을 의미

152
명목임금 **☆
nominal wage

- 물가상승 고려 X
- 목포MBC, 조선일보

근로자가 노동의 대가로 받은 임금을 물가의 상승을 고려하지 않고 화폐단위의 금액으로 표시한 것

✅ 실질임금 (real wage)
명목임금을 실제구매력으로 나타낸 것

153
차상위계층 **☆
次上位階層

- 취약계층
- CBS

소득·재산이 소득인정액 중위소득 50% 이하면서 기초생활수급자 자격요건에 들지 않는 가구

✅ 2025년 중위소득
2025년 4인 가구 기준 중위소득은 609만7,773원이며 생계급여는 4인 가구 기준 월소득 195만1,287원 이하면 받을 수 있다.

154
메기 효과**☆
catfish effect

- 경쟁자
- 원주MBC, 마산MBC

막강한 경쟁자의 존재가 다른 경쟁자들의 잠재력을 끌어올리는 효과

> **예문** 저비용 고성능 AI서비스인 딥시크의 메기 효과가 국내 AI 스타트업 기업들에게 성장할 수 있는 기회 요인으로 작용할 수 있다는 기대가 나오고 있다.

155
법정관리**☆
法定管理

- 기업회생절차
- MBN, 한국언론진흥재단

재정적으로 어려워 파산에 직면했지만 회생 가능성이 있는 회사를 법원에서 지정한 제3자가 관리하는 것

156
분식회계**☆
粉飾會計

- 이익을 부풀려 계산
- 안동MBC, 연합뉴스

기업이 자금융통을 원활히 하기 위하여 의도적으로 자산이나 이익을 부풀려 계산하는 회계

157
스트레스 테스트*☆☆
stress test

- 재무건전성
- 한국일보, 이투데이

금융기관의 재무건전성을 평가하는 방법

> **자세히 이해하기**
> 예외적이지만 일어날 가능성이 있는 여러 시나리오를 상정해 위기 상황 시 해당 금융기관의 재무 건전성을 파악하는 것이다. 금융 외에도 컴퓨팅, 원자력 발전소 등 다양한 영역에서 활용된다.

158
후강퉁**☆
沪港通

- 상하이, 홍콩
- 한국경제TV PD, 서울경제

홍콩·해외 투자자가 상하이증권거래소에서, 중국 본토의 투자자가 홍콩증권거래소에서 거래할 수 있도록 한 중국의 자본시장 개방 제도

> ✓ **선강퉁 (深港通)**
> 중국 광둥성 선전 증시와 홍콩 증시 간의 교차매매

159
페이퍼 컴퍼니 ★★☆
paper company

- 조세 회피
- 오마이뉴스, TV조선

물리적 실체 없이 서류형태로만 존재하는 회사

> **자세히 이해하기**
> 사업 활동에서 나오는 소득과 기타 합산 소득에 대한 세금을 절감하면서 기업 활동에 드는 제반 경비를 절감하기 위해 조세 회피 지역에 설립된다.

160
전환사채 ★★☆
CB
Convertible Bond

- 주식 전환 권리
- 아주경제, 이투데이

발행 후 일정 기간이 지나면 발행 회사의 주식으로 전환할 수 있는 권리가 부여된 사채

161
신주인수권부사채 ★★★
BW
Bond with Warrant

- 신주 매입 권리
- 아주경제, 이투데이

일정 기간 내에 약정 가격으로 발행회사 주식을 매입할 수 있는 권리가 부여된 사채. 회사채 형식으로 발행

> **자세히 이해하기**
> 발행하는 회사 측에는 자금조달을 촉진하고, 투자자 측에는 사채의 이자 소득과 주식의 배당 소득, 주가 상승에 따른 이익을 동시에 꾀할 수 있게 해준다는 장점이 있다.

162
주식회사 ★★★
株式會社

- 유한책임사원
- 매일경제 취재기자

자신이 인수한 주식의 금액을 한도로 출자 의무를 질 뿐, 회사의 채무에 대해서는 책임을 지지 않는 유한책임사원으로만 구성된 회사

- 유한회사: 상행위 및 기타 영리행위를 목적으로 설립한 사단법인
- 합명회사: 2인 이상의 무한책임사원(회사의 채무에 대해 직접·무제한·연대책임을 부담)으로 구성되는 인적 대표회사
- 합자회사: 무한책임사원과 유한책임사원으로 조직된 회사
- 지주회사: 다른 회사의 주식을 소유해 사업 활동을 지배·관리하는 것을 주된 목적으로 하는 회사

163 3고 현상 ★☆☆

- 고물가, 고금리, 고환율
- 문화일보

물가(유가)·금리·환율이 모두 올라 경제 위기를 일으키는 현상

> ✓ 3저 호황
> 1980년대 중후반 국제적으로 저유가·저금리·저달러(엔고) 현상이 한꺼번에 나타나 한국 경제가 호황을 맞이했던 현상

164 최신기출
EBITDA ★★☆
Earnings Before Interest, Taxes, Depreciation and Amortization

- 현금 창출 능력
- 서울경제, SBS방송경영, 딜사이트

법인세·이자·감가상각비 등을 빼기 전 영업이익. 기업이 영업 활동으로 벌어들인 현금 창출 능력을 나타내는 지표

> **자세히 이해하기**
> 영업이익에 순금융비용과 감가상각비를 더해 계산한다. 기업의 실제 가치를 평가하고 각 기업의 수익창출 능력을 비교하는 중요한 잣대로 활용되고 있다.

165 재무제표 ★★★
財務諸表

- 회계 보고서
- KBS, 한국언론진흥재단

기업의 경영·재정 상태를 기록·계산한 회계 보고서

연결재무제표	결합재무제표
독립된 법인이지만 경제적으로 유기적 관계에 있는 기업을 일괄하여 하나의 기업으로 보고 작성한 재무제표	특정인이 2개 이상의 기업을 운영하는 경우 회사 간 내부 거래를 제거하고 개별재무제표를 수평적으로 결합한 재무제표

166 K-IFRS ★★☆
Korean International Financial Reporting Standards

- 한국채택국제회계기준
- 서울경제

국제회계기준(IFRS)에 맞춰 제정된 새로운 한국채택 국제회계기준

> **자세히 이해하기**
> 2011년부터 모든 상장기업이 의무적으로 K-IFRS를 채택하게 됐다. K-IFRS는 개별재무제표만 공시하면 됐던 기존과 달리 연결재무제표 공시가 의무화되며 투자부동산, 유형자산 등 객관적 평가가 어려운 항목에 대해서는 취득원가가 아닌 공정가치 기준으로 평가 방식이 변경된다.

> ✓ IFRS17
> 2023년부터 시행되는 국제보험회계기준. 보험부채의 평가 기준을 원가에서 시가로 변경하는 것이 골자

167
6차 산업 ★★★

- 융·복합
- 서울신문, MBN

1차·2차·3차 산업을 융·복합화한 산업. 1×2×3=6이라는 의미

1차 산업	농림수산업
2차 산업	제조업
3차 산업	서비스업

168
리디노미네이션 ★★☆
redenomination

- 화폐 비율
- 이데일리, 안동MBC

기존 화폐단위를 화폐의 실질적인 가치 변동 없이 일정 비율만큼 낮추는 것. 원화를 1000분의 1로 리디노미네이션할 경우 1000원은 1원이 됨

169 최신기출
빅스텝 ★★★
big step

- 0.50%p 인상
- 부산일보, 더벨, 코리아타임스, 이투데이

중앙은행이 기준금리를 한 번에 0.50%p 인상하는 것
기준금리 조정 폭을 지칭하는 용어

베이비스텝	0.25%p
빅스텝	0.50%p
자이언트스텝	0.75%p
울트라스텝	1.00%p

170
공공재 ★★★
公共財

- 비경합성, 비배제성
- 부산MBC, 안동MBC

국방, 공원, 도로처럼 재화·서비스의 소비 과정에서 경합이 일어나지 않는 비경합성과, 재화 소비에 대한 비용을 부담하지 않아도 소비 혜택을 누릴 수 있는 비배제성을 지닌 재화 또는 서비스

171
마케팅믹스 ★★☆
marketing mix

- 4P
- 한겨레신문 경영관리직, 광주MBC

▲상품(Product) ▲장소(Place) ▲가격(Price) ▲판촉(Promotion) 등 4P의 요소를 활용하여 마케팅 효과를 최대화하는 전략

> 기출 마케팅믹스의 4P가 아닌 것은?
> : Position

172
금융실명제 ★★☆
金融實名制

- 김영삼 대통령
- 서울경제, MBC 드라마PD

금융기관에서 금융거래를 할 때 가명이나 무기명에 의한 거래를 금지하고 실명이 확인된 경우에만 금융거래가 이루어지도록 하는 제도. 김영삼정부 때부터 실시

자세히 이해하기

1993년 선출된 제14대 김영삼 대통령 시절 깨끗한 정부를 표방하며 경제 정의를 이루기 위해 금융실명제가 실시됐다. 금융실명제의 후속조치로 금융투자소득세 도입이 검토되었으나, 당시 도입되지는 못했다. 이후 소득세법 개정안이 통과되어 금융투자소득세는 2025년부터 시행될 예정이었으나, 2024년 12월에 결국 폐지되었다.

173
데카르트 마케팅 ★★☆
techart marketing

- 기술+예술
- 이데일리, MBN

제품에 예술적 디자인을 접목시켜 브랜드 품격을 높이는 마케팅 전략. 데카르트는 기술(tech)과 예술(art)의 합성어

174
입소문 마케팅 ★★☆

- 인적 네트워크, 사용 후기
- SBS 예능PD

소비자들이 상품·서비스에 관해 인적 네트워크를 통해 교류한 사용 후기나 정보 등이 마케팅에 이용되는 것. 버즈 마케팅, 바이럴 마케팅 등을 포함

175
디마케팅 ★★★
demarketing

- 선택과 집중
- 목포MBC, KBS 시사교양PD

고의로 고객 수를 줄이거나 제품 판매를 억제해 브랜드 가치를 높이는 선택과 집중 판매 방식

자세히 이해하기

담배 의약품 등에 경고 문구를 삽입하거나 금융기관에서 휴면계좌를 정리하는 것 등이 대표적 사례다.

176
그로스해킹 ★★☆
growth hacking

- 데이터 분석
- 서울경제

TV나 온라인 배너 광고 등 돈이 많이 드는 기존 방법 대신 사용자의 데이터를 분석해 최대 고객을 확보하는 마케팅 전략

177
니치 마케팅★★★
niche marketing

- 틈새시장
- EBS 기자, 광주MBC

상품 시장이 세분화함에 따라 틈새시장(niche)을 공략하는 마케팅 기법

> ✅ 초니치 마케팅 (ultra-niches marketing)
> 니치를 더 세분화해 소비자들의 취향과 트랜드별로 나눠 공략하는 마케팅

178
프로슈머 마케팅★★☆
prosumer marketing

- 소비자, 개발
- CBS, 원주MBC, 연합뉴스TV

소비자가 제품에 대한 아이디어를 제안하거나 직접 제품 개발에 참여하는 마케팅 기법

> **리텐션 마케팅·리퍼럴 마케팅**
> 리텐션(retention) 마케팅은 기존 고객 대상 재구매 유도하는 마케팅. 리퍼럴(referral) 마케팅은 기존 고객이 가족, 친구 등을 새 고객이 되도록 장려하는 마케팅

179 최신기출
바이럴 마케팅★★★
viral marketing

- 전파, 자발
- 스튜디오S, SBS, 연합뉴스TV

소비자가 자발적으로 이메일, 블로그, SNS 등 전파 가능한 매체를 통해 기업이나 제품 소식을 널리 퍼트리도록 하는 마케팅 기법

180
카니발라이제이션★☆☆
cannibalization

- 잠식
- MBN PD

자기잠식효과. 신상품이 이전에 출시한 자사 제품의 시장을 잠식하는 현상

> **예문** 보급형 신제품 스마트폰의 기능을 제한한 것은 기존 프리미엄 상품에 대한 카니발라이제이션 우려 때문으로 분석된다.

181
승자의 저주★☆☆
winner's curse

- 경쟁 승리 뒤 후유증
- 경인일보

기업 인수·합병(M&A) 등과 같은 경쟁에서 이겼지만, 경쟁 과정에서 발생한 과도한 지출 등을 이유로 후유증을 겪는 상황

182
LCC ★★★
Low Cost Carrier

- 저가항공사
- 광주MBC, MTN, TV조선

저비용항공사. 기내 서비스를 줄이거나 보유 항공기의 기종을 통일해 유지관리비를 낮추는 등, 효율화와 비용 절감을 통해 낮은 운임으로 운행하는 저가항공사

> **예문** 국토교통부는 코로나19 확산 이후 여객 운송 실적이 급감한 티웨이항공, 제주항공, 진에어 등 3개 LCC가 여객기를 개조해 화물을 운송할 수 있도록 승인했다.

183
체리피커 ★★★
cherry picker

- 부가 혜택, 실속 차리기
- 스튜디오S, 춘천MBC

기업의 상품이나 서비스를 구매하지는 않으면서 부가 혜택을 통해 실속에만 관심을 두는 소비자

> **예문** 카드회사들은 체리피커를 막기 위해 신용카드 부가 혜택을 대폭 줄였다.

184
플래그십 스토어 ★★☆
flagship store

- 브랜드 스토어
- YTN, SBS

시장에서 성공을 거둔 특정 상품 브랜드를 중심으로 브랜드 이미지를 극대화한 매장

> ● 팝업스토어
> 짧게는 하루에서 길게는 한두 달 정도의 짧은 기간에 한시적으로 운영하는 매장

185
폰지사기 ★★★
Ponzi scheme

- 다단계 사기
- 헤럴드경제, 이투데이

신규 투자자의 돈으로 기존 투자자에게 이자나 배당금을 지급하는 방식의 다단계 금융사기. 1920년대 미국 찰스 폰지의 사기 행각에서 유래. 폰지게임이라고도 함

186
크라우드펀딩 ★★★
crowd funding

- 인터넷 투자
- SBS 방송경영, 방송통신심의위원회, EBS

개인이나 신생기업이 사업 개요를 인터넷에 공개해 일반인의 투자를 받는 방식. 소셜펀딩(social funding)과 동의어

> **예문** 송중기 주연 영화 '승리호'는 대작 상업 영화로는 이례적으로 크라우드펀딩을 받아 제작됐다.

187 분수효과★★★
fountain effect

- 위층 유인
- 이투데이, 충북MBC

마케팅 분야에서는 매장에서 아래층을 찾는 고객들을 위층으로 올라오도록 유인하는 전략을 지칭

> **자세히 이해하기**
>
> 경제학에서 분수효과는 저소득층의 소득 증대가 경기 활성화로 이어져 궁극적으로 고소득층의 소득도 높이게 되는 효과를 가리키는 말로, 마케팅 영역에서 사용되는 의미와 다르다.
>
> - 폭포효과(waterfall effect): 상층의 오피니언 리더 소비자를 공략해 그 효과가 아래층까지 확산되도록 하는 마케팅 기법
> - 샤워효과(shower effect): 백화점에서 위층에 소비자들을 유인할 수 있는 상품을 배치해 아래층에까지 영향을 미쳐 매출이 상승하도록 한 마케팅 기법
> - 부메랑효과(boomerang effect): 선진국의 경제원조나 자본투자를 받은 개발도상국의 제품이 선진국에 역수출돼 선진국의 시장을 잠식하는 현상

188 뉴노멀★★★
new normal

- 저성장
- 스튜디오S, MBN, 연합뉴스

시대 변화에 따라 형성되는 새로운 경제적 기준. 2008년 글로벌 금융위기 이후 새롭게 나타난 세계 경제 질서

> **자세히 이해하기**
>
> 저성장, 규제 강화, 소비 위축, 미국 시장의 영향력 감소 등이 주요 특징으로 꼽힌다.
>
> ● **뉴애브노멀 (new abnormal)**
> 시장 변동성이 일시적 현상으로 끝나지 않고 상시로 존재하게 돼 불확실성이 대단히 커지는 경제 상황

189 구축효과★☆☆ 최신기출
驅逐效果

- 민간 소비 감소
- 부산일보, 한국일보

정부가 경기 부양을 위해 정부지출을 늘릴 경우 민간에서 빌릴 수 있는 자금이 줄어들어 이자율이 높아지고 투자와 소비가 감소하는 현상

190
등기이사★★☆
登記理事

- 이사회 참여
- 더벨, 뉴스1

이사회 구성원에 올라 있는 이사

> **자세히 이해하기**
>
> 주식회사는 주주총회, 이사회, 감사 등 3개의 기관으로 구성돼 있고 이 가운데 이사회는 주주총회소집과 대표이사의 선임권 행사 등 경영 전반에 걸쳐 중요사항을 의결하는 기구다. 등기이사로 임명돼야만 이사회에 참여할 수 있다.

191
제2금융권★★★

- 보험사, 신용카드사
- 경향신문, YTN

은행(제1금융권)을 제외한 금융기관

금융권 구분

제1금융권	일반은행, 특수은행(농협·수협·한국산업은행·기업은행·수출입은행)
제2금융권	보험회사(생명보험·화재보험), 증권사, 투자신탁회사(투자신탁운용사·자산운용사), 여신금융회사(신용카드사·캐피털회사·할부금융사·벤처금융사), 상호저축은행 등
제3금융권	사채업, 대부업 등 사(私)금융

> **기출** 다음 중 제2금융권이 아닌 곳을 고르시오.

192
기저효과★★★
基底效果

- 통계적 착시효과
- 부산일보, MBN

어떠한 결괏값을 산출하는 과정에서 기준이 되는 시점과 비교대상 시점의 상대적인 위치에 따라서 그 결괏값이 실제보다 왜곡되어 나타나게 되는 현상

> **자세히 이해하기**
>
> 호황기 경제 상황을 기준시점으로 현재의 경제 상황을 비교할 경우 경제지표는 실제보다 위축되게, 불황기 경제 상황을 기준시점으로 비교할 때 경제지표는 실제보다 부풀려져 나타난다.

> ✅ **승수효과 (乘數效果)**
> 경제 변량이 잇따라 변화를 일으켜 최종적으로 최초 변화량의 몇 배에 이르게 되는 효과

193
미코노미★★☆
meconomy

- 혼밥, 혼술
- TV조선

혼밥(혼자 밥 먹기), 혼술(혼자 술 마시기) 등 나를 위한 혼자만의 경제활동. 나를 뜻하는 'me'와 경제활동을 뜻하는 'economy'를 합성한 신조어

금융
무역

194 최신기출
경상수지***
經常收支

- 수출입 차액
- SBS 방송경영, 한국일보

한 나라와 국제 간 거래에서 자본거래를 제외한 모든 일상적 대외거래(무역과 서비스 거래) 등의 수출입 차액에 따른 수지

경상수지의 구성

상품수지	상품의 수출과 수입의 차액을 나타내는 수지
서비스수지	해외여행, 운수서비스 등과 같이 서비스 거래 관계가 있는 수입과 지출의 차액을 나타내는 수지
소득수지	임금, 배당금, 이자와 같이 투자의 결과로 발생한 수입과 지급의 차액을 나타내는 수지
경상이전수지	송금, 기부금, 정부의 무상원조 등 대가 없이 주고 받은 거래의 차액을 나타내는 수지

195
TDF**☆
Target Date Fund

- 생애주기 투자 비중
- 연합인포맥스

타깃 데이트 펀드. 자산운용사가 투자자의 생애주기에 따라 주식과 채권 투자 비중을 조정해 주는 금융상품

> **자세히 이해하기**
> 일반 연금펀드는 때가 되면 투자자가 직접 펀드를 갈아타야 하지만 TDF 내에서는 글로벌 자산 비중이 자동으로 조절되기 때문에 '만능 연금펀드'로 통한다.

196
TIF**☆
Target Income Fund

- 위험자산 안전자산
- 연합인포맥스

타깃 인컴 펀드. 투자 기간에 위험자산과 안전자산의 비중을 일정하게 유지하는 밸런스 펀드

> **자세히 이해하기**
> 준비된 노후 자금을 채권, 부동산 등에 투자해 정기적으로 이자 및 배당 소득과 같은 인컴 수익 창출을 목적으로 한다. 안정적인 수익 창출을 우선해 변동성이 크지 않다는 점이 장점으로 꼽힌다. TDF는 은퇴 후 자산을 마련하기 위해 투자하는 반면, TIF는 이미 마련된 노후 자금을 최대한 보존하는 데 초점을 둔다는 차이점이 있다.

197
가치재 ★★☆
價値財

- 메리트재
- CBS

메리트재(merit goods). 교육·주택 등 소득수준에 관계 없이 모든 사람들이 소비가 필요하다고 생각하는 재화나 서비스

> **예문** 가치재는 민간 부문에서 생산·공급되고 있지만 이윤극대화 논리에 따라 생산량이 최적수준에 미치지 못할 때 정부가 공급에 개입한다.

198 최신기출
기펜재 ★☆☆
giffen goods

- 열등재
- 청주MBC, 대전MBC

열등재의 한 종류로서 가격의 하락(상승)이 오히려 수요량의 감소(증가)를 가져오는 재화

- **열등재 (劣等財)**
  소비자의 실질소득이 증가할수록 수요가 감소하는 재화
- **기펜의 역설**
  가격 하락에도 수요가 감소하는 예외적 현상

199
액면분할 ★☆☆
額面分割

- 주식 쪼갬
- 헤럴드경제, 인베스트조선

주식의 액면가를 일정한 비율로 쪼갬으로써 주식 수를 늘리는 것

> **자세히 이해하기**
> 기업이 액면분할을 하면 기업 가치는 그대로이지만 주식 수가 늘고 주가는 낮아져 주주 수가 늘어나는 효과를 가져 온다.

200
트리핀의 딜레마 ★☆☆
Triffin's dilemma

- 기축통화 딜레마
- 한국경제

미국의 달러가 기축통화라서 발생하는 역설적 관계

> **자세히 이해하기**
> 미국 트럼프 대통령의 관세 정책은 트리핀 딜레마를 해소하고 달러의 기축통화 체제를 유지하기 위한 것이라는 의견이 제기됐다.

201
규모의 경제 ★★☆

- 대량생산
- KBS, 국민일보

생산요소의 투입량을 증가시킴으로써 이익이 증가되는 현상. 대량생산에 의하여 1단위당 비용을 줄여 이익을 늘리는 방법이 일반적

202
턴키**☆
turn key

- 일괄 수주방식
- 광주MBC, 춘천MBC

건설업체가 설계와 시공까지 모두 책임지고 마친 후 발주자에게 열쇠를 넘겨주는 설계·시공 일괄 수주방식

> ● BOT (Build Operate Transfer)
> 도로·항만·교량 등 인프라를 건조한 시공사가 일정 기간 이를 운영해 투자비를 회수한 뒤 발주처에 넘겨주는 수주방식

203 최신기출
ETF***
Exchange Traded Fund

- 인덱스펀드
- 한국경제, 아주경제, 머니투데이, 뉴스1, 전자신문, 헤럴드경제

인덱스펀드를 일반적인 주식처럼 사고팔 수 있도록 만든 금융 투자상품

> ● 인덱스펀드 (index fund)
> 종합주가지수처럼 선정된 목표지수와 동일한 수익률을 올릴 수 있도록 운용하는 펀드

204
CBDC***
Central Bank Digital Currency

- 중앙은행디지털화폐
- 서울경제

실물 명목화폐를 대체하거나 보완하기 위해 각국 중앙은행이 발행하는 디지털 화폐

자세히 이해하기

일반 화폐와 달리 제작, 재발행 비용이 들지 않으며 거래 내역이 블록에 기록돼 자금세탁 등 범죄나 분실 우려가 줄어들고 거래의 신속성과 편의성을 확보할 수 있다는 장점이 있어 각국에서 추진 중이다.

205
BIS 자기자본비율***

- 부실채권 대비
- YTN, 매일경제

국제결제은행(BIS)이 은행에 권고하는 위험자산(부실채권) 대비 자기자본비율

자세히 이해하기

BIS 자기자본비율이 보통 8% 이상일 때 안정권으로 분류된다.

206
CEO *☆☆
Chief Executive Officer
최고경영자

- 의사결정권자
- 매일신문, 원주MBC

기업의 최고 의사결정권자

- CFO(Chief Financial Officer): 최고재무관리자
- COO(Chief Operating Officer): 최고운영책임자
- CHO(Chief Human-resource Officer): 최고인사책임자
- CMO(Chief Marketing Officer): 최고마케팅경영자
- CCO(Chief Communication Officer): 최고홍보담당자
- CIO(Chief Information Officer): 최고정보관리책임자
- CPO(Chief Privacy Officer): 개인정보관리책임자
- CPO(Chief Purchasing Officer): 최고구매담당자
- CKO(Chief Knowledge Officer): 최고지식경영자
- CTO(Chief Technology Officer): 최고기술경영자
- CLO(Chief Learning Officer): 최고교육책임자
- CXO(Chief eXperience Officer): 최고경험책임자

207
DLS ***
Derivative Linked Securities

- 기초자산 파생 상품
- 연합뉴스, 조선일보

파생결합증권. 금리, 환율, 원자재 같은 기초자산이 특정 기간 동안 정해진 구간을 벗어나지 않을 경우 약정 수익률을 지급하고, 구간을 벗어나면 원금 손실을 보게 되는 구조의 파생결합상품

> **자세히 이해하기**
>
> 2024년 파생결합사채(DLB)를 포함한 DLS 발행 금액이 18조 3671억원으로 2023년 대비 14.3% 늘어났다고 한국예탁결제원이 밝혔다.

208 최신기출
포이즌필 **☆
poison pill

- 경영권 방어수단
- 서울경제, 이투데이, 머니투데이

경영권 방어수단의 하나로, 적대적 M&A나 경영권 침해 시도가 발생할 때 기존 주주들에게 시가보다 훨씬 싼 가격에 지분을 매입할 수 있도록 권리를 부여하는 제도

209
ERP ***
Enterprise Resource Planning
전사적자원관리

- 인적·물적 자원
- MBC 드라마PD, TV조선

기업 내 인적·물적 자원의 활용도를 극대화하기 위해 인사, 재무, 회계, 구매, 생산, 판매 등 모든 업무의 흐름을 자동으로 조절해주는 전산 시스템

210 최신기출
PBR ★★★
Price Book-value Ratio
주가순자산비율

- 주가 판단
- 이투데이, 연합뉴스, 한국일보, 머니투데이, 한국경제, 연합인포맥스, 인베스트조선

주가가 순자산(자본금, 자본잉여금, 이익잉여금의 합계)에 비해 1주당 몇 배로 거래되는지 측정하는 지표

> **자세히 이해하기**
> 기업의 재무상태면에서 주가를 판단하는 척도로서 회사 청산 시 주주가 배당받을 수 있는 자산의 가치를 의미한다.

211
ELF ★★☆
Equity Linked Fund

- 주가지수 연계
- 헤럴드경제

주가연계펀드. 특정 주권의 가격이나 주가지수에 연계돼 투자 수익이 결정되는 금융상품인 ELS(주가연계증권)를 기초자산으로 하는 펀드

> ✓ **ELT (Equity Linked Trust)**
> 주가연계신탁. ELS(주가연계증권)를 편입한 은행의 신탁상품

212 최신기출
ROA ★★☆
Return On Asset
총자본이익률

- 당기순이익
- CBS, 연합인포맥스

기업이 사용한 총자본에 대한 당기순이익의 비율

$$ROA = \frac{당기순이익}{총자본} \times 100$$

기출 당기순이익 10억원, ROA 10%일 때 총자본은?
: 100억원

213
SDR ★☆☆
Special Drawing Rights

- 제3의 통화
- 연합뉴스 취재기자

국제통화기금(IMF)의 회원국이 담보 없이 외화를 인출할 수 있는 권리. 금과 달러에 이어 제3의 통화로 간주됨

> **자세히 이해하기**
> 외환위기를 맞은 국가는 자국이 보유하고 있는 SDR을 다른 IMF 회원국에 양도하고 필요한 외화를 획득할 수 있다.

214 최신기출
SPA ★★☆
Specialty store retailer of Private label Apparel brand

- 패스트 패션
- SBS, 대구TBC, 경향신문

유니클로, ZARA, H&M 등 의류기획·디자인, 생산·제조, 유통·판매까지 전 과정을 제조회사가 맡는 제조 직매형 의류전문 회사

예문 최근 늘어난 듀프족(합리적이고 실용적인 소비를 중시하는 소비자)으로 인해 스타일 커머스 플랫폼 에이블리 내 SPA브랜드의 2024년 4분기 거래액은 전년 동기 대비 2배 증가했다.

215
BTL ★★★
Build Transfer Lease

- 민간투자사업
- 경인일보, 안동MBC, 서울경제

민간사업자가 공공시설을 짓고, 정부가 이를 임대해서 쓰는 민간투자사업 방식

◉ **BTO (Build Transfer Operate)**
민간이 건설하고 소유권은 정부나 지자체로 양도한 채 일정 기간 동안 민간이 직접 운영하여 사용자의 이용 이익을 추구하는 민간투자사업 방식

216 최신기출
블록딜 ★★☆
block deal

- 큰손끼리 매매
- 서울경제, 연합인포맥스, MBN

매도자와 매수자가 거래소 시작 전이나 후에 주식을 대량 매매하는 것

자세히 이해하기
대량의 주식이 거래될 경우 주식시장에서 주가가 급등락할 수 있어 시간 외 매매를 통해 거래한다.

217
ZD 운동 ★☆☆
Zero Defects movement

- 무결점 운동
- 국제신문

종업원들의 주의와 노력을 통해 작업상 발생하는 모든 결함을 없애고 효율적으로 일하자는 운동

기출 품질관리와 관련 있는 것은?
: ZD 운동

218
SWOT ★★☆
Strength·Weakness·Opportunity·Threat

- 경영 전략
- 방송통신심의위원회, 이투데이

강점(Strength), 약점(Weakness), 기회(Opportunity), 위협(Threat)의 4가지 요인별로 분석하여 경영 전략을 세우는 방법론

219
OEM ★★☆
Original Equipment Manufacturing

• 주문자 상표 부착
• 뉴스1, 서울경제, 아시아경제

주문자의 의뢰에 따라 제품과 상표명으로 완제품을 생산하는 것. 대기업에서 주로 사용하는 생산방식

> ◎ ODM (Original Design Manufacturer)
> 주문자의 생산 위탁을 받아 생산자가 설계부터 제작 및 생산까지 모두 주도하여 완성하는 업체

220
FRB ★★★
Federal Reserve Board
연방준비제도이사회

• 미국 중앙은행 통괄
• 한국경제, 한국일보

미국의 중앙은행제도인 '연방준비제도(FRS, Federal Reserve System)'를 통괄·운영하는 국회 직속 국가기관.

> ◎ 중앙은행 (central bank)
> 발권은행, 은행의 은행, 정부의 은행, 금융 통제 등 한 국가의 금융제도의 중심이 되는 은행. 우리나라의 경우 한국은행

221
RBC ★★☆
Risk Based Capital

• 보험회사
• 매일경제TV

보험회사의 지급여력비율. 보험회사가 가입자에게 보험금을 제때 지급할 수 있는지를 나타내는 지표

자세히 이해하기
보험회사의 경영 상태를 판단하는 가장 중요한 기준으로서 그 비율이 100% 미만이면 경영개선명령을 통해 퇴출조치를 내릴 수 있다.

222
마이스 산업 ★★★
MICE

• 기업회의
• 영남일보, 한국일보

기업회의(Meeting), 인센티브 관광(Incentives), 컨벤션(Convention), 이벤트와 박람전시회(Events & Exhibition) 등이 융합된 산업을 그 앞 글자를 따서 부르는 것

자세히 이해하기
2025년 정부가 지역주도 마이스산업 활성화에 총244억원의 예산을 투입한다. 이는 외부행사 및 단체유치 외에 수도권에 집중된 수요를 지방으로 분산시켜 지역불균형 해소 및 지속가능한 산업 생태계구축을 위한 것이다.

223 그림자 금융 ★☆☆
shadow banking system

- 고위험·고수익 채권
- 연합인포맥스, 조선일보

헤지펀드, 사모펀드, 구조화 투자회사 등과 같이 고위험·고수익 채권에 투자하는 비은행 금융기관 및 해당 기관의 금융상품

> **자세히 이해하기**
> 그림자 금융은 은행처럼 엄격한 건전성 규제와 감독을 받지 않기 때문에 금융 위기를 촉발하는 원인으로 지목된다.

224 최신기출 기축통화 ★★☆
基軸通貨

- 미국 달러
- MBN PD, 조선일보

국제 간의 결제나 금융거래 시 통용되는 통화

> **자세히 이해하기**
> 19C 후반 기축통화로 영국의 파운드가 사용되었으나 현재는 미국 달러, 일본 엔, 유럽 유로가 상용되고 있다.

225 최신기출 행동주의 펀드 ★★★
activist fund

- 주주 자본주의
- 연합인포맥스, 한국경제TV, 인베스트조선

특정 기업의 지분을 대량으로 확보한 뒤 자산 매각·배당 확대·자사주 매입·구조조정 등으로 주가를 끌어올린 뒤 이를 팔아 수익을 내는 투자회사

226 최신기출 리보금리 ★★★
LIBO
London Inter-Bank Offered rates

- 국제 금리 기준점
- 서울신문, 뉴시스

각국의 국제 간 금융거래에 쓰이는 런던의 기준금리

> **자세히 이해하기**
> 2012년 리보 조작 사건 이후 주요국을 중심으로 리보금리를 대체하기 위한 무위험지표금리(RFR)를 개발하고 있다. 현재 리보금리를 대신하는 대체금리로 ▲미 달러는 기간물 무위험지표금리(SOFR) ▲일본 엔은 티보(TIBOR) ▲유럽 유로는 유리보(EU-RIBOR) ▲영국 파운드는 소니아(SONIA) ▲스위스프랑은 사론(SARON) ▲한국은 국채·통안증권 RP금리 등이 있다.

227 리볼빙 ★★★
revolving

- 일부결제금액이월약정
- 머니투데이방송 MTN

고객이 사용한 카드대금 가운데 일정 비율만 결제하면 나머지 금액은 대출 형태로 전환되어 자동으로 연장되는 결제방식

228
미스매치 *☆☆
mismatch

- 균형 X
- 뉴시스

빌리는 자금과 운용하는 자금의 만기가 달라 자산·부채가 규모나 만기 면에서 균형을 이루지 못하는 상태

> **자세히 이해하기**
> 고용시장에서는 구직자와 기업 간의 불일치 현상을 뜻한다. 청년실업자가 넘치는데 중소기업은 구인난을 겪는 현상이 대표적이다.

229 최신기출
뱅크런 ★★★
bank run

- 대규모 예금 인출
- KBS 예능PD, 인베스트조선, 머니투데이, 뉴시스

금융시장이 불안정하거나 거래은행의 재정상태가 나쁘다고 판단되어 대규모로 예금을 인출하려는 사태

> **예문**
> 인터넷 뱅킹 이용율이 높아지며, 디지털 뱅크런의 위험성도 커지고 있다.

230
NDF ★☆☆
Non Deliverable Forward

- 타국에 형성된 선물환
- 연합인포맥스, 조선일보

역외선물환. 본국의 규제를 피해 조세, 금융, 행정 등의 특혜를 누리고자 타국에 형성된 선물환(정해진 환율로 미리 거래하는 외환)

231 최신기출
금산분리 ★★★
金産分離

- 산업자본, 금융산업
- 아시아경제, 연합뉴스TV

산업자본의 금융회사 소유를 규제하는 원칙. 산업자본이 고객의 예금을 이용해 금융산업을 지배하는 것을 방지하는 것이 목적

> **자세히 이해하기**
> 인터넷전문은행 특례법의 2019년 통과로 산업자본이 인터넷전문은행 지분을 34%까지 늘릴 수 있게 됐다. 그전까지는 산업자본이 은행을 소유할 수 없도록 한 은산분리(금산분리 하위 개념) 원칙에 따라 지분 보유 한도가 4%로 제한됐다.

232
영구채 ★★★
永久債

- 이자만 지급
- 서울경제, 이투데이

만기 없이 이자만 지급하는 채권. 회사가 부도날 경우 다른 채권보다 상환 순위가 밀리기 때문에 고위험·고수익 채권으로 분류됨

233 외국환평형기금 ★★☆
EEF
Exchange Equalization Fund

- 자국통화 안정
- 연합뉴스 취재기자

정부가 외환시장에 직접 개입하여 투기적인 외화자금에 따른 수급불균형을 조절함으로써 자국통화를 안정시키기 위해 설치한 특별기금

234 안심전환대출 ★★★
安心轉換貸出

- 가계부채 구조개선
- 부산일보

은행권 단기·변동금리·일시상환 주택담보대출을 장기·고정금리·분할상환 대출로 바꿔주는 대출상품

자세히 이해하기
정부가 가계부채 구조개선 대책으로 2015년 3월 24일 선보였다. 연 2%대 중반의 금리로 대출을 10~30년까지 묶어둘 수 있다는 장점 때문에 큰 인기를 끌었다.

235 뱀파이어 경제 ★☆☆
vampire economy

- 기생, 경제구조
- 안동MBC, 청주MBC

정상적인 노동 대신 남들의 정상적인 경제활동에 기생하여 살아가는 행위 또는 그러한 착취적 경제구조

✓ 약탈적 대출
채무자가 돈을 갚지 못할 때 은행이 보증인이나 빼앗을 자산(담보, 급여압류)을 전제로 소득 수준 이상의 돈을 빌려주는 행태

236 오퍼레이션 트위스트 ★★☆
operation twist

- 장기 금리
- 전자신문, 안동MBC

중앙은행이 장기 국채나 모기지채 등을 사들이고 단기채를 팔아 장기 금리를 낮춤으로써 경기를 진작시키는 정책 수단

예문 2011년 금융위기 당시 미국은 오퍼레이션 트위스트 조치를 통해 시중에 유동성을 공급하며 위기에서 벗어났다.

기출 오퍼레이션 트위스트의 효과가 아닌 것은?
: 단기 금리 하락(⇨ 장기 금리 하락)

237
오페라본드 ★★☆
OPERA bond

- 교환 사채
- 인베스트조선

다수의 금융기관 주식을 담보로 채권을 발행하고 일정 기간이 지난 후에 채권인수자가 금융기관을 선택해 해당 기관의 주식으로 전환할 수 있는 권리가 부여된 채권

> **자세히 이해하기**
> 오페라는 'Out Performance Equity Redeemable in Any asset'의 약어로서 오페라본드를 소지한 자는 주가가 가장 높은 은행의 주식으로의 교환을 청구할 수 있어 투자 위험을 줄일 수 있다.

238
쿼드러플 위칭데이 ★★☆
quadruple witching day

- 선물, 옵션
- 조선일보, 이데일리

네 마녀의 날. ▲주가지수선물 ▲주가지수옵션 ▲개별주식옵션 ▲개별주식선물의 만기가 동시에 겹치는 날

> **트리플 위칭데이 (triple witching day)**
> ▲주가지수선물 ▲주가지수옵션 ▲개별주식옵션의 만기가 동시에 겹치는 날

239
커버드 본드 ★☆☆
covered bond

- 주택담보대출채권
- 헤럴드경제, 인베스트조선

우선변제권부채권. 은행 등 금융회사가 보유한 주택담보대출채권을 담보로 하여 발행하는 유동화 채권

240 최신기출
콜옵션 ★★★
call option

- 살 수 있는 권리
- 연합뉴스, 인베스트조선

매입자가 매도자에게서 특정한 시점에 미리 정한 권리행사가격으로 대상자산을 살 수 있는 권리

> **풋옵션 (put option)**
> 특정 시점에 미리 정한 가격으로 자산을 팔 수 있는 권리. 콜옵션의 반대

241
콜금리★★☆
call rate

- 금융기관, 금리
- YTN, 연합인포맥스

금융기관 상호 간에 남거나 모자라는 자금을 빌려주거나 빌릴 때 적용되는 금리

> ◉ 콜시장 (call market)
> 금융기관이 예금 인출, 어음 교환 결재, 내국환 결재 등에 차질이 없도록 준비하는 지불준비금의 과부족을 단기적으로 조절하는 시장

242
세계 3대 신용평가기관★★★

- 무디스, S&P, 피치
- YTN

국가신용등급을 평가하는 대표적 3대 신용평가기관. ▲무디스(Moody's Investors Service) ▲스탠더드 앤드 푸어스(S&P, Standard & Poor's) ▲피치(Fitch)

> ◉ 한국 신용(투자)등급 현황 (2025년 2월 기준)
> 무디스(Aa2), S&P(AA), 피치(AA-)

243
패리티가격★★☆
parity price

- 농산물 가격
- 부산MBC

다른 물가와 균형(parity)을 유지하도록 정부가 정책적으로 설정하는 농산물 가격

> ◉ 패리티지수 (parity index)
> 기준 연도의 농가 총구입가격을 100으로 하여 비교연도(가격결정 시)의 농가 총구입가격 등락률을 지수로 표시한 것. 패리티지수를 기준연도의 농산물가격에 곱하여 구한 가격이 패리티가격

244
공개시장운영★★★
公開市場運營

- 중앙은행 개입
- YTN, 연합인포맥스

중앙은행이 공개시장에 개입하여 유가증권을 시장가격으로 매매하거나, 금융 기관을 상대로 매매하는 것. 공개시장조작에서 명칭 변경

> 🔍 자세히 이해하기
> 시장의 통화량이 과잉 상태일 때는 중앙은행이 보유한 유가증권을 매각하여 자금을 거두어들이고, 시장의 통화량이 부족할 때는 시중에서 유가증권을 매입하여 자금을 방출하는 방법을 사용한다.

245
지급준비율 ★★★
支給準備率

- 의무 적립 비율
- 머니투데이, TV조선

은행이 예금자의 예금 인출에 대비하여 중앙은행에 의무적으로 적립해야 하는 비율

> **자세히 이해하기**
> 원래 목적은 예금주의 청구권에 대응하여 은행이 충분한 자금을 확보하도록 하는 것이나 현재는 통화량 조절의 수단으로 이용하고 있다.

246
스와프거래 ★★★
swap transaction

- 환매매
- 부산MBC, TV조선

환매매 당사자들이 현물환 매매와 동시에 같은 금액의 선물환 매매를 교차적으로 행하는 거래

> **자세히 이해하기**
> 외국환 시세의 변동위험을 피하기 위해 또는 외국환은행의 자금조정이나 외환보유고 조정 등의 수단으로 이용된다.

247
골든크로스 ★★☆
golden cross

- 아래에서 위로 돌파
- 아시아경제

주가나 거래량의 단기 이동평균선이 중장기 이동평균선을 아래에서 위로 돌파해 올라가는 현상

- 단기 골든크로스: 5일 이동평균선이 20일 이동평균선을 돌파
- 중기 골든크로스: 20일선이 60일선을 돌파
- 장기 골든크로스: 60일선이 100일선을 돌파

> **기출**
> 골든크로스에 대한 설명으로 틀린 것은?
> : 장기 이동선이 단기 이동선을 상향 돌파(⇨ 단기 이동선이 장기 이동선을 상향 돌파)

248 최신기출
유상증자 ★★☆
有償增資

- 주식대금 징수
- 머니투데이, SBS 방송경영, 연합인포맥스

회사가 자본금을 늘리기 위해 주식을 발행할 경우 주주로부터 주식대금을 직접 징수하는 증자

> ✓ **무상증자 (無償增資)**
> 주식대금을 받지 않고 주주에게 주식을 나누어주는 것. 기업 가치 제고 및 주가 상승이 목적

249
사이드카★★★
sidecar

- 매매 일시 정지
- 조선일보, SBS 교양PD, 매일신문

선물시장의 등락폭이 갑자기 커질 경우 현물시장에 미치는 영향을 완화하기 위해 프로그램 매매 호가 효력을 일시 정지하는 제도

자세히 이해하기

선물가격이 전일 종가 대비 코스피 5% 이상, 코스닥 6% 이상 상승 또는 하락이 1분간 지속될 때 주식시장 프로그램 매매호가의 효력이 5분간 정지된다.

250
어닝쇼크★★☆
earning shock

- 저조한 실적
- KBS 라디오PD

기업이 시장의 예상치보다 훨씬 저조한 실적을 발표하는 것

예문 ○○전자의 2분기 영업이익이 8조원 밑으로 떨어진 것은 어닝쇼크로 평가된다.

251
윈도드레싱★★☆
window dressing

- 인위적, 수익률 상승
- 이데일리, 여수MBC

기관투자가들이 결산기를 앞두고 인위적으로 주식의 종가를 관리해 수익률을 끌어올리는 행위

자세히 이해하기

백화점에서 제품 전시를 멋지게 해 고객의 구매욕구를 자극한다는 데서 빗댄 표현이다. 기관투자가들이 종가 시간대에 주식을 대량 매수함으로써 종가 형성 과정에 부당하게 개입하는 행위로 시장을 교란시키는 시세조종에 해당된다.

252 최신기출
통정거래★☆☆
通情去來

- 사전에 가격합의
- 경향신문, 한겨레신문

매수할 사람과 매도할 사람이 사전에 가격을 미리 정해 놓고 일정시간에 주식을 서로 매매하는 것

자세히 이해하기

통정거래는 주가조작 행위로서 부당이익을 취하기 때문에 증권거래법상 금지된다.

253
콘탱고 ★★☆
contango

- 선물가격 상승
- 헤럴드경제

정상시장. 선물가격이 현물가격보다 높거나 결제월이 멀수록 선물가격이 높아지는 현상

> ◎ 백워데이션 (backwardation)
> 역조시장. 현물가격이 선물가격보다 높은 상태

254
마이크로 크레디트 ★★☆
microcredit

- 저소득층 대상
- 서울신문

저소득층을 대상으로 한 무담보 소액대출·예금·송금·보험 등 금융 서비스를 제공하는 것

> ◎ 그라민 은행 (Grameen Bank)
> 방글라데시에서 빈곤 퇴치를 위해 마이크로 크레디트를 전문으로 한 은행이다. 설립자인 무하마드 유누스는 그라민 은행이 성공을 거두면서 빈곤 퇴치에 이바지한 공로로 2006년 노벨평화상을 수상했다.

255 최신기출
리츠 ★★☆
REITs
Real Estate Investment Trusts

- 부동산, 뮤추얼펀드
- 코리아헤럴드, 인베스트조선, 아주경제

부동산 관련 투자를 전문으로 하는 뮤추얼펀드

> ◎ 뮤추얼펀드 (mutual fund)
> 소액 투자자들의 자금을 모아 투자 회사를 설립해 채권·주식 등에 투자하고 그 수익을 나누어주는 주식회사 방식으로 운영되는 펀드

256
배드뱅크 ★★☆
bad bank

- 부실채권
- 아시아경제

금융기관의 부실자산이나 채권만을 사들여 전문적으로 처리하는 부실채권 전담은행

> ◎ 굿뱅크 (good bank)
> 부실채권이나 부실자산을 배드뱅크에 넘기고 우량채권, 우량자산만을 확보한 금융기관

257 최신기출
PER ***
Price Earning Ratio
주가수익률

- 주가 수익성
- 머니투데이, 이투데이, 연합인포맥스, 한국경제

주가를 1주당 순이익으로 나눈, 주가의 수익성 지표

자세히 이해하기

주가의 적정 수준을 평가할 때 사용되는 지표로서 PER이 낮은 주식은 향후 주가가 상승할 가능성이 크다고 볼 수 있다.

258
그린메일 *☆☆
green mail

- 적대적 M&A
- 매일신문

적대적 인수합병(M&A)을 포기하는 대가로 경영자로 하여금 자신들이 확보한 주식을 높은 가격에 되사도록 강요하는 행위

자세히 이해하기

그린 메일은 기업 사냥꾼이 보유한 주식을 경영이 취약한 대주주에게 높은 값에 팔기 위해 보낸 편지를 의미한다. 이러한 메일 보내는 사람들을 그린 메일러라 하며, 이들은 대체로 자산 가치가 높거나 첨단 기술을 보유하고 있으면서 대주주의 지분이 낮은 기업들의 주식을 대량 매입한다. 그 후 경영진에게 적대적 인수합병을 포기하는 대가로 자신들이 확보한 주식들을 시가보다 높은 가격에 되사들일 것을 제안한다. 미국에서는 그린 메일러들이 천문학적인 이익을 얻자 1980년대 후반부터 제도적·사법적 제재가 나타나기 시작했다. 주에서 그린메일을 규제하기도 하며, 그린메일로 피해를 입은 주주들이 보상금을 받아낸 사례도 있었다.

259
집중투표제 ***
集中投票制

- 소액주주 권리
- 문화일보, 이투데이, 서울경제

주주총회에서 이사진을 선임할 때 1주당 1표의 의결권을 주는 대신 선임하는 이사의 수만큼 의결권(표)을 부여함으로써 소액주주 권리를 보호하는 제도

자세히 이해하기

대주주에게 절대 유리한 1주 1표제와 달리 소액주주들이 자기가 원하는 이사를 뽑을 수 있다. 최근 국회에서 자산 2조원 이상의 상장사에 집중투표제 도입을 의무화 하는 상법 개정안이 다수 발의되었다. 하지만 1950년대에 집중투표제를 도입했던 일본의 실패사례를 들며 일본 기업들이 겪었던 시행착오를 다시 겪을 수 있다는 주장이 제기됐다.

SPEED CHECK 스피드 체크

중요 용어! 제대로 이해했는지 빠르게 점검하고 넘어가자!
답이 바로 생각나면 ○, 고민했다면 △, 틀렸다면 × 표시해서 완벽하게 정리하세요.

| 주관식 문제 | 확인 |

01 수출 감소폭보다 수입 감소폭이 커져 경상수지가 흑자를 나타내는 것은?

◀ 정답 : 불황형 흑자

02 한 나라의 국민이 생산 활동에 참여한 대가로 받은 소득의 합계는?

◀ 정답 : GNI

03 외국 기업이 대한민국에서 달러나 유로화 등으로 발행하는 채권은?

◀ 정답 : 김치본드

04 시장을 통제하기 위한 목적으로 동종 또는 유사 산업 분야 기업이 연합하는 것은?

◀ 정답 : 카르텔

05 농산물의 가격 급등이 전반적인 인플레이션을 일으키는 것은?

◀ 정답 : 애그플레이션

06 FANG은 어떤 기업의 알파벳 첫 글자를 딴 말인가?

◀ 정답 : 페이스북, 아마존, 넷플릭스, 구글

주관식 문제

07 소수의 투자자로부터 자금을 모아 투자해 운용하는 펀드는?

◀ 정답 : 사모펀드

08 소득수준이 낮을수록 전체 생계비에서 주거비용의 비율이 높아진다는 것은?

◀ 정답 : 슈바베의 법칙

09 법인세·이자·감가상각비 등을 빼기 전 영업이익을 영문 줄임말로 쓰시오.

◀ 정답 : EBITDA

10 2인 이상의 무한책임사원으로 구성된 인적 대표회사를 무엇이라고 하는가?

◀ 정답 : 합명회사

11 기존 화폐단위를 실질적인 가치 변동 없이 일정 비율만큼 낮추는 것은?

◀ 정답 : 리디노미네이션

12 제품에 예술적 디자인을 접목시켜 브랜드 품격을 높이는 마케팅 전략은?

◀ 정답 : 데카르트 마케팅

13 고의로 고객 수를 줄여 브랜드 가치를 높이는 집중 판매 방식은?

◀ 정답 : 디마케팅

| 주관식 문제 | 확인 |

14 미국의 달러가 기축통화라서 발생하는 역설적 관계는?

◀ 정답 : 트리핀의 딜레마

15 정부의 무상원조는 경상수지를 구성하는 항목 중 무엇에 속하는가?

◀ 정답 : 경상이전수지

16 열등재로서 가격이 하락하면 오히려 수요가 감소하는 재화를 일컫는 말은?

◀ 정답 : 기펜재

17 기업의 최고운영책임자를 영문 줄임말로 쓰시오.

◀ 정답 : COO

18 시대 변화에 따라 형성되는 새로운 경제적 기준을 일컫는 용어는?

◀ 정답 : 뉴노멀

19 은행에서 대규모로 예금을 인출하려고 하는 사태를 무엇이라고 하는가?

◀ 정답 : 뱅크런

20 금융기관 상호 간에 남거나 모자라는 자금을 빌려주거나 빌릴 때 적용되는 금리는?

◀ 정답 : 콜금리

Chapter 03 사회

🎤 알짜 학습팁

➤ 현 사회현상을 설명하는 시기성 있는 용어들이 자주 출제됩니다. 효과·증후군 등은 비슷한 용어끼리 묶어서 학습해야 헷갈리지 않습니다.

➤ 촉법소년·온실가스 배출권 거래제 등 논쟁점이 많은 문제에서 파생된 용어는 현안과 영향 등 이슈의 흐름을 파악해야 합니다.

➤ 환경과 관련된 단체·협약과 원자력발전소도 단골로 출제되니 명칭을 정확히 정리하며 학습하세요. 노동조합·실업·사회보장제도는 그 종류까지 꼼꼼하게 정리해 두어야 합니다.

사회 일반

260 최신기출
하인리히 법칙 ★★☆
Heinrich's Law

- 키워드: 사고 징후
- 기출처: 춘천MBC, 연합뉴스, MBN

대형사고가 발생하기 전에는 그와 관련된 수많은 경미한 사고와 징후들이 반드시 존재한다는 법칙

> **자세히 이해하기** 🔍
> 미국 보험회사 직원이었던 하버트 윌리엄 하인리히가 1931년 산업재해 사례 분석을 통해 발견한 것으로, 큰 재해와 중간 재해, 가벼운 재해의 발생수 비율이 1:29:300 정도라는 통계적 법칙이다.

261 최신기출
도덕적 해이 ★★★
moral hazard

- 이익만 추구
- 한겨레신문, 대구MBC, 조선일보

모럴해저드. 자신이 이행하여야 할 의무는 하지 않은 채 이익만을 추구하려는 행위

> **예문** 금감원이 금융지주와 은행의 정기 검사를 실시한 결과 시중은행 3곳에서 총 3875억 원의 거액 부당대출을 적발하며 모럴해저드 논란이 일어날 전망이다.

262 매슬로의 욕구단계설 ★★☆
Maslow's hierarchy of needs

- 인간 욕구, 5단계
- YTN, 안동MBC

인간의 욕구를 중요도에 따라 5단계로 분리한 동기이론

욕구 5단계 (단계가 높아질수록 상위 욕구)

단계	욕구
1단계	생리적 욕구
2단계	안전 욕구
3단계	애정과 소속 욕구
4단계	존경 욕구
5단계	자아실현 욕구

기출 매슬로의 욕구 5단계 중 최하위 욕구는?
: 생리적 욕구

263 님투 ★★☆
NIMTOO

- 공직자, 무사안일
- 언론중재위원회, YTN

'Not In My Terms Of Office'의 약어. 공직자가 자신의 임기 중에 일을 무리하게 진행시키지 않고 무사안일하게 시간이 흐르기만 기다리는 현상

● **핌투 (PIMTOO)**
'Please In My Terms Of Office'의 약어. 공직자가 자신의 임기 중에 월드컵 경기장, 사회복지 시설 등 선호 시설을 유치하려는 현상

264 핌피 ★☆☆
PIMFY

- 사업 유치
- 건설경제, 포항MBC

'Please In My Front Yard'의 약어. 수익성 있는 사업을 자신의 지역에 유치하려 하는 지역이기주의

● **님비 (NIMBY)**
'Not In My Back Yard'의 약어. 위해한 시설이 자신의 지역에 들어서는 것을 꺼리는 현상

265 링겔만 효과 ★★☆
Ringelmann effect

- 줄다리기 실험
- YTN, 경향신문

집단에 참여하는 개인의 수가 늘어갈수록 성과에 대한 1인당 공헌도가 오히려 떨어지는 현상

▶ **자세히 이해하기**
독일 심리학자 링겔만은 실험을 통해 줄다리기에 참여하는 사람이 많을수록 각자가 힘을 덜 기울인다는 사실을 밝혀냈다.

266 니트족★★☆
NEET族

- 의욕 없음, 젊은 층
- KBS, 대구TBC

Not in Education, Employment or Training의 준말. 취업은 물론 학업이나 가사일을 할 의욕이 전혀 없는 15~34세의 젊은 층을 의미

- 듀크(DEWK, Dual Employed With Kids)족 : 아이가 있는 맞벌이 부부
- 통크(TONK, Two Only No Kids)족 : 자녀에게 의존하지 않고 부부만의 인생을 추구하는 노인 세대
- 다운시프트(downshift)족 : 고소득이나 빠른 승진보다는 여유 있는 직장생활을 즐기면서 삶의 만족을 찾으려는 사람들

267 그루밍족★★☆
grooming族

- 미용 남성
- KBS, SBS

패션과 미용 등 외모에 금전·시간을 투자하는 남성

자세히 이해하기
그루밍은 마부(groom)가 말을 빗질하고 목욕을 시키는 데서 유래한 단어로 '차림새, 몸단장새'라는 뜻이다.

268 딩크족★☆☆
DINK族

- 자녀 없음
- KBS, 대구MBC

Double Income No Kids의 약어. 의도적으로 자녀를 두지 않은 맞벌이 부부

269 여피족★☆☆
yuppie族

- 도시, 전문직
- 경남MBC, YTN

도시에서 전문직에 종사하는 고수입의 젊은 인텔리

● 더피족 (duppies族)
경기침체로 원하는 직장을 찾지 못하고 임시직으로 근근이 생활하고 있는 도시 전문직

270
킨포크족★★★
kinfolk族

- 소셜 다이닝
- CBS, KBS, 대전MBC

낯선 사람들과 함께 음식을 나눠먹고 일상 속 여유와 소소함을 즐기는 사람들

> **자세히 이해하기**
>
> 사전적 의미는 가족, 친척 등 가까운 사람이지만, 2011년 미국 포틀랜드에 사는 부부가 만든 동명의 잡지인 「킨포크(kinfolk)」에서 현재와 같은 생활방식으로 정의됐다.
>
> ● 소셜 다이닝 (social dining)
> SNS를 통해 시간을 공지하고 각자 준비해온 음식을 나눠먹는 문화

271
코피스족★★☆
coffice族

- 카페, 업무
- 방송통신심의위원회

카페에서 커피를 즐기며 사무실에서처럼 업무를 보는 사람들

> **자세히 이해하기**
>
> 커피(coffee)와 사무실(office)의 합성어다. 카페에서는 코피스족을 유치하기 위해 '미팅룸', '비지니스룸' 등의 독립 공간을 마련하기도 한다.

272 최신기출
플로깅★★★
plogging

- 조깅, 쓰레기 줍기
- MBN, 부산일보, 세계일보, 스튜디오S

조깅하면서 쓰레기를 줍는 운동

> **기출** 플로깅의 우리말 순화어는?
> : 쓰담 달리기

273
플린 효과★☆☆
Flynn effect

- IQ 향상
- 안동MBC

세대가 반복될수록 IQ가 높아지는 현상

> **자세히 이해하기**
>
> 시각매체의 증가와 IQ 테스트의 반복효과, 교육의 확대, 영양섭취의 증가, 조기교육, 질병의 감소 등이 IQ 향상의 원인으로 추정된다.

274
라이프로깅 ★★★
life logging

- 모든 생활 정보 저장
- 서울경제, MBN

개인이 생활하면서 보고, 듣고, 만나고, 느끼는 모든 정보를 기록하여 정리, 저장, 공유하는 활동

> **자세히 이해하기**
> 건강 정보를 측정하고 저장, 공유하는 스마트워치가 라이프로깅의 예시가 될 수 있다. 메타버스를 구현하는 4가지 유형(▲증강현실 ▲라이프로깅 ▲거울세계 ▲가상세계) 중 하나로 포함되기도 한다. 사용자들은 카메라와 마이크가 내장된 여러 기기의 보급으로 손쉽게 라이프로깅 서비스에 접근할 수 있다.

275
르네상스칼라 ★★☆
renaissance collar

- 다양한 분야 정통, 컴퓨터
- 청주MBC, YTN

정치·경제·문화 등 다양한 분야에 정통하며, 컴퓨터 작업에도 뛰어난 계층

- 레인보우칼라(rainbow collar): 아이디어와 창의력으로 시시각각 새로운 것을 창조하는 광고, 디자인, 마케팅 등 기획 관련 업종 종사자 지칭
- 다이아몬드칼라(diamond collar): 지력, 마음가짐, 체력, 자기관리 능력, 인간관계 능력을 두루 갖춘 사람
- 골드칼라(gold collar): 두뇌와 정보(아이디어와 창조적 사고)로 정보화시대를 이끌어가는 전문직 종사자

276
티핑 포인트 ★★☆
tipping point

- 극적인 변화
- 포항MBC, KBS 영상제작

엄청난 변화가 작은 일들에서 시작될 수 있고 대단히 급속하게 발생할 수 있다는 의미. 작은 일이 큰 변화로 이어지는 극적인 순간

277 최신기출
아폴로신드롬 ★☆☆
Apolo syndrome

- 뛰어난 인재, 성과 낮음
- 안동MBC, 경인일보, 연합뉴스TV

한 집단에 뛰어난 인재들이 많이 모였지만 오히려 집단 전체의 성과가 낮게 나타나는 현상

> **자세히 이해하기**
> 아폴로 우주선을 만드는 것처럼 어렵고 복잡한 일을 담당했던 우수 인재집단이 모이면 높은 성과를 낼 것이라 예상됐지만 오히려 역효과가 나타났다. 뛰어난 자들만이 모인 조직은 정치역학적인 위험을 가지고 있기 때문이다.

278
방 안의 코끼리 ★★☆
elephant in the room

- 묵인
- 방송통신심의위원회, 제주MBC

모든 사람이 잘 알고 있는 문제이지만 그 누구도 그것이 확산될까봐 말을 꺼내지 않는 현상

> ● 하얀 코끼리 (white elephant)
> 비용은 많이 들지만 쓸모가 없는 무용지물로, 올림픽 경기 후 유지비만 많이 드는 경기장 등을 말함

279 최신기출
오이디푸스 콤플렉스 ★☆☆
Oedipus complex

- 어머니에 대한 애착
- KNN, TV조선, 연합뉴스TV

3~6세의 남자아이가 아버지를 배척하고, 어머니에 대한 무의식적인 성적 애착을 가지는 것

> ● 엘렉트라 콤플렉스 (Electra complex)
> 오이디푸스 콤플렉스와 반대개념으로, 3~6세의 여자아이가 어머니를 배척하고 아버지에게 애정을 갖는 현상

280
마태 효과 ★★☆
Matthew effect

- 빈익빈 부익부
- 안동MBC, 전자신문, 국제신문

빈익빈 부익부 현상을 지칭하는 용어

> **자세히 이해하기**
> '무릇 있는 자는 받아 풍족하게 되고 없는 자는 그 있는 것까지 빼앗기리라'는 성경의 마태복음 25장 29절에서 착안한 용어다.

281 최신기출
미닝아웃 ★★☆
meaning out

- 소비자 운동
- SBS, 포항MBC, 이투데이

정치적·사회적 신념 등을 소비행위를 통해 적극적으로 표출하는 현상

> **기출** 미닝아웃을 약술하시오.

282
깨진 유리창 이론 ★★★
broken window theory

- 사소한 무질서
- 제주MBC, 방송통신심의위원회

사소한 무질서가 발생했을 때 이를 단속하지 않으면 더욱 큰 무질서로 발전한다는 범죄학 이론

> ● 무관용 원칙 (無寬容 原則)
> 깨진 유리창 이론에서 유래된, 사소한 규칙 위반에도 관용을 베풀지 않고 엄격하게 처벌하는 원칙

283
헤일로 효과★★☆
halo effect

- 후광, 인상
- 충북MBC, 제주MBC

후광 효과. 어떤 사람에 대한 인상이 다른 요소를 평가하는 데 있어 중요한 영향을 미치는 것

> **기출** 사람이나 사물을 평가할 때 인상이 영향을 미치면서 나타나는 오류는?
> : 헤일로 효과

284
파노플리 효과★☆☆
Panoplie effect

- 상품 소비, 환상
- 포커스뉴스, 이투데이

어떠한 상품의 사용을 통해 그 상품을 소비할 것으로 여겨지는 집단에 속한다는 환상을 갖게 되는 현상

> ✔ 전시 효과 (展示效果)
> 사회의 일반적인 소비성향에 영향을 받아 개인의 소비행동이 타인의 소비행동을 모방하려는 사회적 현상

285 최신기출
퍼플칼라★★☆
purple collar

- 일과 가정의 조화
- MBN

탄력적 근무로 일을 하며, 가정을 돌볼 수 있는 정규직 노동자를 의미하는 신조어. 가정을 의미하는 빨간색과 일을 의미하는 파란색의 혼합색인 보라색과 직업군을 의미하는 옷깃(collar)의 조합어.

> **자세히 이해하기**
> 일과 가정의 양립이 가능하도록, 근로시간 및 장소를 조정하여 일을 하는 탄력근무자를 의미한다. 비정규직 파트타임과는 다른 개념으로 직업의 안정성과 커리어는 탄력근무를 하지 않을 때와 비슷하며 원하는 시간만큼 일하고, 그만큼의 급여를 받아 보수만 줄어든다. 출산 및 육아로 인한 우수 여성 인력의 일자리 이탈을 막으며, 기업 측면에서는 비용을 감소시켜 부담을 줄일 수 있다는 장점이 있다.

286
브레인 롯★★☆
Brain rot

- 뇌 썩음
- 한겨레

온라인의 많은 정보를 과잉 소비하면서 인간은 정신적·지적으로 퇴보가 된다는 의미. 주로 밈이나 게임, 드라마 등의 디지털 콘텐츠들에 지나칠 정도로 빠져들 때 지적하기 위해 사용. 영국 옥스퍼드대가 선정한 2024년 올해의 단어임.

287 최신기출
촉법소년 ★★★
觸法少年

- 보호처분
- 아시아경제, SBS, KBS, 이데일리, 헤럴드경제

형벌을 받을 범법행위를 한 만 10세 이상~만 14세(법무부가 13세로 하향 추진 중) 미만의 형사미성년자

> **자세히 이해하기**
> 촉법소년은 형사책임 연령인 만 14세가 되지 않아 범법행위를 저질러도 형벌이 아닌 보호처분을 받게 된다. 청소년 흉악범죄가 늘면서 폐지 논란이 있다.

기출 논술 촉법소년 연령 하향에 대한 지원자의 의견을 쓰시오.

288
스모킹건 ★★☆
smoking gun

- 결정적 증거
- 대구TBC, 언론중재위원회

범죄나 특정 행위에 대한 '결정적 증거'라는 의미로 쓰이는 말

> **자세히 이해하기**
> 총구에서 연기가 피어오르는 장면은 그 총을 들고 있던 사람이 탄환을 발사했음을 나타내는 확실한 증거라는 점에서 이같이 불린다.

289
쇼비니즘 ★☆☆
chauvinism

- 애국주의
- YTN, 경인일보, TV조선

국가의 이익을 위해 수단과 방법을 가리지 않는 배타적 · 맹목적 · 광신적 · 호전적 애국주의

290 최신기출
용적률 ★☆☆
容積率

- 대지 면적
- 아주경제, 세계일보, 서울경제, 뉴스1

대지 면적에 대한 연면적의 비율

> **자세히 이해하기**
> 건축물에 의한 토지 이용도를 나타내는 척도이다. 하나의 대지에 2층 이상의 건축물이 있는 경우에는 이들의 바닥면적을 모두 합계한 것이 연면적이 된다.

291
핵티비즘 ★★★
hacktivism

- 정치적 목적, 해킹
- 안동MBC, KBS 기획행정, YTN 방송기자

특정 정치 · 사회적 목적을 위한 해킹행위

> **자세히 이해하기**
> 해커(hacker)와 '정치행동주의'를 뜻하는 액티비즘(activism)의 합성어로 개인정보나 금전적 이익을 위해 서버를 무력화하는 해킹행위와는 구분된다.

292
어나니머스 ★★★
Anonymous

- 국제 해커
- KBS, 방송통신심의위원회

온라인 커뮤니티에서 활동하는 국제 해커들의 모임

자세히 이해하기

사전적 의미로 익명(anonymous)을 뜻하는 어나니머스는 인터넷 검열 반대, 표현의 자유, 정보 공유를 주장하면서 이러한 가치를 저해한다고 판단되는 국가나 기업, 단체를 대상으로 사이버 공격을 가해 유명세를 탔다.

293
램프 증후군 ★★☆
lamp syndrome

- 과도한 불안
- YTN

일어날 가능성이 거의 없거나 해결할 수 없는 일에 대해 필요 이상으로 걱정하고 불안해하는 현대인의 성향을 일컫는 심리학 용어

자세히 이해하기

'알라딘과 요술 램프' 속 주인공이 램프의 요정 지니를 불러내 소원을 빌어 어려움을 해결하고자 하는 것처럼, 현대인들이 수시로 걱정을 한다는 데서 생겨난 말이다.

294
특허권 ★★☆
特許權

- 창작물, 독점
- SBS 방송경영

기술적 사상의 창작물(발명)을 일정기간 독점적·배타적으로 소유 또는 이용할 수 있는 권리

✅ **특허괴물 (patent troll·패턴트 트롤)**
실질적인 생산·서비스를 제공하는 일반 기업과는 달리 지식재산권을 행사하려는 의도 없이 보유만 하면서 기업을 상대로 특허소송을 제기해 승소하는 방법으로 로열티를 챙기는 특허전문회사

295
제로웨이스트 ★★☆
zero waste

- 쓰레기 제로
- 경향신문

쓰레기 배출을 '0(제로)'에 가깝게 최소화하자는 운동

✅ **GPGP (Great Pacific Garbage Patch)**
태평양 해역에 위치한 비닐과 플라스틱으로 이뤄진 쓰레기섬. 2018년 환경단체의 주도로 UN으로부터 정식 국가로 인정받음

296
공유자원 ★★☆
共有資源

- 경합성, 비배제성
- CBS, TV조선

소유권이 개인에 있지 않고 사회 전체에 있는 자원. 예를 들어 바닷속 물고기, 막히는 무료 도로, 환경 등

- 경합성: 한사람의 소비가 늘어난 만큼 다른 사람의 소비가 줄어드는 재화
- 배제성: 대가를 지불하지 않은 사람을 해당 서비스나 재화의 사용에서 제외할 수 있는 특성

기출 비배제성과 경합성의 성질을 가진 재화는?
: 공유자원

297 최신기출
UAM ★★☆
Urban Air Mobility

- 도시항공교통
- 서울경제, 세계일보, 이투데이

도심 안에서 대중들을 태우고 다닐 수 있는 수직 이착륙이 가능한 항공 교통수단

자세히 이해하기
여객기나 헬기보다 1회 이동거리는 짧지만 300~600m의 낮은 고도를 적은 비용으로 오갈 수 있다. 또한 내연기관이 아닌 전기 동력을 활용해 탄소배출이 없고 소음도 헬기보다 훨씬 작아 쾌적한 운행이 가능하다. 이러한 장점과 친환경성으로 인해 UAM은 미래 혁신 교통 사업으로 주목받고 있다.

298 최신기출
스쿨존 ★★☆
school zone

- 어린이 보호
- 언론중재위원회, 목포MBC, 경향신문

어린이보호구역. 초등학교 및 유치원 학생들의 안전한 통학공간을 확보하고 교통사고를 예방하기 위하여 차량의 통행을 제한하거나 금지하는 구역

기출 스쿨존의 차량 운행 제한 속도는?
: 시속 30km

299
고교학점제 ★★★
高校學點制

- 진로에 따라 과목 선택
- 뉴스1, 경향신문, TV조선

고등학생들이 진로에 따라 다양한 과목을 선택·이수하고 누적학점이 기준에 도달할 경우 졸업을 인정받는 제도

자세히 이해하기
고등학생이 자신의 흥미와 적성에 따라 시간표를 짤 수 있도록 한 것으로, 2025년 전체 고교에 전면 시행될 예정이다. 최소 학점 192점을 따야하며, 출석률이 3분의 2이상, 최소 성취율 40%가 되어야 졸업이 가능하다.

300 노비즘 ★★★
nobyism

- 개인주의
- 경인일보, 건설경제, 문화일보

타인에 대해서는 관심이 없는 개인주의적 사고

> **기출** '나만 아니면 된다'는 생각으로 님비 현상과 비슷한 의미로 쓰이는 용어는?
> : 노비즘

301 포트홀 ★☆☆
pot hole

- 아스팔트, 구멍
- 광주MBC

아스팔트 포장 도로 일부가 부서지거나 내려앉아 생긴 냄비(pot) 모양의 구멍(hole)

> ✅ **싱크홀 (sinkhole)**
> 땅이 가라앉아 지면에 커다란 웅덩이 및 구멍이 생기는 현상

302 세림이법 ★★☆

- 동승자 탑승
- 경인일보, TV조선

13세 미만 통학차량에 동승자 탑승을 의무화한 도로교통법 개정안. 2015년 시행

> **자세히 이해하기**
> 세림이법은 ▲유치원 ▲초등학교 ▲학원 ▲체육시설 등에 적용됐다. 시행 당시 적용 체육시설은 대한체육회 가맹단체에 한정된 태권도와 권투, 레슬링, 유도, 검도, 우슈 등 6개 종목뿐이었으나 2017년부터 모든 학원·체육시설의 9인승 이상 통학차량에 확대 적용됐다.

303 최신기출 Z세대 ★★☆
generation Z

- 1990~2000
- 헤럴드경제, SBS, CBS

1990년대 중반에서 2000년대 초반에 태어난 세대를 지칭

> **자세히 이해하기**
> 어릴 때부터 디지털 환경에서 자란 디지털 네이티브 세대답게 신기술에 민감하고 개인적, 독립적이며 경제적 가치를 우선시하는 소비 패턴을 보이는 것이 특징이다. 2025년에 들어 경기침체와 불확실한 경제 환경으로 인해 지출을 줄이고 본격적으로 저축하는 움직임을 보이고 있다.

304 최신기출
치킨게임 ★★☆
chicken game

- 파국
- 매일경제, 포항MBC, 대전MBC

어느 한쪽이 양보하지 않을 경우 양쪽이 모두 파국으로 치닫게 되는 극단적인 상황

> **자세히 이해하기**
>
> 2024년 2월 정부가 발표한 2025학년도 의과대학생 2천명 증원계획으로 의료계와 정부의 갈등이 지속되고 있다. 사태가 1년간 지속되면서 25년 신규 의사는 전년도의 10%도 안되며, 신규 전문의도 전년도의 20% 수준에 그쳤다. 의료계와 정부가 강대 강으로 맞서는 치킨게임으로 인해 환자들이 제대로 치료 받을 수 없는 상황이 되며 피해가 커지고 있다.

305
케렌시아 ★★☆
querencia

- 안식
- 이투데이

스트레스와 피로를 풀며 안정을 취할 수 있는 아늑한 공간 또는 그러한 공간을 찾는 경향

> **자세히 이해하기**
>
> 케렌시아는 스페인어로 피난처·안식처라는 뜻이다. 원래는 투우장의 소가 잠시 쉴 수 있도록 마련해 놓은 공간을 의미하는 말이었다.

> **기출** 스페인어로 피난처라는 뜻으로서 바쁜 일상에 지친 현대인들이 나만의 휴식처를 찾는 현상은?
> : 케렌시아

306
YOLO ★★★
You Only Live Once

- 인생은 한 번뿐
- 경남MBC, 경향신문, KBS

욜로. 현재의 행복과 소비를 중시하는 태도. 인생은 한 번뿐(You Only Live Once)이니 후회 없이 살라는 뜻

> ◎ **욜로족 (YOLO族)과 요노족 (YONO族)**
>
> 욜로족은 당장 삶의 질을 높여줄 취미생활이나 자기계발에 소비하던 사람들이다. 최근에는 장기화된 경기불황과 취업난으로 인해 욜로족 보다는 요노족이 생기고 있다. 요노족은 '네가 필요한 것은 이거 하나뿐이야(You Only Need One)에서 유래한 것으로 필요하지 않은 소비는 줄이고 꼭 필요한 소비만 하는 사람들을 지칭한다. 요노족은 실용성을 중시하며, 최소한의 소비를 통해 삶의 질을 높이고자 한다.

307
서번트 증후군 ★★☆
savant syndrome

- 자폐, 능력
- 포항MBC, KBS 시사교양PD, YTN

자폐증이나 지적장애를 가진 사람이 암산, 기억, 음악, 퍼즐 맞추기 등 특정한 분야에서 매우 우수한 능력을 발휘하는 현상

308
리셋 증후군 ★★☆
reset syndrome

- 충동적·극단적
- 방송통신심의위원회, 한국일보

게임에서 졌을 때 리셋 버튼을 누르면 다시 시작할 수 있는 것처럼, 현실세계에서 실수나 잘못을 저지르더라도 리셋이 가능할 것으로 착각하고 충동적·극단적으로 행동하는 현상

309 최신기출
포모 ★★☆
fear of missing out

- 소외불안증후군
- 이투데이, 코리아헤럴드

세상의 흐름에 뒤처지는 것이 두려워 다른 사람들이 하는 모든 것을 따라하려고 하는 현상. 유행하는 장소들의 사진을 찍어 SNS에 올리고, 주식이나 비트코인 등에 다른 사람을 따라 무작정 뛰어 드는 것을 예로 들 수 있음

> ◎ 조모(Joy Of Missing Out)
> 포모(FOMO)의 반대되는 말로 다른 사람들이 하는 것을 하지 않음으로써 자신만의 시간을 소중하게 보내는 상태를 말한다.

310
번아웃 증후군 ★★★
burnout syndrome

- 일에 몰두, 무기력증
- 스튜디오S, 방송통신심의위원회

한 가지 일에 몰두하던 사람이 극도의 신체적·정신적 피로를 겪으며 무기력증이나 자기혐오에 빠지는 현상

311
태완이법 ★★★

- 살인죄 공소시효 폐지
- MBC, TV조선, MBN

2015년 살인죄의 공소시효를 폐지하는 내용이 담긴 형사소송법 개정안의 별칭. 2015년 7월 24일 국회를 통과하며, 7월 31일부터 시행됨.

> 기출 태완이법으로 폐지된 것은?
> : 살인사건의 공소시효

312
펜스룰 ★★☆
Pence rule

- 여성과 교류하지 않음
- 대전MBC, SBS

성희롱이나 성추행에 엮이거나 오해를 살 수 있는 상황 자체를 만들지 않기 위해 여성과 아예 교류하지 않겠다는 의미. 마이크 펜스 전 미국 부통령의 발언에서 유래

313
프로파일러 ★★☆
profiler

- 용의자 분석
- SBS, MBN

용의자의 성격, 행동유형 등을 분석하여 도주 경로나 은신처 등을 추정하는 범죄 심리 분석관

314
소시오패스 ★★☆
sociopath

- 반사회적
- 대구TBC, YTN, 아시아경제

타인을 속이고 범죄행위를 하는 데 죄책감을 느끼지 않는 반(反)사회적 인격장애

> ✓ **사이코패스 (psychopath)**
> 선천적으로 다른 사람과의 공감과 교류를 하지 못하는 반사회적 인격장애

315
디지털 코쿠닝 ★★★
digital cocooning

- 디지털기기, 안식처
- 한국일보, KBS 방송저널리스트

편안한 안식처인 집에서 디지털기기를 갖고 자신만의 여가를 즐기는 문화

> ✓ **코쿠닝 현상 (cocooning syndrome)**
> 위험한 외부 세상보다는 안전한 집이나 교회 등에서 구성원과 함께 안락을 추구하거나 여가를 즐기는 현상

316
반달리즘 ★★★
vandalism

- 문화재 폭파
- 국제신문, KBS 기획행정

예술품이나 문화유산 또는 공공시설을 파괴하는 행위나 그러한 경향

> **자세히 이해하기**
> 5C 초 유럽의 민족대이동 시기 아프리카에 왕국을 세운 반달족이 지중해 연안에서 로마에 이르는 지역까지 약탈과 파괴를 거듭한 일에서 유래됐다. 현대 최악의 반달리즘 사례는 2003년 아프가니스탄에서 탈레반 정권이 종교적 이유로, 바미얀 고대 불상(佛像)을 폭파한 사건이다.

317
심리적 부검 ★★☆
psychological autopsy

- 자살, 조사
- SBS 아나운서

자살한 사람의 유서와 유가족의 증언, 성장과정과 병력, 경력, 소득 등을 종합적으로 조사해 자살에 이른 심리적 원인을 규명하는 절차

318
빅브라더★★☆
big brother

- 정보의 독점
- 이투데이, MBC

정보의 독점을 통해 사회를 통제하는 관리 권력 또는 그러한 사회 체계

자세히 이해하기
영국 소설가 조지 오웰(George Orwell, 1903~1950)의 디스토피아(역유토피아) 소설 『1984』에서 처음 등장했다. 소설에는 마이크로폰과 헬리콥터, 텔레스크린 등의 첨단 기술을 이용해 개인을 통제하고 감시하는 독재자 빅브라더가 등장한다.

319
사이버 망명★★☆
cyber asylum

- 국가기관 검열
- KBS, 경향신문

국가기관의 사이버 검열로 인한 정보유출을 막기 위해 국내법의 효력이 미치지 않는 해외 서버의 서비스를 이용하는 것

예문 카카오톡 검열 논란 이후 많은 사람들이 해외 인터넷 메신저인 텔레그램을 사용하며 이른바 사이버 망명을 한 것으로 나타났다.

320
ITS★★☆
Intelligent Transport Systems

- 지능형 교통시스템
- BBS 불교방송 PD

지능형 교통시스템. 전자·정보·통신 등의 기술을 교통체계에 접목한 종합교통정보시스템

자세히 이해하기
교통 혼잡을 완화하고 교통 사고를 감소시키는 효과를 창출한다.

321
잊힐 권리★★☆
right to be forgotten

- 개인정보
- 한겨레신문, SBS 예능PD

온라인상의 개인정보를 삭제하도록 요구할 수 있는 권리

자세히 이해하기
정부에서는 지우개(잊힐 권리)서비스를 제공하고 있다. 지우개 서비스는 아동·청소년 시기에 작성한 게시물 중 개인정보가 포함되어 있는 게시물을 삭제시키거나 블라인드 처리하여 타인이 검색할 수 없도록 도와주는 서비스이다. 30세 미만이면 누구나 신청할 수 있으며, 다만 미성년시기에 작성한 게시물 중 개인정보가 포함된 경우에만 삭제할 수 있다.

322
가면 증후군★★☆
impostor syndrome

- 정체성 상실
- 경남MBC, 조선일보

사기꾼 증후군. 자신이 이룬 업적을 받아들이지 못하는 증후군

> **자세히 이해하기**
>
> 현대 사회에서 나타나는 정체성 상실현상으로서 사회적으로 존경받는 지위와 신분에 이르렀으면서도 끊임없이 자신의 정체성을 의심하면서, 스스로를 사기꾼이라 생각한다. 자신은 그 자리에 있을 자격이 없으며 언젠가 가면이 벗겨져 자신의 본모습인 무능력함이 드러날 것이라는 불안 심리에서 나온다. 미국 유명 여배우 나탈리 포트만이 2015년 하버드대학 졸업생들에게 연설을 하면서 가면 증후군을 겪었던 사실을 밝혀 화제가 된 바 있다.
>
> **기출** 미국 여배우 나탈리 포트만이 겪었던 정체성 상실 증후군은?
> : 가면 증후군

323
바나나 현상★★☆
BANANA 現狀
Build Absolutely Nothing Anywhere Near Anybody

- 유해시설 반대
- 매일신문, 연합뉴스

쓰레기매립지나 핵폐기물 처리장 같은 유해시설 설치 자체를 반대하는 지역 이기주의

> **예문** 청년 주택 건설 예정 부지를 인근 지역민들이 교통 혼잡과 조망권 침해를 내세워 반대하는 바나나 현상이 심해지고 있다.

324 최신기출
고령사회★★☆
aged society

- 65세, 14% 이상, 국제연합(UN) 구분 기준
- KBS, UBS, 한겨레, 농민신문, 매일경제

65세 이상의 인구가 14% 이상인 사회

- 고령화사회(aging society): 전체 인구 중 65세 이상의 인구가 7% 이상
- 초고령사회(super-aged society): 전체 인구 중 65세 이상의 인구가 20% 이상

> **자세히 이해하기**
>
> 우리나라의 경우 이미 2000년에 고령화사회, 2017년에는 고령사회에 진입했고 2024년 12월에 초고령 사회로 진입했다.
>
> **기출** 전체 인구중 65세 이상의 비율이 (　　)% 이상이면 고령화사회, (　　)%이상이면 고령사회, (　　)%이상이면 초고령사회이다.
> : 7, 14, 20
>
> **논술** 2025년 우리나라는 초고령사회에 진입하게 된다. 초고령사회에서 예상되는 위기 요인을 분석하고, 이를 해결하기 위한 농업·농촌 분야의 대책을 제시하시오.

325 최신기출
인구절벽 ★★★
demographic cliff

- 청장년층 감소
- KBS, 조선일보, 머니투데이

국가 인구 통계 그래프에서 청장년층(생산가능인구)이 급속도로 줄어드는 것

> **자세히 이해하기**
>
> 미국의 경제예측전문가 해리 덴트가 그의 저서 『2018 인구절벽이 온다』에서 인구절벽이란 소비·노동·투자하는 사람들이 사라진 세상이라고 말했다. 한국은 2020년 이후 5년 연속 인구 감소세를 보이고 있으며, 인구절벽의 위기가 뚜렷하게 나타나고 있다.

326
요우커 ★★☆
旅客

- 중국인 관광객
- 연합뉴스 취재기자, 경향신문

본래 관광객을 뜻하는 중국어이나 국내 중국인 관광객들이 크게 늘어나면서 중국인 관광객을 특정하는 용어로 쓰임

327 최신기출
빅블러 ★☆☆
big blur

- 산업 간 경계 융화 현상
- KBS, 이투데이, 세계일보

첨단 기술의 발전 등으로 사회 변화 속도가 빨라지면서 산업 간의 경계가 허물어지는 현상

328
밀레니얼 세대 ★★☆
millennial generation

- 개인 취향 우선
- SBS, 헤럴드경제

1980년대 초반~2000년대 초반 사이에 태어난 세대. 인터넷에 친숙하며 자기표현 욕구가 강하고 본인의 삶을 우선시 함

> **자세히 이해하기**
>
> 미국 세대이론 전문가인 닐 하우와 윌리엄 스트라우스가 1991년 펴낸 책인 『세대들, 미국 미래의 역사』에서 처음 사용했다.

> **예문**
>
> 밀레니얼 세대는 불안정한 고용구조, 높은 주거비, 자산 형성 기회 부족으로 대한민국 역사상 부모보다 가난한 첫 세대로 여겨지고 있다.

329 소확행 ★☆☆
小確幸

- 작은 행복
- 이데일리, 채널A

소소하지만 확실한 행복. 경기 침체의 영향으로 소소한 행복을 추구하는 심리가 묻어나는 용어

> ✅ **라곰 (lagom)**
> 스웨덴어로 '적당한'을 뜻하는 말로, 소박하고 균형 잡힌 생활과 공동체와의 조화를 중시하는 삶의 경향

330 디지털 포렌식 ★★☆
digital forensic

- 컴퓨터 법의학
- 한국일보, TV조선

PC, 휴대폰 등 각종 저장매체 또는 인터넷상에 남아 있는 디지털 정보를 분석해 범죄 단서를 찾는 수사기법

> **자세히 이해하기**
> 우리나라 검찰은 지난 2008년 서울 서초동 대검찰청 옆에 디지털 포렌식센터(DFC, Digital Forensic Center)를 열고, 마약·유전자·위조문서·영상 등을 정밀 분석하는 장비를 갖추어 증거물 감정과 감식을 통해 사건을 해결하고 있다.

331 소셜믹스 ★★☆
social mix

- 계층격차 해소
- 아시아경제, SBS 방송경영

도시계획을 통해 지역주민 간의 계층격차를 해소하고 사회통합을 도모하는 정책적 방법

> **자세히 이해하기**
> 분양아파트와 서민형 임대주택을 같은 단지에 배치해 가난한 사람과 부자가 섞여서 살게 하는 것이 소셜믹스의 한 방법이다. 영국 런던은 저소득층용 주택에 주거비를 보조해주면서 고급주택가 주변에서도 실업자, 이민자 등 다양한 계층이 어우러져 살고 있어 소셜믹스의 모범사례로 꼽힌다.

332 촌수 ★★★
寸數

- 부모, 자식, 1촌
- G1 강원민방

친족 간 혈통관계의 멀고 가까움을 수치로 표시한 것

주요 촌수(친가)

관계	촌수	관계	촌수
부모, 자식	1촌	고모	3촌
형제	2촌	종형제(사촌)	4촌
조부(할아버지)	2촌	증조(큰할아버지)	4촌
백숙부(큰아버지)	3촌	당숙(아버지의 사촌형제)	5촌
조카(형제자매의 자식)	3촌	종질(사촌조카)	5촌

333
직계존속 ★☆☆
直系尊屬

- 조상, 혈족
- SBS, 아이뉴스24

조상으로부터 자기에 이르기까지 이어 내려 온 혈족. 즉, 부모, 조부모, 증조부모 등

> ⊙ 직계비속 (直系卑屬)
> 자신으로부터 아래로 이어 내려가는 혈족으로 자녀, 손자, 증손 등이 이에 해당. 직계존속과 직계비속을 묶어 직계혈족이라 칭함

334
고희 ★★★
古稀

- 70세
- 춘천MBC, YTN 방송기자

나이 70세 또는 70세에 이른 것을 축하하는 의례

나이별 호칭

나이	호칭	나이	호칭
15세	지학(志學)	70세	고희(古稀)
20세	약관(弱冠)	77세	희수(喜壽)
30세	이립(而立)	80세	산수(傘壽)
40세	불혹(不惑)	88세	미수(米壽)
50세	지천명(知天命)	90세	졸수(卒壽)
60세	이순(耳順)	99세	백수(白壽)

기출 고희+지천명은 몇 세인가?
: 70+50=120(세)

335 최신기출
팝콘브레인 ★★★
popcorn brain

- 자극적 이슈
- KBS, 한국일보, MBN

튀겨진 팝콘처럼 곧바로 튀어 오르는 것에만 반응할 뿐 사람의 감정이나 느리게 변화하는 진짜 현실에 대해서는 무감각해진 뇌 구조

> **자세히 이해하기**
> 팝콘브레인 세대는 스마트폰과 인터넷을 통한 순간적인 자극에 길들여지다 보니 호흡이 길고 내용이 깊은 콘텐츠 대신 강렬한 자극·웃음을 주는 유희에 대단히 민감하게 반응한다.

노동
복지
환경

336
노동이사제 ★★☆
勞動理事制

- 노조 이사 파견
- 이투데이

이사회에 노동조합 대표 또는 이사가 파견되는 제도

> **자세히 이해하기**
> 노동자가 이사회의 소속 구성원으로서 이사회 기관의 사업계획, 예산, 재산처분 등 주요 의사 결정과정에 발언권 및 의결권을 갖고 참여할 수 있다. 근로자 구성원을 대표하여 현장 경험을 살려 근로자의 목소리를 이사회에 반영할 수 있다는 장점이 있는 반면, 이사회 결정이 늦어지고 경영권 침해에 대한 우려도 있다.

337
유니언 숍 ★★☆
union shop

- 고용되면 노조 가입
- 부산MBC

사용자가 근로자를 고용할 때에는 무관하지만, 일단 고용되면 일정 기간 내에 노동조합에 가입해야 하는 제도

> ● 에이전시 숍 (agency shop)
> 종업원의 노동조합 가입을 강제하지는 아니하나 상당액의 조합비 납부를 의무화하는 제도

338
클로즈드 숍 ★★☆
closed shop

- 가입된 근로자만
- 한겨레신문

사용자가 근로자를 고용할 때 노동조합 가입을 고용 조건으로 하는 제도. 노동조합에 가입된 근로자만 고용

339
오픈 숍 ★★☆
open shop

- 자유 결정
- 부산MBC

근로자가 자유로이 노동조합에의 가입 여부를 결정할 수 있는 제도

> **자세히 이해하기**
> 우리나라는 공무원을 제외한 모든 근로자에게 오픈 숍을 인정하고 있으며, 이를 위반하여 근로자에게 불이익을 주는 사용자의 행위를 '부당노동행위'로 규정하고 있다.

340 최신기출
실업의 종류 ★★☆

- 기술적, 마찰적
- 매일신문, MBC 드라마PD, 매일경제

- 경기적(cyclical) 실업 : 자본주의 경제에 있어 경기악화로 나타나는 실업
- 구조적(structural) 실업 : 경제구조의 변화로 특정노동력에 대한 수요가 감소되어 발생하는 실업
- 기술적(technological) 실업 : 기술 진보로 인해 노동력에 대한 수요가 감소하여 발생하는 실업
- 마찰적(frictional) 실업 : 노동력의 이동이 원활하지 않아 발생. 노동시장의 불완전성이 원인
- 자발적(voluntary) 실업 : 노동의 의사와 능력이 있음에도 현재의 임금 수준에서는 일을 하지 않는 실업
- 잠재적(latent) 실업 : 생계유지를 위해 일시적으로 만족스럽지 않은 다른 직업에 종사하고 있는 상태

> ◉ 정리해고 (整理解雇)
> 근로자의 귀책사유로 해고하는 것이 아니라, 회사의 경영상의 어려움이나 양수·양도·합병 등을 사유로 해고하는 것

341
비정규직의 종류 ★★☆

- 시간제, 기간제
- 머니투데이, 한겨레

- 초단시간근로자 : 주 15시간 미만으로 일하도록 정한 근로자
- 파견제근로자 : 임금을 지급하고 고용관계가 유지되는 고용주와 업무지시를 하는 사용자가 일치하지 않는 경우에 해당하는 근로자
- 일일근로자 : 근로계약을 하지 않고 일거리가 생겼을 때 며칠에서 몇 주씩 일하는 근로자
- 기간제근로자 : 일용직·임시직·촉탁직 등 일정한 기간을 정한 근로계약에 의하여 근로하고 있는 근로자
- 용역근로자 : 용역업체에 고용돼 해당업체의 지휘 아래 그 업체와 용역계약을 맺은 다른 업체에서 근무하는 근로자(청소용역, 경비용역 등)
- 특수형태근로자 : 독자적인 사무실이나 점포 등을 보유하지 않으면서 비독립적 형태로 업무를 수행하는 근로자(배달, 운송, 판매 등)

342 직장폐쇄 ★★☆
職場閉鎖

- 사용자 노동쟁의
- KBS 시사교양PD, YTN, 포항MBC

노동쟁의가 일어났을 때 사용자가 공장·작업장을 폐쇄하는 일

> **자세히 이해하기**
>
> 노동조합 및 노동관계조정법이 인정하는 사용자 측 쟁의수단으로, 노동조합이 쟁의행위를 개시한 경우 사용자 측은 사업장에서 근로자들을 축출하고 임금의 지급을 면하기 위해 직장폐쇄를 할 수 있다. 노사 간 집단적 쟁의상태를 전제로 한다는 점에서 공장폐쇄·폐업과 구별되고, 쟁의행위가 종료되면 정상적으로 근로관계가 회복된다는 점에서 집단적 해고와도 구별된다.
>
> 기출
> - 다음 중 부당한 노동쟁의 행위가 아닌 것은?
>   : 직장폐쇄
> - 노동조합이 아닌 사용자가 할 수 있는 쟁의행위는?
>   : 직장폐쇄

343 특례업종 ★★☆
特例業種

- 초과근무, 5종
- 한국일보

사업자가 노동자와 합의하면 근로기준법이 정한 법정 근로시간과 상관없이 초과근무를 시킬 수 있는 업종

> ✅ 근로기준법상 특례업종
> ▲여객자동차 운수사업법상 노선버스를 뺀 육상운송업 ▲수상운송업 ▲항공운송업 ▲기타운송관련서비스업 ▲보건업

344 고용보험 ★★☆
雇傭保險

- 실업자, 사회보장
- 스튜디오S, 경향신문

실업자에게 실업수당을 지급하고 직업훈련 등을 위한 장려금을 지원하는 사회보장제도

> ✅ 구직급여의 수급 요건
> - 이직일 이전 18개월간(초단시간 근로자의 경우 24개월) 피보험단위기간이 통산하여 180일 이상일 것
> - 근로의 의사와 능력이 있음에도 불구하고 취업(영리를 목적으로 사업을 영위하는 경우 포함)하지 못한 상태에 있을 것
> - 재취업을 위한 노력을 적극적으로 할 것
> - 이직사유가 비자발적인 사유일 것(다만 자발적 이직자의 경우에도 이직회피 노력을 다하였으나 사업주 측의 사정으로 근로하는 것이 곤란하여 이직한 경우 불가피성을 인정하여 수급자격을 부여)

345 최신기출
근로기준법 ★★☆
勤勞基準法

- 근로자의 기본권
- KBS, 매일경제, 한국일보

근로자의 기본권을 보장하고 향상시키기 위해 근로조건의 기준을 정한 법률

예문 2025년 정부가 5인 미만의 사업장에도 근로기준법을 적용하는 방안을 검토 중이지만, 이에 대한 소상공인 및 자영업자들의 비판이 거세지고 있다.

346
필수 공익사업 ★☆☆
必須 公益事業

- 공중의 일상생활
- 부산MBC

공익사업 중 특히 공중의 일상생활과 긴밀히 관련되어 있는 사업. 노동쟁의 행위가 제한됨

자세히 이해하기 철도(도시철도 포함), 수도·전기·가스·석유정제 및 석유공급사업, 병원사업, 한국은행, 통신사업 등을 말한다.

347
부당노동행위 ★★☆
不當勞動行爲

- 3권 침해행위
- YTN, KBS 방송경영

사용자가 근로자의 정당한 노동3권(단결권, 단체교섭권, 단체행동권) 행사를 방해하는 행위

부당노동행위의 유형
- 노동조합에 가입·조직·활동 시 불이익을 주는 행위
- 노동조합의 불가입 또는 탈퇴를 고용조건으로 하는 행위
- 정당한 이유 없이 단체협약이나 단체교섭을 거부하는 행위
- 노동조합을 지배·개입하거나 노동조합 경비를 원조하는 행위
- 근로자의 정당한 단체행위나 부당노동행위에 대한 신고·증언에 대해 불이익을 주는 행위

348 최신기출
4대 중증질환 ★★☆

- 암, 심장, 뇌, 희귀
- 한겨레신문, 광주MBC, 한국일보

암·심장·뇌혈관·희귀난치 질환

자세히 이해하기 정부는 5세대 실손보험에서 보장률은 줄이되, 암, 심장, 뇌혈관, 희귀난치 질환과 같은 4대 중증질환과 관련된 선별급여에는 예외를 두는 방안을 검토하고 있다.

349 최신기출
대체휴일제★★★
代替休日制

- 어린이날
- SBS 예능PD, 뉴스1, 조선일보

공휴일이 주말과 겹치면 평일 가운데 하루를 더 쉬게 해 공휴일이 줄어들지 않게 하는 제도

> **자세히 이해하기**
> - 설날·추석 연휴가 다른 공휴일과 겹치는 경우 그 날 다음의 첫번째 비공휴일을 공휴일로 함
> - 어린이날이 토요일 또는 다른 공휴일과 겹치는 경우 그 날 다음의 첫 번째 비공휴일을 공휴일로 함
> - 어린이날 외의 토요일은 대체공휴일에 포함되지 않음
> - 2021년 8월부터 대체공휴일 적용을 확대하는 법률이 통과됨
>
> **공휴일과 국경일**
> 대체휴일제 확대는 공휴일인 국경일에 한정됐다. 국경일은 국가의 경사스러운 날을 기념하는 날로써 공휴일과 다르다. 예를 들어 현충일은 공휴일이지만 국경일이 아니다.
>
> **법정 공휴일**
>
> | 명칭 | 날짜 | 명칭 | 날짜 |
> | --- | --- | --- | --- |
> | 새해 첫날 | 1월 1일 | 광복절 | 8월 15일 |
> | 설날 | 음력 1월 1일 | 추석 | 음력 8월 15일 |
> | 삼일절 | 3월 1일 | 개천절 | 10월 3일 |
> | 어린이날 | 5월 5일 | 한글날 | 10월 9일 (2013년 재지정) |
> | 부처님오신날 | 음력 4월 8일 | | |
> | 현충일 | 6월 6일 | 크리스마스 | 12월 25일 |

350
워커밸★★☆
worker and customer balance

- 직원만큼 손님도 친절
- SBS 교양PD, MBN

직원이 손님에게 친절해야 할 뿐만 아니라 손님도 직원을 정중하게 대해야 한다는 뜻

> ✅ **워라밸 (work and life balance)**
> 일(work)과 생활(life)이 조화롭게 균형을 유지하고 있는 상태

351 쇼루밍족 ★★☆
showrooming族

- 매장 구경 뒤 온라인 구매
- KBS, 목포MBC

오프라인 매장에서 제품을 구경한 후 스마트폰 등으로 가격 비교를 한 뒤 저렴한 가격을 찾아 온라인으로 구매하는 사람들

> ✅ **모루밍족 (morooming族)**
> 오프라인 매장에서 제품을 살펴본 뒤, 실제 구매는 모바일로 하는 사람들

352 복지 신청주의 ★☆☆

- 선택적 복지
- 동아일보

수급권자가 반드시 법에 따라 신청을 하여야 복지 혜택을 받을 수 있는 방식

> **자세히 이해하기** 🔍
> 국가나 지방자치단체가 수급권자의 신청 여부와 관계없이 직권으로 수급자격 여부를 조사한 후 급여를 제공하는 방식은 직권주의다. 복지 신청주의는 선택적 복지, 직권주의는 보편적 복지에 가까우며 어떤 형태가 바람직한가에 대해 오랜 논쟁이 존재한다.

353 워킹푸어 ★★☆
working poor

- 근로 빈곤층
- 경향신문, 문화일보

직장은 있지만 아무리 일해도 빈곤을 벗어날 수 없는 근로 빈곤층

> - 리타이어(retire)푸어 : 자녀교육비 지출로 인해 노후대비가 부족한 중산층
> - 웨딩(wedding)푸어 : 전셋값 등 결혼 비용을 마련하기 위해 대출을 받으면서 신혼부터 빈곤이 시작되는 젊은 세대
> - 실버(silver)푸어 : 노후준비가 부족해 70세가 되어도 생계를 위해 일을 해야 하는 세대

354 렌트푸어 ★★☆
rent poor

- 전세금 감당
- 아시아경제

급증하는 전세금을 감당하는 데 소득의 대부분을 지출하느라, 저축할 여력도 없고 여유도 없는 사람들

355 최신기출
노란봉투법 ★★★

- 사측 손배소 제한
- YTN, 서울경제, 아주경제, 머니투데이, 한겨레신문, 경향신문, MBN 뉴스PD, 코리아헤럴드, 전주MBC

노조 파업으로 발생한 손실에 대한 사측의 무분별한 손해배상소송 제기와 가압류 집행을 제한하는 등의 내용을 담은 '노동조합 및 노동관계조정법 개정안'

> **예문** 22대 국회 본회의에서 '노동조합 및 노동관계 조정법 2·3조 개정안'이 통과되었지만, 대통령 거부권 행사로 인해 무산되었다.

356
사이토카인 폭풍 ★★☆
cytokine storm

- 면역 반응 과잉
- TV조선, 한국일보, 부산일보

인체가 외부로부터 침투한 바이러스에 대항하기 위해 과도하게 면역력을 증가시키는 증상

> **자세히 이해하기**
> 면역 반응이 과도하게 나타나는 것으로 면역력이 높은 젊은 층에 발생할 확률이 높다.

357
코호트 격리 ★★☆
cohort 隔離

- 동일 집단
- MBN, 코리아헤럴드

바이러스나 세균성 감염 질환자와 이들을 치료하는 의료진 모두를 '동일 집단'(코호트)으로 묶어 통째로 전원 격리해 병균의 확산 위험을 줄이는 조치

358
로컬푸드 ★☆☆
local food

- 신선도
- 토마토TV

장거리 운송을 거치지 않아 식품의 신선도를 극대화시킨 지역 농수산물

359 최신기출
라포 ★★☆
rapport

- 친밀감, 신뢰 관계
- 연합뉴스, SBS

상담, 치료, 교육 등 의사소통 과정에서 상대방과 형성되는 친밀감 또는 신뢰 관계

360 최신기출
생활임금 ★★☆
living wage

- 최소생계
- SBS, 한국일보, 한겨레신문

노동자가 최소생계를 유지할 수 있는 임금. 물가상승률, 가계소득·지출을 고려한 실제 생활이 가능한 최소 임금 수준. 2025년 서울시는 3인가족 생활수요 충족을 위한 최소한의 임금으로 기준 1만1,779원으로 고시

> ⊙ 생활임금제 (生活賃金制)
> 저임금 근로자의 임금 상승을 통해 삶의 질을 개선하는 제도

361
부양의무제 ★☆☆
扶養義務制

- 복지 사각지대
- 경향신문

수급 대상자의 부모나 자녀에게 재산이 있거나 일할 능력이 있으면 기초생활수급자 대상에서 제외하는 제도

자세히 이해하기
서울시는 2021년 5월 전국 최초로 '부양의무제'를 폐지했다. 이를 통해 부양가족이 있어도 소득과 재산 기준만 충족되면 '서울형 기초보장'수급 혜택을 받을 수 있도록 하였다.

362
로하스족 ★★☆
LOHAS族

- 건강
- 조선일보, 국제신문, MBN

'Lifestyles Of Health And Sustainability'의 준말. 건강을 염두에 두면서 합리적이고 지속가능한 친환경적인 소비형태를 지향하는 사람들

363
호스피스 ★★☆
hospice

- 임종
- 조선일보

죽음을 앞둔 환자가 고통스러운 연명치료 대신 평안한 임종을 맞을 수 있도록 하는 특수 병원 또는 위안과 안락을 베푸는 봉사활동

364
반올림 ★★☆

- 반도체 노동자 지킴이
- SBS, 한겨레신문

반도체 노동자의 건강과 인권을 지키기 위해 노력하는 시민단체

자세히 이해하기

시민단체 반올림은 삼성 반도체 공장에서 일하다 난소암으로 사망한 근로자의 난소암 발병을 산업재해로 인정하기 위해 노력했고, 2016년 이를 인정한 첫 법원 판결이 나왔다. 2018년 11월 삼성전자와 반올림 간 피해보상·사과를 둘러싸고 조정이 타결됐다. 2025년 1월에는 반도체 노동자들에 대한 주52시간 예외적용의 조항이 담긴 반도체특별법 통과 반대를 촉구했다.

365
그린벨트 ★★★
greenbelt

- 녹지, 환경보전
- 경향신문

개발제한구역. 도시의 경관정비와 환경보전을 위해 설정된 녹지대

자세히 이해하기

1950년대 영국에서 시작된 것으로, 도시의 무분별한 개발을 제한하여 도시 주변의 녹지 공간을 확보하고 자연환경을 보전하는 데 목적이 있다.

366
온실가스 배출권 거래제 ★★☆
ETS
Emission Trading System

- 배출 허용량
- 매일경제TV, 서울신문

탄소 배출권 거래제. 기업이 정부로부터 온실가스 배출 허용량을 부여받아 그 범위 내에서 생산활동과 온실가스를 감축하되, 허용량이 남거나 부족할 경우 배출권을 판매·구입하는 제도

자세히 이해하기

유럽연합(EU) 및 영국·뉴질랜드·스위스 등 30여 개국에서 전국 단위로 시행 중이다. 미국·중국·일본·캐나다 등은 일부 지역에서 도입했다. 아시아에서 국가 단위의 제도는 한국이 2015년 처음 도입했다. 2025년 2월 온실가스 배출권 거래법의 개정으로 온실가스 감축의 실효성을 확보하고, 배출권 거래시장이 활성화될 전망이다.

기출 온실가스 배출권 거래제를 약술하시오.

367 최신기출
신재생에너지 ★★☆
new and renewable energy

- 재생 가능 에너지
- 에너지경제신문, 스튜디오S

기존 화석연료를 변환하여 이용하거나 햇빛·물·강수·생물유기체 등 재생이 가능한 에너지로 변환하여 이용하는 에너지

자세히 이해하기
신에너지와 재생에너지를 합쳐 부르는 것으로 ▲신에너지에는 연료전지, 수소에너지 등이 있고, ▲재생에너지에는 태양열, 풍력, 수력 등이 있다.

✓ **1차 에너지 (primary energy)**
가공되지 않은 상태에서 공급되는 석유, 석탄 등의 에너지

368 최신기출
그린라운드 ★★☆
GR
Green Round

- 환경 제재
- 광주MBC, 춘천MBC

환경문제 다자간 협상. 환경기준을 만들고 이에 미달하는 무역상품에 대해서는 각종 제재 조치를 가함

- **기술라운드(TR, Technology Round)** : 각국 정부의 자국 연구·개발·투자에 대한 지원이 국제사회의 공정 무역을 방해하지 못하도록 이를 규제할 수 있는 국제기술규범을 제정하려는 움직임
- **블루라운드(BR, Blue Round)** : 각국의 근로조건을 국제적으로 표준화하고 무역과 연계시키려는 목적으로 추진되는 다자간 협상

369 최신기출
슬로시티 ★★☆
slowcity

- 느림의 삶 추구 국제운동
- SBS 예능PD, 한국언론진흥재단, 연합뉴스TV

공해 없는 자연 속에서 전통문화와 자연을 잘 보호하면서 느림의 삶을 추구하는 국제운동

✓ **한국의 국제 슬로시티 (2025년 2월 기준)**
충북 제천시, 경북 상주시·청송군·영양군, 강원 영월군·춘천시, 충남 예산군 대흥면·태안군·서천군, 전남 담양군·목포시·신안군·완도군·장흥군, 경남 김해시·하동군 (16곳)

370
비스페놀A ★★☆
bisphenolA

- 플라스틱, 화학물질
- 한겨레신문

플라스틱 제품 제조에 널리 사용돼 온 화학물질. 동물·사람의 체내로 유입될 경우 내분비계 기능을 교란하는 환경호르몬의 일종

기출 음료용 캔의 안쪽 코팅재료·종이 영수증으로 사용되는 물질은?
: 비스페놀A

371
열돔현상 ★★☆
heat dome

- 폭염
- 조선일보

대기권 중상층에서 발달한 고기압이 오랜 기간 정체해 뜨거운 공기를 지면에 머물게 하면서 발생하는 기상현상

> **자세히 이해하기**
> 열돔현상은 최근 세계적인 찜통더위의 원인으로 지목되고 있다.

372
람사르협약 ★★★
Ramsar Convention

- 습지협약
- MBC 아나운서, MBC 예능PD

국제습지조약. 국제적으로 중요한 습지에 관한 협약

> **자세히 이해하기**
> 습지(濕地)란 담수 또는 기수로 덮여있는 지역으로 습기가 많고 축축한 토지로서 여러 종류의 생물들의 주요한 서식지가 된다. 람사르협약의 정식 명칭은 '물새서식지로서 특히 국제적으로 중요한 습지에 관한 협약'으로 우리나라는 1997년에 101번째로 가입했다.

373 최신기출
그린워싱 ★★☆
greenwashing

- 위장환경주의
- 한국일보, MBN, 전자신문, 한겨레신문

기업들이 친환경적 경영을 하지 않으면서도 이를 표방하는 것처럼 브랜드 이미지를 만드는 것

> ● **화이트워싱 (whitewashing)**
> 영화나 연극에서 흑인 역할을 백인이 맡아 흑인의 존재감을 지우는 것을 의미. 그린워싱은 화이트워싱에서 따온 말

374
조류인플루엔자 ★★★
AI
Avian Influenza

- H5N6
- H5N1 인체 감염
- 경인일보

닭, 오리 등 야생 조류에서 조류인플루엔자 바이러스의 감염으로 인해 발생하는 급성 바이러스성 전염병

> **자세히 이해하기**
> 2025년 1월, 국내 조류인플루엔자 발생지가 30여 곳으로 늘어났다. 해외에서는 조류인플루엔자가 고양이, 돼지 등의 포유류와 사람까지 감염시키는 사례가 발생해 국내에서 조류인플루엔자 인체 감염과 대유행이 일어날 수 있다는 우려가 커지고 있다.

> **기출** 2016년 유행한 조류독감 바이러스는?
> : H5N6형 바이러스

375
구제역 ★★☆
口蹄疫

- 발굽 2개
- 국제신문, 조선일보

발굽이 2개인 우제류 가축에서 발생하는 급성전염병

> **기출** 구제역에 걸리는 동물이 아닌 것은?
> : 개(⇨ 구제역은 발굽이 2개인 소, 돼지, 사슴, 양 등이 감염)

376
광우병 ★★☆
狂牛病

- 미친 소, 전염병
- 평화방송 평화신문

미친 소처럼 행동하다가 죽어가는 전염성 뇌질환. 4~5살 소에서 주로 발생

> ● **크로이츠펠트 야콥병 (Creutzfeldt–Jakob disease)**
> 인간에게 발생하는 대표적인 프리온(prion) 질환. 프리온이란 광우병을 유발하는 인자로 이제까지 알려진 박테리아나 바이러스 등과는 전혀 다른 종류의 질병 감염인자

377
파이어족 ★★☆
FIRE族

- 극단적 절약, 조기 은퇴
- KBS, 경인일보

'Financial Independence, Retire Early'의 준말. 30대 말이나 늦어도 40대 초반까지는 조기 은퇴하겠다는 목표로, 회사 생활을 시작한 20대부터 소비를 극단적으로 줄이며 은퇴 자금을 마련하는 사람들

378
VDT 증후군 ★★★
Visual Display Terminal syndrome

- 컴퓨터 관련 질환
- 조선일보

장시간 동안 컴퓨터를 사용하는 경우 발생하는 두통, 시각장애 등의 증세

> **자세히 이해하기**
> '아동·청소년 VDT 증후군 진료 인원' 자료에 따르면 2018년 ~2023년 사이에 VDT 증후군으로 진료를 받은 초·중·고등학생이 급격히 증가하고 있다. 이에 따라 디지털 교과서 도입전 학생들의 건강을 위한 대책을 마련해야 한다는 의견이 강조되고 있다.

379 최신기출
VOCs ★☆☆
Volatile Organic Compounds
휘발성유기화합물

- 발암물질
- JTBC, 경향신문

대기 중에 휘발돼 악취나 오존을 발생시키는 벤젠, 포름알데히드, 톨루엔, 자일렌 등 탄화수소화합물. 피부 접촉이나 호흡기 흡입을 통해 신경계에 장애를 일으키는 발암물질

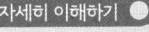

2025년 2월 한국전자통신연구원은 날숨에서 폐 속 암세포가 분출하는 다종의 VOCs를 감지하는 센서 시스템과 이를 바탕으로 얻은 데이터를 분석해 폐암 환자를 판별하는 인공지능 딥러닝 알고리즘 기술을 개발했다.

380
대륙붕 ★☆☆
continental shelf

- 수심 200m
- 제주MBC

육지나 큰 섬 주변을 둘러싸고 있는 육지와 가까운 수심 200m 이내의 바다

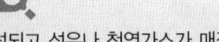

좋은 어장이 형성되고 석유나 천연가스가 매장되어 있으며 퇴적물 속에 광물자원이 있어 해저지형 중 경제적 가치가 가장 높다.

SPEED CHECK 스피드 체크

중요 용어! 제대로 이해했는지 빠르게 점검하고 넘어가자!
답이 바로 생각나면 ○, 고민했다면 △, 틀렸다면 × 표시해서 완벽하게 정리하세요.

| 주관식 문제 | 확인 |

01 매슬로의 욕구 5단계 중 최하위 욕구를 쓰시오.

◀ 정답 : 생리적 욕구

02 공직자가 자신의 임기 중에 일을 무리하게 진행시키지 않고 무사안일하게 시간이 흐르기만 기다리는 현상은?

◀ 정답 : 님투

03 학업·취업·가사일을 할 의욕이 전혀 없는 15~34세의 젊은 층은?

◀ 정답 : 니트족

04 도시에서 전문직에 종사하는 고수입의 젊은 인텔리는?

◀ 정답 : 여피족

05 정치·경제·문화 등 다양한 분야에 정통하며, 컴퓨터 작업에도 뛰어난 계층은?

◀ 정답 : 르네상스칼라

06 사소한 무질서가 발생했을 때 이를 단속하지 않으면 더욱 큰 무질서로 발전한다는 범죄학 이론은?

◀ 정답 : 깨진 유리창 이론

주관식 문제

07 도심 안에서 대중들을 태우고 다닐 수 있는 수직 이착륙이 가능한 항공 교통 수단은?

◀ 정답 : UAM

08 어떤 사람에 대한 인상이 다른 요소를 평가하는 데 있어 중요한 영향을 미치는 것은?

◀ 정답 : 헤일로 효과

09 국가의 이익을 위해 수단과 방법을 가리지 않는 호전적 애국주의는?

◀ 정답 : 쇼비니즘

10 한 가지 일에 몰두하던 사람이 극도의 신체적·정신적 피로를 겪으며 무기력증이나 자기혐오에 빠지는 현상은?

◀ 정답 : 번아웃 증후군

11 스쿨존의 차량 제한 속도는?

◀ 정답 : 30km/h

12 온라인상의 개인정보를 삭제하도록 요구할 수 있는 권리는?

◀ 정답 : 잊힐 권리

13 특정 정치·사회적 목적을 위한 해킹행위는?

◀ 정답 : 핵티비즘

| 주관식 문제 | 확인 |

14 당숙은 나와 몇 촌인가?

◀ 정답 : 5촌

14 고희+졸수는 몇 세인가?

◀ 정답 : 160세

16 도시계획을 통해 지역주민 간의 계층격차를 해소하고 사회통합을 도모하는 정책적 방법은?

◀ 정답 : 소셜믹스

17 노동쟁의가 일어났을 때 사용자가 공장·작업장을 폐쇄하는 일은?

◀ 정답 : 직장폐쇄

18 사용자가 근로자를 고용할 때 노동조합 가입을 고용조건으로 하는 제도는?

◀ 정답 : 클로즈드 숍

19 노동시장의 불완전성이 원인인 실업은?

◀ 정답 : 마찰적 실업

20 장시간 동안 컴퓨터를 사용하는 경우 발생하는 두통, 시각장애 등의 증세를 나타내는 증후군은?

◀ 정답 : VDT 증후군

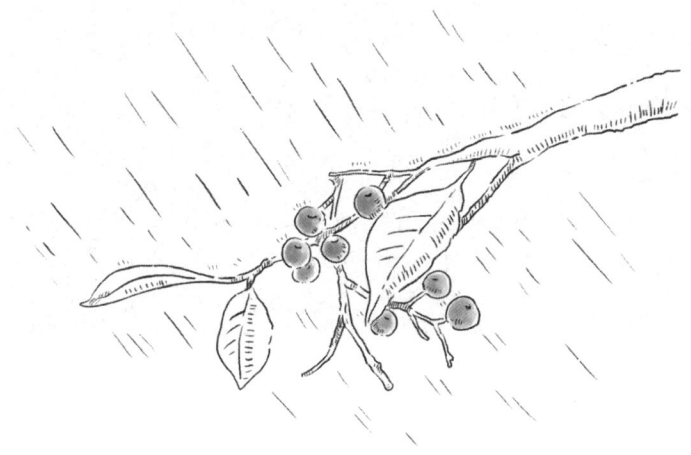

대추가 저절로 붉어질 리는 없다

저 안에
태풍 몇 개,
천둥 몇 개,
벼락 몇 개

– 장석주, 「대추 한 알」, 이야기꽃

Chapter 04 국제

🎤 알짜 학습팁

▶ 국제기구·단체의 명칭과 기능을 숙지하고 있어야 합니다. 기구 명칭은 한국어보다는 영문 약칭 형태로 출제되므로 이것만 보고도 어떤 기구인지 알 수 있어야 합니다.

▶ 각국의 국제적 영유권 분쟁 지역, 테러나 종교 갈등, 환경 문제와 같이 국제 이슈와 관련된 용어가 자주 출제됩니다. 세계 외교와 정세의 흐름을 대비하세요.

▶ 베른조약, 바젤협약 등과 같이 지명이 명칭으로 붙은 국제적 협의 문서는 표제어만 보아서는 내용을 유추하기 어려운 경우가 많으므로 개념을 정확히 이해하고 대비할 필요가 있습니다.

국제정치

381
WHO ***
World Health Organization

- 키워드: 보건·위생
- 기출처: 전자신문

세계보건기구. 보건·위생 분야의 국제적 협력을 위해 설립한 국제연합(UN) 전문기구. UN의 산하기구 중 가장 오래되고 규모가 큰 기구임. 본부는 스위스 제네바에 있으며, 사무총장은 테드로스 아드하놈 게브레예수스(2025년 2월 기준)임.

> **자세히 이해하기** 🔍
>
> 2025년 1월 20일에 트럼프 대통령은 2기 행정부를 출범하며, WHO 탈퇴 행정명령에 서명했으며, 이틀 뒤, UN에 공식 통보했다. 트럼프 대통령은 1기 행정부에서부터 회원국의 분담금 비효율적 사용, WHO의 중국 중심 의사결정 등의 이유로 WHO 탈퇴 의향을 여러 차례 밝혀왔다. 트럼프 대통령은 WHO 뿐만 아니라 UN 인권이사회, UN 팔레스타인 난민구호 기구에서 탈퇴하는 행정명령에 서명했다. 2025년 2월 아르헨티나도 팬데믹 기간 동안 WHO의 적절한 대응 실패 이유를 들며, WHO에서의 탈퇴를 공식화 했다.

382
UN 안전보장이사회 ★★☆
UNSC
United Nations Security Council

- 5개 상임이사국
- 춘천MBC, 조선일보

안보리. 국제평화와 안전의 유지에 대해 1차적 책임을 지는 국제연합(UN)의 주요기구. 5개의 상임이사국(미국·영국·프랑스·러시아·중국)과 10개의 비상임이사국으로 구성

기출	안보리 5개 상임이사국 지도자는? (2022년 11월 기준) : 조 바이든 대통령(미국), 리시 수낵 총리(영국), 에마뉘엘 마크롱 대통령(프랑스), 블라디미르 푸틴 대통령(러시아), 시진핑 국가주석(중국)
기출 변형	안보리 5개 상임이사국 지도자는?(2025년 2월 기준) : 도널드 트럼프 대통령(미국), 키어 스타머 총리(영국), 에마뉘엘 마크롱 대통령(프랑스), 블라디미르 푸틴 대통령(러시아), 시진핑 국가주석(중국)

383
외로운 늑대 ★☆☆
lone wolf

- 자생적 테러리스트
- 방송통신심의위원회, 경향신문

특정 조직이나 이념단체에 속하지 않고 정부나 사회에 대한 개인적 반감으로 테러를 자행하는 이들

기출	자생적 테러리스트를 일컫는 말은? : 외로운 늑대

384
초치 ★★☆
招致

- 강한 항의의 표시
- YTN, MBC

상대국의 행동으로 문제가 발생하거나 그에 대한 설명이 필요한 경우 상대국 외교관을 불러 항의를 표시하는 것

예문	일본 정부가 독도에 대한 영유권 주장을 되풀이 한 것에 대해 김상훈 외교부 아시아태평양국장은 미바에 다이스케 주한 일본대사관 총괄공사를 외교부 청사로 불러 초치했다.
기출	상대국 외교 대사를 불러 강한 항의의 표시를 일컫는 말은? : 초치

385
베이다이허 회의*☆☆
北戴河會議

- 중국 수뇌부
- 아주경제

중국 전·현직 수뇌부가 매년 여름 휴양지인 베이다이허에서 피서를 겸해 여는 비밀회의

자세히 이해하기
공식회의는 아니지만 최고위층의 인사 문제 등 중국 권력 이동과 정책의 향배를 가늠할 수 있어 세계적 이목이 쏠린다. 하지만 시진핑 국가주석 집권 이후 그를 중심으로 1인 통치 체제가 자리 잡으면서 그 위상이나 기능이 크게 약화됐다는 분석이 많다.

386
로힝야족**☆
Rohingya族

- 미얀마, 이슬람교
- 코리아헤럴드, CBS

불교국가인 미얀마에서 이슬람교를 믿는다는 이유로 박해를 받고 있는 소수민족

기출 미얀마 서부에 거주하는 최대 무슬림 민족은?
: 로힝야족

---

387 최신기출
일론 머스크***
Elon Musk
1971~

- 테슬라 모터스, 스페이스X
- 경향신문, 이투데이, 전주MBC, 연합인포맥스, 뉴시스

전기 자동차 회사 '테슬라 모터스'와 민간 우주선 개발업체 '스페이스X'의 CEO

자세히 이해하기
온라인 전자결제 시스템업체인 '페이팔'의 공동 창업자이며 현재 '스페이스X'와 '테슬라 모터스'도 설립해 운영하고 있다. 2022년에는 트위터를 인수했다. 영화 '아이언 맨'에 나오는 토니 스타크의 실제 모델로 불린다.

---

388 최신기출
러시아-우크라이나 전쟁***

- 푸틴, 젤렌스키
- 한국일보, 헤럴드경제, 문화일보, 경향신문

2022년 2월 24일 블라디미르 푸틴 러시아 대통령이 특별 군사작전 개시 명령을 선언한 이후 러시아가 우크라이나를 침공한 전쟁

자세히 이해하기
우크라이나 정부군과 돈바스의 친러 분리주의 반군 세력의 분쟁, 러시아의 크림반도 점령, 우크라이나의 북대서양조약기구(NATO) 가입 추진 등이 원인으로 발발했다.

기출 우크라이나의 수도와 대통령은?
: 키이우, 볼로디미르 젤렌스키

389
후진타오 *☆☆
胡錦濤
1942~

- 과학적 발전관
- 한겨레신문, 오마이뉴스

전 중국 공산당 중앙위원회 총서기이자, 현 중화인민공화국 주석인 시진핑의 전임자

> **과학적 발전관**
> 경제성장만을 추구했던 정책에서 벗어나 분배, 사회, 환경 등 모든 분야를 함께 챙겨 지속가능한 발전을 이루겠다고 선언한 후진타오의 국정 지표

390 최신기출
도널드 트럼프 *☆☆
Donald Trump
1946~

- 미국 우선주의
- CBS, 채널A, SBS, 서울경제

부동산 재벌 출신의 미국 제45대 대통령. 미국 우선주의(America First)를 내세우며 반(反)이민 조치, 환태평양경제동반자협정(TPP) 탈퇴 등 고립주의 노선을 표방. 2020년 11월 3일 대통령 선거에서 민주당 조 바이든에게 패배하며 재선 실패. 다시 대선에 도전하여 마가(MAGA·Make America Great Again·미국을 다시 위대하게)를 선거운동의 구호로 사용. 2024년 11월 5일에 당선되고, 2025년 1월 20일에 미국 제47대 대통령으로 취임.

391
러스트벨트 **☆
Rust Belt

- 공업밀집지대
- 방송통신심의위원회, 매일경제

캐나다와 미국 사이에 있는 5대호 연안의 전통 공업밀집지대. 한때 자동차·철강 산업의 중심지였지만 활기를 잃고 낙후된 상태

> **예문** 한국 산업단지의 불황이 깊어지며 한국판 '러스트 벨트'로 전락하는 곳이 늘고 있다. 정부는 산업단지의 활성화를 위한 방안을 마련하고자 했지만, 계엄과 탄핵으로 인해 산업단지 활성화 대책이 기약 없이 지연되었다.
>
> **기출** 트럼프가 선거 유세 마지막까지 신경 썼던 곳으로, 하층 백인들이 많이 있는 곳을 일컫는 말은?
> : 러스트벨트

392
화웨이 ★★☆
華爲

- 중국 통신회사
- 연합뉴스, TV조선

중국 인민해방군 출신의 런정페이 회장이 1987년 9월에 설립한 네트워크·통신 장비 공급업체

자세히 이해하기

미국이 고성능 AI칩 수출을 제한하면서 중국은 자체적으로 반도체 개발을 해왔다. 화웨이의 Ascend 910 칩은 엔비디아의 H100보다는 성능이 부족하지만, 가격 경쟁력을 가지고 있고, 중국정부의 적극적인 지원을 받고 있다. 또한 딥시크가 화웨이 칩을 최적화 하여 사용하며 딥시크 쇼크 최대 수혜자는 화웨이가 되었다. 화웨이는 중국뿐만 아니라 신흥 시장을 공략하고 있으며, 중국정부도 신흥국들이 반도체를 구매할 수 있도록 차관을 제공하는 전략을 사용하고 있어 시장 점유율이 빠르게 늘 것으로 예상하고 있다.

393
드레퓌스 사건 ★★☆
Dreyfus Affair

- 간첩 모함 사건
- 울산MBC, YTN

19C 말 프랑스에서 유대인 사관 드레퓌스가 간첩으로 모함을 받고 정치적으로 큰 물의를 빚은 사건

기출: 드레퓌스 사건에 대한 설명으로 틀린 것은?
: 드레퓌스는 1906년 무죄 석방되었고, 이 사건을 계기로 우파가 결집하게 됐다.(⇨ 좌파가 결집했다.)

394
에마뉘엘 마크롱 ★★☆
Emmanuel Macron
1977~

- 프랑스 대통령
- 한겨레

2017년 선출된 프랑스 제5공화국의 8번째 대통령이자 프랑스 역사상 가장 젊은 대통령. 유럽연합(EU) 잔류, 자유무역, 개방경제, 문화적 다원주의 등 온건한 중도주의를 내세움. 2022년 4월 대통령선거 결선 투표에서 극우 성향의 마린 르펜 국민연합(RN) 후보를 누르고 재선에 성공

395
푸틴플레이션★★☆
putinflation

- 전쟁으로 물가 상승
- 뉴스1

블라디미르 푸틴 러시아 대통령과 인플레이션(물가 인상)의 합성어로, 러시아의 우크라이나 침공에 따른 전 세계적인 인플레이션 현상

> **자세히 이해하기**
> 원유, 밀, 옥수수, 해바라기씨유 등 러시아와 우크라이나의 주요 생산물 공급 차질이 빚어지면서 세계 물가가 급격한 상승세를 보였다. 러시아와 우크라이나는 세계 4대 곡물 수출국이며, 러시아는 유럽으로 향하는 천연가스 대부분을 공급한다.

> ✅ **런치플레이션 (lunchflation)**
> 점심(런치)와 인플레이션)을 합친 말. 급격한 외식 물가 상승

396 최신기출
ICC★★☆
International Criminal Court

- 국제재판소, 국제범죄
- 광주MBC, 아주경제

국제범죄를 저지른 개인을 심리·처벌하기 위해 설립된 국제형사재판소

> **자세히 이해하기**
> 세계 최초의 상설 전쟁범죄재판소로 2002년 7월 1일 정식 출범했다. ICC는 해당 국가가 대량학살과 반인도주의 범죄, 전쟁범죄에 대한 재판을 거부하거나 재판할 능력이 없을 때 개입하게 된다.

397 최신기출
남중국해★★☆
南中國海

- 영유권 분쟁
- 조선일보, 한국일보, 경향신문

중국과 인도차이나반도, 보르네오섬, 필리핀 사이에 둘러싸인 바다. 영유권 분쟁 지역

> **자세히 이해하기**
> 군사·물류 요충지이자 천연가스가 매장돼 있어 중국, 대만, 베트남, 필리핀, 말레이시아, 태국 등 인접 국가들 간에 영유권 분쟁이 끊이지 않고 있다. 미국과 중국이 대치 중이다.

398
난사군도★★★
南沙群島

- 스프래틀리 군도
- 충북MBC, 영남일보

영문명은 스프래틀리 군도(Spratly Island). 남중국해의 남부 해상에 위치한 군도. 중국이 인공섬을 건설하며, 베트남, 필리핀, 대만 등 최소 5개국과 영유권 분쟁 중

> ✅ **황옌다오 (黃巖島)**
> 영문명은 스카보러섬(Scarborough Shoal). 중국과 필리핀이 영유권 분쟁 중

399
쿠릴열도 ★★☆
Kuril Islands

- 러시아, 일본
- 포항MBC, 영남일보

러시아가 실효 지배하면서 일본과 영유권 분쟁 중인 지역

자세히 이해하기
러시아 캄차카 반도와 일본 홋카이도 사이에 위치한 56개의 섬과 바위섬이다. 일본명은 북방영토다.

400
호르무즈 해협 ★★★
Hormuz strait

- 이란, 봉쇄
- 조선일보, 포항MBC, 뉴시스

페르시아만과 오만만을 잇는 좁은 해협. 세계적으로 중요한 원유 수송로

예문 2025년 2월 9일 기자회견에서 이란혁명수비대 해군 사령관은 도널드 트럼프 미국 대통령이 이란에 대한 과거의 모든 제재를 복구하는 행정명령을 발령한 것에 대해 이란은 호르무즈 해협을 군사적으로 봉쇄할 수 있지만, 당장은 그렇게 하지 않을 것이라 밝혔다.

401
동북공정 ★★☆
東北工程

- 고구려
- 아이뉴스24, SBS

고조선, 고구려, 발해 등 중국 국경 안에서 전개된 모든 역사를 중국 역사로 만들기 위해 중국 정부가 추진하는 동북쪽 변경 지역의 역사 연구

자세히 이해하기
중국 정부는 2002년부터 막대한 예산과 수많은 학자를 동원해 동북3성(헤이룽장성·지린성·랴오닝성)의 역사와 문화에 대한 연구 작업을 진행하고 있다.

402
린치핀 ★☆☆
linchpin

- 외교, 구심점
- 대전MBC, 시사저널

마차나 수레의 바퀴를 고정시키기 위해 축에 꽂는 핀. 외교·안보상 구심점 역할을 하는 핵심 국가를 칭함

예문 트럼프 2기 행정부 출범 이후 미국 신임 국무장관은 한국 외교부장관과 통화하며 한미 동맹이 한반도, 인도·태평양 평화와 안보, 번영의 린치핀이라는 점을 강조했다.

기출 구심점, 요체, 핵심 인물을 일컫는 말은?
: 린치핀

403
투키디데스 함정 ★★★
Thucydides trap

- 미국·중국
- 부산일보, 매일경제, 뉴시스

새로운 강국이 부상하면 기존의 패권국가가 두려움을 느끼고 무력을 통해 두려움을 해소하려 하면서 전쟁이 발생한다는 것

> **자세히 이해하기**
> 고대 아테네의 장군이었던 투키디데스는 『펠로폰네소스 전쟁사』에서 신흥강국으로 떠오른 아테네가 기존 강국 스파르타에 불러일으킨 두려움이 펠로폰네소스 전쟁의 원인이라고 지목했다. 오늘날의 미국·중국 간 갈등 관계와 관련해 자주 회자된다.

404
칩4 ★★★
chip4

- 반도체 동맹
- 뉴시스, 연합인포맥스

미국·한국·일본·대만 4개국 간의 반도체 동맹. 미국식으로는 팹4(fab4)로 표기

> **자세히 이해하기**
> 미국을 중심으로 반도체 분야에서 중국의 발전을 견제하고 안정적인 반도체 공급망을 형성하는 것이 목적이다.

405
캐러밴 ★★☆
caravan

- 이민자 행렬
- CBS, YTN

온두라스에서 시작해 과테말라, 엘살바도르 등을 거쳐 멕시코, 미국 등으로 이민을 가려는 무리

> **자세히 이해하기**
> 도널드 트럼프 미국 대통령의 재취임 날 2000명이 넘는 이민자들이 멕시코 종단을 시작했다. 트럼프 대통령이 불법 이민에 대해 강경한 태도를 보여 반 이민 정책을 시행하기 전에 미국에 입국하기 위한 것으로 보인다.

> **기출** 2018년 캐러밴이 처음 결성된 지역은?
> : 중미

406
살라미 전술★★☆
Salami tactics

- 세분화
- 뉴스1, MBN

한 번에 포괄적인 목표를 달성하는 게 아니라 쟁점을 세분화해 하나씩 해결해나가고 각각의 대가를 받아내며 이익을 극대화하는 협상 전술

> **자세히 이해하기**
> 더불어 민주당은 정기국회가 끝난 후 임시국회 회기를 열어 일주일 단위로 윤석열 대통령 탄핵안을 올려 탄핵 최종 가결까지 밀어붙이는 살라미 전술을 시행할 예정이다. 살라미는 얇게 썰어 먹는 이탈리아 소시지를 말한다.

407
NATO★★★
North Atlantic Treaty Organization

- 북대서양조약기구
- MBN, 연합뉴스TV

나토. 북미와 유럽 회원국 간 군사·안보·정치 동맹

> **자세히 이해하기**
> 국제 군사 기구로 1949년 4월 4일 체결된 북대서양조약에 의해 창설되었다. NATO는 창설 당시 냉전 체제하에서 구소련을 중심으로 한 동구권의 위협에 대항하기 위한 집단방위기구로 창설되었다. 2022년 8월 스웨덴과 핀란드의 가입 비준안이 승인되면서 2025년 1월 현재 NATO 회원국은 32개국이다.

> **예문**
> 도널드 트럼프 대통령이 재취임 당일에 북한을 '핵보유국'이라 칭하자 NATO와 EU는 즉각 북한은 핵보유국으로 인정받을 수 없다는 점을 대변인 명의의 논평을 통해 재확인한 바 있다.

> **기출**
> 2022년 NATO에 새로 가입한 국가는?
> : 스웨덴, 핀란드

408
베른조약★☆☆
Berne Convention

- 저작권
- KBS

1886년 스위스의 수도 베른에서 저작권의 국제적 보호를 목적으로 체결된 조약

> ● 세계지식재산권기구 (WIPO, World Intellectual Property Organization)
> 저작권의 국제적 보호와 협력을 위해 설립된 기구

409
바젤협약★★★
Basel Convention

- 유해폐기물, 교역
- 춘천MBC, 안동MBC

유해폐기물의 국가 간 교역을 규제하는 국제협약. 1992년 발효

> **자세히 이해하기**
> 후진국이 선진국의 폐기물 처리장이 되어서는 안 된다는 위기의식에서 발안된 것으로서 다른 국제협약과 달리 선진국이 아닌 아프리카 77개국이 주도하고 있다.

410
TSMC★★☆

- 대만 반도체 기업
- 조선일보

대만 소재의 세계 최대 파운드리(반도체 수탁생산) 기업

예문	TSMC는 트럼프 대통령의 미국 내 반도체 생산 정책에 협조해 미국 투자를 늘릴 전망이다.
기출	팹리스 기업이 아닌 곳은? : TSMC

411
베르사유조약★★☆
Treaty of Versailles

- 연합국, 독일
- MBC PD, 경인일보

1919년 6월 28일 31개 연합국과 독일이 파리 평화회의의 결과로 맺은 강화조약. 제1차 세계대전 후의 국제관계를 확정한 의의를 지님

412
쿠르드족★☆☆
Kurd族

- 이슬람, 소수 민족
- 조선일보, 경향신문

튀르키예·이라크·이란 지역에 걸쳐 거주하는 이슬람교 수니파 소수 민족. 3000만 명이 넘는 세계 최대의 소수 민족

예문	2025년 현재에도 시리아 북부에서는 친튀르키예 반군 세력인 시리아국민군과 쿠르드족 주축인 시리아민주군이 지속적으로 충돌하고 있다.

413
미하일 고르바초프 ★☆☆
Mikhail Gorbachev
1931~2022

- 러시아 개방
- SBS, 헤럴드경제, MBN

옛 소비에트 연방(소련)의 마지막 지도자로서 냉전을 끝내고 개혁·개방의 문을 연 정치 지도자

자세히 이해하기

1985년 구소련의 최고 지도자인 공산당 서기장으로 집권해 개혁에 나섰다. 고르바초프는 글라스노스트(개방)·페레스트로이카(개혁)로 불리는 개방·개혁 정책을 추진했고 이는 소련 해체 및 동구권 몰락으로 이어졌다.

414 최신기출
제롬 파월 ★★☆
Jerome H. Powell, 1953~

- 연준의장
- YTN, 이투데이, MBN

미국 중앙은행인 연방준비제도(Fed·연준)의 제16대 의장

자세히 이해하기

2021년 조 바이든 전 대통령이 Fed차기 의장으로 제롬 파월을 지명했으며, 상원 인준 청문회를 통과하며 2026년 2월까지 4년 동안 두 번째 임기를 수행하게 된다. 파월은 매파도 비둘기파도 아닌 올빼미파(중도파)로 불리지만, 기본적으로는 비둘기파로 분류되며, 금융규제 완화를 찬성하는 친시장 성향이다.

매파와 비둘기파

구분	매파	비둘기파
특징	물가안정, 금리 인상, 재정 안정성 추구	경제 성장 우선, 금리 인하, 재정 지출 확대

415
국경 없는 기자회 ★☆☆
RSF
Reporters sans frontières

- 언론자유지수
- 조선일보, TV조선

언론의 자유를 증진할 목적으로 1985년 프랑스의 전 라디오 기자 로베르 메나르에 의해 파리에서 조직된 국제적인 비정부 기구

자세히 이해하기

RSF는 각국에서 언론 자유를 어느 정도 보장하고 있는지, 공권력이 언론을 탄압하는 일은 없는지에 대해 감시 활동을 하고 언론자유지수를 발표한다.

416
일국양제 ★★☆
一國兩制

- 한 국가 두 체제
- 경향신문, 충북MBC

하나의 국가 안에 자본주의와 사회주의 두 체제를 받아들인다는 뜻. 중국의 홍콩·대만 통일 원칙

> **자세히 이해하기**
>
> 1997년 7월 홍콩이 중국으로 반환되며 적용돼 홍콩의 통치 원칙이 되었지만, 2020년 7월 1일 홍콩 국가보안법 통과로 일국양제의 원칙이 깨졌다.

417
프렌드쇼어링 ★★☆
friend-shoring

- 동맹국 공급망
- 뉴시스, 연합인포맥스

정치·외교적 갈등으로부터 자유로운 우방국이나 동맹국들과 공급망을 구축하려는 움직임

418
수니파·시아파 ★★★
Sunni·Shi'a

- 이슬람교, 분파
- 매일경제, 한겨레신문

이슬람교에서 가장 세력이 큰 양대 분파

> **자세히 이해하기**
>
> 두 종파는 '예언자' 마호메트(Muhammad, 570~632)의 정통 후계자를 둘러싼 의견 대립으로 갈라졌다. 마호메트가 자손을 낳지 않고 사망하자 ▲수니파는 이슬람 공동체의 통치자를 합법적인 후계자로 인정한 반면 ▲시아파는 마호메트의 자손만이 후계자가 될 수 있다고 생각해 알리를 유일한 후계자로 인정했다. 오늘날 전체 이슬람교도의 약 90%는 수니파이며 시아파는 이란과 이라크, 시리아, 레바논 등 소수 지역에서만 주류를 이루고 있다.

기출
- 이란, 사우디아라비아의 종파를 각각 쓰시오.
  : 시아파, 수니파
- 수니파와 시아파에 대한 설명으로 틀린 것은?
  : 후세인 사후 이라크에서 수니파가 집권했다.(⇨ 시아파 정권이 들어섰다.)

419
제네바 협약 ★☆☆
Geneva Conventions

- 전쟁 시 인도적 대우
- MBN

전쟁 시 부상병·조난자·포로·민간인 등의 보호와 인도적 대우에 관한 기준을 정립한 국제 협약

> **자세히 이해하기**
>
> 트럼프 대통령은 가자지구의 팔레스타인 주민들을 강제 이주시켜 미국이 소유하고 재개발하는 개발 계획을 구상했다. 강제 이주는 제네바 협약에 의해 금지되어 있고, 국제법을 위반하는 것이라 계획에 대한 비판의 목소리가 크다.

420
국제사법재판소 ★★☆
ICJ
International Court of Justice

- 국가 분쟁
- 문화일보, 파이낸셜뉴스

국가 간의 법률적 분쟁을 재판을 통해 해결하기 위해 설립된 국제사법기관으로, 국제연합(UN)의 주요 상설기관 중 하나

421 최신기출
네옴 시티 ★★☆
NEOM city

- 사우디 미래도시
- 세계일보, SBS, 이투데이

사우디아라비아 북서부에 건설될 초대형 미래도시

자세히 이해하기
서울의 44배 면적 부지에 건설되며 170km 길이의 직선형 도시 더 라인, 바다 위 산업단지 옥사곤, 산악관광단지 트로제나로 구성된다.

422
몬트리올의정서 ★★☆
Montreal protocol

- 오존층, 국제 협약
- 한겨레신문, 울산MBC

오존층 파괴 물질인 염화불화탄소(CFC, 프레온가스)의 생산 및 사용을 규제하기 위해 제정된 국제 협약

기출 다음 중 프레온가스 규제와 관련 있는 것은?
: 몬트리올의정서

423
돈바스 ★★☆
Donbas

- 우크라이나 동부
- SBS

우크라이나 동부의 도네츠크주와 루한스크주 지역을 통틀어 부르는 말

예문 트럼프 대통령은 군사를 지원한 대가로 우크라이나에 희토류를 요구한다는 입장을 밝혔다. 젤렌스키 우크라이나 대통령은 이에 긍정적인 반응을 보였지만, 대규모 희토류 매장지역은 돈바스 등의 동부전선에 걸쳐있어 실제 개발이 가능할지에 대한 의문이 제기되고 있다.

424 최신기출
하마스 ★★☆
Hamas

- 무장세력, 팔레스타인
- 뉴스1, 국민일보, 경향신문, 한국일보, 뉴스1, 뉴시스

이스라엘에 대한 무장 투쟁으로 널리 알려진 팔레스타인의 대표적 무장단체

- **보코하람**: 2002년 나이지리아 동북부 보르노주(州)에서 결성된 과격 이슬람단체
- **헤즈볼라**: 레바논의 이슬람 시아파 무장세력이자 정당조직으로, 중동 지역 최대의 테러조직

기출 반(反) 이슬람단체로 팔레스타인의 독립을 목적으로 하는 단체는?
: 하마스

국제경제

425
다보스포럼 ★☆☆
Davos Forum

- 오피니언 리더
- MBC, SBS

세계경제포럼(WEF, World Economic Forum)의 별칭. 매년 1월 말 스위스 휴양도시 다보스에서 개최되는 전 세계 오피니언 리더들의 모임

✓ **보아오포럼 (BFA, Boao Forum for Asia)**
아시아판 다보스포럼. 매년 4월 중국 휴양지 보아오에서 세계의 지도자들이 모여 토론하는 경제 협력·교류 모임

426
APEC ★★☆
Asia-Pacific Economic Cooperation

- 21개국
- YTN, 메트로신문

아시아·태평양 경제협력체. 아시아·태평양 지역 간 경제공동체의 달성과 경제 성장 및 번영을 목표로 하는 지역 협력체

APEC 회원국 현황

연도	가입국 수	가입국
1989	12개국	한국, 미국, 일본, 호주, 뉴질랜드, 캐나다, 아세안 6개국(말레이시아, 인도네시아, 태국, 싱가포르, 필리핀, 브루나이)
1991	3개국	중국, 홍콩, 대만
1993	2개국	멕시코, 파푸아뉴기니
1994	1개국	칠레
1998	3개국	러시아, 베트남, 페루
합계	21개국	-

427
SWIFT ★★☆
Society for Worldwide Interbank Financial Telecommunication

• 국제은행간통신협회
• 경향신문

스위프트. 국제 금융거래 정보를 안전한 환경에서 교환할 수 있도록 은행과 기타 금융기관 사이를 네트워크로 연결하는 단체

자세히 이해하기
1973년 15개국 239개 은행으로 출발해 2010년 기준 209개국 9000여 개 금융기관이 가입해 있다. 2018년 기준 거액의 국제 결제 가운데 절반 정도가 SWIFT 체제를 이용하는 것으로 알려졌으며, SWIFT에서 퇴출당하면 사실상 국제 금융거래가 어렵다.

428
배타적경제수역 ★★☆
EEZ
Exclusive Economic Zone

• 경제주권
• 충북MBC, 제주MBC

영해기선으로부터 200해리(370.4km) 범위에 이르는 해역과 자원에 대해 연안국의 경제주권이 인정되는 수역

✓ 영해기선(領海基線)
• 영토의 관할권을 확정할 때 기본이 되는 기선으로서, 통상기선과 직선기선으로 구분
• 통상기선:썰물 때의 저조선(가장 낮은 수위의 조류가 형성하는 해안선)으로 동해·울릉도·독도·제주도에 적용
• 직선기선:육지의 돌출부 또는 가장 바깥쪽의 섬들을 직선으로 연결한 것. 서해·남해에 적용

기출 배타적경제수역의 약자는?
: EEZ

429
MOU ★★★
Memorandum Of Understanding

• 양해각서
• 국제신문, SBS

양해각서. 당사국 간의 외교교섭으로 합의된 내용을 확인하고 기록하기 위해 정식 계약 체결 이전에 문서화한 것. 법적 구속력 있음

기출 MOU의 우리말과 그 뜻을 쓰시오.

430
RCEP ★★★
Regional Comprehensive Economic Partnership

- FTA, 관세
- 세계일보, 서울경제

역내포괄적경제동반자협정. 동남아시아국가연합(ASEAN) 10개국과 한·중·일, 호주, 뉴질랜드 등 15개국의 관세 장벽 철폐를 목표로 하는 중국 주도의 세계 최대 다자간 자유무역협정(FTA). 2022년 중국, 일본, 브루나이, 캄보디아, 라오스, 싱가포르, 태국, 베트남, 호주, 뉴질랜드 등 10개국 및 한국, 말레이시아 발효, 2023년 인도네시아 및 필리핀 발효

431
세계무역기구 ★★★
WTO
World Trade Organization

- 서비스, 지식소유권
- 뉴스1, 헤럴드경제

회원국 간 무역 협정을 관리·감독하기 위한 기구. 가트(GATT)를 대체하기 위해 1995년 출범

> **자세히 이해하기**
> 상품뿐만 아니라 서비스와 지식소유권도 대상에 포함됐고 무역자유화 추진 및 이를 위한 각종 규정의 강화 등을 임무로 한다.

432
JCPOA ★☆☆
Joint Comprehensive Plan Of Action

- 이란 핵 협정
- 헤럴드경제, 경향신문

포괄적공동행동계획. 이란 핵 협정. 2015년 7월 이란이 미국, 영국, 프랑스, 중국, 러시아와 독일 등 6개국과 이란의 핵 문제에 관해 합의한 협정

> **자세히 이해하기**
> 2018년 JCPOA 파기 이후 이란은 우라늄 생산을 재개하였으며, 핵무기를 만들 수 있는 농축우라늄을 보유한 것으로 추정된다. 하지만, 온건 개혁파인 마수드 페제시키안 대통령은 JCPOA의 복원을 위해 2025년 트럼프 행정부에 협상 신호를 보내고 있다.

433
무역확장법 232조 ★☆☆
section 232 of the trade expansion act

- 보호무역주의 수단
- 아시아경제, SBS

외국산 수입 제품이 미국의 국가 안보에 위협이 된다고 판단될 경우 그 제품의 수입을 긴급히 제한할 수 있도록 한 법

자세히 이해하기

무역확장법 232조는 1962년 제정된 이후 50여 년 동안 실제 적용된 사례가 2건에 불과할 정도로 사실상 사문화된 법이었지만 2018년 도널드 트럼프 전 미국 대통령이 보호무역주의 수단으로 부활시켰다. 트럼프 2기 행정부에서는 기존의 무역확장법 232조의 대상 품목이 자동차와 반도체 등으로 확대될 가능성이 있다고 전망된다.

기출 트럼프 전 대통령의 보호무역주의의 근간이 됐던 무역확장법 232조의 의미는?

434
MSCI 지수 ★☆☆
Morgan Stanley Capital International Index

- 세계 주가지수
- 헤럴드경제, 매경TV

미국의 투자은행인 모건스탠리의 자회사인 'MSCI 바라(Barra)'가 작성해 발표하는 세계 주가지수

자세히 이해하기

미국·유럽 등 선진국들의 지수를 모은 선진국지수(ACWI, All Country World Index free)와 아시아·중남미 신흥국 시장이 주축이 된 신흥시장지수(Emerging Market index)로 구분되며, 지역·업종별로 3000개가 넘는 지수가 있다. 한국 증시는 신흥시장지수에 속해 있다.

435
샤오캉 ★☆☆
小康

- 중국의 사회상 건설 목표
- 뉴스1

중국이 목표로 하고 있는 사회상. 의식주를 걱정하지 않는 물질적으로 안락한 사회, 비교적 잘사는 중산층 사회를 의미

436
왕훙 ★★☆
网红

- 중국 인플루언서
- TV조선, 아이뉴스24

중국 SNS에서 활동하는 인플루언서

기출 중국에서 가장 인기 있고 영향력이 있는 사람으로 뜻하는 용어는?
: 왕훙

437
아람코 *☆☆
ARAMCO

- 사우디 국영 석유 회사
- 헤럴드경제, 뉴시스

사우디아라비아의 국영 석유회사. 2023년부터 국내 ICT 업계의 중동 진출이 활발해지며 네이버는 아람코 산하의 아람코 디지털과 함께 아랍어 기반 LLM 개발을 진행중. 국산 AI반도체 스타트업 리벨리온은 2024년 아람코로부터 전략적 투자를 유치함.

438
ASEAN ***
Association of South-East Asian Nations
동남아시아국가연합

- 동남아시아
- BBS 불교방송, 경향신문

아세안. 1967년에 창설된 동남아시아의 정치·경제·문화공동체. ▲태국 ▲인도네시아 ▲필리핀 ▲말레이시아 ▲싱가포르 ▲브루나이 ▲베트남 ▲라오스 ▲미얀마 ▲캄보디아 등 총 10개국으로 구성됨

> ✅ **ASEM** (ASia-Europe Meeting, 아시아·유럽정상회의)
> 한국·중국·일본 등 동북아 3개국과 ASEAN 회원국, 유럽연합(EU) 등 총 52개국의 정상이 참여하는 회의

| 기출 | 아세안 국가가 아닌 것은?
: 방글라데시 |

439
ISD ***
Investor-State Dispute
투자자-국가 소송제도

- 외국기업, 소송
- 매일경제, SBS

해외 투자자가 상대국에 투자했다가 법적 분쟁이 생겼을 때, 상대국이 관할하는 재판에서 불이익을 당하지 않도록 국제기구의 중재를 받도록 한 제도

440
메르코수르 **☆
MERCOSUR

- 남미 시장
- 아시아경제, YTN

아르헨티나·브라질·파라과이·우루과이·베네수엘라 등 5개국을 포괄하는 남미공동시장

SPEED CHECK 스피드 체크

중요 용어! 제대로 이해했는지 빠르게 점검하고 넘어가자!
답이 바로 생각나면 ○, 고민했다면 △, 틀렸다면 × 표시해서 완벽하게 정리하세요.

주관식 문제 | 확인

01 새로운 강국이 부상하면 기존의 패권국가가 두려움을 느끼고 무력을 통해 두려움을 해소하려 하면서 전쟁이 발생하는 현상은?

◀ 정답 : 투키디데스 함정

02 UN 안전보장이사회 상임이사국은?

◀ 정답 : 미국, 영국, 프랑스, 러시아, 중국

03 국제범죄를 저지른 개인을 심리·처벌하기 위해 설립 된 국제형사재판소는?

◀ 정답 : ICC

04 러시아가 실효 지배하고 있으며 일본과 영유권 분쟁 중인 곳은?

◀ 정답 : 쿠릴열도

05 수레바퀴에 꼽는 핀이란 뜻으로서 안보·외교상 구심점 역할을 하는 핵심 국가를 칭하는 말은?

◀ 정답 : 린치핀

06 1967년에 창설된 동남아시아의 정치·경제·문화공동체는?

◀ 정답 : ASEAN

| 주관식 문제 | 확인 |

07 중국과 필리핀이 영유권 분쟁 중인 지역은?

◀ 정답 : 남중국해

08 온두라스에서 시작해 과테말라, 엘살바도르 등을 거쳐 멕시코, 미국 등으로 이민을 가려는 무리를 칭하는 말은?

◀ 정답 : 캐러밴

09 당사국 간의 외교교섭으로 합의된 내용을 확인하고 기록하기 위해 정식 계약 체결 이전에 문서화한 것은?

◀ 정답 : MOU

10 외국산 수입 제품이 미국의 국가 안보에 위협이 된다고 판단될 경우 그 제품의 수입을 긴급히 제한할 수 있도록 한 법은?

◀ 정답 : 무역확장법 232조

11 중국 SNS에서 활동하는 인플루언서로 가장 인기있고 영향력이 있는 사람을 뜻하는 용어는?

◀ 정답 : 왕훙

12 해외 투자자가 상대국에 투자했다가 법적 분쟁이 생겼을 때, 상대국이 관할하는 재판에서 불이익을 당하지 않도록 국제기구의 중재를 받도록 한 제도는?

◀ 정답 : ISD

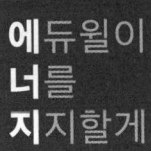

당신이 살아가는 삶을 사랑하고,
당신이 사랑하는 삶을 살아가라.

― 밥 말리(Bob Marley)

Chapter 05 문화·매스컴

🎙 알짜 학습팁

▶ 작품과 작가를 연결하는 문제, 작가의 주요 작품명을 쓰는 문제는 자주 출제되는 영역이니 문학을 필두로 미술, 음악 작품과 작가를 함께 학습해야 합니다.

▶ 미술·문학·음악의 주요 사조를 파악하고, 미술·문학·음악·영화 관련 주요 시상식의 수상작은 필수 암기 사항이니 본 도서로 기본 내용을 정리하며 뉴스를 통해 최신 수상 현황을 업데이트해 나갑니다.

▶ 저널리즘이나 효과론 등 기초적인 신문방송학 용어는 필수적으로 알아둬야 합니다. 주요 방송사 경영 부문 시험에서는 SO, PP 등 방송 산업 용어와 함께 지상파 재송신이나 광고총량제처럼 방송사의 수익 모델과 연관된 개념을 묻는 문제가 출제되기도 합니다.

> 문학
> 철학
> 매스컴

441
훈민정음 해례본 ★★☆
訓民正音 解例本

- 키워드: 한문해설서
- 기출처: SBS 교양PD, 문화일보, 제주MBC

1443년에 창제된 훈민정음에 대한 한문해설서로, 줄여서 훈민정음이라고도 함

예문	고서적 판매상 배익기 씨가 훈민정음 해례본 상주본을 점유하며 반환을 거부해 2025년 2월 현재까지 국가의 회수가 이뤄지지 못했다.
기출	세종대왕이 훈민정음을 창제할 당시 글자 수는? : 28자

442
이상 ★★★
李箱
1910~1937

- 오감도
- SBS, 울산MBC

일제 강점기의 시인, 작가, 소설가, 수필가, 건축가. 난해한 작품 세계로 모더니즘을 대표

	◉ 이상 작가 주요 작품 날개, 종생기, 봉별기, 오감도, 권태 등
기출	시인 이상의 작품을 3개 이상 쓰시오.

443
윤동주 ★★☆
尹東柱
1917~1945

- 저항시인, 서시
- 목포MBC, SBS

일제강점기 말 암흑기의 대표적인 저항시인

> **윤동주 작가 주요 작품**
> 서시, 참회록, 하늘과 바람과 별과 시, 자화상, 또 다른 고향, 별 헤는 밤, 쉽게 씌여진 시 등

기출 윤동주 시인의 '또 다른 고향'에서 비판적 대상의 자아를 지칭하는 시어는?
: 백골

444
청록파 ★☆☆
靑鹿派

- 3인방, 자연
- 여수MBC, 서울신문

『청록집』을 공동으로 낸 ▲조지훈 ▲박두진 ▲박목월 시인을 한데 일컫는 말

> **자세히 이해하기**
> 청록파 시는 영원한 생명의 근원인 자연을 공통의 주제로 하여 우리말의 아름다움과 전통 및 생명의 원천에 대한 작품세계를 형성했다. 박목월의 '나그네', 조지훈의 '고풍의상', 박두진의 '해' 등이 대표적인 작품이다.

기출 다음 중 청록파 시인이 아닌 인물은?
: 서정주

445
김지하 ★★★
金芝河
1941~2022

- 오적
- 연합뉴스TV

'타는 목마름으로', '오적' 등의 저항시로 1970년대 독재정권에 맞선 저항시인. 2022년 5월 11일 향년 81세로 별세

446
김유정 ★★☆
金裕貞
1908~1937

- 농촌, 봄봄
- 춘천MBC, G1 강원민방, 연합뉴스

농촌을 배경으로 토속적인 인간상을 해학적으로 그린 소설가

> **김유정 작가 주요 작품**
> 봄봄, 동백꽃, 금 따는 콩밭, 소낙비, 만무방 등

기출 김유정의 소설 중 데릴사위와 장인의 이야기를 풀어낸 농촌소설은?
: 봄봄

447 최신기출
황순원 ★☆☆
黃順元
1915~2000

- 소나기
- 대전MBC, EBS, 경향신문

간결하고 세련된 문체로 소박한 휴머니즘과 한국인의 토속적 삶을 표현한 소설가

> ● 황순원 작가 주요 작품
> 소나기, 카인의 후예, 독짓는 늙은이, 목넘이 마을의 개, 학 등

기출 다음 중 문학작품과 작가의 연결이 바르지 않은 것은?
: 황순원–무녀도(⇨ 무녀도는 김동리 작가의 작품)

448
이어령 ★★☆
李御寧
1933~2022

- 초대 문화부 장관
- 스튜디오S

노태우 정부 시절 신설된 초대 문화부(현 문화체육관광부) 장관. 문학평론가, 언론인, 교수 등으로 활동하며 한국을 대표하는 인문 석학으로 불린 인물. 2022년 2월 26일 향년 89세로 별세

기출 초대 문화부 장관이자 『디지로그』의 저자는?
: 이어령

449
조세희 ★★☆
趙世熙
1942~2022

- 난쏘공
- 춘천MBC, OBS

1970년대 산업화 과정에서 삶의 터전을 빼앗기고 비참한 삶을 살아가는 도시 노동자들의 절망을 그린 연작 소설 『난장이가 쏘아올린 작은 공』의 작가

기출 『난장이가 쏘아올린 작은 공』의 시대적 배경은?
: 1970년대 산업화 과정

450 최신기출
한강 ★★★
韓江
1970~

- 맨부커상, 노벨문학상
- EBS, TBC, 한겨레, 서울경제, 경향신문

2016년 맨부커상 인터내셔널부문, 2024년 노벨문학상을 받은 한국 현대 작가

> ● 한강 작가 주요 작품
> 채식주의자, 소년이 온다, 흰, 몽고반점, 희랍어 시간, 작별하지 않는다, 그대의 차가운 손, 여수의 사랑, 서랍에 저녁을 넣어 두었다, 내 이름은 태양꽃, 눈물상자 등

기출
- 2016년 맨부커상을 받은 한강의 작품은?
: 채식주의자
- 한강의 소설이 아닌 것은?
: 서랍에 저녁을 넣어 두었다(⇨ 한강 작가의 시집)

451
무라카미 하루키 ★★☆
村上春樹
1949~

- 상실의 시대, 신드롬
- 연합뉴스, 헤럴드경제

1987년 『상실의 시대』를 발표해 하루키 신드롬을 낳았으며, 수년째 노벨 문학상 후보에 오르기도 한 일본의 현대소설가

> ◉ **무라카미 하루키의 주요 작품**
> 바람의 노래를 들어라, 상실의 시대, 해변의 카프카, IQ84 등

기출	무라카미 하루키의 최신 장편소설은 무엇인가? (2022년 11월 기준) : 기사단장 죽이기
기출 변형	무라카미 하루키의 최신 장편소설은 무엇인가?(2025년 2월 기준) : 도시와 그 불확실한 벽

452
도스토옙스키 ★★☆
Dostoevskii
1821~1881

- 러시아, 죄와 벌
- YTN, 서울신문, 국민일보

톨스토이와 함께 19C 러시아 문학을 대표하는 세계적인 문호

> ◉ **도스토옙스키의 주요 작품**
> 지하생활자의 수기, 죄와 벌, 백치, 카라마조프가의 형제들 등

기출	다음 중 도스토옙스키의 작품이 아닌 것은? : 이반 일리치의 죽음(⇨ 톨스토이의 작품)

453
셰익스피어 4대 비극 ★★☆

- 햄릿
- MBC, 조선일보

셰익스피어 비극 문학의 절정을 이루는 ▲『햄릿』 ▲『오셀로』 ▲『리어왕』 ▲『맥베스』를 가리키는 말

기출	셰익스피어 4대 비극이 아닌 것은? : 로미오와 줄리엣

454 침묵의 봄 ★☆☆
silent spring

- 농약, 레이첼 카슨
- KBS, YTN

농약의 남용이 초래하는 생태학적 위기를 경고한 레이첼 카슨(Rachel Carson, 1907~1964)의 환경 저서

> **자세히 이해하기**
> 이 책에서는 DDT, BHC 등의 잔류 농약이 동물조직에 축적되고, 그 피해가 식물 연쇄작용을 통해 확대된다고 지적했다. 또한 발암성 물질은 다음 세대에도 피해를 준다고 경고하며 자연보호의 중요성을 널리 알렸다.

455 맨부커상 ★☆☆ 최신기출
Man Booker Prize

- 3대 문학상
- 대전MBC, 경향신문, 서울경제

노벨문학상(스웨덴), 공쿠르상(프랑스)과 함께 세계 3대 문학상으로 꼽히는 영국 최고 권위의 문학상. 2019년 초 맨 그룹이 후원을 중단하면서 부커상으로 명칭 변경

> **기출** 영국 및 영국연방 국가의 최고 소설에 주는 상은?
> : 맨부커상

456 아포리즘 ★☆☆
aphorism

- 교훈, 압축한 글
- 언론중재위원회, 원주MBC

삶의 진리나 교훈 등을 간결하고 압축된 형식으로 표현한 글

> **자세히 이해하기**
> 세계에서 가장 오래되고 유명한 아포리즘은 그리스의 의학자인 히포크라테스의 "예술은 길고 인생은 짧다"라는 말이다.

> ● 아프리오리 (a priori)
> 경험과 관계없이 알 수 있는 진리. 후천적이 아니라 선험적인 것

457 카타르시스 ★☆☆
catharsis

- 시학, 정화
- EBS, CBS

아리스토텔레스의 『시학(Poetics)』에서 나온 용어로 정화 작용을 뜻함

> **자세히 이해하기**
> 주인공의 비극적 운명을 통해 마음속에 억압된 슬픔이나 공포의 감정을 해소하고 마음을 정화하는 작용을 말한다.

458
호모 루덴스 ★★☆
Homo Ludens

- 놀이
- 원주MBC, 한겨레신문

유희하는 인간. 놀이인을 지칭

> **자세히 이해하기**
> 요한 호이징하(Johan Huizinga, 1872~1945)는 『호모 루덴스』(1938)에서 놀이는 문화의 한 요소가 아니라 문화 그 자체가 놀이의 성격을 가지고 있다고 주장했다.

459
앨빈 토플러 ★★☆
Alvin Toffler
1928~2016

- 제3의 물결
- SBS 예능PD, 한국일보

『미래의 충격』,『제3의 물결』,『권력이동』 등 미래 3부작을 펴낸 미래학자

- **제3의 물결 (The Third Wave)**
  인류가 농경기술의 발견으로 인한 제1의 물결에서 산업혁명을 통한 제2의 물결을 지나 과학기술에 의한 제3의 물결을 맞이했다는 의미

460
삼강오륜 ★★★
三綱五倫

- 장유유서
- 대구TBC, 매경신문

유교 실천도덕의 기본사상인 3가지 강령과 5가지 실천 덕목

- **삼강 (三綱)**
  군위신강(君爲臣綱)·부위자강(父爲子綱)·부위부강(夫爲婦綱)

- **오륜 (五倫)**
  부자유친(父子有親)·군신유의(君臣有義)·부부유별(夫婦有別)·장유유서(長幼有序)·붕우유신(朋友有信)

> **기출** 다음 보기 중 삼강에 속하지 않는 것은?
> : 붕우유신(⇨ 오륜에 속함)

461
성리학 ★☆☆
性理學

- 유교
- MBC 드라마PD, YTN

송나라 때 유학의 한 계통으로 성명(性命)과 이기(理氣)의 관계를 논한 유교 철학

- **실학 (實學)**
  17~18C 당시 지배 계급의 학문이던 성리학적 문화 경향의 한계성을 깨달아 그 반동으로 일어난 근대지향적이고 실증적인 학문

462 니체 ★★☆
F. W. Nietzsche
1844~1900

- 차라투스트라
- MBC 드라마PD, CBS, 한국일보

독일 생(生)철학의 대표자이자 허무주의, 실존주의의 선구자. 대표작은 『자라두스트라는 이렇게 말했다』, 『인간적인 너무나 인간적인』, 『비극의 탄생』 등

> **기출** 철학자와 저서를 연결한 것 중 옳지 않은 것은?
> : 니체–시간과 자유의지(⇨ 앙리 베르그손)

463 경험주의 ★★★
empiricism

- 로크
- MBC

모든 지식의 기원을 경험에 두고 경험적 인식을 절대시하는 철학

- 로크(Locke, 1632~1704): 영국 경험론 철학의 시조
- 버클리(Berkeley, 1685~1753): 로크의 경험론을 발전시켜 전형적인 주관적 관념론으로 완성
- 흄(Hume, 1711~1776): 로크의 경험론에 영향을 받아 불가지론 (사물의 본질·참모습은 사람의 경험으로 인식 불가능)을 확립

464 사실주의 ★★☆
realism

- 과학적·실증적
- YTN, 영남일보

낭만주의에 대한 반동으로 사물을 있는 그대로 정확하게 묘사하려는 과학적·실증적 객관주의 문예사조

- 계몽주의: 개화사상, 신교육, 미신 타파, 남녀평등 등 새로운 가치관을 보급하기 위한 수단으로 문학에서 활용
- 퇴폐주의: 1919년 3·1 운동의 실패로 등장한 퇴폐적·허무적 성격의 문예사조
- 낭만주의: 비합리적인 인간의 감성 해방과 기존 질서에 대한 반항을 지향
- 자연주의: 객관적이고 진실한 묘사를 중요시하는 넓은 의미의 리얼리즘
- 계급주의: 1920년대 중반 카프(KAPF)를 중심으로 문학을 통한 사회비판과 계급투쟁을 전개한 문예사조
- 모더니즘: 지성과 시각적 요소, 실험적인 기법을 중시한 문예사조

> **✓ 사실주의 주요 작품**
> 김동인의 『약한 자의 슬픔』, 현진건의 『빈처』, 전영택의 『천치?천재?』 등

465
프로이트 ★☆☆
Sigmund Freud
1856~1939

- 정신분석
- 울산MBC, MBC 드라마PD

정신분석학의 창시자로서 무의식을 체계적으로 정리한 오스트리아 출신 심리학자. 『꿈의 해석』, 『정신분석 입문』 등의 주요 저서를 남김

> **기출** 다음 중 저자와 저서의 연결로 옳지 않은 것은?
> : 칼 융-꿈의 해석(⇨ 프로이트의 저서)

466
구조주의 ★★☆
structuralism

- 구조, 체계
- 영남일보, 춘천MBC

총체적인 구조와 체계에 대한 탐구를 지향한 현대 철학사상의 한 경향. 1960년대 프랑스 인류학자 레비스트로스가 소쉬르의 구조 언어학을 응용하여 체계화

> **자세히 이해하기**
> 어떤 사물의 의미는 전체 체계 안에서 다른 사물들과의 관계에 따라 규정된다는 전제하에, 개인의 행위나 인식 등을 궁극적으로 규정한다.

> ● **포스트구조주의 (post-structuralism)**
> 구조주의의 인간경시현상에 대한 반발로 등장한 사상으로 역사와 종교 및 여러 동기가 개입된 다원결정(多元決定)의 역할을 중시
>
> ● **광기의 역사**
> 포스트 구조주의의 대표학자인 미셸 푸코의 저서로 합리적 이성을 중시한 서양 문명의 독단과 독선을 비판하고 그 안에서 정신질환으로 취급받으며 감금당한 비이성적 사고인 광기(狂氣)가 인간적인 특성임을 주장

467
실존주의 ★★☆
實存主義

- 전쟁 후 절망, 자아 발견
- YTN 방송기자, 전자신문

부조리한 현실 속의 고립된 인간이 극한상황을 극복하고 잃어버린 자아를 발견할 것을 강조하는 사상

> **자세히 이해하기**
> 실존주의의 대표적인 철학자는 키에르케고르, 니체, 하이데거, 야스퍼스, 사르트르, 카뮈이다. 제1차 세계대전, 스페인 내전, 제2차 세계대전을 겪으며 유럽 사회는 허무감과 좌절감이 팽배했다. 모든 것이 무의미하다는 절망감을 지성으로 극복하고 논리화하는 과정에서 실존주의 철학이 생겨났다.

> **기출** 다음 중 사상과 철학자의 연결이 옳은 것은?
> : 실존주의-사르트르

468 실증주의 ★☆☆
實證主義

- 경험, 콩트
- YTN 방송기자

경험과 실증적 검증을 거친 것만이 확실한 지식이라고 보는 인식론적 관점. 대표적인 철학자는 콩트, 마하

기출	다음 중 대응이 옳지 않은 것은? : 애덤 스미스—실증주의(⇨ 자유방임주의)

469 한스 크리스티안 안데르센상 ★★☆
Hans Christian Andersen Awards

- 이수지
- 뉴스1

덴마크의 국제아동청소년도서협의회가 2년마다 아동문학 저자와 삽화가에게 수여하는 상. 일명 아동문학계의 노벨상이라 불리며 2022년 이수지 작가가 한국인 최초로 『여름이 온다』로 수상. 2024년에는 이금이 작가가 최종 후보 6인에 선정됨.

세계 주요 아동 문학상
▲칼데콧상(미국) ▲뉴베리상(미국) ▲아스트리드 린드그렌 추모문학상(스웨덴) ▲볼로냐 라가치상(이탈리아) ▲한스 크리스티안 안데르센상(덴마크)

470 언론의 4대 이론 ★★★

- 사회책임주의
- 대구TBC, CBS 스마트저널리스트

언론의 체제와 그에 따른 통제 방식에 대한 이론을 역사적 변천 과정에 따라 분류한 것

이론	내용
권위주의 이론	미디어는 국가의 통치이념을 국민들에게 전달·전파하는 것으로 반드시 국가나 정부로부터 허가와 검열을 받아야 한다.
자유주의 이론	인간은 자유롭고 합리적인 존재이므로 언론은 정부로부터 아무런 제약 없이 '자유로운 사상의 시장'으로서의 역할을 담당해야 한다.
소비에트 공산주의 이론	마르크스의 정치철학에 입각하여 모든 매스미디어는 당에 의해 소유되고 당의 산하 기관으로서 국가의 선전·선동 도구의 기능을 한다.
사회책임주의 이론	민주주의의 수행을 위해서 언론은 국민들에게 모든 종류의 정보와 의견을 제공하고 국민들 스스로 결정을 내리도록 해야 한다.

471
핫미디어·쿨미디어★★☆
hot media·cool media

- 정세도, 참여도
- CBS, YTN

마샬 맥루한이 정보의 정세도와 수용자의 참여도에 따라 구분한 미디어의 2가지 유형

> **자세히 이해하기**
>
> ▲정보의 양이 많고 논리적인 핫미디어(신문, 잡지, 라디오, 영화)는 수용자의 참여 여지가 부족한 반면 ▲직관적이고 감성적인 쿨미디어(텔레비전, 전화, 만화)는 정보의 양이 빈약해 수용자의 적극적 참여가 이뤄진다.

472
매스미디어 효과 이론★★★

- 대효과, 중효과, 소효과
- KBS, MBN, CBS, MBC

매스미디어가 수용자에 미치는 영향에 대한 이론

이론		내용
대효과 이론	탄환 이론 (피하주사 이론)	매스미디어의 획일적인 메시지는 대중에게 직접적·강력한 영향을 미침
	미디어의존 이론	수용자들의 매스미디어 의존도가 높음
	침묵의 나선 이론	개인은 자신의 의견이 지배적인 여론과 일치하지 않으면 침묵하는 성향이 있어 지배적인 여론을 형성하는 데 매스미디어가 강력한 영향력을 행사
	문화계발효과 이론	매스미디어는 대중들의 관념을 형성시켜 주는 강력한 도구
중효과 이론	이용과 충족 이론	대중이 자신의 욕구를 충족시키려 매스미디어를 이용
	의제설정기능 이론	매스미디어는 태도 변화보다 사회적 문제를 중요한 이슈로 부각시키는 효과가 있음
소효과 이론	선별효과 이론	수용자들은 능동적인 존재로 매스미디어의 내용을 선별하여 지각함
	2단계유통 이론	매스미디어의 영향력이 1단계 오피니언리더를 거쳐 2단계 대중들에게 전달
	제한효과 이론	매스미디어는 기존의 태도나 가치·신념을 강화시키는 제한적인 효과를 가짐

473
레인코트 프로그램★★☆
raincoat program

- 사전에 대비
- 원주MBC, 대구TBC, MBN

예정된 중계를 할 수 없을 경우에 대비해 미리 준비해 놓는 프로그램. 스탠바이 프로그램(stand by program)이라고도 함

474 최신기출
파친코★★☆
Pachinko

- 이민진
- YTN, SBS

한국계 미국인 작가 이민진의 소설. 일제 강점기 조선인들의 삶과 일본·미국 이민자의 이야기를 그렸고 이를 원작으로 한 애플TV+ 오리지널 드라마가 인기를 끌었음

475
ABC 제도★★★

- 발행부수
- 매일경제, 연합뉴스TV

신문이나 잡지 발행부수를 조사해 인증하는 제도. Audit Bureau of Circulations의 약자

기출	신문잡지의 발행부수를 실제로 조사해 공개하는 제도는? : ABC 제도

476 최신기출
저널리즘★★★
journalism

- 데이터 저널리즘
- 경향신문, TV조선, 세계일보, 부산MBC, JTB

시사 문제에 대한 보도와 논평 등 언론 활동

종류	내용
데이터 저널리즘	데이터를 깊이 조사해 모으고, 정제하고, 구축해 보기 좋은 정보로 만드는 일련의 과정
옐로 저널리즘	흥미 위주의 선정적 저널리즘
경마 저널리즘	후보자의 정책이나 공약 등 본질적 요소보다 득표 상황이나 여론조사 판세 위주의 선거보도
하이에나 저널리즘	살아 있는 권력에 대해선 침묵하고 죽은 권력을 맹공격하는 보도 행태
팩 저널리즘	획일적이고 개성 없는 저널리즘
가차 저널리즘	'딱 걸렸어'라는 'I got you'의 줄임말로 특정 정치인의 실수나 해프닝을 꼬투리 삼아 집중 보도하는 저널리즘
블랙 저널리즘	개인이나 집단의 약점을 확보해 보도하겠다고 위협해 이득을 취하는 저널리즘
알고리즘 저널리즘 (로봇 저널리즘)	컴퓨터 소프트웨어를 활용해 자동으로 작성되는 기사에 중점을 둔 저널리즘
하이프 저널리즘	정보는 없고 오락거리만 있는 뉴스
솔루션 저널리즘	사회 문제에 대한 해법 위주의 보도를 하는 저널리즘

기출	알고리즘 저널리즘의 다른 말은? : 로봇 저널리즘

477
페이드·온드· 언드 미디어★★☆
paid·owned·earned media

- 트리플 미디어
- MBC, YTN

기업이 상품·서비스를 알릴 때 이용하는 세 가지 매체 유형. 페이드 미디어(기업이 돈을 지불해 얻는 미디어)·온드 미디어(기업이 소유하고 있는 미디어)·언드 미디어(기업이 아닌 개인 주체, 즉 소비자나 언론이 생산하고 발신하는 미디어)를 통틀어 '트리플 미디어(triple media)'라고 함

478
팟캐스트★★★
pod cast

- 아이팟, 방송
- KBS 예능PD, SBS 드라마PD

인터넷을 통해 영화나 드라마, 라디오 등의 콘텐츠를 모바일 기기로 내려 받아 감상하는 구독 방식의 서비스

> **기출** 팟캐스트는 무엇과 무엇의 합성어인가?
> : 애플 아이팟(iPod)과 방송(broadcast)

479
정정보도★★☆
訂正報道

- 3개월 이내
- TV조선, CBS, 청주MBC

인쇄매체·방송 등 미디어에서 편파, 허위, 과장 기사가 보도됐을 경우 이를 진실로 정정하여 보도함

> **자세히 이해하기**
> 잘못된 보도로 피해를 받은 자가 보도가 있음을 안 날로부터 3개월 이내에 정정보도를 요구할 권리를 정정보도 청구권이라고 한다. 보도 이후 6개월이 지나면 정정보도를 청구할 수 없다.

480
스쿠프★★☆
scoop

- 특종기사
- TV조선, TBC, YTN

다른 경쟁 언론사보다 앞서 독점 입수·보도하는 특종 기사

> **자세히 이해하기**
> 뉴스 제공자가 숨기거나 왜곡시키고 있는 사실의 정확한 모습을 폭로하거나 발표하려는 사항을 빨리 입수하여 보도하는 것이며 이미 공지된 사실 중에서 새로운 문제점을 찾아 그 사실이 지닌 의미를 새롭게 밝혀주는 것도 스쿠프에 해당한다.

481 언론중재위원회 ★☆☆
言論仲裁委員會
- 언론 보도, 분쟁 조정
- 언론중재위원회, TV조선

언론 보도로 피해를 입은 이의 반론보도, 정정보도, 추후보도 및 손해배상청구에 관한 분쟁을 조정하고 언론 침해 사항을 심의하기 위해 설립한 준사법기관

| 기출 | 언론중재위원회에 신청할 수 없는 것은?
: 보도금지 청구 |

482 신문의 날 ★★☆
- 4월 7일
- 매일경제, 전자신문

1896년 4월 7일 창간한 독립신문 61주년을 맞아 1957년 언론인들이 4월 7일을 신문의 날로 제정

| 기출 | 신문의 날은 몇 월 며칠인가?
: 4월 7일 |

483 레거시미디어 ★★☆ 최신기출
legacy media
- 유산이 된 미디어
- 엠넷, EBS, CBS 기자, YTN 촬영기자

포털사이트 인터넷 뉴스에 독자를 빼앗긴 신문·잡지·방송 뉴스 등. '올드 미디어(old media)'라고도 함

| 기출 | 논술 웹 미디어 플랫폼을 통한 뉴스 소비가 증가하는 상황에서 레거시 미디어의 경쟁력을 유지하기 위한 구체적인 방안은 무엇인가? |

484 공영방송 ★★☆
公營放送
- KBS, EBS, MBC
- KBS 교양PD, KBS 아나운서, 춘천MBC

공공의 복지를 목적으로 공기업이나 공공기관에서 운영하는 방송

세계의 주요 공영방송사

국가	공영방송사
한국	KBS, EBS, MBC
미국	PBS, NPR
영국	BBC, 채널 4, S4C
일본	NHK
프랑스	F2, F3, F4, F5
독일	ARD, ZDF
호주	ABC, SBS
이탈리아	RAI

485
SO***
System Operator

- 종합유선방송사업자
- MBC, 방송통신심의위원회

각 가정에 케이블과 컨버터를 설치해 주고 시청료를 받는 종합유선방송사업자

> ✅ **MSO (Multiple System Operator)**
> SO를 여러 개 거느리고 2개 이상 방송권역에서 서비스하는 사업자. LG헬로비전, SK브로드밴드 등이 이에 속함
>
> ✅ **NO (Network Operator)**
> 케이블망을 통해 SO와 케이블TV 가입자 사이를 연결해 주는 전송망사업자. KT, LG유플러스가 대표적

486
PP**☆
Program Provider

- 방송채널사용사업자
- KBS

고유 채널을 보유하고 프로그램을 제작해 SO에 제공하는 방송채널사용사업자

> ✅ **MPP (Multiple Program Provider)**
> 여러 PP를 거느리고 운영하는 사업자. KBS, MBC, CJ ENM, 티캐스트, iHQ 등이 이에 속함

487
블랭킷 에어리어***
blanket area

- 난시청 지역
- 방송통신심의위원회, 울산MBC

담요로 둘러싸인 지역이라는 뜻으로, 방송에서의 난시청지역을 의미. 두 개의 방송국에서 방송되는 전파가 간섭함으로써 어느 쪽의 방송도 들리지 않거나, 1국의 송신용 안테나에 너무 인접돼 있어 다른 방송이 잘 들리지 않는 지역을 가리킴

488
TV방송 수신료**☆

- 2500원
- KBS, EBS

TV 수상기를 소지한 자가 내야하는 특별부담금 성격의 준조세. 월 2,500원으로 전기세에 합산돼 징수되며 KBS 재원으로 사용되었음. 2023년 7월부터 방송법 시행령이 개정되며, 전기요금과 TV방송수신료를 분리하여 납부할 수 있게 됨

> **기출** TV방송 수신료 수입의 몇 %가 EBS에 지원되나?
> : 연간 수신료 수입의 3%

489
지상파 재송신 ★★★
地上波 再送信

- CPS
- EBS 기자, KBS 시사교양PD

지상파 방송 신호를 유료방송업체가 받아 가입자들에게 제공해주는 것

> **자세히 이해하기**
> 유료방송 가입자 수가 케이블 TV 중심으로 감소하고 있지만, 지상파 재송신에 따른 재송신료는 증가하여 지상파 방송사와 종합유선방송사업자(SO)간의 갈등이 계속 이어지고 있다. 재송신료란 SO가 지상파에 주는 방송콘텐츠 이용료로 유료방송 가입자 1명당 가격을 매기는 CPS(Cost Per Subscriber) 방식으로 정한다.

> **기출** 지상파 의무 재송신 채널은?
> : KBS1, EBS

490
SAG ★★☆
Screen Actors Guild awards
미국배우조합상

- 오징어게임
- YTN, SBS디지털뉴스랩

미국 영화·텔레비전 배우 가맹 노동조합(SAG)이 영화와 TV분야 배우들에게 수여하는 상

> **자세히 이해하기**
> 넷플릭스 오리지널 드라마 '오징어게임'의 남녀 주연 배우인 이정재와 정호연이 2022년 한국 배우 최초로 SAG 남우·여우주연상을 받았다. 영화 '기생충'은 2020년 SAG 최고 영예인 앙상블상을 수상한 바 있다.

491
광고총량제 ★★☆
廣告總量制

- 방송사, 자율
- BBC 불교방송, KBS 아나운서

광고 총량만 정해주고 전체 광고 허용량에 따라 각 방송사가 광고 종류와 횟수, 시간 등의 세부 사항을 자율적으로 결정하도록 하는 제도

> **기출** 광고총량제 도입 취지를 설명하시오.
> : 지상파 광고 시장 활성화를 통해 콘텐츠 제작에 필요한 재원을 마련하겠다는 취지다.

492
네이티브 광고 ★★☆
native advertising

- 협찬 기사
- MBC, SBS 방송경영, 경인일보

사용자의 관심을 끌기 위해 해당 웹사이트의 특성에 맞는 주요 콘텐츠 형식으로 제작된 광고

> **자세히 이해하기**
> 기사처럼 보이도록 디자인된 온라인 광고, 협찬 기사, 검색어 광고 등이 해당된다.

493
MCN ★★★
Multi Channel Network

- 1인 창작자
- 여수MBC, 방송통신심의위원회, 중앙일보, 스튜디오S

유튜브, 아프리카TV 등에서 인기가 많은 1인·중소 창작자의 콘텐츠 유통·판매, 저작권 관리, 광고 유치 등에 도움을 주고 콘텐츠로부터 나온 수익을 창작자와 나눠 갖는 미디어 사업

> **기출**
> 다음 중 약자를 잘못 풀어쓴 것은?
> : MCN-Multi Contents Network(⇨ Multi Channel Network)

494
게이트키핑 ★★☆
gate keeping

- 취사선택
- MBC, YTN 방송기자

편집자나 기자 등 뉴스 결정권자에 의해 뉴스가 취사선택되는 과정

> ✅ **게이트키퍼 (gate keeper)**
> 게이트키핑의 주체로, 원래는 1947년 쿠르트 레빈이 회로이론을 설명하기 위해 제시한 개념

495
CCL ★★☆
Creative Commons License

- 불특정 다수, 이용
- 스튜디오S, 춘천MBC

자신의 창작물을 저작자 표시·비영리 목적 사용·변경금지·동일조건변경허락 등의 일정 조건 충족 시 불특정 다수가 마음껏 이용할 수 있게 하는 라이선스

> ✅ **시민자유센터 (CCL, Center for Civil Liberties)**
> 2022년 노벨 평화상을 공동 수상한 우크라이나 기반 비정부기구. 2007년 설립돼 전쟁 상황에서 인권보호를 위한 사실관계를 기록하는 데 주력

496
홀드백 ★★★
hold back

- 플랫폼 이동, 재방송
- 울산MBC, 방송통신심의위원회

극장에서 상영된 영화가 케이블 방송 등 다른 수익 플랫폼으로 이동할 때까지 걸리는 시간. 공중파의 본 방송이 IPTV 등에서 재방송되기까지 걸리는 기간

> **자세히 이해하기**
> 팬데믹 이전에는 홀드백이 극장 상영 영화의 매출을 보호하는 역할을 했지만, 팬데믹 이후, 극장 관객 감소와 매출 하락으로 홀드백이 단축되는 결과를 초래하여 역할을 못하는 추세이다. 이에 정부와 영화계는 '홀드백 법제화'를 논의하여 영화 유통환경의 불확실성을 줄이고자 노력하고 있다.

497 최신기출
디즈니***
Disney

- 미국 최대 미디어 기업
- TV조선, 연합뉴스, MBC, SBS

월트 디즈니 컴퍼니. 미국 최대 엔터테인먼트 회사

> ✅ **디즈니 플러스 (Disney +)**
> 2019년에 디즈니가 출시한 가입형 온라인 스트리밍 OTT 서비스

> **디즈니 주요 계열사**
> ▲픽사 ▲마블 스튜디오 ▲마블 코믹스 ▲20세기 스튜디오 ▲내셔널 지오그래픽 파트너스 ▲ESPN ▲훌루 ▲루카스 필름 ▲21세기 폭스 ▲ABC

> **기출**
> - 다음 중 디즈니가 인수하지 않은 기업은?
>   : 넷플릭스
> - 다음 중 실사화되지 않은 애니메이션은?
>   : 포카혼타스

498
뒷광고*☆☆

- 협찬 숨김
- TV조선, KBS

유튜브 크리에이터가 광고·협찬 사실을 숨기고 마치 자신이 구매한 것처럼 시청자들에게 제품을 소개하며 홍보 영상을 찍는 것

각 채널별 광고 문구 표시 방법

구분	내용
블로그	포스팅 첫 부분 또는 끝 부분에 본문과 구별되도록 표시문구 게재
SNS	본문 첫 부분에 표시 또는 첫 번째 해시태그 표시
유튜브	제목 또는 영상의 시작과 끝에 표시문구 게재하되 영상에 게재할 경우 반복적으로 표시
실시간 방송	실시간으로 자막을 삽입할 수 있는 경우에는 유튜브 표시문구와 동일하게 진행. 다만 실시간 자막 설정이 어려울 경우 음성을 통해 반복적으로 표현

> ✅ **내돈내산**
> '내 돈 주고 내가 산 제품'이란 뜻. SNS나 유튜브 등에서 본인 돈으로 직접 구입한 제품의 리뷰를 올릴 때 사용하는 말

499
공리주의**☆
功利主義

- 효용과 행복
- MBC, 이투데이, YTN

최대다수의 최대행복. 18C 말~19C 중반 영국 사회에서 나타난 가치 판단의 기준을 효용과 행복의 증진에 둔 사상. 제레미 벤담이 체계화

500
인상주의★★☆
印象主義

- 색채 변화 포착
- EBS, 한국언론진흥재단

19C 후반 프랑스 파리를 중심으로 일어난 미술사조

자세히 이해하기

인상주의는 전통적인 그림의 주제와 기교에 얽매이지 않고 일상생활 속에서 그림의 대상을 찾았다. 또한, 시시각각 변화하는 색채의 변화를 포착해 자연을 묘사하려 했다.

기출
- 대표적인 인상파 화가는?
  : 고흐, 모네, 고갱, 르누아르
- 작품 '루앙 성당'을 남겼고 인상파, 태양빛과 관계 깊은 화가는?
  : 모네

501
종합편성채널★★☆

- 중간광고, 24시간
- TV조선, YTN 취재기자

모든 장르의 방송프로그램 편성 및 중간광고가 가능한 방송채널. TV조선, 채널A, JTBC, MBN

기출 TV조선을 제외한 나머지 종편채널을 쓰시오.
: JTBC, 채널A, MBN

502
OSMU★☆☆
One Source Multi Use

- 콘텐츠 확장
- KBS, 방송통신심의위원회

원소스멀티유즈. 하나의 소스·콘텐츠를 여러 상품 유형으로 전개·개발

자세히 이해하기

하나의 원형 콘텐츠를 영화, 게임, 애니메이션, 장난감, 출판 등의 다양한 방식으로 변형해 판매하는 것을 말한다. 2024년 '사랑의 하츄핑' 흥행에 성공한 SAMG엔터는 관련 제품 판매, 식음료와 패션 등에 라이선스 확장을 통해 OSMU 특화 비즈니스 모델을 선택했으며, 그 결과 2024년 4분기에서 안정적인 수익구조를 이뤘다.

미술
음악
대중문화

503
장승업★★★
張承業
1843~1897

- 조선 후기 화가
- 한국언론진흥재단

조선 후기 화가로 절지(나뭇가지)·기완(장식품)·산수·인물 등 다양한 소재를 그림. 호는 오원(吾園)

◆ 조선시대 3대 화가
▲장승업 ▲안견 ▲김홍도

504 최신기출
김환기 ★★★
金煥基
1913~1974

- 서구 모더니즘
- 경향신문, 한국일보, 문화일보, KNN, 헤럴드경제

한국 근현대미술사를 대표하며 서구 모더니즘을 한국화한 추상미술의 선구자라고 평가받는 화가. 2022년 11월 기준 한국 미술품 경매가 1위 기록['우주(Universe) 05-Ⅳ-71 #200'·2019년에 132억원 낙찰]을 가지고 있음

> 기출 2019년 홍콩 미술품 경매에서 근현대 미술 한국 최고가에 낙찰된 그림의 화가는?
> : 김환기

505
박수근 ★★☆
朴壽根
1914~1965

- 서민화가
- 한국일보, 부산일보

가난하고 소박한 서민들의 생활상을 주로 그린 대표적 서민화가. 회백색의 화강암과 같은 독특한 질감과 단순한 검은 선의 기법이 특징. 대표작 '빨래터', '나무와 두 여인', '아이 업은 소녀' 등

506
김홍도 ★★☆
金弘道
1745~?

- 단원
- SBS 예능PD, 청주MBC

조선 후기의 대표적 풍속화가. 호는 단원(檀園). 대표작은 '단원도', '서당', '씨름' 등

507 최신기출
레오나르도 다 빈치 ★★★
Leonardo da Vinci
1452~1519

- 최후의 만찬
- YTN 방송기자, SBS 예능PD, 경인일보

르네상스 시대의 천재적 예술가. '최후의 만찬', '모나리자', '동굴의 성모', '동방박사의 예배' 등을 남김

> ✅ 르네상스 미술의 3대 거장
> 레오나르도 다 빈치, 미켈란젤로, 라파엘로

508
고딕양식 ★☆☆
gothic

- 중세, 직선
- MBC 드라마PD

중세 서유럽에서 유행한 미술 양식. 높은 건물과 뾰족한 첨탑, 대체로 수직적·직선적인 것이 특징

> **자세히 이해하기**
> 12C경 시작돼 13C에 본격적으로 사용되면서 르네상스 양식으로 넘어가기까지 중세 건축 양식의 중심이 되었다. 파리의 노트르담 성당, 오스트리아 빈의 슈테판 대성당, 독일의 쾰른 대성당 등이 대표적인 고딕양식 건물이다.

기출 다음 건축물의 양식은?

: 고딕양식

509
그래피티 ★★☆
graffiti

- 낙서, 벽
- 경향신문, 부산일보

건축물의 벽면, 교각 등에 스프레이 페인트로 거대한 그림, 문자 등을 그리는 것. 힙합문화의 일종

기출 다음 설명 중 옳지 않은 것은?
: 지하철, 기차의 한 차량을 그래피티로 채우는 것을 트레인 페인팅이라 한다.(⇨ 트레인 바밍)

510
아르누보 ★★☆
art nouveau

- 전통 부정, 형식주의
- 전자신문, CBS, YTN

19C 말에서 20C 초까지 유럽과 미국에서 유행한 예술 양식

> **자세히 이해하기**
> 아르누보는 프랑스어로 새로운 예술이라는 뜻으로 과거의 전통 양식을 부정하고 자연형태에서 모티프를 빌려 새로운 표현을 얻고자 노력했다. 유연한 선과 곡선을 강조한 반면, 기능을 무시한 형식주의적이고 탐미적인 장식 때문에 전성기를 오래 누리지는 못했다.

기출 아르누보에 대한 설명으로 옳은 것은?

511
팝아트★★★
pop art

- 대중문화, 앤디 워홀
- 경남MBC, 경향신문

대중문화적 시각 이미지를 미술의 영역 속에 수용한 구상미술의 한 경향. 대표적 작가는 앤디 워홀, 리히텐슈타인

기출	• 대중가수 등을 예술에 접목한 것은 무엇인가? : 팝아트 • 앤디 워홀의 스튜디오 이름은? : 팩토리

512
맥거핀 효과★★☆
MacGuffin effect

- 중요한 것처럼 등장
- 연합뉴스, MBN, KBS

작품 줄거리에 영향을 미치지 않지만 중요한 것처럼 등장시켜 관객의 시선을 의도적으로 묶음으로써 공포감, 의문을 자아내게 하는 극적 장치

기출	스릴러 영화 감독 히치콕의 영화에서 유래한 용어는? : 맥거핀 효과

513
4대 뮤지컬★★☆

- 카메론 매킨토시
- TV조선, MBC

▲레미제라블(Les Miserables) ▲오페라의 유령(The Phantom of the Opera) ▲캣츠(Cats) ▲미스 사이공(Miss Saigon). 모두 카메론 매킨토시가 제작

기출	다음 중 매킨토시의 4대 뮤지컬이 아닌 것은? : 아이다

514
다다이즘★★☆
dadaism

- 전통 부정
- 안동MBC, CBS, 씨네21

모든 전통을 부정하는 반도덕적·반예술적 경향의 예술운동

자세히 이해하기

다다는 '어린아이의 장난감 목마'를 뜻하는 프랑스어다. 다다이즘은 제1차 세계대전 중 스위스에 망명 온 작가들이 일으킨 반 문명, 반(反)합리주의 예술로, 아무런 의미가 없다는 뜻으로 붙여진 명칭이다.

기출	'장난감 목마'에서 유래한 미술사조는? : 다다이즘

515
오브제 ★★☆
objet

- 뒤샹, 변기
- 국제신문

일반적이고 관습적인 의미에서 벗어나 또 다른 의미를 부여하여 상징화한 물체

> ✅ 마르셀 뒤샹(Marcel Duchamp, 1887~1968)의 '샘'
> 기성품 변기를 활용한 오브제의 대표적인 작품

516
서편제 ★☆☆
西便制

- 애절, 섬세
- 한국언론진흥재단, 국민일보

섬진강 서쪽 지역(전라도 서남 지역)의 판소리. 동편제에 비해 애절하면서 섬세한 여성적인 소리로 수식과 기교가 많아 듣는 이의 감성을 자극하는 소리

> ✅ 동편제 (東便制)
> 섬진강을 중심으로 동쪽 지역(전라도 동북 지역)의 소리. 짧고 분명하게 끊어지는 장단에 리듬 또한 단조로우며 담백한 맛이 나는 남성스러운 소리
>
> ✅ 중고제 (中高制)
> 경기도와 충청도 지역에서 불리는 소리. 동편제와 서편제의 절충된 소리
>
> ✅ 판소리 유파
> ▲동편제 ▲서편제 ▲중고제

기출	• 다음 중 판소리의 주요 유파가 아닌 것은? : 남산제 • 영화로 만들어지기도 한 소설 『서편제』의 작가는? : 이청준

517
사물놀이 ★★★

- 꽹과리, 장구, 징, 북
- 광주MBC, 안동MBC

▲꽹과리 ▲장구 ▲징 ▲북을 연주하는 음악 또는 그 음악에 의한 놀이

기출	• 사물놀이 악기 4가지를 쓰시오. : 꽹과리, 장구, 징, 북 • 다음 중 세계인류무형문화유산이 아닌 것은? : 사물놀이

518
목관 5중주★★☆

- 플루트, 클라리넷
- 평화방송, 서울신문

플루트, 클라리넷, 오보에, 바순, 호른의 합주

기출	다음 중 목관 5중주 악기가 아닌 것은? : 트롬본(⇨ 금관악기)

519
피아노 3중주★★☆

- 3개 악기
- 청주MBC

피아노, 바이올린, 첼로의 합주

> ✓ 피아노 5중주
> ▲피아노 ▲바이올린1 ▲바이올린2 ▲비올라 ▲첼로

기출	피아노 3중주 악기를 쓰시오.

520
세계 3대 피아노 콩쿠르★★☆

- 폴란드, 러시아, 벨기에
- SBS 교양PD, 뉴스1

쇼팽국제피아노콩쿠르(폴란드), 차이콥스키국제음악콩쿠르(러시아), 퀸엘리자베스국제음악콩쿠르(벨기에)

기출	• 2022년 반 클라이번 콩쿠르 우승자는? : 임윤찬 • 조성진이 1위를 차지한 콩쿠르의 명칭은? : 쇼팽국제피아노콩쿠르

521
세계 3대 오케스트라★★☆

- 베를린, 빈, 뉴욕
- 광주MBC

베를린 필하모닉 오케스트라(독일), 빈 필하모닉 오케스트라(오스트리아), 뉴욕 필하모닉 오케스트라(미국)

기출	세계 3대 오케스트라이면서 신년 음악회로 유명한 것은? : 빈 필하모닉 오케스트라

522
아리아★★☆
aria

- 독창
- 원주MBC

칸타타나 오페라, 오라토리오 등에서의 독창 부분

> ✓ 오라토리오 (oratorio)
> 17, 18C에 가장 성행했던 대규모의 종교적 극음악

- 세레나데(serenade): 밤에 연인의 창가에서 부르는 노래
- 아카펠라(a cappella): '교회 양식으로'라는 뜻으로, 반주 없이 성악 성부들로만 구성된 연주

523
엘 시스테마★★★
El Sistema

- 무상 음악교육
- 한국일보, 한겨레

베네수엘라의 빈민층 아이들을 위한 무상 음악교육 프로그램을 뜻하는 고유명사. 스페인어로 '시스템'이라는 뜻

> **자세히 이해하기**
> 2000년대 중반에 도입돼 클래식 교육의 혁명적 사례로 주목받은 엘 시스테마는 마약 등 각종 위험에 노출되어 있는 베네수엘라 빈민가의 아이들에게 음악을 가르침으로써 범죄를 예방할 뿐 아니라 미래에 대한 비전과 꿈을 제시했다.

> **기출** 베네수엘라의 음악 교육 재단 이름은?
> : 엘 시스테마

524
칸타타★★☆
cantata

- 바로크 시대, 성악곡
- 전주MBC, MBN

바로크 시대에 성행했던 가사가 있는 대규모 성악곡. 가사 내용에 따라 세속적 내용과 종교적 내용으로 구분

> **기출** 칸타타에 대한 설명으로 옳지 않은 것은?
> : 종교적 내용만 다루었다.(⇨ 세속적 내용도 다룸)

525
모차르트★☆☆
Wolfgang Amadeus Mozart
1756~1791

- 음악 신동
- 포항MBC, 경인일보

고전파 음악을 대표하는 음악가

> ◉ 살리에리 증후군
> 영화 '아마데우스'에서 나온 안토니오 살리에리에서 유래된 용어. 천재성을 가진 주변의 뛰어난 인물로 인해 질투와 시기, 열등감을 느끼는 증상

> **기출** '마술피리' 작곡가로 유명한 음악가는?
> : 모차르트

526
바그너★★☆
Richard Wagner
1813~1883

- 니벨룽의 반지
- 매일경제, EBS

서사 악극 '니벨룽의 반지'를 남긴 19C 독일의 작곡가

> ◉ 바이로이트 축제
> 독일 바이로이트에서 매년 열리는 음악 축제. 작곡가 바그너가 만든 극장에서 바그너의 대작인 '니벨룽의 반지'와 '파르지팔' 등을 비롯한 작품을 공연

527 최신기출
밥 딜런★★☆
Bob Dylan
1941~

• 노벨 문학상
• SBS, 한국일보, 헤럴드경제

미국의 '살아있는 포크록 전설'로, 대중가수로서는 최초로 2016년 노벨 문학상을 받음. 반전(反戰)과 평화, 자유, 저항정신을 노래함

기출	• 밥 딜런의 자서전 제목은? : 바람만이 아는 대답 • 2016년 노벨 문학상을 수상한 가수는? : 밥 딜런

528
파블로 피카소★★★
Pablo Ruiz y Picasso
1881~1973

• 입체파, 아비뇽의 처녀들
• SBS 예능PD, YTN, 영남일보

입체파를 대표하며 20C 예술 전반에 혁명을 일으킨 천재화가

✅ **입체파(立體派, cubism)**
20C 초 야수파 운동을 전후로 일어난 미술 운동. 대상을 철저히 분해해 여러 측면을 동시에 묘사하며 사실성에 새로운 시각을 제시

기출	스페인 내전을 배경으로 한 피카소의 작품은? : 게르니카

529
가이 포크스★★☆
Guy Fawkes
1570~1606

• 저항, 가면
• 광주MBC, MBN

영국왕 제임스 1세의 가혹한 가톨릭 박해 정책에 저항해 웨스트민스터 궁전에 화약을 묻어 국왕을 암살하려다 미수에 그친 인물

✅ **가이 포크스 가면**
미묘한 미소와 붉은 볼, 뾰족한 수염 등이 특징인 가이 포크스 가면은 영화 '브이 포 벤데타'에서 모티브로 등장했으며 대중 저항의 상징으로 활용됨

기출	17C 영국 왕을 시해하고자 한 인물로, 오늘날 시위의 상징이 된 인물은? : 가이 포크스

530 쾨헬 번호 ★★☆
K, K.V

- 모차르트
- G1강원민방

볼프강 아마데우스 모차르트(Wolfgang Amadeus Mozart, 1756~1791)의 모든 음악 작품 목록

자세히 이해하기
K나 K.V로 표기한다. 예를 들어 모차르트의 '레퀴엠 d 단조'는 쾨헬 번호에 따르면 모차르트가 작곡한 626번째 작품이었다. 따라서 그 작품명은 'K. 626'이 된다.

기출 쾨헬 번호와 관련된 음악가는?
: 볼프강 아마데우스 모차르트

531 고전파 음악 ★★☆
classic music

- 간결, 명쾌
- CBS

18C 중엽부터 19C 초엽까지 오스트리아 빈을 중심으로 성행하였던 빈 고전파 음악

자세히 이해하기
인간의 실체와 정신의 조화를 이루며, 간결하고 명쾌한 형식을 띠었다. ▲하이든은 소나타 형식과 악기 편성법을 확립하였으며 ▲모차르트는 소나타 형식을 발전시켰고 ▲베토벤에서 절정을 이루었다.

기출 다음 중 고전파 음악가는?

532 랩소디 ★★★
rhapsody

- 광시곡
- KBS 교양PD, 한국언론진흥재단, YTN

자유로운 형식과 내용으로 이루어진 기악곡으로 광시곡(狂詩曲)이라고도 함

- 소나타(sonata): 16C 중엽 바로크 초기 이후에 유행하던 기악곡 형식
- 교향곡(symphony): 소나타 형식에 관현악으로 연주되는 기악곡

533 비엔날레 ★★★
biennale

- 2년, 미술전
- TBC, SBS 교양PD

2년마다 열리는 국제 미술전

- 트리엔날레(triennale): 3년마다 열리는 미술행사
- 콰드리엔날레(quadriennale): 4년마다 열리는 미술행사

기출 한국 최초로 베니스 비엔날레에서 은사자상을 수상한 작품은?
: 임흥순 감독의 '위로공단'

534 프리츠커상 ***
Pritzker Architectural Prize

- 건축상
- 경향신문, 부산일보

1979년에 제정돼 매년 인류와 환경에 공헌한 건축가를 선정하여 수여하는 상. 2024년 수상자는 일본 출신 야마모토 리켄

> **기출** 건축계의 노벨상으로 불리는 상으로 안도 다다오, 노먼 포스터 등이 수상한 상은?
> : 프리츠커상

535 밈 *☆☆
meme

- 문화적 유전자
- MBN

온라인이나 SNS에서 적극 소비되며 널리 유행하는 특정 사진이나 영상

자세히 이해하기

밈은 본래 1976년 영국 진화생물학자 리처드 도킨스가 저서 『이기적 유전자』에서 문화의 진화를 설명할 때 사용한 용어로서 생물학적 유전자(gene)처럼 개체의 기억에 저장되거나 다른 개체의 기억으로 복제될 수 있는 '문화적 유전자'를 의미한다.

536 다크투어리즘 ***
dark tourism

- 재난 현장 투어
- 한겨레신문, 문화일보

잔혹한 참상이 벌어졌던 역사적 장소나 재난·재해 현장을 돌아보는 관광. 아우슈비츠 수용소, 서대문형무소역사관 등이 대표적

> **기출** 역사적으로 비극적인 사건이 일어났던 곳을 찾아가는 여행은?
> : 다크투어리즘

537 커튼콜 **☆
curtain call

- 공연 후
- 문화일보

연극이나 음악회 등 공연이 끝나고 막이 내린 뒤, 관객이 찬사의 표현으로 환호성과 박수를 계속 보내 무대 뒤로 퇴장한 출연자를 무대 앞으로 다시 나오게 불러내는 일

538
오마주★★☆
hommage

- 존경
- 스튜디오S, SBS

영화에서 존경의 표시로 다른 작품의 주요 장면이나 대사를 인용하는 것을 이르는 용어. 영화뿐만 아니라 다양한 예술 분야에서 통용됨

자세히 이해하기

오마주는 표절과 명확히 구별하기 힘들다. 단, 오마주라는 뜻 자체가 '존경'이기 때문에 오마주의 대상으로 인정받는 경우는 보통 고전의 반열에 오른 거장의 작품이거나, 오래된 작품인 경우가 대부분이다.

539
누벨바그★★★
nouvelle vague

- 즉흥적 연출, 프랑스 영화
- MBC, 방송통신심의위원회

기존의 영화적 문법과 달리 즉흥적인 연출과 영상의 감각적 전개, 서사의 왜곡과 같은 연출 기법을 선보인 1950~60년대 일어난 프랑스의 영화 운동

- 앙티로망(anti-roman) : 전통적인 소설 형식을 부정하는 새로운 형태의 실험적인 소설
- 앙티테아트르(anti-theater) : 현실을 있는 그대로 보여주는 사실주의극에 대한 반동으로 등장한 새로운 형태의 연극
- 앙가주망(engagement) : 사회참여 문학

기출 1950년대 일어난 프랑스 영화 운동은?
: 누벨바그

540
바우하우스★★☆
Bauhaus

- 디자인, 학교
- CBS, 경인일보

세계 최초의 디자인 교육 기관. 1919년 독일에 세워진 종합 조형학교

기출 건축가 발터 그리피우스가 설립한 독일의 예술 건축학교는?
: 바우하우스

541
콜라보레이션★★☆
collaboration

- 협업
- 서울신문

각기 다른 분야에서 지명도가 높은 둘 이상의 브랜드 또는 개인이 협업하여 새로운 브랜드나 소비자를 공략하는 기법

자세히 이해하기

주로 패션계에서 협업을 일컫는 용어로 많이 쓰인다. 예를 들어 미국의 래퍼 칸예 웨스트가 아디다스와 협업해 출시한 운동화 이지부스트 시리즈가 많은 인기를 끌었다.

542 최신기출
엑스포★★☆
expo

- 2030 부산 엑스포 유치 실패
- 뉴시스, KNN

국제적인 규모와 체제를 갖추어 개최되는 대형 박람회(exposition). 2030년 엑스포 부산 유치를 시도했으나, 사우디아라비아 리야드에서 개최가 확정되며 실패.

> ✅ **등록엑스포·인정엑스포**
> 등록엑스포는 광범위한 주제로 5년마다 열리는 세계박람회다. 최대 6개월 동안 열 수 있으며, 전시 규모는 무제한이다. 2030년 개최에 도전하는 부산 엑스포도 등록엑스포다. 인정엑스포는 특정 분야를 대상으로 한 중규모 박람회로 최대 3개월 동안 열 수 있고 전시 규모가 제한된다. 1993년 대전, 2012년 여수에서 열린 엑스포는 인정엑스포였다.

기출
- 2030 부산 엑스포 유치 홍보 마스코트인 갈매기 캐릭터는? : 부기
- 제1회 엑스포를 개최한 나라와 연도는? : 영국, 1851년

543
프리퀄★★★
prequel

- 속편
- 스튜디오S, KBS

오리지널 영화보다 시간상 앞선 사건을 담은 속편

> ✅ **시퀄 (sequel)**
> 전작에서 이어지는 속편
>
> ✅ **블록버스터 (blockbuster)**
> 큰 흥행을 위해 많은 돈을 들여 만든 대작 영화

기출 프리퀄에 대해 설명하시오.

544
몽타주★★☆
montage

- 편집 기술
- CBS, 전자신문

따로따로 촬영한 필름을 모아 하나의 작품으로 결합시키는 편집 기술

> ✅ **콜라주 (collage)**
> 신문이나 잡지, 사진 등의 인쇄물과 종이를 오려 붙여서 만든 작품

545 최신기출
배리어프리 영화★★☆
barrier free movie

- 자막, 화면해설
- KBS 방송저널리스트, 경향신문, 한겨레

영화에 자막 및 화면해설(상황설명 음성)을 넣어 시·청각장애인과 비장애인 모두 함께 즐길 수 있는 영화

> ✅ **배리어프리 (barrier free)**
> 고령자나 장애인들을 위해 물리적·제도적 장벽을 허무는 운동

546 N스크린★★☆
N Screen

- N개의 기기
- SBS 방송경영, 여수MBC

TV나 PC, 태블릿PC, 스마트폰 등 다양한 기기에서 하나의 콘텐츠를 연속해서 이용하게 해주는 서비스

> **자세히 이해하기**
> N은 여러 명이 똑같이 나눌 때 사람의 수(N분의 1)를 가리키거나 네트워크(Network)를 의미한다.

547 르포르타주★★☆
reportage

- 기록 문학
- KBS 촬영기사

사실에 관한 보고기사 또는 기록문학

> ✓ **논픽션 (nonfiction)**
> 상상으로 꾸민 이야기가 아닌, 사실에 근거하여 쓴 작품
> ㉠ 수기, 자서전, 기행문

548 플럭서스★★☆
Fluxus

- 전위예술
- CBS

1960년대 초~1970년대에 일어난 국제적인 전위예술 운동

> **자세히 이해하기**
> 조지 마키우나스가 플럭서스 운동의 창시자로 평가받는다. 비디오 아티스트 백남준(白南準, 1932~2006)은 플럭서스 운동의 중심에서 전위적이고 실험적인 공연과 전시로 센세이션을 일으켰다.

549 스포일러★★☆
spoiler

- 줄거리 미리 밝혀
- 한국언론진흥재단, 국제신문

영화의 줄거리나 주요 장면 따위를 미리 밝혀 영화의 재미를 크게 떨어뜨리는 사람 또는 그러한 행위

550 퓰리처상★★★
Pulitzer Prize

- 미국 학문, 저널분야
- 한국언론진흥재단

미국에서 가장 권위 있는 보도·문학·음악상

> **자세히 이해하기**
> 1911년 사망한 헝가리 출신 미국 저널리스트인 조셉 퓰리처(Joseph Pulitzer, 1847~1911)의 유언에 의해 1917년 창설됐다.

551
뱅크시*☆☆
Banksy

- 풍선과 소녀
- 스튜디오S

영국에서 가명으로 활동하는 유명 미술가, 그래피티 아티스트

> **자세히 이해하기**
> 2018년 10월 5일 런던 소더비 경매에서 140만달러(약 19억원)에 낙찰된 뱅크시의 작품 '풍선과 소녀'가 낙찰되자마자 저절로 파쇄되는 사건이 일어났다. 이는 뱅크시가 액자 안에 파쇄기를 설치해 의도한 것으로 파쇄된 그림은 오히려 가치가 더해졌다.

552 최신기출
블랙핑크***
BLACK PINK

- 빌보드 200
- TV조선, 국민일보

YG엔터테인먼트 소속 세계적 걸그룹. 멤버는 지수·제니·로제·리사

빌보드 메인 차트 1위를 차지한 한국 뮤지션

빌보드 핫 100(싱글 차트)	방탄소년단(6회)
빌보드 200(앨범 차트)	방탄소년단(6회), 블랙핑크(1회), SuperM(1회), Stray Kids(2회)

기출	방탄소년단, 에스파, 블랙핑크 멤버 수의 합은? : 15

553
세계 3대 영화제***

- 베니스, 칸, 베를린
- 연합뉴스, 경인일보, 매일신문

세계적 권위를 자랑하는 ▲베니스영화제 ▲칸영화제 ▲베를린영화제를 일컫는 말

영화제 (시작연도)	개최지	특징
베니스영화제 (1932년)	이탈리아	• 가장 오랜 전통을 가진 영화제 • 매년 8월 말에서 9월 초에 개최 • 최고상: 황금사자상
칸영화제 (1946년)	프랑스	• 3대 영화제 중 최고 권위 • 매년 5월에 개최 • 최고상: 황금종려상
베를린영화제 (1951년)	독일	• 독일의 통일을 기원하는 영화제로 시작 • 매년 2월 중순에 개최 • 최고상: 황금곰상

기출	세계 3대 영화제와 최고작품상 수상작을 쓰시오.

554 그래미상 ★★★
Grammy Awards

- 레코드
- SBS 라디오PD, 부산MBC

미국에서 1년간의 우수한 레코드와 앨범에 수여하는 상

> **자세히 이해하기**
> 전미 레코드 예술과학아카데미(NARAS)가 주최하는 시상식으로, 영화계의 아카데미상에 비견된다.

555 골든글로브상 ★★★
Golden Globe Awards

- 아카데미 전초전
- 청주MBC

할리우드 외신기자협회(HFPA)에서 수여하는 영화상. 그 영향력이 아카데미상까지 이어져 아카데미의 전초전으로 불림. 2025년 TV부문 작품상(드라마 시리즈) 후보에 오징어 게임 시즌 2가 올랐으나, 미국 FX채널에서 방영된 일본 배경드라마 '쇼군'이 수상작품이 됨.

556 아카데미상 ★★★
Academy Awards

- 오스카상, 영화
- SBS, 아이뉴스24, 스튜디오S

오스카상으로도 불림. 미국 영화 및 미국에서 상영된 외국영화를 대상으로 우수 작품과 영화인에 대하여 매해 봄철에 시상하는 상. 백희나 작가의 '알사탕'을 단편애니메이션으로 만든 작품이 2025년 아카데미 시상식 단편 애니메이션상 부문 후보에 오름.

> **골든 라즈베리상 (Golden Raspberry Awards)**
> 미국 아카데미 시상식 전날 개최하여 최악의 영화를 뽑는 시상식

557 최신기출 토니상 ★★☆
Tony Awards

- 연극
- 부산MBC, SBS

미국 최고 권위를 자랑하는 연극·뮤지컬 시상식으로, '뮤지컬·연극계의 아카데미상'이라고 불림

> **기출** 연극계의 아카데미상으로 불리는 상은?
> : 토니상

558 대종상 ★★☆
大鍾賞

- 영화, 한국
- 포항MBC, YTN

1958년부터 한국영화의 질적 향상을 목적으로 설치된 한국 영화계의 대표적인 영화상. 대종상영화제를 주최하던 영화인총연합회가 파산하여 앞으로의 영화제 개최여부가 불확실했지만, 한국영화기획프로듀서협회로 대종상영화제의 업무표장이 공식 이전되어 2025년에는 영화제가 개최될 것으로 예상됨.

> ● 청룡영화상 (靑龍映畵賞)
> 1963년 조선일보가 제정한 영화상

559 에미상 ★★☆
Emmy Awards

- 프로그램
- 부산MBC, 한겨레신문

텔레비전의 아카데미상이라고 불리는 미국 최대의 프로그램 콩쿠르 상. 2024년 프라임 타임 에미상에서 성난사람들(BEEF)은 8관왕을 수상함.

자세히 이해하기

2022년 에미상에서 '오징어 게임'의 연출을 맡은 황동혁 감독이 연출상을, 주연배우 이정재가 드라마 부문 남우주연상을 수상했다. 이는 비영어권 드라마 최초로 거둔 쾌거다. KBS 드라마 '연모'는 에미상과 별도로 미국을 제외한 나라 작품을 대상으로 하는 국제에미상에서 한국 드라마 최초로 텔레노벨라(해외 드라마) 부문에서 수상했다.

560 빌바오효과 ★★☆
bilbao effect

- 문화, 랜드마크
- MBN

한 도시의 문화나 랜드마크 건축물 등이 그 지역에 미치는 영향이나 현상. 스페인의 빌바오 구겐하임미술관이 대표적

561 부산국제영화제 ★★★
Busan International Film Festival

- 부산광역시, 가을
- MBC 아나운서, 부산일보

BIFF. 매년 가을에 부산광역시에서 열리는 우리나라 최초의 국제영화제이자 아시아 최대 규모의 영화제

> ● 뉴커런츠상 (New Currents Award)
> 아시아 신인 감독 중 뛰어난 10명의 영화를 소개하는 부산국제영화제 프로그램. 이 중 최우수작을 선정해 뉴커런츠상 수여

562 최신기출
1000만 관객 영화 ★★★

- 33편
- KBS, SBS, TV조선 예능PD

명량(1760만), 극한직업(1620만), 신과 함께 : 죄와 벌(1440만), 국제시장(1420만), 어벤져스 : 엔드게임(1390만), 겨울왕국 2(1370만), 아바타(1340만), 베테랑(1340만), 서울의 봄(1310만), 괴물(1300만), 도둑들(1290만), 7번방의 선물(1280만), 알라딘(1270만), 암살(1270만), 범죄도시2(1269만), 광해, 왕이 된 남자(1230만), 왕의 남자(1230만), 신과 함께 : 인과 연(1220만), 택시 운전사(1210만), 파묘(1190만), 태극기 휘날리며(1170만), 부산행(1150만), 범죄도시4(1150만), 변호인(1130만), 해운대(1130만), 어벤져스 : 인피니티 워(1120만), 실미도(1100만), 아바타 : 물의 길(1080만), 범죄도시3(1060만), 어벤져스 : 에이지 오브 울트론(1050만), 기생충(1030만), 인터스텔라(1030만), 겨울왕국(1020만). 2024년 12월 31일 기준 33편

기출 1000만 이상 관객을 동원한 영화를 모두 쓰시오.

563
칙릿 ★★☆
chick lit

- 젊은 여성 소설
- SBS 드라마PD

젊은 여성을 의미하는 미국 속어 'chick'과 문학(literature)의 줄임말 'lit'이 결합된 신조어. 젊은 여성을 주 독자층으로 하는 소설 장르

> ✅ **키치문학 (Kitsch文學)**
> 통속적이고 상업적인 문학. 소비문화나 통속적인 대중문화를 의미

564
벡델테스트 ★☆☆
bechdel test

- 양성평등, 여성
- 한국일보

영화에서 양성평등을 가늠하는 지수. 해당 영화에 여성이 얼마나 자주, 주도적인 캐릭터로 등장하는지 평가

SPEED CHECK 스피드 체크

중요 용어! 제대로 이해했는지 빠르게 점검하고 넘어가자!
답이 바로 생각나면 ○, 고민했다면 △, 틀렸다면 × 표시해서 완벽하게 정리하세요.

| 주관식 문제 | 확인 |

01 일제강점기 말 암흑기의 대표적인 저항시인으로 서시, 참회록, 하늘과 바람과 별과 시 등의 작품을 쓴 작가는?

◀ 정답 : 윤동주

02 개인은 자신의 의견이 지배적인 여론과 일치하지 않으면 침묵하는 성향이 있어 지배적인 여론을 형성하는 데 매스미디어가 강력한 영향력을 행사한다는 이론은?

◀ 정답 : 침묵의 나선 이론

03 2024년 노벨문학상을 받은 한국 현대 작가인 한강의 작품을 3개 이상 쓰시오.

◀ 정답 : 채식주의자, 흰, 몽고반점, 희랍어 시간, 소년이 온다 등

04 청록파 시인 3명을 쓰시오.

◀ 정답 : 조지훈, 박두진, 박목월

05 셰익스피어 4대 비극을 쓰시오.

◀ 정답 : 햄릿, 오셀로, 리어왕, 맥베스

06 삼강오륜 중 삼강을 쓰시오.

◀ 정답 : 군위신강(君爲臣綱), 부위자강(父爲子綱), 부위부강(夫爲婦綱)

| 주관식 문제 | 확인 |

07 정신분석학의 창시자로 무의식을 체계적으로 정리한 오스트리아 출신 심리학자는?

◀ 정답 : 프로이트

08 극장에서 상영된 영화가 케이블 방송 등 다른 수익 플랫폼으로 이동할 때까지 걸리는 시간은?

◀ 정답 : 홀드백

09 '빨래터', '나무와 두 여인', '아이 업은 소녀' 등을 남긴 화가는?

◀ 정답 : 박수근

10 르네상스 미술의 3대 거장을 쓰시오.

◀ 정답 : 레오나르도 다 빈치, 미켈란젤로, 라파엘로

11 덴마크의 국제아동청소년도서협의회가 2년마다 아동 문학 저자와 삽화가에게 수여하는 상으로, 2024년 이금이 작가가 최종 후보 6인에 선정된 상은?

◀ 정답 : 한스 크리스티안 안데르센상

12 히치콕 영화에서 유래한 것으로 작품 줄거리에 영향을 미치지 않지만 중요한 것처럼 등장하는 극적 장치는?

◀ 정답 : 맥거핀 효과

13 칸타타나 오페라, 오라토리오 등에서의 독창 부분을 뜻하는 말은?

◀ 정답 : 아리아

| 주관식 문제 | 확인 |

14 2년마다 열리는 국제 미술전은?

◀ 정답 : 비엔날레

15 부산국제영화제의 영문약칭은?

◀ 정답 : BIFF

16 1958년부터 한국영화의 질적 향상을 목적으로 설치 된 한국 영화계의 대표적인 영화상은?

◀ 정답 : 대종상

17 일제 강점기 조선인들의 삶과 일본·미국 이민자들의 이야기를 그린 한국계 미국인 작가 이민진의 소설은?

◀ 정답 : 파친코

18 신문의 날은 몇 월 며칠인가?

◀ 정답 : 4월 7일

19 각 가정에 케이블과 컨버터를 설치해 주고 시청료를 받는 종합유선방송사업자의 약칭은?

◀ 정답 : SO

20 하나의 소스·콘텐츠를 여러 상품 유형으로 전개·개발하는 것은?

◀ 정답 : OSMU

그대의 길을 가라,
다른 사람이 뭐라 하든 신경 쓰지 말고.

- 단테 알리기에리(Dante Alighieri)

Chapter 06 역사

🎤 **알짜 학습팁**

▶ 광복 이후 사건 순서·민주화 운동 순서 등 역사적 사건을 순서대로 나열하는 문제가 단골로 출제되고 있으니 흐름을 이해하며 용어를 암기하는 것이 중요합니다.

▶ 고려시대에 일어난 민란과 조선시대 사화는 단골로 출제되는 문제입니다. 헷갈리기 쉬우므로 핵심 인물과 사건이 발생한 원인을 연결해서 정확히 암기하는 것이 필요합니다.

▶ 근현대사에서 불평등 조약·개혁·민중 운동을 성격에 맞게 정리하며 학습합시다.

한국사 ◀

565 선사시대
청동기 시대 ★★☆
靑銅器 時大

- 키워드: 비파형동검
- 기출처: CBS, 마산MBC

기원전 2000~1500년경 무렵 시작한 불평등 사회. 벼 농사를 시작해 반달돌칼로 곡식 수확, 청동기(비파형 동검) 사용

- 고인돌: 청동기 시대 대표 무덤. 우리나라의 강화, 고창(전북), 화순(전남) 고인돌 유적지는 유네스코 세계문화유산으로 등재됨
- 비파형 동검: 청동기 시대 무기로 검의 형태가 비파라는 악기와 비슷해 이름 붙여짐
- 민무늬토기: 무늬가 없는 청동기 시대 토기
- 반달돌칼: 곡식을 자르는 도구. 청동기 시대에도 여전히 돌이나 나무로 만든 생활도구를 사용함

| 기출 | 청동기 시대의 특징이 아닌 것은?
: 철제 농기구 사용(⇨ 철기 시대의 특징) |

566 최신기출 선사시대
고조선의 8조법 ★★☆

- 사유재산제
- 오마이뉴스, CBS

『한서지리지』에 남아있는 고조선 사회의 관습법

자세히 이해하기

고조선의 8조법은 8조 중 3조만 남아있다. 그 내용은 '사람을 죽인 자는 즉시 사형에 처한다', '남에게 상처를 입힌 자는 곡식으로 배상한다', '도둑질을 한 자는 노비로 삼고, 용서받고자 하는 자는 한 사람마다 50만 전을 내야 한다'이다. 이를 통해 고조선 사회는 사유재산제가 확립돼 있었고 노예제도가 있는 계급사회였음을 알 수 있다.

기출 : 고조선 사회의 특징으로 옳은 것은?
: 사유재산 중시, 계급사회, 형벌 존재

567 선사시대
부족국가의 정치·경제 ★★☆

- 삼한
- 경인일보

구분	정치	경제
부여	• 5부족 연맹체 (왕+마가·우가·저가·구가) • 사출도	말·주옥·모피
고구려	• 5부족 연맹체 • 제가회의	약탈경제
옥저	군장인 삼로가 통치	어물·소금
동예	읍군·삼로가 통치	단궁(활)·과하마·반어피
삼한	제정분리	• 철제 농기구 • 저수지 축조

✓ **부족국가 (部族國家)**
중앙집권적 고대 국가가 성립하기 전, 원시 사회에서 부족을 중심으로 형성된 계급 국가

기출 : 삼한시대 저수지에 해당하는 것은?
: 벽골제(전라북도 김제시), 의림지(충청북도 제천시), 공검지(경상북도 상주시)

▲ 부족국가의 위치

568 삼국시대
광개토대왕릉비 ★★☆
廣開土大王陵碑

- 장수왕
- 중앙일보, MBC

장수왕이 부왕(父王)의 업적을 기념하기 위해 세운 비석. 삼국의 정세와 일본과의 관계를 알려주는 자료

> **호우명 그릇**
> 정식 명칭은 광개토대왕공적기념호우로 당시 신라와 고구려의 관계를 보여줌

569 삼국시대
안시성전투 ★★☆
安市城戰鬪

- 고구려-당나라
- KBS, 전주MBC

고구려와 당나라가 고구려 국경지대인 안시성을 놓고 벌인 전투. 고구려 양만춘이 승리를 이끔

> **기출** 영화 '안시성', '물괴', '명량', '남한산성'의 시대적 배경을 순서대로 나열하시오.
> : 안시성(645) → 물괴(1511) → 명량(1597) → 남한산성(1636)

570 남북국시대
발해 ★★★
渤海

- 대조영, 해동성국
- 청주MBC

고구려 유민 대조영이 698년 고구려 유민과 말갈족을 모아 세운 나라

> **자세히 이해하기**
> 발해는 9C 전반 선왕 때 대부분의 말갈족을 복속시키고 요동 지역으로 진출하였다. 남쪽으로는 신라와 국경을 접할 정도로 넓은 영토를 차지했고 지방 제도도 정비했다. 이후 중국인들은 전성기를 맞은 발해를 해동성국이라 불렀다.

> **기출** 발해가 고구려를 계승한 국가라고 볼 수 없는 이유는?
> : 3성 6부제

▲ 전성기 발해의 영토와 5경

571 고려시대
훈요 10조 ★★☆
訓要十條

- 태조 왕건
- 춘천MBC, 연합뉴스

고려 태조(왕건)가 후손에게 남긴 10가지의 가르침

> **훈요 10조 주요 내용**
> 1조. 불교 숭상
> 2조. 풍수지리 중시
> 4조. 거란 풍속 배척
> 5조. 서경 중시
> 6조. 연등회, 팔관회 중시
> 7조. 덕치와 애민 강조

> **기출** 태조 왕건의 훈요 10조 내용으로 옳지 않은 것은?
> : 일본과 같은 야만국의 풍속을 배격할 것(⇨ 일본이 아닌 거란에 대한 적대 정책을 추진함)

572 고려시대
상정고금예문 ★★☆
詳定古今禮文

- 최윤의, 법령과 도덕규범
- MBC, 조선일보

고려 후기 최윤의 등 17명이 왕명을 받고 법령과 도덕규범 등을 모아 편찬한 책. 금속 활자로 인쇄된 세계 최초의 책으로 평가받으며, 현존하지 않음

> **◉ 한국의 유네스코 세계기록유산**
> ▲국채보상운동 기록물 ▲조선통신사에 관한 기록 ▲조선왕실 어보와 어책 ▲한국의 유교책판 ▲KBS 특별생방송 '이산가족을 찾습니다' 기록물 ▲새마을 운동 기록물 ▲난중일기 ▲5·18 광주 민주화운동 기록물 ▲일성록 ▲동의보감 ▲고려대장경판 및 제경판 ▲조선왕조 의궤 ▲불조직지심체요절 하권 ▲승정원일기 ▲조선왕조실록 ▲훈민정음 해례본 ▲4.19 혁명 기록물 ▲동학농민혁명기록물

> **기출** 다음 중 세계기록유산으로 지정되지 않은 책은?
> : 상정고금예문

573 고려시대
서희 ★★☆
徐熙
942~998

- 강동6주
- 전자신문

고려시대 문신이자 외교가로 거란의 1차 침략 때 외교로 군사적 충돌을 막고 영토(강동6주)를 확장한 인물

> **기출** 강동6주에서 소손녕과 담판을 벌인 인물은?
> : 서희

574 고려시대
삼국사기 ★★☆
三國史記

- 김부식, 기전체
- MBC, YTN 방송기자

김부식이 지은 삼국시대 역사서. 기전체(인물을 중심으로 시대의 역사를 기술하는 역사 편찬 방식)로 서술

> **기출**: 단군신화가 수록되지 않은 문헌은?
> : 삼국사기(⇨ 일연의 『삼국유사』, 이승휴의 『제왕운기』, 권남의 『응제시주』 등에 단군신화가 실림)

575 최신기출 고려시대
삼국유사 ★★☆
三國遺事

- 일연
- 영남일보, KBS, 연합뉴스TV

고려 후기 승려 일연이 지은 삼국시대 역사서

고려시대 역사서

시기	역사서	
중기	삼국사기	• 현전 가장 오래된 역사서 • 신라 계승 의지 반영 • 김부식 편찬, 기전체 사서
후기	동명왕편	• 고구려 건국 설화 모티브 • 이규보 서사시
후기	삼국유사	• 불교 사관에 입각 • 신화·전설 수록 • 일연 편찬
후기	제왕운기	• 단군 강조, 발해 서술 • 이승휴 편찬
말기	사략	• 성리학적 유교 사관 • 이제현 편찬

> **기출**: 단군신화가 처음 기록된 사료는?
> : 삼국유사

576 고려시대
김부식 ★★★
金富軾
1075~1151

- 개경파, 삼국사기
- 대구MBC

고려시대 문신이자 정치가로, 이자겸의 난과 묘청의 난을 진압. 인종 때『삼국사기』편찬

> **자세히 이해하기**
> 김부식은 고려 개경파(보수적 관리)로서 유교 사상을 통해 금에 대한 사대주의를 대외 정책으로 하고, 신라 계승의식을 가졌다.

577 고려시대
이자겸의 난 ★★☆

- 외척
- 언론진흥재단

고려 최고 권력자였던 이자겸 등이 인종을 폐위시키고 스스로 왕위를 찬탈하고자 일으켰던 반란(1126년)

> ● 이자겸 (李資謙, ?~1126)
> 왕실의 외척으로 정권을 독점한 세력 중 가장 대표적인 인물

| 기출 | 조선시대에 일어난 사건이 아닌 것은?
: 이자겸의 난 |

578 고려시대
묘청의 난 ★★☆

- 서경 천도
- 대구MBC, SBS

고려 중엽 묘청이 김부식 등 문벌귀족 세력을 누르고 정권을 장악하고자 서경(평양) 천도를 주장하며 군사를 일으킨 사건(1135년)

배경	고려 인종이 정치 개혁을 추진하는 과정에서 개경파(김부식)와 서경파(묘청)의 대립 발생
결과	김부식이 이끈 관군이 서경에서 발생한 난을 진압
의의	▲문벌귀족 사회 내부 분열과 지역세력 간 대립 ▲귀족사회 내부 모순을 드러냄
기출	고려시대 때 김부식이 진압한 난은? : 묘청의 난

579 고려시대
만적의 난 ★☆☆

- 노비해방
- 춘천MBC, 건설경제

최충헌(고려 후기 무신집권자)의 노비인 만적을 중심으로 신분차별에 항거해 일으킨 노비해방운동

| 기출 | • '만적의 난, 망이·망소이의 난, 전주 관노의 난'의 공통점은?
: 천민의 신분해방운동
• 최충헌의 노비이자 고려시대 신분해방을 주장하며 난을 계획한 인물은?
: 만적 |

580 고려시대
공민왕의 개혁정책 ★★☆

- 반원 자주 정책
- MBC

고려 후기 권문세족들이 토지와 노비를 늘려 국가기반이 크게 악화되자 이를 시정하기 위해 펼친 정치

공민왕의 개혁정책 내용

반원 자주 정책	왕권 강화 정책
• 정동행성 이문소 폐지 • 몽골풍 금지 • 원의 간섭으로 바뀌었던 관제 복구 • 쌍성총관부를 공격	• 친원 세력 숙청 • 전민변정도감 설치 • 신진사대부의 정계 진출 확대

> 기출 공민왕의 개혁정책으로 옳은 것은?
> : 쌍성총관부 공격

581 조선시대
4대 사화 ★★★
四大士禍

- 학파 간 대립
- 전자신문, KBS

조선시대에 학파간의 대립(사림파 vs 훈구파)과 권력쟁탈로 많은 선비들이 화를 입은 4가지 큰 사건

자세히 이해하기

중앙 정계에 진출한 사림파가 훈구파의 비리를 공격하면서 사림파와 훈구파 사이에 대립이 형성된 것이 결국에는 사화를 낳게 됐다. 무오사화, 갑자사화, 기묘사화, 을사사화가 대표적이다.

무오사화(戊午士禍)	김종직의 제자인 김일손이 사관으로 있으면서 김종직이 지은 조의제문(弔義帝文)을 사초에 기록한 것을 빌미로 훈구파가 사림파를 죽이거나 귀양 보냄
갑자사화(甲子士禍)	연산군이 폐비 윤씨와 관련된 인물은 물론 자신의 독주를 견제하려는 훈구파 및 사림파의 잔존 세력을 죽이거나 귀양 보냄
기묘사화(己卯士禍)	사림파인 조광조의 혁신 정치에 불만을 품은 훈구파가 위훈 삭제 사건을 계기로 조광조 등의 일파를 대거 숙청함
을사사화(乙巳士禍)	중종의 두 아들인 인종과 명종의 왕위 계승 문제로 인해 왕실 외척 간의 대립 때문에 일어난 사화

> 기출 위훈 삭제와 관련된 사화는?
> : 기묘사화

582 조선시대
삼사***
三司

- 왕권 견제
- 영남일보, KBS

조선 시대에 학술과 언론을 담당한 사헌부, 사간원, 홍문관을 일컬음. 왕의 잘못을 간쟁해 왕권을 견제

기출 다음 중 조선시대 삼사에 해당하지 않는 것은?
: 승정원

583 조선시대
명량해전***
鳴梁海戰

- 전라남도, 울돌목
- SBS, 경향신문

임진왜란 당시 이순신 장군이 명량에서 울돌목의 특성을 이용해 크게 승리한 전투

이순신의 3대 해전
- 명량해전: 명량(전라남도 진도와 육지 사이의 해협)에서 13척의 배로 133척을 격침시킨 전투
- 한산도해전: 한산도(경상남도) 앞바다에서 뛰어난 전술로 왜군을 크게 무찌른 전투
- 노량해전: 노량(경상남도) 앞바다에서 조선 수군과 일본 수군이 벌인 마지막 해전

기출 이순신이 이끌었던 해전 3개를 적으시오.
: 명량해전, 한산도해전, 노량해전

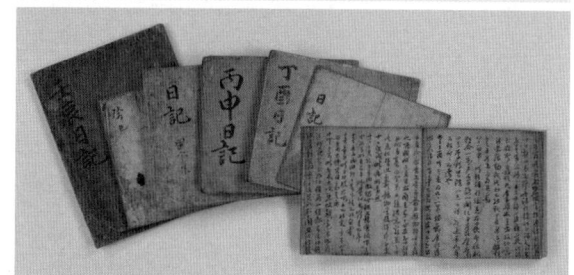
▲ 난중일기(이순신이 임진왜란 중 작성한 친필 일기로 2013년 유네스코 세계기록유산으로 등재)

584 조선시대
덕종어보***
德宗御寶

- 종묘에 안치하기 위한 의례용 도장
- 서울경제신문, MBN

조선 제9대 왕 성종이 세자 신분으로 요절한 아버지 덕종을 온문의경왕(溫文懿敬王)으로 추존(왕위에 오르지 못하고 죽은 이에게 임금의 칭호를 주던 일)하며 1471년에 제작한 도장. 미국에서 환수된 어보는 1924년에 재제작된 것으로 모조품 논란이 있었으나, 1924년에 순종의 지시로 재제작한 공식적 어보라는 국가유산청의 공식보도가 있었음.

585 조선시대
병자호란 ★★★
丙子胡亂

- 삼전도의 굴욕
- 충북MBC

1636년(인조 14년)에 청나라가 조선을 침략한 전쟁

자세히 이해하기

청나라가 조선을 침략하자 인조는 남한산성에서 분투하지만, 1637년 삼전도에서 굴욕적인 항복조약을 맺었다.

기출
- 병자호란 당시 조선을 침략한 중국 국가는?
  : 청
- 드라마 '화정', 영화 '남한산성', 영화 '최종병기 활'의 공통적인 배경은?
  : 병자호란

논술 병자호란 당시 주전파(김상헌)와 주화파(최명길) 중 하나의 입장을 선택하고, 이를 현대 국제정세에서 미국과 중국 사이에서 한국이 나아가야 할 방향과 연결하여 서술하시오.

586 조선시대
흥선대원군 ★★☆
興宣大院君
이하응
1820~1898

- 왕권 강화, 삼정 개혁
- G1 강원민방, KBS

조선 말기 정치가이자 고종(조선 제26대왕)의 아버지

흥선대원군의 개혁 정치

왕권 강화	삼정 개혁
• 법전 간행 • 경복궁 중건 • 당백전 발행·원납전 징수 • 서원의 정비 • 비변사 폐지 • 의정부와 삼군부 설치	• 양전사업 실시 • 호포법 실시(양반에게도 군포 징수) • 환곡제 폐지 → 사창제(지역 단위) 시행

기출 흥선대원군의 업적으로 옳은 것은?

587 조선시대
자격루 ★★☆
自擊漏

- 물시계
- 국제신문, 부산일보

자동 시보 장치를 갖춘 물시계. 세종의 왕명으로 장영실 등이 제작

- 앙부일구: 조선 세종 때 장영실이 만든 해시계
- 혼천의: 별자리의 각도를 측정하는 천체 관측기구로 장영실 등이 제작

588 조선시대
삼정 문란 ★★☆
三政紊亂

- 세도정치, 농민항쟁
- KBS PD, KBS 방송저널리스트

봉건제도의 수취체제인 전정(토지세)·군정·환곡제도의 문란 현상

원인	세도정치, 관리들의 부정부패
내용	• 전정 문란: 지방수령이 임의로 세금을 징수 • 군정 문란: 군역 대신 군포의 납부로 바뀌면서 양반·부유한 농민은 갖가지 방법으로 군역에서 면제 • 환곡제 문란: 빈민구제라는 본래의 취지와 달리 국가기관의 재정 확보 수단(고리대금업)으로 변질
결과	• 농민의 몰락을 가속화시켜 봉건적 통치체제 자체를 위협 • 정부는 삼정 문란의 수습을 위해 ▲암행어사 파견 ▲삼정이정청 설치 • 홍경래의 난(1811)을 시작으로 민란, 농민항쟁이 확산됨

589 최신기출 조선시대
조선왕조실록 ★★☆
朝鮮王朝實錄

- 세계기록유산
- CBS 아나운서, YTN, 서울신문, 연합뉴스TV

조선 태조부터 철종까지 25대 472년간 역사를 연월일 순서에 따라 편년체로 기록한 책. 세계기록유산

> ◎ **조선왕조의궤 (朝鮮王朝儀軌)**
> 조선의 왕실이나 정부 주요 행사를 글·그림으로 기록한 종합 보고서

기출	• '조선왕조실록'을 한자로 쓰시오. : 朝鮮王朝實錄 • 조선왕조실록에 대한 설명으로 옳은 것은? : 세계기록유산이다.

590 조선시대
탕평책 ★★☆
蕩平策

- 영조, 정조, 인재등용
- CBS

조선시대 붕당정치의 폐단을 막고 약화된 왕권을 강화하기 위해 각 당파의 인재를 고루 등용하는 정책. 영조와 정조 때 시행

> 🔍 **자세히 이해하기**
> 당시 모순적인 피지배층들의 문제를 해결한 것은 아니었으므로 사회적 모순을 극복하는 데에는 한계가 있었다.

기출	탕평책을 펼친 왕은? : 영조, 정조

591 조선시대
동의보감 ★★☆
東醫寶鑑

- 허준
- YTN, EBS PD

1610년(광해군) 허준이 편찬한 동양 의학 최대의 의학서

> **자세히 이해하기**
> 중국과 한국의 의서를 모아 하나로 만든 조선 최고 의서로, 각 병마다 처방을 풀이하였다. 2009년 의학서적으로는 최초로 유네스코 세계기록유산에 등재되었다.

> ✅ **향약집성방 (鄕藥集成方)**
> 1433년(세종)에 간행된 약재와 한방에 관한 의약서

592 조선시대
성균관 ★★☆
成均館

- 조선 최고 교육기관
- 방송통신심의위원회, YTN

조선시대 최고의 국립 교육기관으로 성현에 대한 제사를 지냄

- 명륜당 : 성균관 유생들의 강의실
- 탕평비 : 영조 때 왕과 신하 사이의 의리를 바로 세우고 붕당 정치를 뿌리 뽑기 위한 의지를 드러내고자 성균관 입구에 세운 비석

> **기출** 조선시대 성균관 유생들의 식량을 공급한 곳은?
> : 양현고

593 조선시대
규장각 ★★★
奎章閣

- 왕실 도서관
- 스튜디오S, 매일경제

조선시대 왕실 도서관으로 학술과 정책을 연구하는 기관

> **자세히 이해하기**
> 정조는 창덕궁 안에 규장각을 설치해 박제가, 이덕무, 유득공 등 서얼 출신을 검서관에 등용했다.

594 조선시대
홍대용 ★★☆
洪大容
1731~1783

- 조선후기 실학자
- 충북MBC, 한국언론진흥재단

조선후기 대표적인 실학자이자 북학파 중 한 명. 지전설을 주장했고, 혼천의를 개량함

> **기출** 조선 말기 경험주의 실학자이자 서양과학을 도입한 사람은?
> : 홍대용

595 근대사회
신미양요 ***
辛未洋擾

- 제너럴셔먼호 사건
- KBS, SBS

1871년 미국이 제너럴셔먼호 사건을 구실로 조선에 통상을 요구했으나 거절당해 강화도를 침범한 사건

> ● 제너럴셔먼호 사건
> 1866년 조선과의 통상이 거절된 제너럴셔먼호가 횡포를 부리자 조선이 배를 불태워버린 사건

596 근대사회
임오군란 ***
壬午軍亂

- 별기군, 구식군대
- 춘천MBC, 목포MBC

1882년(고종 19년) 군제 개혁(별기군 창설)과 민씨 정권에 대한 반항으로 구식군인이 일으킨 난

배경	신식군대인 별기군에 비해 차별대우를 받던 구식군대의 불만이 높아짐
전개	1882년 6월 일본 공사관을 습격하고 군제 개혁을 단행한 민씨 일파 죽임. 흥선대원군 일시적 재집권
결과	• 민씨 세력의 요청을 받은 청이 군란을 진압 • 조청상민수륙무역장정 체결 강요

> ● 조청상민수륙무역장정(朝淸商民水陸貿易章程)
> 임오군란 이후, 조선과 청나라가 맺은 두 나라 상인들의 수륙 통상에 대한 규정

기출	별기군을 창설하고, 임오군란 당시 강압적으로 진압하다 죽은 인물은? : 민겸호

597 근대사회
제물포조약 **☆
濟物浦條約

- 임오군란 피해보상
- YTN

임오군란으로 발생한 일본 측의 피해보상문제 등을 다룬 조선과 일본 사이의 조약. 이 조약으로 일본군이 조선에 주둔할 수 있게 됨

598 근대사회
조선책략 ★★☆
朝鮮策略

- 김홍집
- MBC 드라마PD

중국과 친해지고, 일본과 결합하며, 미국과 연합해 러시아의 남하를 막아야 한다는 내용의 책. 수신사로 일본에 방문했던 김홍집에 의해 1880년 조선에 유입됨

> **자세히 이해하기**
> 고종은 『조선책략』을 통해 외교와 개화의 중요성을 인식하고 조선과 미국 간 국교와 통상을 목적으로 한 조미수호통상조약을 맺었다.

> ✓ 조미수호통상조약 (朝美修好通商條約)
> 1882년 조선과 미국이 국교와 통상을 목적으로 맺은 조약

599 근대사회
갑신정변 ★★☆
甲申政變

- 급진 개화 세력
- YTN, 부산일보

1884년 김옥균, 박영효, 홍영식 등 급진적 개화 세력이 일본의 군사적 지원을 받아 일으킨 정변

배경	임오군란 이후 청나라가 조선 내정에 대해 간섭하고 경제 침략을 강화
결과	청군의 개입과 일본의 배신으로 3일 만에 실패
기출	역사적 사건을 순서대로 나열하시오. : 한미수호통상조약(1882) – 갑신정변(1884) – 동학농민운동(1894) – 을미사변(1895) – 아관파천(1896) – 대한제국수립(1897) – 러일전쟁(1904~1905)

600 근대사회
거문도사건 ★★☆
巨文島事件

- 불법 점령
- 매일신문

1885년 영국이 러시아의 남진 정책을 저지하기 위해 약 2년간 거문도를 불법 점령한 사건

> **자세히 이해하기**
> 러시아의 남진 정책을 견제하려던 영국은 약 2년간 전남 거문도를 불법 점령했다. 청의 이홍장이 중재해 러시아로부터 조선을 침략하지 않는다는 확약을 받고, 2년 후인 1887년에 철수했다.

601 근대사회
호조태환권 *☆☆
戶曹兌換券

- 최초의 지폐
- 서울신문

1893년 고종의 화폐 개혁 당시 구 화폐를 회수하기 위해 발행한 일종의 교환표로 우리나라 최초의 지폐. 일제의 압박으로 실제 유통되지 못함

> **자세히 이해하기**
>
> 당시 상설 조폐기관은 50냥, 20냥, 10냥, 5냥 등 4종류의 호조태환권을 찍기 위해 원판도 4종류로 제작했다. 고종은 호조태환권을 찍는 원판을 덕수궁에 보관했으나 6·25전쟁 당시 이 원판이 미국으로 유출됐었고, 2013년 62년 만에 고국으로 돌아왔다.

602 최신기출 근대사회
동학농민운동 ***
東學農民運動

- 전봉준
- 충북MBC, 건설경제, SBS, 한겨레신문

1894년 동학교도 전봉준 등을 지도자로 농민들이 합세해 반봉건·반외세의 가치를 내걸고 궐기한 농민운동

폐정 개혁안 12조	▲동학교도는 정부와의 원한을 일소하고 서정에 협력 ▲탐관오리 엄벌 ▲횡포한 부호를 엄징 ▲양반 무리 징벌 ▲노비문서 소각 ▲천인에 대한 대우 개선 ▲청상과부의 개가 허용 ▲무명잡세 일체 폐지 ▲관리 채용 시 지벌을 타파하고 인재등용 ▲왜와 통한 자는 엄징 ▲기왕의 공사채를 무효로 할 것 ▲토지는 평균하여 분작
의의	비록 실패했지만 조선 근대 최초 아래로부터의 혁명운동
기출	• 동학농민운동의 폐정 개혁안 12조 항목이 아닌 것은? : 청의 종주권 부정(⇨ 왜와 통한 자 엄징) • 다음 중 동학 농민 운동과 관련 없는 사상은? : 화이부동(⇨ 동학 농민운동 관련 사상: 인내천, 보국안민, 후천개벽)

603 근대사회
청일전쟁 ***☆
淸日戰爭

- 조선 지배권 싸움
- TV조선 하계인턴, MBC

1894~1895년 사이에 조선의 지배권을 놓고 청과 일본이 다툰 전쟁. 일본이 전쟁에서 승리한 후 동아시아의 주도권 잡음

> **자세히 이해하기**
>
> 동학농민운동이 일어나자 조선 정부는 청나라에 지원을 요청했고 청나라가 군대를 파병하자 일본도 톈진조약을 들어 군대를 파견하면서 두 나라 간 전쟁이 시작됨

> ✓ **톈진조약 (天津條約)**
> 청이나 일본이 조선에 군대를 파견하거나 철수할 때 동시에 파병·철수한다는 내용이 포함된 조약

604 근대사회
갑오개혁 ★★☆
甲午改革

- 군국기무처, 홍범 14조
- YTN, 대구MBC

1894년부터 1896년까지 3차에 걸쳐 행해진 내정 개혁. 김홍집을 수반으로 군국기무처에서 개혁을 주도

구분(추진방법)	주요 내용
1차(군국기무처)	• 노비제 등 신분제도 철폐 • 과거제도 폐지
2차(홍범 14조)	• 사법권 독립
3차(을미개혁)	• 태양력 채용 • 단발령 시행

- 군국기무처: 1894년 1차 갑오개혁을 추진하기 위해 설립된 개혁기구
- 홍범 14조: 1895년 내정 개혁과 독립 국가로서의 기초를 확고히 하기 위해 반포한 최초의 근대적 헌법

605 근대사회
러일전쟁 ★★☆
露日戰爭

- 만주 · 한국 지배권
- 경인일보, 국제신문

1904~1905년에 만주와 대한제국의 지배권을 두고 러시아와 일본이 벌인 제국주의 전쟁

배경	대륙으로 진출하려던 일본과 부동항을 찾기 위해 남하 정책을 펼치던 러시아가 대한제국을 사이에 두고 충돌
결과	전승국 일본은 포츠머스 조약을 통해 대한제국에 대한 지배권 확립·만주 진출 확정
의의	표면상 대한제국과 만주의 분할을 둘러싼 전쟁이지만, 배후에는 영국-일본 동맹, 미국의 일본 지원, 러시아-프랑스 동맹이 얽힌 제국주의 전쟁의 전초전

기출 러일전쟁에 대한 설명으로 옳은 것은?

606 일제강점기
국채보상운동 ★★☆
國債報償運動

- 양기탁, 일진회
- 한국언론진흥재단, 아시아경제

일본이 대한제국을 경제적으로 예속시키려고 제공한 차관을 국민들이 갚고자 대구에서 일어난 주권수호운동

자세히 이해하기

국채를 갚으려는 국민들의 열망은 뜨거웠지만 일제가 이를 반일운동으로 취급하며 일진회를 조종해 방해했다. 결국 국채보상운동의 주도자인 양기탁이 구속돼 실패로 끝났다.

607 일제강점기
한일병합조약 ★★☆
韓日併合條約

- 경술국치
- SBS, YTN

1910년 일본 제국주의가 대한제국을 완전한 식민지로 만들기 위해 강제로 체결한 조약. 경술국치조약이라고도 함

> ● 을사늑약 (乙巳勒約)
> 포츠머스 조약(일본의 대한제국 지배를 인정)으로 조선의 독점지배권을 인정받은 일본이 1905년 대한제국과 강제적으로 체결한 조약. 이 조약으로 대한제국은 외교권이 박탈됨

608 일제강점기
시일야방성대곡 ★★★
是日也放聲大哭

- 을사조약 부당성
- 방송통신심의위원회, 국제신문

을사조약의 부당성을 비판한 장지연의 논설로 1905년 11월 20일 황성신문에 게재

> 개화기 주요 신문과 잡지
> - 황성신문 : 장지연의 '시일야방성대곡'을 게재
> - 독립신문 : 최초의 한글신문
> - 대한매일신보 : 발행인이 영국인(베델)이라 검열을 받지 않아 항일운동의 선봉역할 수행

609 일제강점기
간도협약 ★☆☆
間島協約

- 청나라 영토로 인정
- KBS, 부산MBC, 연합뉴스

1909년 청나라와 일본이 간도의 영유권에 관해 맺은 조약. 간도를 청나라의 영토로 인정함

> **자세히 이해하기**
> 조선 후기 백두산정계비에 등장하는 '동위토문 서위압록'의 해석에 따라 간도에 대한 귀속문제가 불거졌다. 이는 동쪽으로는 토문강, 서쪽으로는 압록강을 경계로 한다는 내용으로 청나라는 토문강을 두만강이라고 주장했다. 반면 조선은 송화강 지류인 토문강이라고 보고 동간도 일대가 조선의 영토라고 주장해 논란이 됐다.

> ● 백두산정계비 (白頭山定界碑)
> 1712년(숙종) 조선과 청나라 간 모호한 국경을 확정하기 위해 세운 비석

610 일제강점기
신민회 ★★☆
新民會

- 안창호, 항일 단체
- 전자신문, 충북MBC

1907년에 안창호가 국권 회복을 목적으로 양기탁, 이동녕, 이갑 등과 함께 조직한 항일 비밀결사 단체

활동 내용	· 민족주의 교육 실시 · 국민의 근대적 자주의식을 고취 · 민족 산업의 육성 · 국외 독립운동 기지 설립
결과	일제에 의한 조작 사건으로 민족 운동이 탄압받아 해체

- 신간회 : 1927년 민족주의 진영과 사회주의 진영이 합작하여 발족한 항일 단체
- 대한자강회 : 1906년 4월 장지연 등 20여 명이 조직한 애국계몽단체
- 독립협회 : 1896년(고종) 7월 서재필이 설립한 한국 최초의 근대적인 사회정치단체로 국내 산업 진흥과 상권 보호를 위한 다양한 방안을 제시하고, 외국의 이권탈취 및 경제침략 저지를 위해 활동함

기출	105인 사건으로 와해된 안창호가 설립한 항일 결사 단체는? : 신민회

611 일제강점기
3·1독립선언서 ★★☆
三一獨立宣言書

- 민족대표 33인
- 조선일보

1919년 3월 1일 독립 만세 운동 때 민족대표 33인이 한국의 독립을 선언한 글

612 일제강점기
김원봉 ★★★
金元鳳
1898~1958

- 의열단, 조선의용대 창립자
- 한국일보, SBS

일제 강점기의 독립운동가이자 북한 정치인. 호는 약산(若山). 1919년 무장 독립 투쟁 단체인 의열단, 1942년 조선의용대를 조직

자세히 이해하기

김원봉이 조직한 의열단은 직접적 투쟁방법인 암살과 파괴·폭파라는 과격한 방법을 통해 독립운동을 해나갔다. 초기 급진적 민족주의 노선을 유지하다가 1926년 사회주의 이론을 받아들여 사회주의 노선으로 전환했다.

기출	약산 김원봉이 이끈 조직은? : 의열단

613 일제강점기
안창호의 4대 정신 ★★☆

- 역행, 충의
- YTN, SBS

무실(務實), 역행(力行), 충의(忠義), 용감(勇敢)

> ◉ 안창호 (安昌浩, 1878~1938)
> 독립 운동가이자 교육자로 신민회 등 독립운동 단체의 결성과 활동을 주도하며 4대 민족개조론을 주장, 대성학교를 설립해 민족교육에 힘씀

614 일제강점기
박은식 ★★★
朴殷植
1859~1925

- 한국통사
- 여수MBC, 방송통신심의위원회

일제강점기의 학자·언론인·독립운동가로 『한국통사』, 『한국독립운동지혈사』 등을 남기며 애국계몽사상가로서 커다란 영향을 끼침. 국혼(국어, 국사)이 멸망하지 않으면 반드시 국권을 회복할 수 있다고 강조

| 기출 | • 『한국통사』를 저술한 일제강점기의 학자는?
• '국혼'을 강조한 민족주의 사학자는?
: 박은식 |

615 최신기출 일제강점기
김구 ★★☆
金九
1876~1949

- 남한 단독 총선거 반대
- 연합뉴스, 이투데이, 조선일보

대한민국 임시정부 주석으로 1931년 한인애국단을 조직했고 남한 단독 총선거를 반대했음

| 기출 | 임시정부 초대 경무국장은?
: 김구 |

616 일제강점기
서북청년단 ★★☆
西北靑年團

- 반공주의, 백색 테러
- 한겨레신문, 경향신문

월남한 청년단체가 결성한 극우 반공단체. 좌익 색출 업무 등 우익 진영의 선봉을 담당하는 역할을 주로 함

> **자세히 이해하기**
> 서북청년단은 공산주의자라고 의심되는 자에게는 무조건적인 공격을 가했다. 미군정은 서북청년단의 극우 성향을 이용해 미군정의 명령에 대항하는 지역에 이들을 파견했고 이들은 무자비한 살상을 주도했다.

| 기출 | 광복 이후 정국을 어지럽히고 시민들에게 테러를 자행했던 반공주의 백색 테러단체는?
: 서북청년단 |

617 일제강점기
카이로 회담 ★★☆
Cairo Conference

• 한국 독립 보장
• YTN, TV조선

한국의 독립이 처음으로 국제적인 보장을 받은 회담. 1943년 미국·영국·중국의 연합국 지도자들이 모여 일본이 차지한 섬과 한국의 독립문제 등을 논의함

> ✅ **포츠담 선언 (Potsdam 宣言)**
> 1945년 7월 독일의 포츠담에서 미국의 트루먼, 영국의 처칠, 중국의 장제스 등이 회담을 하고 선언한 공동 선언으로 한국의 독립 문제를 재확인함

기출	제2차 세계대전 관련 사건 중 가장 빠른 것은?
	• 얄타회담 • 나가사키 원폭 • 카이로회담 • 포츠담회담 • UN 창립

: 카이로회담[⇨ ▲얄타회담(1945) ▲나가사키 원폭(1945) ▲카이로회담(1943) ▲포츠담회담(1945) ▲UN 창립(1945)]

618 현대사회
광복 이후 사건 ★★★

• 1948년, 정부 수립
• CBS 신입기자, 국민일보 취재기자

모스크바 3상 회의	1945년 미국·영국·소련 3국의 외무장관이 모여 미·소공동위원회 설치와 한국에 대한 신탁통치 실시를 합의
↓	
5·10 총선거	1948년 5월 10일 우리나라 제헌국회를 구성하기 위하여 실시된 국회의원 총선거. 남한 단독으로 진행됨
↓	
제헌국회	5·10 총선거 이후 구성된, 한국 헌정사상 최초의 의회(1948년 5월 31일~12월 18일)

619 최신기출 현대사회
한미상호방위조약 ★★☆
韓美相互防衛條約

• 상호 방위
• 조선일보, 연합뉴스, 한국경제

1953년 10월 1일 한국과 미국 간 상호 방위를 목적으로 체결된 조약. 한국이 외국과 맺은 최초이자 유일한 군사 동맹조약

620 현대사회
유신체제 ★★★
維新體制

- 계엄령 선포
- SBS 신입기자, MBC 드라마PD

1972년 10월 17일 박정희 대통령이 전국에 비상계엄령을 선포하고 수립한 독재 정권 체제

> ● **유신헌법 (維新憲法)**
> 유신체제 선언 이후 1972년 11월 27일 공포한 제4공화국의 헌법으로 국회해산권, 긴급조치권 등을 부여해 독재를 가능하게 함

621 현대사회
10·26 사태 ★★☆

- 박정희 전 대통령 피살
- SBS, 경인일보, 문화일보

1979년 10월 26일 김재규 중앙정보부장이 박정희 대통령을 권총으로 살해한 사건

> **기출** : 역사적 사건을 순서대로 나열하시오.
> : 4·19 혁명(1960) → 10·26 사태(1979) → 5·18 광주민주화운동(1980)

622 최신기출 현대사회
5·18 광주 민주화운동 ★★★

- 반독재 운동
- 부산일보, 뉴스1, 한겨레

1980년 5월 18일 광주에서 일어난 반군사독재 민주화 운동

4·19혁명	1960년 이승만 정권이 자행한 부정선거에 반발한 시민과 학생들의 반부정(反不正)·반정부(反政府) 항쟁
5·16쿠데타	1961년 박정희가 일으킨 군사 정변으로 이후 약 18년간 박정희 1인 독재를 유지함
12·12사태	1979년 12월 12일 전두환·노태우 등이 이끌던 신군부세력이 일으킨 군사반란사건
5·18광주 민주화운동	1980년 5월 18일에서 27일까지 전라남도 및 광주 시민들이 군사독재와 통치를 반대하고, 계엄령 철폐, 민주정치 지도자 석방 등을 요구하여 벌인 민주화운동
6·10항쟁	1987년 전두환이 개헌논의 중지와 제5공화국 헌법에 의한 정부 이양을 발표하며 촉발된 민주화 시위

> ● **부마민주항쟁 (釜馬民主抗爭)**
> 1979년 10월 16일부터 20일까지 부산과 마산(현재 창원시)에서 일어난 민주화 운동. 박정희 유신 정권을 무너뜨린 결정적 계기

> **기출** : 사건을 일어난 순서대로 나열하시오.
> : 제주4·3사건 → 12·12 사태 → 5·18 광주민주화운동 → 6·10 항쟁 → 6·15 남북공동선언

세계사

623
에게문명 ★★☆
Aegean civilization

- 세계 최초 해양문명
- 세계일보, 연합뉴스

BC 30C경~BC 20C경까지 지중해 동부 에게해 주변에서 발달한 최초의 해양문명으로 청동기 문화를 발전시킴

> ✅ 세계 4대 문명
> ▲메소포타미아 ▲인더스 ▲이집트 ▲황하문명

기출
- 세계 4대 문명 발생지가 아닌 곳은?
- 세계 최초 해양문명은?
  : 에게문명

624
포에니 전쟁 ★★☆
Punic Wars

- 로마 VS 카르타고
- 대구MBC

BC 264~BC 146년 사이 로마와 카르타고가 지중해의 지배권을 둘러싸고 벌인 전쟁

자세히 이해하기

포에니 전쟁 이후 성립된 로마는 정복 과정에서 탈취한 정복지의 토지를 전공(戰功)이 있는 귀족에게 주거나 가난한 자를 보내 자유로이 개간하게 하였으며, 귀족과 부유층은 이런 토지를 겸병하여 대토지 소유자가 되었다.

625
십자군 ★★★
The Crusades

- 예루살렘 재정복
- 충북MBC, YTN 방송기자

11C~13C 말 중세 서유럽의 카톨릭 국가들이 이슬람교도에 대항해 성지 예루살렘을 재정복하기 위해 일으킨 원정군

자세히 이해하기

당시 전쟁에 참가한 기사들이 가슴과 어깨에 십자가 표시가 있어 이 원정을 십자군이라고 부르게 되었다. 십자군 원정은 실패했고 이후 교황권 약화, 왕권 강화, 무역 발달 등 유럽과 중동에 큰 영향을 미쳤다.

기출
십자군 원정에 대한 설명으로 옳지 않은 것은?
: 교황권이 강화됐다.(⇨ 교황권이 약화됐다.)

626 최신기출
르네상스 ★★★
Renaissance

- 이탈리아 시작, 인본주의
- TV조선, 국민일보, 중앙일보, 경인일보

14C 말~16C 초 이탈리아를 시작으로 전 유럽에 파급된 예술문화운동. 인본주의(인간중심) 학문 발달

자세히 이해하기

르네상스란 '재생', '부활'을 의미하는 프랑스어로, 중세기의 종교적 속박에서 벗어나서 그리스·로마 시대의 자유롭고 풍부한 인간성의 부흥, 개인의 존중과 개성의 해방, 자연인의 발견 등을 주장하였다. 이는 유럽 문화의 근대화에 사상적 원동력이 되었다.
- 대표적 인문주의자: 단테, 페트라르카, 보카치오
- 르네상스 3대 미술가: 레오나르도 다 빈치, 미켈란젤로, 라파엘로

기출 르네상스 작가가 아닌 사람은?

627
베스트팔렌조약 ★★☆
Peace of Westfalen

- 30년전쟁 종결
- MBC, CBS

30년전쟁(1618~1648년)을 종결시키기 위해 1648년에 체결된 평화 조약

- **30년전쟁 (Thirty Years' War)**
  1618년 독일 페르디난트 2세의 개신교 탄압으로 시작된 국제 전쟁. 독일을 주 무대로 30년간 지속함

628
루터의 종교개혁 ★★☆

- 면죄부 비판
- CBS, 국민일보

16C경, 독일의 마르틴 루터가 극에 달한 교회의 부패와 교황청의 면죄부 판매에 반대해 95개조의 반박문으로 비판한 개혁 운동

자세히 이해하기

이 일을 계기로 교황은 루터를 파문하나, 교회의 부패에 힘들어 하던 사람들이 루터를 지지하게 돼, 1555년 종교회의에서 루터 지지 파들을 인정하게 됐다.

- **칼뱅(Calvin)의 종교개혁**
  칼뱅은 인간이 구원을 받느냐 혹은 못받느냐는 미리 예정되어 있는 것(예정설)이며 직업이라는 것은 신으로부터 주어진 신성한 것(직업소명설)이라고 주장함. 근면과 금욕, 절약생활을 강조하였고 도시 상공업을 중심으로 직업소명설이 전파되어 자본주의를 발달하게 했음

629
청교도혁명 ★☆☆
淸敎徒革命

- 최초의 시민혁명
- 목포MBC

1642~1660년에 걸쳐 영국에서 청교도를 중심으로 일어난 최초의 시민혁명

기출	청교도혁명과 프랑스혁명의 공통점은? : 왕권의 붕괴

630
러다이트 운동 ★★★
Luddite Movement

- 기계 파괴운동
- 청주MBC, 국제신문

산업혁명으로 경제 불황, 임금하락, 고용감소, 실업자 증가 상황이 나타나자 1811~1817년 영국 직물공업 지대에서 노동자들이 일으킨 기계 파괴운동

> ✅ **산업혁명 (Industrial Revolution)**
> 18C 후반부터 약 100년 동안 유럽에서 농업과 수공업 위주의 경제였던 것이 공업과 기계를 사용하는 제조업 위주의 경제로 변화하는 과정

631
프랑스혁명 ★★☆
French Revolution

- 자유·평등·박애
- 울산MBC, 경남MBC

1789~1794년에 걸쳐 프랑스 시민들이 프랑스 절대왕정의 봉건제도를 타파하고 민주주의를 쟁취하기 위해 일으킨 전형적인 시민 혁명. 자유·평등·박애를 기본 정신으로 함

632
크림전쟁 ★☆☆
Crimean War

- 나이팅게일
- 헤럴드경제

러시아 니콜라이 1세의 남하 정책이 발단이 되어 러시아와 연합군(오스만투르크·영국·프랑스·프로이센·사르데냐)이 크림반도와 흑해를 둘러싸고 벌인 전쟁. 나이팅게일의 활약으로 유명

633
쑨원의 삼민주의 ★★★

- 중국 건국의 기본 이념
- 헤럴드경제

1905년 쑨원(중국의 공화제를 창시한 혁명가이자 정치가)이 주창한 정치 지도 원리로 중국 근대 혁명과 건국의 기본 이념. ▲민족주의 ▲민권주의 ▲민생주의

634
십상시 ★★☆
十常侍

- 후한 말 환관
- TV조선, 연합뉴스 취재기자

중국 후한 말, 12대 황제 영제 때 정권을 잡고 조정을 휘두른 10여 명의 환관

> **자세히 이해하기**
>
> 역사서 『후한서』에 따르면 십상시는 많은 봉토를 거느렸고 그들의 부모형제 모두 높은 관직에 올라 위세를 떨쳤다. 영제는 십상시의 말을 따르며 무능하고 병약해 많은 충신을 죽였다.

635
메이지유신 ★★☆
明治維新

- 일본 근대화
- MBC

1867년 일본 메이지 왕 때 막부체계를 무너뜨리고 국왕 중심의 새 정권을 성립한 개혁과정. 일본 근대화 형성의 기점이 됨

> **자세히 이해하기**
>
> 중앙집권체제 강화·산업 육성·군비 확충을 목적으로 부국강병 정책을 폈다. 또한 헌법이 제정되고 의회가 개설됐다.
> 그러나 국왕의 신성불가침을 규정한 당시 일본의 헌법으로 인해 의회를 통한 왕권의 견제는 이루어질 수 없었다. 결과적으로 일본의 근대화는 국수주의·군국주의·제국주의로 치달았다.

> **기출** 일본 메이지유신에 대한 설명으로 옳은 것은?
> : 유럽식 은행과 철도 건설, 서양식 무기도입

636
현대 혁명 ★★★

- 민주화 혁명
- 대구TBC

구분	내용
장미 혁명 (2003)	조지아 국민들이 부정선거에 항의해 대통령을 퇴진시킨 무혈혁명
오렌지 혁명 (2004)	우크라이나에서 부정선거를 규탄하며 일어난 시민혁명
튤립 혁명 (2005)	키르기스스탄에서 일어난 민주화운동. 14년 동안 장기집권한 아스카르 아카예프 정권의 부정선거에 반발
재스민 혁명 (2010)	23년의 독재 정권에 반대해 전국적 확산된 튀니지의 민주화 혁명
우산 혁명 (2014)	홍콩 행정장관 선거의 완전 직선제를 요구한 민주화 시위
벨벳 혁명 (2018)	아르메니아에서 부정선거로 장기집권했던 세르지 사르키샨 총리를 물러나게 한 시민혁명
슬리퍼 혁명 (2020)	벨라루스에서 알렉산드르 루카셴코 대통령의 독재정치에 반대하는 민주주의 운동

SPEED CHECK 스피드 체크

중요 용어! 제대로 이해했는지 빠르게 점검하고 넘어가자!
답이 바로 생각나면 ○, 고민했다면 △, 틀렸다면 × 표시해서 완벽하게 정리하세요.

주관식 문제

01 청동기시대의 특징을 보여주는 유물을 나열하시오.

◀ 정답 : 고인돌, 비파형 동검, 민무늬토기, 반달돌칼

02 장수왕이 부왕의 업적을 기념하기 위해 세운 비석은?

◀ 정답 : 광개토대왕릉비

03 삼한시대 경제의 특징은?

◀ 정답 : 저수지 축조, 철제 농기구 사용

04 고려 후기 승려 일연이 지은 삼국시대 역사서로 단군신화가 처음 기록된 역사서는?

◀ 정답 : 삼국유사

05 고려 후기 최윤의 등 17명이 왕명을 받고 법령과 도덕규범 등을 모아 편찬한 책은?

◀ 정답 : 상정고금예문

06 최충헌의 노비를 중심으로 신분차별에 항거해 일으킨 노비해방운동은?

◀ 정답 : 만적의 난

주관식 문제	확인

07 사림파인 조광조의 혁신 정치에 불만을 품은 훈구파가 위훈 삭제 사건을 계기로 사림파를 대거 숙청한 사건은?

◀ 정답 : 기묘사화

08 이순신이 13척의 배로 133척을 격침시킨 전투는?

◀ 정답 : 명량해전

09 조선 제9대 왕 성종이 세자 신분으로 요절한 아버지 덕종을 온문의경왕(溫文懿敬王)으로 추존하며 1471년에 제작한 도장은?

◀ 정답 : 덕종어보

10 조선시대 삼정 문란의 삼정은?

◀ 정답 : 전정·군정·환곡제도

11 자동 시보 장치를 갖춘 물시계로 세종의 왕명으로 장영실 등이 제작한 것은?

◀ 정답 : 자격루

12 1909년 청나라와 일본이 맺은 조약으로 간도를 청나라의 영토로 인정한 것은?

◀ 정답 : 간도협약

13 일본의 강압으로 1894년부터 1896년까지 3차에 걸쳐 행해진 내정 개혁은?

◀ 정답 : 갑오개혁

주관식 문제	확인

14 을사조약의 부당성을 비판한 장지연의 논설로 1905년 11월 20일 황성신문에 실린 것은?

◀ 정답 : 시일야방성대곡

15 1904~1905년에 만주와 대한제국의 지배권을 두고 러시아와 일본이 벌인 제국주의 전쟁은?

◀ 정답 : 러일전쟁

16 1972년 10월 17일 박정희 대통령이 전국에 비상계엄령을 선포하고 수립한 독재 정권 체제는?

◀ 정답 : 유신체제

17 11C~13C 말 중세 서유럽의 카톨릭 국가들이 이슬람교도에 대항해 성지 예루살렘을 재정복하기 위해 일으킨 원정군은?

◀ 정답 : 십자군

18 1642~1660년에 걸쳐 영국에서 청교도를 중심으로 일어난 최초의 시민혁명은?

◀ 정답 : 청교도혁명

19 산업혁명 이후 영국 직물공업지대에서 노동자들이 일으킨 기계 파괴운동은?

◀ 정답 : 러다이트 운동

20 쑨원의 삼민주의는?

◀ 정답 : 민족주의, 민권주의, 민생주의

에듀윌이
너를
지지할게

ENERGY

길이 가깝다고 해도
가지 않으면 도달하지 못하며,
일이 작다고 해도
행하지 않으면 성취되지 않는다.

– 순자(荀子)

Chapter 07 스포츠

알짜 학습팁

▶ 스포츠를 전문적으로 다루는 매체는 물론이고 주요 방송사 공채 시험에서 집중적으로 출제되고 있는 영역입니다. 주요 종목의 세부적인 규칙과 용어까지 정확히 숙지하세요.

▶ 올림픽과 관련한 문제의 출제 비중이 높은 편입니다. 하계 올림픽뿐만 아니라 동계 올림픽, 프레올림픽, 데플림픽, 아시안게임과 같은 파생용어들도 놓치지 말아야 합니다.

▶ 육상 100m 세계기록과 국내기록, 구기종목의 인원수처럼 구체적인 기록과 수치를 묻는 변별력 높은 문제가 출제되기도 하므로 이에 대한 철저한 대비가 필요합니다.

스포츠 일반

637
그랜드슬램 ***
grand slam

- 키워드 : 4대 메이저대회
- 기출처 : 한국일보, YTN

골프와 테니스의 경우 4대 메이저대회를 모두 석권하는 것. 야구에서는 만루홈런을 지칭

구분	대회
PGA(남자프로골프협회) 4대 메이저대회	• 마스터스 • US오픈 • 디 오픈 챔피언십(브리티시오픈) • PGA챔피언십
LPGA(여자프로골프협회) 4대 메이저대회	• US 여자오픈 • KPMG 위민스 PGA 챔피언십 • AIG 위민스 오픈(구 위민스 브리티시오픈) • 더 셰브론 챔피언십(구 ANA 인스퍼레이션) (아문디 에비앙 챔피언십 포함 시 5대 메이저 대회)
테니스 4대 메이저대회	• 윔블던 • US오픈 • 프랑스오픈 • 호주오픈

> **기출** 테니스 4대 그랜드슬램 중 하나로 최초로 남녀 상금을 동일화한 대회 이름은?
> : US 오픈

638
육상기록 ★★★

- 9초58
- SBS, 뉴스1

종목(남자)	세계기록(보유자)	국내기록(보유자)
100m	9초58(우사인 볼트)	10초07(김국영)
200m	19초19(우사인 볼트)	20초40(박태건)
마라톤	2시간35초(켈빈 키프텀)	2시간7분20초(이봉주)

기출 남자 육상 100m 세계기록은 몇 초인가?
: 9초58

639 최신기출
VAR ★★★
Video Assistant Referees

- 비디오 판독
- TV조선, 한국일보

축구 경기에서 카메라가 찍은 영상으로 경기 과정을 판독하는 시스템

자세히 이해하기
VAR은 주심이 신청하거나 부심이 주심에게 요청할 때만 비디오 판독을 할 수 있으며, ▲득점 장면 ▲페널티킥 선언 ▲퇴장 판정 ▲제재 선수가 불명확할 경우 등 네 가지 경우에만 판독을 실시한다.

기출 국제축구연맹(FIFA)이 러시아 월드컵 본선에서 도입한 이 기법의 영어 약자는?
: VAR

640
와일드카드 ★★☆
wild card

- 특별 출전
- SBS, 경기방송

출전자격을 얻지 못했지만 특별히 출전이 허용된 팀 또는 선수

641
리그전 ★★☆
league match

- 동일한 시합 수
- MBC 스포츠 플러스

참가팀들이 동일한 시합 수로 골고루 대전하여 그 성적에 따라 순위를 결정하는 경기방식

✓ **토너먼트 (tournament)**
경기의 승자끼리 시합해 최후의 우승자를 결정하는 경기 방식

- 리그전 게임 수: n(n-1) / 2 [n은 참가팀 수]
- 토너먼트 게임 수: n-1 [n은 참가팀 수]

642
해트트릭 ★★☆
hat trick

- 3골
- 안동MBC, 동아이지에듀 기자

축구나 하키 등의 경기에서 1명의 선수가 1경기에서 3득점을 올리는 것

> **자세히 이해하기**
> 크리켓 경기에서 3명의 타자를 연속 삼진 아웃시킨 투수에게 수여하는 모자(hat)에서 유래했다.

643
키스톤 콤비 ★☆☆
keystone combination

- 유격수, 2루수
- 언론중재위원회

2루 베이스를 가운데 놓은 채 손발을 맞춰 연합 수비하는 유격수와 2루수를 일컫는 말

644
트리플 크라운 ★★★
triple crown

- 3개 부문
- 연합뉴스, 경향신문, 제주MBC

여러 운동 경기에서 3개 부문 또는 3개 대회를 휩쓴 경우를 이르는 말

종목	내용
야구	타자는 타율·타점·홈런 부문에서, 투수는 방어율·다승·탈삼진 부문에서 동시에 1위를 차지하는 경우
배구	서브 득점과 블로킹, 백어택을 각각 3개 이상 기록하는 경우
프로축구	정규리그, 리그컵, 각 나라의 FA컵, 지역별 챔피언스리그 중 3개 대회를 우승하는 경우
프로골프	한 해에 3개국의 최고 메이저대회인 브리티시오픈(영국), US오픈(미국), 캐나디언오픈(캐나다) 대회에서 우승하는 경우

> ● **트리플 더블 (triple double)**
> 농구에서 득점·리바운드·어시스트·스틸·블록 숏 5개 부문 중 3개 부문에서 두 자릿수를 기록하는 것. 쿼드러플 더블은 4개 부문에서 두 자릿수를 기록

645
WADA ★☆☆
World Anti Doping Agency
세계반도핑기구

- 반도핑
- SBS

반도핑을 증진하고자 국제올림픽위원회(IOC) 산하에 설립된 기구. 2000년 시드니 올림픽부터 도핑테스트를 모든 종목에서 시행하고 있음

대회 종목별

646 최신기출
아시안게임 ★★★
Asian Games

- 4년
- SBS, 한겨레, 매일경제, 조선일보, 한국일보

4년마다(올림픽과 겹칠 경우 변경) 열리는 아시아 국가들을 위한 종합 스포츠 대회

- 하계 아시안게임 개최지
  : 대한민국 인천(2014) → 인도네시아 자카르타/팔렘방(2018) → 중국 항저우(2022·연기) → 일본 아이치, 나고야(2026) → 카타르 도하(2030) → 사우디아라비아 리야드(2034)
- 동계 아시안게임 개최지
  : 카자흐스탄 아스타나/알마티(2011) → 일본 삿포로(2017) → 중국 하얼빈(2025) → 사우디아라비아 네옴시티(2029)

기출	2022년에서 연기된 아시안게임 개최 예정지는? : 항저우
기출 변형	2025년 제9회 동계 아시안게임에서 대한민국은 종합 2위를 확정했다, 개최지는 어디인가? : 하얼빈

647 최신기출
올림픽 종목 ★★☆

- 스케이트보드, 야구
- 한겨레, 경향신문, SBS

하계 올림픽 종목	동계 올림픽 종목
3x3 농구, 양궁, 예술체조, 아티스틱 스위밍, 육상, 배드민턴, 야구, 농구, 비치 발리볼, BMX 프리 스타일, BMX 레이싱, 카누 슬라럼, 카누 스프린트, 해안 조정, 크리켓, 사이클링 로드, 사이클링 트랙, 다이빙, 승마, 펜싱, 플래그 풋볼, 축구, 골프, 핸드볼, 하키, 유도, 라크로스 식스, 마라톤 수영, 근대 5종 경기, 산악 자전거, 리듬 체조, 로잉, 7인제 럭비, 항해, 사격, 스케이트보드, 소프트볼, 스포츠 클라이밍, 스쿼시, 서핑, 수영, 탁구, 태권도, 테니스, 트램폴린 체조, 트라이애슬론, 배구, 수구, 역도, 레슬링 (※ 2028년 LA 하계올림픽 기준)	알파인 스키, 바이애슬론, 봅슬레이, 크로스컨트리 스키, 컬링, 피겨 스케이팅, 프리스타일 스키, 아이스하키, 루지, 노르딕 복합, 쇼트트랙 스피드 스케이팅, 스켈레톤, 스키 점프, 산악 스키, 스노보딩, 스피드 스케이팅 (※ 2026년 밀라노 코르티나 동계 올림픽 기준)

648
올림픽 마스코트 ★☆☆

- 수호랑, 반다비
- KBS, EBS

올림픽 경기가 열리는 지역의 자연 환경이나 문화적 유산을 반영한 캐릭터

> **티나와 밀로**
> 티나와 밀로는 2026년 밀라노 코르티나 동계 올림픽·패럴림픽 공식 마스코트이다. 북방 족제비를 소재로 했으며, 개최 도시의 이름을 땄다. 이번 대회의 마스코트는 이탈리아 초등학생 및 중학생들을 대상으로 아이디어를 공모하여 공개투표를 거쳐 결정되었다.

기출
- 2022년 베이징 동계올림픽 마스코트는?
  : 빙둔둔·쉐룽룽
- 2018 평창 동계 올림픽, 패럴림픽의 마스코트는?
  : 수호랑, 반다비

649
평창 동계올림픽 ★☆☆

- 금5, 은8, 동4
- SBS, G1강원민방

2018년 2월 9일부터 2월 25일까지 대한민국 강원도 평창, 강릉, 정선 일대에서 개최된 동계 올림픽

기출 평창 동계올림픽 마스코트 동물과 캐릭터 이름은?
: 수호랑[백호(白虎: 흰 호랑이)], 반다비(반달가슴곰)

650
데플림픽 ★☆☆
Deaflympics

- 청각장애인
- 한국일보

4년마다 개최되는 청각장애인들을 대상으로 한 국제 스포츠 대회

자세히 이해하기
월드 사일런트 게임(world silent game)이라고도 한다. 2017년 튀르키예 삼순에서 23회 하계 대회가 열렸다. 2022년에는 2021(연기) 브라질 카이아스두술 하계데플림픽이 열렸다. 동계데플림픽은 2019년에는 이탈리아 발텔리나-발치아벤나에서, 2024년에는 튀르키예 에르주룸에서 열렸고 2025년 11월 일본 도쿄에서 개최 예정이다.

651
K리그 ★★☆

- 승강제
- 한국일보, 이데일리

한국프로축구연맹이 주관하는 프로축구리그

자세히 이해하기
2013년 승강제 도입으로 1부 리그인 K리그1과 2부 리그인 K리그2로 나누어졌다. K리그1에 12개 팀, K리그2에 10개 팀이 있다. 2024년 K리그1에서 울산 HD FC가 우승하였다.

652
유럽축구 4대리그 ★★☆

- EPL
- CBS

▲잉글랜드 프리미어리그(EPL) ▲스페인 프리메라리가 ▲독일 분데스리가 ▲이탈리아 세리에A

| 기출 | 축구선수 손흥민이 속한 팀은?(2025년 2월 기준)
: 토트넘 홋스퍼 |

653
UEFA 챔피언스리그 ★☆☆
UEFA Champions League

- 레알 마드리드 FC
- 목포MBC, SBS 기자

유럽축구연맹(UEFA)이 주관하는, 유럽 각국의 우수 클럽을 대상으로 열리는 대회

2023-2024 UEFA 챔피언스리그	우승	준우승
팀 이름	레알 마드리드 FC	보루시아 도르트문트

654
프레지던츠컵 ★☆☆
The Presidents Cup

- 미국, 인터내셔널
- 조선일보, KBS 스포츠PD

미국 대표팀과 인터내셔널 팀(유럽 제외)이 2년마다 겨루는 남자 프로골프 대항전

> **자세히 이해하기**
>
> 프레지던츠컵은 상금이 없는 대신 선수들에게 25만 달러의 수당을 주는데, 그중 15만 달러씩은 자선기금으로 내놓아야 한다는 의무 납부 조항이 있었다. 하지만 2022년 대회부터는 의무 납부 조항이 폐지되어 받은 급료 25만 달러를 각자 원하는 대로 쓸 수 있게 되었다.

655
빌드업 ★★☆
build up

- 벤투
- TV조선

후방부터 점유율을 높이며 패스 위주로 공격을 전개해나가는 축구 전술

| 예문 | 파울루 벤투 전 축구 국가대표 감독의 빌드업 축구는 축구 전문가들과 팬들에게 플랜 B가 없다는 등의 지적을 받기도 했으나, 국가대표팀이 2022년 카타르 월드컵에서 16강 까지 오르는 성과를 내었다. |

656
트라이애슬론★★☆
triathlon

- 수영, 사이클, 달리기
- TV조선

철인삼종경기. 바다수영(3.8km), 사이클(180km), 마라톤(42.195km)으로 구성

657
사이클링 히트★★☆
cycling hit

- 1루타~홈런
- 서울경제, SBS 예능PD

1명의 선수가 1경기에서 1루타, 2루타, 3루타, 홈런을 모두 친 경우를 일컫는 말. 히트 포 더 사이클(hit for the cycle) 또는 올마이티 히트(almighty hit)라고도 함

658
FA★★☆
Free Agent

- 자유계약선수
- 연합뉴스, SBS

일정기간 속한 팀에서 활동한 뒤 다른 팀으로 자유롭게 이적할 수 있는 자유계약선수

> ● 퀄리파잉 오퍼 (QO, Qualifying Offer)
> 메이저리그 구단이 FA 자격을 얻은 선수에게 1년 더 팀에 남아달라고 제안하는 계약안

659
배구 용어★★★

- 리베로
- SBS, 경인일보

용어	내용
V리그	대한민국 프로 배구 리그
포지션폴트	서브를 할 때 상대 선수들이 정해진 포지션을 지켜야 한다는 규칙
네트오버	신체 일부분이 네트를 넘어 상대방 진영에서 공에 닿았을 경우 반칙
5초룰	주심 휘슬 후 5초 이내 서브
백어택	후위에 위치한 선수가 공격라인 뒤에서 스파이크하는 공격
리베로	수비를 전문으로 하는 포지션

> 기출
> V리그 남자부·여자부 팀은 각각 몇 개인가?
> : 7개, 7개(2021년 4월 여자부 광주 페퍼저축은행 AI 페퍼스 창단)

660 농구 용어 ★★☆

- 버저비터
- 경인일보, 연합뉴스

용어	내용
앨리웁	바스켓 근처에서 점프한 선수가 공중에서 공을 패스받아 발이 땅에 닿기 전에 던지는 슛
덩크슛	높이 점프하여 바스켓 위에서 공을 내리꽂듯이 밀어넣는 슛
뱅크슛	백보드를 향해 공을 던지는 슛
바스켓 굿	슛 동작 중 상대 수비선수의 파울이 있는 경우 그 슛이 들어가면 점수도 인정받고 1개의 추가 자유투도 받는 것
프리드로우	프리드로우 라인 뒤에서 누구의 방해도 받지 않고 던지는 자유투로 성공 시 1점씩 가산
버저비터	경기종료를 알리는 버저소리와 함께 성공된 슛
인터페어	상대 선수가 슛한 공이 낙하곡선을 그릴 때 건드리면 골인 여부와 상관없이 득점으로 인정
인터셉트	상대팀의 패스를 가로채는 동작
아웃렛패스	수비 리바운드를 따낸 즉시 곧바로 상대 진영으로 달려가는 같은 팀 선수에게 던져주는 롱 패스

661 최신기출 손흥민 ★★☆

孫興慜
1992~

- EPL 득점왕
- 경향신문, SBS, 경인일보, 조선일보

대한민국 축구 국가대표팀, 잉글랜드 프리미어리그(EPL) 토트넘 홋스퍼FC 소속 축구 선수

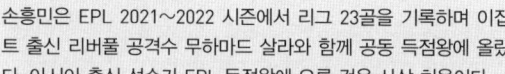

손흥민은 EPL 2021~2022 시즌에서 리그 23골을 기록하며 이집트 출신 리버풀 공격수 무하마드 살라와 함께 공동 득점왕에 올랐다. 아시아 출신 선수가 EPL 득점왕에 오른 것은 사상 처음이다.

◉ 센추리 클럽 (Century Club)
국제축구연맹(FIFA)이 정한 A매치(국가대표팀 간 경기)에서 100회 이상 출전한 선수들의 명단. 2024년 11월 한국 남자 축구 선수 기준 센추리 클럽 가입자는 홍명보, 이운재, 손흥민, 차범근, 이영표, 유상철, 김호곤, 기성용, 김영권, 김태영, 이동국, 조영증, 황선홍, 박성화, 박지성이 있다.

662
퀄리티 스타트 ★★☆
quality start

- 6이닝, 3점
- 연합뉴스, SBS

야구 경기에서 선발로 등판한 투수가 6이닝 이상 공을 던지고 3점 이하의 자책점으로 막아 낸 투구 내용

663 최신기출
근대 5종 경기 ★★☆
modern pentathlon

- 크로스컨트리
- 2024년 파리올림픽을 끝으로 승마 퇴출
- 연합뉴스, 춘천MBC, 매일경제

사격, 펜싱, 수영, 장애물 경기, 크로스컨트리(육상) 5종목을 겨루어 종합점수로 순위를 매기는 경기

> **기출** 근대 5종 경기에 포함된 종목이 아닌 것은?
> : 사이클

664
구기종목 인원수 ★★★

- 핸드볼 7명
- SBS 라디오PD

종목	인원수	종목	인원수
비치발리볼	2명	야구	9명(지명타자 포함 시 10명)
농구	5명	소프트볼	9명
게이트볼	5명	축구	11명
배구	6명	크리켓	11명
아이스하키	6명	미식축구	11명
핸드볼	7명	럭비	15명

> **기출** 축구, 야구, 농구의 경기당 인원수는?

665
프리미어12 ★★★
Premier12

- 세계야구소프트볼총연맹
- 매일신문, 조선일보

세계야구소프트볼총연맹(WBSC)이 주관하며 4년마다 열리는 국제 야구 대회

> **기출** 2019 WBSC 프리미어12 대표팀 감독은?
> : 김경문

666 사이영상 ★★☆
Cy Young Award

- 최고의 투수상
- 경인일보, 매일신문

미국 메이저리그베이스볼에서 매년 양대 리그[내셔널리그(NL)·아메리칸리그(AL)]에서 가장 뛰어난 투수에게 주어지는 상

| 기출 | 2022년 코리안시리즈·월드시리즈 우승 팀은?
: SSG 랜더스, 휴스턴 애스트로스 |

667 최신기출 펜싱 ★★☆
fencing

- 찌르기, 베기
- 2024 파리올림픽 펜싱 남자 사브르 단체전 아시아 최초 3연패
- SBS, 매일경제

검을 가진 두 선수가 찌르기·베기 등의 동작으로 승패를 가르는 스포츠

종목	내용
플뢰레 (Fleuret)	시작 선언 후 먼저 공격적 자세를 취한 선수에게 공격권이 주어짐. 찌르기만 가능하며 몸통이 유효 타깃
에페 (Épée)	별도의 공격권은 없으며 먼저 찌르는 선수가 득점. 상체와 하체 모두가 유효 타깃
사브르 (Sabre)	베기와 찌르기가 동시에 가능. 유효 타깃은 허리뼈보다 위며 머리와 양팔도 포함

668 리듬체조 ★★☆
rhythmic gymnastics

- 5개의 도구
- 문화일보

▲줄 ▲후프 ▲볼 ▲리본 ▲곤봉을 이용하여 음악에 맞춰 율동적인 움직임을 표현하는 여자 체조 경기 종목

| 기출 | 2016년 시니어 대회에서 제외된 리듬 체조 도구는?
: 줄 |

669 보치아 ★★☆
boccia

- 뇌성마비
- YTN

표적구에 가장 가까이 던져진 공에 1점을 부여하고, 이 점수를 합해 승패를 겨루는 경기. 패럴림픽의 정식 종목 중 하나로, 뇌성마비 중증 장애인과 운동성 장애인만이 참가 가능

670
골프 용어 ***

- 버디, 이글
- 경인일보, 서울경제

용어	내용
샷	공을 공중으로 멀리 한번 치는 것
퍼트	그린 위에서 공을 홀에 넣기 위해 치는 것
티샷	각 홀에서 처음 치는 샷으로 경기를 시작할 때 티에 올린 공을 치는 것
파	티를 출발하여 홀을 마칠 때까지 정해진 기준타수
버디	한 홀에서 기준타수(par)보다 1타 적은 타수로 홀인(hole in)하는 것
이글	한 홀에서 기준타수보다 2타 적은 타수로 홀인하는 것
알바트로스	한 홀에서 기준타수보다 3타 적은 타수로 홀인하는 것으로 미국에서는 이를 더블이글(double eagle)이라 함
보기	한 홀에서 기준타수보다 1타 많은 타수로 홀인하는 것
더블보기	한 홀에서 기준타수보다 2타 많은 타수로 홀인하는 것
트리플보기	한 홀에서 기준타수보다 3타 많은 타수로 홀인하는 것
홀인원	티샷이 그대로 홀에 들어가는 것(1타로 볼이 홀에 들어가는 것)
오버 파	기준타수보다 많은 타수
이븐 파	기준타수와 동일한 수의 타수
언더 파	기준타수보다 적은 타수
멀리건	티샷이 잘못되었을 때 벌타 없이 다시 한 번 치게 하는 것으로 정식 골프규칙에는 없는 편법임
갤러리	골프경기를 관전하러 온 관중들
스킨스게임	각 라운드마다 걸린 상금을 따내는 방식
와이어투와이어	4라운드 연속으로 1위를 하며 우승하는 것

671
우상혁 ★★☆

禹相赫
1996~

- 높이뛰기 선수
- SBS

대한민국 높이뛰기 국가대표 선수

> 자세히 이해하기
>
> 우상혁은 2025 체코 후스토페체에서 열린 실내도약육상경기대회에서 2m 31cm, 슬로바키아 반스카비스트리차에서 열린 2025 세계육상연맹 실내높이뛰기 대회에서 2m 28cm를 기록하며 2025년 첫 시즌에서 연속으로 우승을 차지했다.

SPEED CHECK 스피드 체크

중요 용어! 제대로 이해했는지 빠르게 점검하고 넘어가자!
답이 바로 생각나면 ○, 고민했다면 △, 틀렸다면 × 표시해서 완벽하게 정리하세요.

주관식 문제	확인

01 남자 육상 100m 세계기록과 보유자는?

◀ 정답 : 9초58, 우사인 볼트

02 배구에서 서브 득점과 블로킹, 백어택을 각각 3개 이상 기록하는 것은?

◀ 정답 : 트리플 크라운

03 4년마다 개최되는 청각장애인들을 대상으로 한 국제 스포츠 대회는?

◀ 정답 : 데플림픽

04 핸드볼의 경기당 인원수는?

◀ 정답 : 7명

05 베기와 찌르기가 동시에 가능한 펜싱 종목은?

◀ 정답 : 사브르

06 골프에서 기준타수와 동일한 수의 타수를 일컫는 용어는?

◀ 정답 : 이븐 파

주관식 문제

07 반도핑을 증진하고자 국제올림픽위원회(IOC) 산하에 설립된 기구는?

◀ 정답 : WADA

08 2026년 밀라노 코르티나 동계 올림픽·패럴림픽 공식 마스코트의 이름은?

◀ 정답 : 티나와 밀로

09 미국 대표팀과 유럽을 제외한 인터내셔널 팀이 2년마다 겨루는 남자 프로골프 대항전은?

◀ 정답 : 프레시던츠컵

10 2024년 파리올림픽 이후로 근대 5종 경기에서 제외된 종목은?

◀ 정답 : 승마

11 베기와 찌르기가 동시에 가능하며 2024 파리올림픽 펜싱 남자 단체전에서 아시아 최초로 3연패를 한 펜싱 종목은?

◀ 정답 : 사브르

12 후방부터 점유율을 높이며 패스 위주로 공격을 전개 해나가는 축구 전술은?

◀ 정답 : 빌드업

에듀윌이
너를
지지할게

ENERGY

잘 시작하는 것은 중요합니다.
잘 마무리하는 것은 더 중요합니다.

– 조정민, 『사람이 선물이다』, 두란노

Chapter 08 과학

🎙 **알짜 학습팁**

▶ 일상생활과 연관돼 있는 IT·인터넷·모바일 기술의 출제 비중이 높아지고 있습니다.

▶ 기초과학에서는 빛의 현상·고온건조 바람 등 자연현상과 크기 단위·빛의 밝기 단위 등 단위를 묻는 문제가 주로 출제되고 있습니다.

▶ 정보통신기술 환경의 변화에 따라 파생된 용어나 사회현상이 단골로 출제되고 있으니, ★★★ 용어는 반드시 암기하고 넘어가야 합니다.

기초 과학

672
나노기술★★☆
nano-technology

- 키워드: 극미세가공
- 기출처: 아주경제, 한겨레

10억 분의 1 수준의 정밀도를 요구하는 극미세가공 과학기술

> ✅ **나노 (nano)**
> 난쟁이를 뜻하는 그리스어 나노스에서 유래한 말로 1나노초(ns)는 10억 분의 1초임. 1나노미터(nm)는 10억 분의 1m로 사람 머리카락 굵기의 10만 분의 1, 원자 3~4개의 크기에 해당

673
크기 단위★★★

- 마이크로, 나노, 피코, 펨토
- 전자신문

- 마이크로(μ): 10^{-6}에 해당. 100만 분의 1을 의미. 1마이크로미터(μm)는 1m 길이의 100만 분의 1 길이
- 나노(n): 10^{-9}에 해당. 10억 분의 1을 의미. 1나노미터(nm), 1나노초(ns) 등으로 사용
- 피코(p): 10^{-12}에 해당. 1조 분의 1을 의미. 마이크로마이크로(μμ)라고도 함
- 펨토(f): 10^{-15}에 해당. 1000조 분의 1을 의미

674
빛의 현상 ***

- 반사, 굴절, 산란, 분산
- SBS

- 반사(反射) : 일정한 방향으로 나아가던 파동이 매개 물질의 표면에 부딪혀서 나아가던 방향을 반대로 바꾸는 현상
- 굴절(屈折) : 파동이 한 매개 물질에서 다른 매개 물질로 들어갈 때 경계면에서 그 진행 방향이 바뀌는 현상
- 분산(分散) : 파장이 다른 여러 개의 빛이 프리즘을 통과할 때 여러 색의 띠로 갈라지는 현상
- 산란(散亂) : 파동이 물체와 충돌해 여러 방향으로 흩어지는 현상

675
힉스 입자 ***
Higgs boson

- 신의 입자
- YTN 방송기자, 한겨레신문

입자물리학의 표준모형이 제시하는 기본 입자 중 하나. 자연 속에서 관찰되지 않지만 그 존재가 질량의 근원과 우주 생성의 비밀을 밝히는 단서가 되므로 신의 입자라고도 부름

676
질소 ***
nitrogen

- 공기 중 비중 최다
- 충북MBC, 한국언론진흥재단

공기의 성분 중 비중이 가장 큰 기체(78%)로 냄새, 색깔, 맛이 없음. 화학 반응성이 아주 낮음. 원소기호 N

677
라돈 ***
radon

- 방사성 물질
- 대전MBC, YTN

원자번호 86번의 방사성 물질 원소로 색, 냄새, 맛이 없는 기체이며 공기보다 약 8배 무거움. 원소기호 Rn

> **자세히 이해하기**
>
> 2018년 5월 3일 한 방송사가 대진침대에 들어간 음이온 파우더에서 1급 발암물질인 라돈이 기준치 이상 검출됐다고 보도하면서 한국 사회에 큰 파문을 일으켰다. 2024년 12월에 서울고등법원은 대진침대를 대상으로 집단 손해배상 청구 소송에서 대진침대가 소비자들에게 매트리스 가격 및 위자료를 지급하라는 판결을 내렸다. 라돈 침대 사태 이후에 한국표준협회와 연세대 라돈안전센터에서 국가 공인 라돈 안전 인증제도를 도입했으나, 침대업계는 여전히 소극적인 태도를 보이고 있다. 라돈에 많이 노출될 경우, 폐암 발생 위험을 높일 수 있다.

678
상대성 이론 ★★☆
theory of relativity

- 특수, 일반
- EBS, YTN

아인슈타인이 수립한 특수 상대성 이론과 일반 상대성 이론을 총칭하여 일컫는 말

- 특수 상대성 이론: 좌표계에서 빛의 속도가 일정하고 모든 자연법칙이 똑같다면, 시간과 물체의 운동은 관찰자에 따라 상대적
- 일반 상대성 이론: 1916년 아인슈타인이 특수 상대성 이론을 확장하여 가속도를 가진 임의의 좌표계에서도 상대성이 성립하도록 체계화한 이론

679
만유인력의 법칙 ★★☆
Law of universal gravitation

- 당기는 힘
- 국제신문, 제주MBC

모든 물체 사이에는 서로 당기는 힘이 작용한다는 법칙

✓ 아이작 뉴턴 (Isaac Newton, 1642~1727)
질량을 가진 모든 물체 사이에 있는 당기는 힘의 크기는 두 물체의 질량의 곱에 비례하고, 두 물체 사이의 거리의 제곱에 반비례한다는 만유인력의 법칙을 발견함

- 파스칼의 원리: 밀폐된 용기 속에 담긴 액체의 한쪽 부분에 주어진 압력은 액체의 각 부분에 같은 크기로 골고루 전달된다는 법칙
- 베르누이의 법칙: 유체(기체·액체)는 빠르게 흐르면 압력이 감소하고, 느리게 흐르면 압력이 증가한다는 법칙
- 아르키메데스의 원리: 물체가 물에 잠기게 되면 그 물체의 부피에 해당하는 물의 무게만큼 부력을 받게 된다는 원리

680
게놈 ★★★
genome

- 유전체
- SBS 예능PD

유전자(gene)와 세포핵 속에 있는 염색체(chromosome)의 합성어로, 염색체에 담긴 유전자를 총칭하는 말. 우리말로는 유전체

자세히 이해하기
게놈은 생물체를 형성하는 유전자의 최소 단위가 된다. 게놈은 생명 현상을 결정짓기 때문에 흔히 '생명의 설계도'라고 부른다.

681
크리스퍼 유전자 가위 ★★☆
CRISPR-Cas9

- 3세대 유전자 가위
- EBS, 연합뉴스

유전자의 특정 부위를 절단해 유전체 교정을 가능하게 하는 기술. 징크핑거·탈렌에 이어 3세대 기술

자세히 이해하기
2025년 국내 연구팀은 eCas12f1 유전자 가위를 개발했으며, 유전자 가위의 작은 크기와 강력한 유전자 편집 능력을 이용하여 암세포 증식을 약 82% 감소시켰다.

682
절대온도 ★★☆
絕對溫度

- 물질 특이성 의존 X
- 서울신문

켈빈 온도 또는 열역학적 온도라고도 함. 물질의 특이성에 의존하지 않는 절대적인 온도. 기호 K(켈빈)를 사용

> ● 섭씨온도 (℃)
> 물의 어는점과 물의 끓는점을 기준으로 정한 온도. 우리 주변에 물이 가장 흔한 물질이므로 주로 섭씨온도를 사용하지만, 모든 물질이 물을 기준으로 삼아서 움직이는 것이 아니므로 분자의 운동을 설명하는 데에는 적합하지 않음

683
에피데믹 ★☆☆
epidemic

- 국지적 유행병
- YTN, 머니투데이

한 국가나 대륙에서 질병이 빠르게 유행하는 현상

세계보건기구(WHO)의 감염병 대응 단계

1단계	동물 사이 전염
2단계	소수 사람 사이 전염
3단계	다수 사람 사이 전염
4단계(에피데믹)	세계적 유행병이 발생할 수 있는 초기상태
5단계	최소 2개국에서 인체감염 발생
6단계(팬데믹)	2개국 이상에 인체감염 발생 대유행

684
도플러 효과 ★★☆
Doppler effect

- 파원과 관측자
- 국악방송, MBC 아나운서

파동을 발생시키는 파원과 그 파동을 관측하는 관측자 중 하나 이상이 운동하고 있을 때 발생하는 효과

> **자세히 이해하기**
> 파원과 관측자 사이의 거리가 좁아질 때에는 파동의 주파수가 더 높게, 거리가 멀어질 때에는 파동의 주파수가 더 낮게 관측된다.

> ● 적색이동 (red shift)
> 여러 가지 원인에 의해 색이 장파장(적색편) 쪽으로 이동하는 것. 천체 물리학에서 도플러 효과에 의해 스펙트럼선이 장파장 쪽으로 편향됨

> **기출** 다음 중 음원과 듣는 사람이 상대적으로 가까워질 때 음파가 높게 들리고 멀어질 때는 낮게 들리는 현상은?
> : 도플러 효과

685 최신기출
엘니뇨**☆
El Niño

- 고온 현상
- YTN, 경향신문, 조선일보

동태평양 적도 부근 해수면 온도가 5개월 이상 평년보다 0.5도 이상 높은 상태가 지속되는 고온 현상

예문	많은 전문가가 지구촌 이상 고온의 원인을 온난화와 엘니뇨의 영향 탓이라고 설명했다.
기출	엘니뇨의 반대 현상은? : 라니냐

686
마그누스 효과**☆
Magnus effect

- 변화구
- 부산일보

유체 속에서 회전하며 운동하는 물체가 운동 방향의 수직으로 힘을 받아 경로가 휘는 현상

> **자세히 이해하기**
> 축구에서 감아차기나 야구에서 각종 변화구가 마그누스 효과를 이용한 것이다.

687
상고대*☆☆
rime

- 서리
- G1강원민방

영하의 온도에서도 액체 상태로 존재하는 물방울이 나무 등의 물체와 만나 생기는 서리

688
스페이스 클럽*☆☆
space club

- 11개국
- EBS 기자

자국 영토에서 자국 발사체로 자체 제작한 인공위성을 우주에 쏘아 올린 국가. 공식적인 단체는 아님

스페이스 클럽 가입국(11개국)
▲러시아(구 소련, 1957) ▲미국(1958) ▲프랑스(1965) ▲일본(1970) ▲중국(1970) ▲영국(1971) ▲인도(1980) ▲이스라엘(1988) ▲이란(2009) ▲북한(2012) ▲대한민국(2013)

> ● 스푸트니크 1호
> 1957년 구소련에 의해 발사된 세계 최초의 인공위성으로 스푸트니크(Sputnik)는 러시아어로 '동반자'라는 뜻

689
장보고과학기지 ★☆☆
張保皐科學基地

- 남극 대륙
- 국민일보

남극 대륙에 위치한 우리나라 과학기지로 2012년 2월 12일 완공

- 세종과학기지: 남극 대륙 부근의 킹조지섬에 건설된 한국 최초의 남극 과학기지로 남극 대륙이 아닌 남극권의 섬에 위치
- 북극다산과학기지: 북극에 가까운 노르웨이령 스발바르군도 니알슨에 건설된 국내 최초, 세계 12번째의 북극 과학기지
- 아라온: 남극과 북극을 오가며 연구 활동 및 구조 활동 등을 하고 있는 대한민국 최초의 연구용 쇄빙선

690
나로우주센터 ★☆☆

- 우주발사기지
- 연합뉴스, EBS 방송기술

우리나라 최초 우주발사체 발사기지. 전남 고흥군에 위치

예문: 전라남도는 2031년까지 나로우주센터를 중심으로 우주발사체 산업 클러스터 구축을 본격적으로 추진할 계획이다.

691
적정기술 ★☆☆
AT
Appropriate Technology

- 지속적인 생산 · 소비
- 한겨레신문 경영관리, KBS 방송저널리스트

낙후된 지역, 소외된 계층을 배려해 만든 기술로 큰 자본이 필요한 첨단 기술이 아닌 해당 지역에 맞도록 고안한 기술

자세히 이해하기: 1960년대 경제학자 슈마허가 창안한 개념으로, 한 공동체의 문화 · 정치 · 환경 등을 고려해 개발도상국 등 낙후된 지역에서 지속적인 생산과 소비를 할 수 있도록 만들어진 기술이다. 개발도상국에 기술을 이전할 때 필수적인 방식이 되었다.

692
파커 솔라 프로브 ★★★
Parker Solar Probe

- 최초 태양 탐사선
- 한겨레신문, 뉴시스

미국 항공우주국(NASA)가 2018년 8월 12일에 쏘아 올린 인류 최초의 태양 탐사선. 2024년 12월에는 태양에 가장 가까이 다가가는 비행에 성공함.

기출: 2018년 8월에 발사된 인류 최초의 태양 탐사선은?
: 파커 솔라 프로브

693
스마트 그리드 ★★★
smart grid

- 전력망
- 충북MBC, 이투데이

지능형 전력망. 정보기술을 전력망에 접목해 에너지 사용 효율을 극대화하는 신기술

자세히 이해하기

전력 공급자와 소비자가 쌍방향으로 전력 수급 정보를 교환해 소비자는 요금이 쌀 때 전기를 사용할 수 있고, 생산자는 전력 사용 현황을 실시간으로 파악해 전력 공급을 탄력적으로 조절할 수 있다.

기출 기존의 전력망에 정보기술을 접목해 전력공급자와 소비자가 양방향으로 실시간 정보 교환함으로써 에너지 효율을 최적화하는 차세대 지능형 전력망은?
: 스마트 그리드

694
그래핀 ★☆☆
graphene

- 꿈의 신소재
- 연합뉴스, UBC 울산방송

탄소 원자로 이루어진 원자 1개 두께의 얇은 막. 플렉서블 디스플레이나 전자종이, 착용식 컴퓨터 등에 활용될 미래 신소재로 주목

자세히 이해하기

- 구리보다 100배 이상 전기가 잘 통함
- 반도체로 주로 쓰이는 단결정 실리콘보다 100배 이상 전자를 빠르게 이동시킴
- 강도가 강철보다 200배 이상 강함
- 탄성이 뛰어나 늘리거나 구부려도 전기적 성질을 잃지 않음

○ **탄소나노튜브 (carbon nanotube)**
탄소 6개로 이루어진 육각형들이 연결된 관 형태의 신소재

695
RFID ★★☆
Radio Frequency IDentification

- 바코드, IC카드 내장
- KBS, 목포MBC, YTN

무선인식시스템. 반도체 칩의 데이터를 무선 주파수를 이용하여 읽어내는 인식 시스템. 생산에서 판매까지의 전 과정을 IC칩에 내장해 무선 주파수로 추적할 수 있어 바코드를 대체할 차세대 인식 기술로 꼽힘

기출 바코드 대체 기술로, IC카드를 내장한 것은?
: RFID

696
셰일가스 ★★★
shale gas

- 미국 개발
- TV조선, SBS

지표면 아래 모래와 진흙이 단단하게 굳어진 퇴적암층(셰일층) 안에 있는 가스. 지하 1000~3000m에 있음

> **자세히 이해하기**
>
> 석유처럼 한 지역에 치중되어 있지 않고 전 세계에 고르게 퍼져 있으며, 향후 지구가 100여 년간 쓸 수 있을 정도로 매장량이 막대해 차세대 에너지원으로 주목받고 있다. 미국이 개발을 주도하며 세계 최대 산유국으로 부상했다.
>
> **기출** 셰일가스를 약술하시오.

697
희토류 ★★☆
稀土類

- 희귀 광물
- SBS, 조선일보

희귀 광물의 한 종류로서 란탄, 세륨, 디스프로슘 등의 원소를 일컫는 말

> **자세히 이해하기**
>
> 우리나라는 현재까지 희토류를 전량 수입에 의존하고 있으며 그 규모는 연간 150억달러 이상으로 추정된다. 거의 대부분이 중국에서 생산된다. ▲화학적으로 안정되면서도 열을 잘 전달하고 ▲삼파장 전구, LCD 연마광택제, 반도체, 가전제품 모터자석, 광학렌즈, 전기차 배터리 합금 등의 생산에 필수적이다.

698
RAON ★☆☆
Rare isotope Accelerator complex for ON-line experiments
라온

- 중이온가속기
- 뉴시스

대한민국 기초과학연구원(IBS) 산하 중이온가속기건설구축사업단(RISP)에 속한 입자 가속기. 2025년 대전 외곽 신동지구에 완공 예정

699 최신기출
초전도 현상 ★★☆
superconductivity

- 전기저항 0
- SBS 방송기술, 조선일보

금속, 합금, 화합물 등의 전기저항이 어떤 일정 온도(전이 온도라 함) 이하에서 0이 되는 현상

> **초전도체 (superconductor)**
>
> 매우 낮은 온도에서 전기저항이 0에 가까워지는 초전도 현상이 나타나는 도체. 특정 온도 이하에서 전기저항이 완전히 사라짐. 내부에는 자기장이 들어갈 수 없고 내부에 있던 자기장도 밖으로 밀어내는 성질이 있어 자석 위에 떠오르는 자기부상현상을 나타냄

700 남조류 ★☆☆
藍藻類

- 엽록체 없는 조류
- 뉴스1

세균과 고등 식물의 중간에 위치한 1500여 종의 원시 광합성 생물을 통틀어 이르는 말

- 부영양화: 강·바다·호수 등의 수중생태계의 영양물질이 증가하여 조류가 급속히 증식하는 현상
- 녹조현상: 부영양화된 호수 또는 유속이 느린 하천에서 녹조류와 남조류가 크게 늘어나 물빛이 녹색이 되는 현상
- 적조현상: 수온 상승이나 대량의 담수 유입으로 영양염류가 급증해 플랑크톤이 이상 증식하면서 바다나 강 등의 색이 바뀌는 현상

701 이안류 ★☆☆ 최신기출
離岸流

- 되돌아가는 파도
- MBN

해안으로 밀려오던 파도가 갑자기 먼 바다 방향으로 빠르게 되돌아가는 해류

자세히 이해하기

바다 쪽에서 해안으로 강한 바람이 오래 불게 되면 바닷물이 해안 쪽으로 밀려와 쌓이게 되고 다시 외해로 에너지를 분출하게 되는데, 이때 쌓인 물이 바닷속의 수로와 협곡을 따라 이동하면서 모래를 쓸고 내려가 수로를 형성하며 일시적으로 이안류가 발생하게 된다. 이안류는 폭이 좁고 물살이 매우 빠르며 예측하기가 어렵다.

702 푄현상 ★★☆
Föhn phenomenon

- 높새바람
- 광주MBC, 한국언론진흥재단

습윤한 공기가 산을 넘어 반대쪽으로 불면서 고온건조한 바람으로 바뀌는 현상

자세히 이해하기

본래 지중해의 습기를 머금은 바람이 높은 알프스 산맥을 넘으면서 고온건조하게 변해 스위스 방면으로 부는 현상을 말하며 우리나라에서 푄현상에 의해 나타나는 고온건조한 바람은 높새바람이라고 한다.

기출 푄현상으로 옳지 않은 것은?
: 습한 바람이 분다.(⇨ 고온건조한 바람이 분다.)

703
높새바람 ★★★

- 고온건조
- 충북MBC, YTN 방송기자

늦은 봄에서 초여름에 걸쳐 동해로부터 태백산맥을 넘어 불어오는 고온건조한 바람

- 부샛바람: 동쪽에서 불어오는 바람
- 하늬바람: 서쪽에서 불어오는 서늘하고 건조한 바람
- 마파람: 남쪽에서 불어오는 바람
- 된바람: 북쪽에서 빠르고 세게 부는 바람

704
양간지풍 ★★☆
襄杆之風

- 강원도 산불 원인
- 한겨레신문

봄철 동해안의 양양과 간성 지방 사이에서 잘 나타나는 남서풍. 양강지풍이라고도 불림

자세히 이해하기

2019년, 2022·2023년 강원도 강릉에서 발생한 산불의 원인으로 양간지풍이 지목됐다. 기후변화로 인해 강설일수가 줄고 건조한 날씨 및 잦은 강풍이 산불 발생위험을 높이고 있다. 앞서 1996년에도 고성 산불을 비롯해, 2005년 양양 산불 등 대형 산불의 원인으로 양간지풍이 지목된 바 있다.

705
사이클론 ★★☆
cyclone

- 열대 저기압
- 한국언론진흥재단

인도양, 아라비아해, 벵골만에서 발생하는 열대 저기압

발생 지역에 따른 열대 저기압 명칭

발생 지역	명칭
북태평양 서부	태풍
호주 부근 남태평양	사이클론
인도양·아라비아해·벵골만	사이클론
대서양·북태평양 동부	허리케인

정보통신
(IT)

706
프레온가스 *☆☆
freon gas

- 오존층 파괴
- 영남일보, SBS 뉴스텍

염화불화탄소(CFC). 염소와 불소를 포함한 일종의 유기 화합물. 공기 중에 나온 후 분해되지 않아 결국 성층권에 있는 오존층을 파괴함. 냉장고, 에어컨 등의 냉매로 주로 사용

> **자세히 이해하기**
> 프레온이 오존층을 파괴한다는 사실이 밝혀진 후 1985년의 빈조약과 1987년의 몬트리올의정서에 의해 프레온은 제조와 수입이 모두 금지됐다. 세계 각국에서는 프레온 가스의 대체 물질 개발이 활발하게 진행 되고 있다. 2024년 에너지기술연구원에서는 국내 최초로 프레온 가스 대신 공기를 냉매로 쓰는 냉동 기술을 개발했다.

707
전고체 배터리 **☆
solid state battery

- 차세대 배터리
- 이투데이

전해질이 액체가 아닌 고체 상태인 차세대 배터리

> **자세히 이해하기**
> 전해질이 고체인 전고체 배터리는 구조적으로 단단해 안정적이며, 전해질이 훼손되더라도 형태를 유지할 수 있다. 이에 전고체 배터리는 전기차 시장을 이끌 차세대 배터리로 각광받고 있다.

708
빅스비 ***☆
Bixby

- 삼성 AI
- TV조선, 채널A

삼성전자가 자체 개발한 음성 인식 플랫폼. 갤럭시 스마트폰 시리즈에 탑재된 인공지능(AI) 가상 비서

음성 기반 AI

기업	AI 명칭
구글	구글 어시스턴트(Google Assistant)
아마존	알렉사(Alexa)
애플	시리(Siri)
마이크로소프트	코타나(Cortana)

709
필터버블 ***
filter bubble

- 맞춤 정보의 폐해
- KBS, YTN

애플·구글·페이스북 등 대형 인터넷·IT업체들이 이른바 맞춤 정보를 제공하면서 개별 사용자들이 점점 특정 정보만 편식하게 되는 현상

> **예문**
> 2024년 미국 뉴욕주 의회에서는 청소년이 SNS(유튜브, 인스타그램, 틱톡 등)를 사용할 때 알고리즘으로 콘텐츠를 추천하는 것을 금지하는 법안을 통과시켰다.

710 최신기출
블록체인***
blockchain

- 분산, 관리
- 스튜디오S, SBS, 한국일보

거래 정보를 기록한 원장을 특정 기관 중앙 서버가 아니라 여러 네트워크에 분산해, 참가자들이 공동으로 기록·관리하는 기술

> **자세히 이해하기**
>
> 개인 간(P2P) 네트워크로, 블록체인을 온라인 금융 서비스에 접목시키면 중앙관리자 역할이 필요 없고 보안성이 높아져 해킹을 막을 수 있을 것으로 기대된다.

711 최신기출
컴퓨터 저장용량 단위***

- 비트, 바이트
- 방송통신심의위원회, 전자신문, SBS

- 1바이트(Byte) = 8비트(bit)
- 1킬로바이트(KB) = 1024B
- 1메가바이트(MB) = 1024KB
- 1기가바이트(GB) = 1024MB
- 1테라바이트(TB) = 1024GB
- 1페타바이트(PB) = 1024TB(10억 MB)
- 1엑사바이트(EB) = 1024PB(1조 MB)
- 1제타바이트(ZB) = 1024EB
- 1요타바이트(YB) = 1024ZB

기출 1테라바이트는 몇 바이트인가?
: 약 1조 바이트

712
SSD**☆
Solid State Drive

- 반도체, 저장장치
- 춘천MBC, 헤럴드경제

솔리드 스테이트 드라이브. 반도체를 이용한 컴퓨터 정보 저장장치로 하드디스크드라이브(HDD)에 비하여 속도가 빠르고 발열·소음이 적으며 소형·경량화 가능

713
램***
RAM
Random Access Memory

- SRAM, DRAM
- 뉴스1, 서울경제신문

데이터나 프로그램을 자유롭게 읽고 쓸 수 있는 기억장치(메모리)

- SRAM : 전원 공급이 지속되는 한 기억이 유지되나 전원이 끊기면 정보가 모두 지워지는 휘발성 메모리
- DRAM : 전원을 넣은 상태에서도 일정 주기마다 동작을 가하지 않으면 정보가 지워지는 메모리
- PRAM : 위상변화 메모리. 전원을 끊어도 데이터가 그대로 보존되며 플래시 메모리보다 읽고 쓰는 속도가 100배 이상 빠름

714
프로토콜 경제 ★☆☆
protocol economy

- 탈중앙화 플랫폼
- 연합인포맥스

블록체인 기술을 기반으로 개인 간 프로토콜을 정해 거래하는 생태계

> **자세히 이해하기**
> 플랫폼 기업에 의한 수동적인 분배가 아니라, 시스템에 의해 공정하게 분배가 이뤄지는 탈중앙화 플랫폼 생태계를 지향한다. 프로토콜은 통신 규약이란 뜻이며 시장 참여자들이 자유롭게 만들어가는 규약이란 의미로 쓰인다.

715
플래시 메모리 ★☆☆
flash memory

- 비휘발성
- 대전MBC, 한겨레신문

전원이 끊어져도 저장된 정보가 지워지지 않는 비휘발성 기억장치

- 낸드(NAND)플래시 메모리: 저장 용량이 큰 데이터 저장형 메모리
- 노어(NOR)플래시 메모리: 처리속도가 빠른 코드 저장형 메모리
- SRAM: 전원 공급이 지속되는 한 기억이 유지되나 전원이 끊어지면 지워지는 메모리
- DRAM: 전원이 공급되더라도 주기적으로 재충전되어야 기억을 유지하며 전원이 끊어지면 지워지는 메모리

716
프롭테크 ★★☆
proptech

- 부동산 서비스 산업
- 서울경제

정보통신기술(ICT)을 결합한 부동산 서비스 산업

> ✅ **레그테크 (regtech)**
> AI를 활용해 복잡한 금융규제를 기업들이 쉽게 이해하고 지킬 수 있도록 하는 기술

717
쉐어웨어 ★★☆
shareware

- 일정 기간 사용
- SBS 방송기술, 국민일보

자유롭게 사용할 수 있도록 공개해놓고 일정 기간 사용한 뒤에는 대금을 지불하고 정식 사용자 등록을 하라고 유도하는 소프트웨어

> ✅ **프리웨어 (freeware)**
> 무료로 복제하고 사용할 수 있도록 한 공개 소프트웨어

718
프록시 서버★★☆
proxy server

- 중개자
- MBN 촬영기자

클라이언트와 인터넷 서버 사이에서 중개자 역할을 하는 서버

프록시 서버의 주요 기능

방화벽 (firewall)	컴퓨터의 정보 보안을 위해 정보통신망에 불법적으로 접근하는 것을 차단
캐시 (cache)	데이터 중 사용자의 요청이 많은 것을 프록시 서버에 저장해 두었다가 사용자의 요청이 있을 경우 신속하게 전달

719
IPv6★★★
Internet Protocol version 6

- 인터넷주소
- 충북MBC, 춘천MBC

IPv4의 IP 주소공간을 128비트로 확장해 주소의 개수를 크게 증가시킨 차세대 인터넷주소 체계

> **자세히 이해하기**
>
> IPv4는 약 43억 개(2의 32제곱)의 인터넷주소를 만들어 낼 수 있지만, IPv6는 2의 128제곱(43억×43억×43억×43억)개의 주소를 생성할 수 있어 인터넷주소 부족 현상을 해결할 수 있다.

720
매크로★★☆
macro

- 자동화 프로그램
- 아이뉴스24, SBS

여러 개의 명령어를 묶어서 하나의 키 입력 동작으로 만든 것

> **자세히 이해하기**
>
> 뮤지컬, 공연, 팬사인회 등 티켓을 암표상들이 매크로를 이용하여 사재기 한 뒤 되팔아 일반 소비자들의 피해가 커지고 있다. 2024년 3월에 공연법이 개정되며 매크로를 이용한 암표 거래를 전면 금지했지만, 매크로 사용을 입증하지 않으면 처벌 할 수 없어 사실상 암표 근절을 할 수 없는 상태다.

721
망중립성 ★★★
net neutrality

- 트래픽
- 한겨레, 매일경제

유무선 통신네트워크를 서비스 사업자에게 평등하게 제공해야 한다는 원칙.

자세히 이해하기

망중립성 규제는 통신사가 망 부하 등을 이유로 특정 소비자의 트래픽(전송량)을 차단하거나 일정량을 배급·통제하려는 행위를 규제하고 소비자가 대용량 콘텐츠에 자유롭게 접근할 수 있도록 하는 것이다. 2018년 트럼프 1기 행정부에서 폐지되었으나, 조 바이든 전 대통령이 2021년에 규제를 재도입했다. 하지만 2025년 미국 연방법원이 연방통신위원회는 통신망 사업자가 인터넷 콘텐츠 서비스 접근을 늦추거나 차단하는 것에 권한이 없다고 판결하며, 사실상 망중립성 규제가 폐지되었다.

722
코덱 ★☆☆
CODEC
COder-DECoder

- 변환장치
- KBS 영상제작, MBC 방송기술

아날로그 신호와 디지털 신호 사이의 신호 변환장치

기출 UHD 방송을 위한 코덱은?
: HEVC (High Efficiency Video Coding)

723
ISP ★☆☆
Internet Service Provider
인터넷서비스제공자

- 웹호스팅
- MBN, 울산MBC

개인이나 기업에 인터넷 접속, 웹 사이트 구축, 웹호스팅(웹 서버 임대) 등의 서비스를 제공하는 회사

기출 국내 ISP 업체는?
: SK브로드밴드, KT, LG유플러스

724
랜섬웨어 ★★★
ransomware

- 악성코드
- 아이뉴스24, 목포MBC

PC 파일에 암호를 걸어 열지 못하게 한 뒤 복구 암호를 대가로 돈을 요구하는 악성코드

자세히 이해하기

지방자치단체를 대상으로 한 랜섬웨어 공격이 이어지고 있지만, 예산 부족의 이유로 랜섬웨어 대응에 소홀해져 개인정보 유출, 민원 처리 지연 등의 부작용이 일어날 가능성이 높아지고 있다.

725
스몸비 ★☆☆
smombie

- 스마트폰 중독
- 이투데이

'스마트폰'과 '좀비'를 합성한 말로, 스마트폰 화면을 들여다보느라 길거리에서 고개를 숙이고 걷는 사람

> **기출** 스마트폰을 들여다보며 길을 걷는 사람을 일컫는 용어는?
> : 스몸비

726
와이파이 ★☆☆
Wi-Fi
Wireless-Fidelity

- AP, LAN
- 충북MBC, 전자신문

무선접속장치(AP)가 설치된 곳의 일정 거리 안에서 초고속인터넷 접속이 가능한 근거리통신망

> **자세히 이해하기**
> 와이파이 얼라이언스(Wi-Fi Alliance)의 상표명으로, IEEE 802.11[전기전자기술자협회(IEEE) 표준 규칙들의 계열] 기반의 무선랜 연결과 Wi-Fi 단말기 간 연결(와이파이 P2P), PAN/LAN/WAN 구성 등을 지원하는 일련의 기술이다.

> **기출** 와이파이와 와이브로의 차이점은?

727
블루투스 ★☆☆
bluetooth

- 무선전송
- 춘천MBC, SBS

휴대폰, 음향기기, PC 등 전자 기기를 서로 연결해 무선 데이터 통신을 가능하게 해주는 근거리 무선전송 기술

> ✓ **페어링 (pairing)**
> 블루투스 기기를 서로 연결하여 동작할 수 있도록 등록하는 과정

728
NFC ★★☆
Near Field Communication

- 비접촉식
- 충북MBC, 경남MBC

10cm 정도의 근거리에서 낮은 전력으로 단말기 간 데이터를 전송할 수 있으며 정보를 읽고 쓰는 것이 가능한 비접촉식 '근거리 무선통신 방식'

729
OLED ★★★
Organic Light Emitting Diode

- 자체발광형
- KBS, MBN, 시사저널, 전자신문

유기발광다이오드. 형광성 유기화합물에 전류가 흐르면 빛을 내는 발광현상을 이용하여 만든 자체발광형 유기물질

> **자세히 이해하기**
> OLED는 LCD에 비해 시야각이 넓고 응답속도가 빠르다. 백라이트(후광) 없이 스스로 빛을 내기 때문에 색재현율과 명암비도 훨씬 뛰어나다.

> **◉ LCD (Liquid Crystal Display)**
> 2개의 유리판 사이에 액정을 주입하고 전기적인 압력에 의한 액정 분자의 광학적 굴절 변화를 이용해 문자나 영상을 표시하는 장치

730
다크웹 ★★☆
dark web

- 불법 정보 웹
- 경향신문

일반적인 검색엔진으로 찾을 수 없어 주로 불법적인 정보가 거래되는 웹. 딥웹(deep web), 섀도웹(shadow web)이라고도 함

731
증강현실 ★★★
AR
Augmented Reality

- 현실 세계, 가상 물체
- 이데일리, 방송통신심의위원회

현실 세계에 3차원의 가상 물체를 겹쳐 보여주는 기술

> **자세히 이해하기**
> 스마트폰 카메라로 주변 거리를 비추면 인근 상점의 위치나 전화번호 등의 정보가 입체영상으로 표기되는 것이 사례다.

732
가상현실 ★★☆
VR
Virtual Reality

- 가상 세계
- 목포MBC, 방송통신심의위원회

인간의 시각·청각·촉각 등에 작용하여 마치 현실처럼 느껴지는 가상 세계

> **◉ 시뮬레이션 (simulation)**
> 어떠한 현상이나 사건을 컴퓨터로 모형화해 가상으로 수행시켜 봄으로써 실제 상황에서의 결과를 예측하는 것

733
홀로그램 ★☆☆
hologram

- 입체 영상
- MBC 아나운서

레이저 광선이 만나 일으키는 빛의 간섭효과를 이용해 2차원 평면에 3차원 입체 영상을 기록하는 기술

| 기출 | 홀로그램은 빛의 어떠한 원리를 이용한 것인가?
: 간섭효과 |

734 최신기출
IPTV ★★☆
Internet Protocol TV

- 인터넷, 텔레비전
- KNN, 춘천MBC, SBS

인터넷을 통해 텔레비전 방송을 제공하는 서비스. 시청자가 자신이 원하는 프로그램만 볼 수 있다는 점이 특징

| 기출 | 다음 중 등장 순서대로 나열한 것은?
: 케이블방송-위성방송-지상파DMB-IPTV |

| 기출
변형 | 다음 중 등장 순서대로 나열한 것은?
: 케이블방송 - 위성방송 - 지상파DMB - IPTV - OTT |

735
ASMR ★★☆
Autonomous Sensory Meridian Response

- 자율 감각 쾌락 반응
- TV조선, SBS

특정 자극을 통해 심리적 안정이나 쾌감을 느끼는 감각적 경험

> ✅ 백색소음 (white noise)
> 파도 소리나 빗소리, 카페의 소음 등 넓은 음폭을 가지고 있어 귀에 쉽게 익숙해지는 소음

| 기출 | 바람이 부는 소리, 연필로 글씨를 쓰는 소리 등 뇌를 자극해 심리적인 안정을 유도하는 영상은?
: ASMR |

736
HTML5 ★★★
Hyper Text Markup Language 5

- 웹 표준
- KBS 방송기술

웹 표준. 웹사이트를 만들기 위해 사용되는 기본 프로그래밍 언어인 HTML(Hyper Text Markup Language)의 최신 규격

| 예문 | 웹 표준화 기구인 월드와이드웹컨소시엄(W3C)은 2014년 말 HTML5를 공식 웹 표준으로 확정했다. |

737 디지털 워터마크 ★☆☆
digital watermark

- 저작권 보호 기술
- 방송통신심의위원회

디지털 이미지나 오디오 및 비디오 파일 등 어떤 파일에 대한 저작권정보를 식별할 수 있도록 특정 암호를 부호화하여 파일에 삽입한 비트패턴

예문 2025년 구글은 AI를 이용하여 편집된 사진, 음성, 영상, 텍스트 파일에 디지털 워터마크를 추가할 예정이라 발표했다.

738 최신기출 넷플릭스 ★★★
Netflix

- 스트리밍
- 춘천MBC, TV조선, SBS

세계 최대의 유료 동영상 스트리밍 서비스 기업

자세히 이해하기
넷플릭스는 DVD 배달 서비스를 하다가 사양길에 접어들자 2009년 영화, 미국드라마 등을 인터넷 스트리밍해주는 OTT 서비스 사업으로 급속히 확장했다.

✓ **스트리밍 (streaming)**
인터넷에서 동영상이나 음향, 애니메이션 등의 파일을 다운로드 없이 실시간으로 재생해 주는 기법

기출 다음 중 넷플릭스가 제작한 콘텐츠가 아닌 것은?
- 슈츠
- 하우스 오브 카드
- 방랑의 미식가
- 마르코폴로
- 옥자

: 슈츠

739 알트코인 ★☆☆
altcoin

- 비트코인 나머지
- 연합뉴스, MBN

대표적 암호화폐(가상통화) 비트코인을 제외한 나머지 가상화폐. '대안적 코인'을 의미하는 얼터너티브 코인(alternative coin)의 줄임말

740 코드커터족 ★☆☆
cord cutters族

- 탈(脫)TV
- 한겨레신문

지상파와 케이블 등 기존 TV 방송 서비스를 해지하고 스마트폰, 태블릿 PC 등 인터넷이 가능한 모든 단말기를 통해 방송을 보는 소비자

기출 코드커터족에 대해 서술하시오.

741
세컨드 스크린 ★☆☆
second screen

- TV 시청 보조 기기
- 여수MBC, MBN

TV 시청의 보조 기능을 수행하는 스마트폰, 태블릿 PC 등과 같은 전자 기기를 일컫는 개념

> ✅ **소셜(social) TV**
> TV 시청 중 세컨드 스크린을 이용해 소셜네트워크서비스(SNS)에 의견을 공유하는 기능

742
3D 프린터 ★☆☆
3D printer

- 입체 프린터
- 동아이지에듀

컴퓨터 디자인 프로그램으로 만든 3차원(3D) 도면을 바탕으로 실물의 입체 모양 그대로 찍어내는 기계

> **자세히 이해하기** 🔍
> 간단한 플라스틱 제품부터 자동차, 인공 장기까지 뭐든 빠르고 저렴하게 만들 수 있어 제조업의 지각변동을 가져올 전망이다.

743
유튜브 플레이버튼 ★★☆
YouTube Creator Awards

- 실버, 골드, 다이아
- SBS

왕성한 활동을 한 유튜버(크리에이터)에게 유튜브 측에서 주는 기념품. 정식 명칭은 유튜브 크리에이터 어워즈

채널 구독자 수	플레이버튼
10만 이상	실버 버튼
100만 이상	골드 버튼
1000만 이상	다이아몬드 버튼
5000만 이상	루비 버튼
1억 이상	레드다이아몬드 버튼

744 최신기출
이그노벨상 ★☆☆
Ig Nobel Prize

- 노벨상 패러디
- 조선일보, SBS

'불명예스러운'이라는 뜻의 이그노블(ignoble)과 노벨(Nobel)의 합성어로, 하버드 대학이 노벨상을 유머러스하게 패러디해 기발하고 황당한 과학연구에 수여하는 상. 2023년에는 한국인 과학자 박승민 박사가 이그노벨상 공공보건상을 수상함.

745
MMORPG ★★★
Massive Multiplayer Online
Role Playing Game

- 다중 롤 플레잉
- SBS 예능PD, 코리아헤럴드

대규모 다중사용자 온라인 롤 플레잉 게임의 줄임말. 온라인으로 연결된 여러 플레이어가 같은 공간에서 동시에 즐길 수 있는 게임

746
마이크로 블로깅 ★☆☆
micro blogging

- 트위터
- EBS PD

블로거가 올린 한두 문장 정도 분량의 단편적 정보를 해당 블로그에 관심이 있는 개인들에게 실시간으로 전달하는 통신 방식. X(구 트위터)가 대표적

747
판옵티콘 ★★★
Panopticon

- 교도소, 감시
- 이투에이, 제주MBC

- 컴퓨터 통신망과 데이터베이스를 통해 개인의 사생활을 감시·침해하는 대상을 비유하는 말
- 18C 말 영국 철학자 제레미 벤담(Jeremy Bentham, 1748~1832)이 이상적인 교도소로 고안한 건축 양식

> **자세히 이해하기**
>
> 중앙의 원형감시탑에서 수용실을 감시할 수 있지만 수용자들은 감시자를 쳐다볼 수 없는 구조다. 따라서 수용자들은 감시자의 존재가 드러나지 않아도 항상 감시당하고 있는 것으로 인식한다. 프랑스의 철학자 미셸 푸코(Michel Foucault, 1926~1984)가 1975년 그의 저서 『감시와 처벌』에서 현대의 컴퓨터 통신망과 데이터베이스로 개인의 사생활을 감시·침해하는 것을 죄수들을 감시하는 판옵티콘에 비유했다.

748
화이트해커 ★★☆
white hacker

- 정보보안 전문가
- 여수MBC

서버의 취약점을 연구해 보안기술을 개발하거나 해킹을 막아내는 역할을 하는 정보보안 전문가

> ✅ 블랙해커 (black hacker)
> 고의적인 목적을 갖고 악의적으로 인터넷 시스템을 파괴하는 해커

749
디도스★★★
DDoS
Distributed Denial of Service

- 패킷
- KBS 예능PD, SBS 방송기술

분산서비스거부공격. 여러 대의 공격자를 분산 배치해 동시에 동작하게 함으로써 특정 사이트를 공격하는 해킹 방식

> **자세히 이해하기**
>
> 공격 목표사이트의 컴퓨터 시스템이 감당할 수 없는 엄청난 분량의 패킷(데이터의 전송단위)을 보내 네트워크 성능을 저하시키거나 시스템을 마비시키는 수법이다.

750 최신기출
무어의 법칙★★★
Moore's law

- 18개월, 2배
- 청주MBC 방송기자, 뉴시스, 대전MBC

반도체의 용량이 18개월마다 2배씩 증가한다는 법칙. 인텔 공동창업자 고든 무어의 1965년 주장에서 유래

751
황의 법칙★★☆
Hwang's law

- 1년, 2배
- 전자신문, 문화일보

반도체의 용량이 1년마다 2배씩 증가한다는 법칙. 2002년 당시 황창규 삼성전자 기술총괄 사장(2020년 KT 회장 퇴임)의 주장에서 유래

752
메트칼프의 법칙★★☆
Law of Metcalfe

- 네트워크 규모, 가치
- 전자신문, 부산일보

네트워크의 규모가 커지면 그에 따른 비용의 증가 규모가 감소하지만 네트워크의 가치는 기하급수적으로 증가한다는 이론. 인터넷은 적은 노력으로도 커다란 결과를 얻을 수 있다는 의미

753
미러사이트★★☆
mirror site

- 복사, 사이트
- 포항MBC

네트워크 효율을 향상시키기 위해 다른 사이트의 정보를 거울처럼 그대로 복사하는 사이트

754
스푸핑 ★★☆
spoofing

- 권한 획득, 해킹
- YTN, 청주MBC

네트워크에 불법적으로 침입해 사용자의 시스템 권한을 획득한 뒤 정보를 빼가는 해킹 수법

> ⊙ 스머핑 (smurfing)
> 초당 엄청난 양의 접속신호를 한 사이트에 집중적으로 보냄으로써 상대 컴퓨터의 서버를 접속 불능 상태로 만드는 해킹 수법

755
카피캣 ★☆☆
copycat

- 모방
- 뉴스토마토

잘 팔리는 제품을 그대로 모방해 만든 미투 상품을 지칭. 남을 모방하는 사람이나 기업을 일컫기도 함

> ⊙ 미투(me too) 상품
> 1위 브랜드 또는 인기 브랜드와 유사한 상품

756
사이버스쿼팅 ★☆☆
cybersquatting

- 도메인, 선점
- 디지털 타임스, 국제신문

투기나 판매의 목적으로 유명인이나 유명단체의 이름을 딴 도메인을 먼저 등록해 놓는 선점 행위

757
프랜드 ★★☆
FRAND

- 기술 표준
- 문화일보, 국민일보

한 기업의 특허가 기술 표준으로 채택되면 타 회사들이 그 특허를 쓰고자 할 때 특허권자가 '공정하고 합리적이며 비차별적(Fair, Reasonable And Non-Discriminatory)'으로 협의해야 한다는 조건

758
디지털 노마드 ★★☆
digital nomad

- 인터넷 기기, 유목민
- KBS

인터넷과 업무에 필요한 각종 기기·작업 공간만 있으면 시간·장소에 구애받지 않고 일할 수 있는 유목민

> **자세히 이해하기**
> 캐나다의 미디어 이론가인 마샬 맥루한은 "미래 사람들은 빠르게 움직이면서 전자제품을 이용하는 유목민이 될 것이다"라고 디지털 노마드를 예언했다.

> **기출** 디지털 노마드를 약술하시오.

759
초거대 AI ★★☆

- 차세대 AI
- 이투데이

일반 컴퓨터보다 연산 속도가 훨씬 빠른 슈퍼컴퓨팅 인프라로 대용량 데이터를 학습한 차세대 AI

자세히 이해하기

일론 머스크 테슬라 창업자가 세운 오픈AI가 2018년 초거대 AI 'GPT-1'을 처음 소개했다. GPT-1은 1억1700만 개의 파라미터(매개변수)로 학습했으며, 2020년 후속 모델 'GPT-3'의 파라미터 수는 이보다 1000배 이상 많은 1750억 개에 달한다. 이론상 파라미터가 많을수록 AI가 더 정교한 학습을 할 수 있다고 알려져 있다. LG AI 연구원은 2021년 12월 초거대 AI '엑사원(EXAONE)'을 공개했다. 엑사원은 국내 최대인 약 3000억 개의 파라미터를 보유하고 있다. 2025년 LG는 엑사원을 기반으로 저작권법, 판례, AI규제 등을 고려하여 데이터의 위험성을 분석하고 위험 등급을 평가하는 AI인 넥서스를 선보였다.

760
GOS ★☆☆
Game Optimizing Service

- 게임최적화서비스
- SBS디지털뉴스랩

기기의 과열과 스로틀링 문제를 막기 위해 고사양 게임 등 실행 시 인위적으로 기기 성능을 낮추는 삼성전자 스마트폰의 기능

자세히 이해하기

삼성전자는 이전 스마트폰부터 GOS 기능을 적용했지만 이 기능을 무효화할 수 있었다. 그러나 2022년 갤럭시 S22 시리즈부터 GOS 탑재가 의무화돼 삭제가 불가능해졌다. 이에 구매자들은 삼성전자가 전작보다 성능이 뛰어나다고 과대광고를 내세우면서 GOS를 통해 기기 성능을 의도적으로 낮춰 구매자를 속였다고 불만을 터뜨렸다.

SPEED CHECK 스피드 체크

중요 용어! 제대로 이해했는지 빠르게 점검하고 넘어가자!
답이 바로 생각나면 ○, 고민했다면 △, 틀렸다면 × 표시해서 완벽하게 정리하세요.

주관식 문제	확인
01 마이크로, 나노, 피코, 펨토 중 가장 작은 단위는?	○ □ × □ △ □

◀ 정답 : 펨토

02 파동을 발생시키는 파원과 그 파동을 관측하는 관측자 중 하나 이상이 운동하고 있을 때 발생하는 효과는?

◀ 정답 : 도플러 효과

03 세계 최초의 인공위성은?

◀ 정답 : 스푸트니크 1호

04 지표면 아래 모래와 진흙이 단단하게 굳어진 퇴적암층 안에 있는 가스는?

◀ 정답 : 셰일가스

05 삼성전자가 자체 개발한 인공지능(AI) 가상 비서는?

◀ 정답 : 빅스비

06 한 국가나 대륙에서 질병이 빠르게 유행하는 현상은?

◀ 정답 : 에피데믹

주관식 문제　　　　　　　　　　　　　확인

07 남극 대륙에 위치한 우리나라 과학기지는?

◀ 정답 : 장보고과학기지

08 봄철 동해안의 양양과 간성 지방 사이에서 나타나는 바람은?

◀ 정답 : 양간지풍

09 유무선 통신네트워크를 서비스 사업자에게 평등하게 제공해야 한다는 원칙은?

◀ 정답 : 망중립성

10 전원 공급이 지속되는 한 기억이 유지되지만 전원이 끊기면 지워지는 휘발성 메모리는?

◀ 정답 : SRAM

11 IPv4를 대폭 확장한 차세대 인터넷주소 체계는?

◀ 정답 : IPv6

12 전남 고흥군에 위치한 우리나라 최초 우주발사체 발사기지는?

◀ 정답 : 나로우주센터

13 희귀 광물의 한 종류로서 란탄, 세륨, 디스프로슘 등의 원소를 일컫는 말은?

◀ 정답 : 희토류

| 주관식 문제 | 확인 |

14 홀로그램은 빛의 어떠한 원리를 이용한 것인가?

◀ 정답 : 간섭효과

15 PC 파일에 암호를 걸어 열지 못하게 한 뒤 복구 암호를 대가로 돈을 요구하는 악성코드는?

◀ 정답 : 랜섬웨어

16 세계 최대의 유료 동영상 스트리밍 서비스 기업은?

◀ 정답 : 넷플릭스

17 비트코인을 제외한 나머지 암호화폐(가상통화)를 일컫는 말은?

◀ 정답 : 알트코인

18 여러 대의 공격자를 분산 배치해 특정 사이트를 공격하는 해킹 방식은?

◀ 정답 : 디도스

19 반도체의 용량이 18개월마다 2배씩 증가한다는 법칙은?

◀ 정답 : 무어의 법칙

20 인터넷과 업무에 필요한 각종 기기·작업 공간만 있으면 시간·장소에 구애받지 않고 일할 수 있는 유목민은?

◀ 정답 : 디지털 노마드

Part 04

언론사 기출 최신 일반상식

기출복원 모의고사

2024 연합뉴스 TV
2024 뉴시스
2024 조선미디어
2024 한국일보
2024 스튜디오S

기출복원 모의고사

연합뉴스 TV, 뉴시스, 조선미디어, 한국일보, 스튜디오S의
2024년 기출복원 상식 문제를 풀어보며 실전의 감을 익혀보세요.

연합뉴스 TV

1 다음 중 슬로시티에 관한 설명으로 옳지 않은 것은?

① 슬로푸드 운동으로부터 시작되었다.
② 해당 지역의 문화 및 경제 살리기 운동이다.
③ 현대문명을 부정하고 반대한다.
④ 한국의 전남 신안군과 강원 영월군은 국제 슬로시티에 포함된다.
⑤ 1999년 이탈리아에서 시작되었다.

2 다음 〈보기〉의 빈칸에 들어갈 말은?

┤ 보기 ├
(   )는 유명인 등의 자살이 있은 후 그것을 모방한 자살이 잇달아 일어나는 현상이다. 이것은 괴테의 소설에서 유래한 것으로 소설 속 주인공이 자살하자, 소설 속 주인공을 모방한 사람들의 자살이 급증하며 이러한 이름이 붙여졌다.

① 파파게노 효과
② 피그말리온 효과
③ 로젠탈 효과
④ 베르테르 효과
⑤ 나비 효과

3 다음 〈보기〉의 빈칸에 들어갈 말은?

┤ 보기 ├
(   )은/는 영국의 전래 동화에 등장하는 금발 머리 소녀이름에서 유래한 말이다. 이 소녀는 숲속의 곰 가족이 사는 집에 무단침입한 뒤 곰이 끓인 뜨겁고 차갑고 적당한 수프 중 적당한 것을 먹고 기뻐한다. 이처럼 성장세가 지속되더라도 인플레이션의 우려가 거의 없는 이상적인 경제상황을 비유한 것이다.

① 방카슈랑스
② 데드크로스
③ 블록딜
④ 체리피커
⑤ 골디락스

4 현재 주식을 소유하지 않고 있음에도 향후 주가가 하락할 것을 예상하고 주식을 빌려 판 뒤, 실제 주가가 하락하면 같은 종목을 싼값에 되사서 차익을 챙기는 매매기법은?

① 공매도
② 양적완화
③ 서킷브레이커
④ 스톡옵션
⑤ IPO

5 본래는 한 나라가 특정 국가에 대해 모든 경제교류를 중단하는 통상금지를 뜻하는 경제 용어이지만, 언론에서는 어떤 뉴스의 보도를 일정 시간까지 유보하거나 이를 요청하는 의미로 쓰이는 말은?

① 스쿠프
② 오프더레코드
③ 엠바고
④ 홀드백
⑤ 퍼블리시티권

6 20%의 상품 또는 상위 20%의 고객이 총매출의 80%를 차지한다는 경제용어는?

① 파레토 법칙
② 그레셤의 법칙
③ 파킨슨의 법칙
④ 롱테일 법칙
⑤ 세이의 법칙

7 소비자가 자발적으로 이메일, 블로그, SNS 등 전파 가능한 매체를 통해 기업이나 제품 소식을 널리 퍼트리도록 하는 마케팅 기법은?

① 프로슈머 마케팅
② 리텐션 마케팅
③ 노이즈 마케팅
④ 바이럴 마케팅
⑤ 니치 마케팅

8 다음 〈보기〉의 빈칸에 들어갈 말은?

┤ 보기 ├
2008년 하버드대학교의 로런스 레식 교수가 최초로 사용한 용어로, 제품이나 서비스를 소유하는 것이 아니라, 필요에 의해 공유하는 활동을 말한다. (　　)의 대표적인 사례로는 에어비앤비, 우버 등이 있다.

① 외부경제
② 공유경제
③ 미코노미
④ 뱀파이어 경제
⑤ 구독경제

9 가계의 소비지출 중 주거비가 차지하는 비율을 의미하는 지수는?

① MSCI 지수
② 빅맥지수
③ 라떼지수
④ 패리티지수
⑤ 슈바베지수

10 다음 중 장기수선충당금에 관한 설명으로 옳지 않은 것은?

① 장기수선충당금이란 장기수선계획에 따른 공동 주택의 보수 및 주요시설 교체에 필요한 금액이다.
② 세입자가 장기수선충당금을 납부한 경우, 해당 금액은 주택의 소유자에게 청구 할 수 없다.
③ 장기수선충당금은 공동주택의 사용승인일부터 1년이 경과한 날이 속하는 달부터 매월 적립한다.
④ 장기수선충당금을 법에 따른 용도 외의 목적으로 사용한 자는 과태료를 부과받는다.
⑤ 공동주택이 분양되지 않았을 경우, 해당 세대의 장기수선충당금은 사업주체가 부담해야 한다.

11 기존에 쓰레기로 간주했던 것들을 새로운 제품으로 재탄생시켜 부가가치를 창출하는 것은?

① 리사이클링
② 제로웨이스트
③ 업사이클링
④ 공유자원
⑤ 프루갈리스타

12 다음 〈보기〉의 빈칸에 들어갈 말은?

┤ 보기 ├
1947년 미국 심리학자 버트럼 포러는 "이 세상에는 나에게 계속 속을 사람이 나타난다."라는 말에 영감을 얻어 학생들에게 심리 테스트를 진행했다. 학생들은 무작위로 작성된 평가서가 자신의 성격을 잘 반영한다고 생각했다. (   )는 혈액형 성격설이나 타로 카드점, 별자리 운세 등 사이비 대중심리학이 그럴듯하게 들어맞는 느낌이 드는 이유를 설명한다. 또한 이것은 포러효과라고도 한다.

① 바넘효과
② 베블런 효과
③ 밴드왜건 효과
④ 사일로 효과
⑤ 플라세보 효과

13 한 집단에 뛰어난 인재들이 많이 모였지만 오히려 집단 전체의 성과가 낮게 나타나는 현상은?

① 갈라파고스 신드롬
② 님투 현상
③ 아폴로신드롬
④ 핌피 현상
⑤ 바나나 현상

14 다음 〈보기〉의 빈칸에 들어갈 말은?

| 보기 |
채무를 상환할 의사가 있다는 점에서 디폴트와는 차이가 있다. (　　)을 선언하면 국가의 신용이 하락하여 대외 경상거래에 갖가지 장애가 뒤따르며, 이에 따라 수출이 감소하고 물가는 상승하며 화폐 가치는 급락하게 된다. 또한 대규모 실업사태가 발생하고 구조조정의 고통이 장기화되며, 외채 사용도 엄격히 통제되는 등의 부작용이 있다.

① 모라토리엄
② 컨소시엄
③ 머니 론더링
④ 캐리트레이드
⑤ 프로젝트 파이낸싱

15 신용회복위원회 채무조정제도에 대한 설명으로 옳지 않은 것은?

① 여러 금융회사의 채무를 하나로 모아 관리할 수 있다.
② 사전채무조정, 신속채무조정의 경우 연체이자에 한하여 감면받는다.
③ 채무조정 신청사실을 통지받은 날부터 채권금융회사의 채권추심 등 독촉절차가 중단된다.
④ 신속채무조정에서 위원회와 협약을 체결한 금융회사(채권금융회사)에 부담하는 총채무액이 30억 원 이하인 경우 신청할 수 있다.
⑤ 채무조정뿐만 아니라 소액금융지원, 신용교육 등 채무자 자활에 필요한 서비스를 제공 받을 수 있다.

16 중산층 이상의 사람들이 도심 지역의 노후한 주택 등으로 유입되면서 주거비가 상승해 기존에 살고 있던 주민들이 내몰리는 현상은?

① 엔시피케이션
② 게이미피케이션
③ 스트림플레이션
④ 히트플레이션
⑤ 젠트리피케이션

17 누구나 아는 것을 끌어와 풍자하거나 재미있게 전달하는 표현방식을 말하는 것은?

① 오마주
② 패러디
③ 표절
④ 옵아트
⑤ 스쿠프

18 오리지널 영화나 드라마를 바탕으로 새롭게 파생되어 나온 작품은?

① 프리퀄
② 시퀄
③ 옴니버스
④ 스핀오프
⑤ 피카레스크

19 다음 〈보기〉의 빈칸에 들어갈 말은?

| 보기 |
검찰은 확정되지 않은 혐의를 직접 중계하거나 내부 취재원을 통해 언론에 흘렸다고 비판받고 있다. ○○당은 최근 수사책임자 3명을 (　　)로 고발했다.

① 배임죄
② 친고죄
③ 탄핵소추
④ 구속적부심사
⑤ 피의사실 공표죄

20 한 문제를 해결하기 위해 조치를 취하면 다른 곳에서 새로운 문제가 발생하는 현상은?

① 풍선 효과
② 퍼펙트스톰
③ 스티그마 효과
④ 트리핀의 딜레마
⑤ 스프롤 현상

21 산업자본의 금융회사 소유를 규제하는 원칙으로 산업자본이 고객의 예금을 이용해 금융산업을 지배하는 것을 방지하는 것은?

① 뱅크런
② 금산분리
③ 미스매치
④ 콜옵션
⑤ 스와프거래

22 다음 〈보기〉의 빈칸에 들어갈 말은?

| 보기 |
(　　)은 의회에서 합법적인 방법을 이용하여 고의로 의사진행을 방해하는 행위이며, 의회의 의사진행을 방해하는 구체적인 행위로는 발언시간을 고의로 늘리는 것, 유회(流會), 산회(散會)의 동의, 불신임안 제출, 투표의 지연 등이 있다.

① 캐스팅보트
② 블랙스완
③ 플리바게닝
④ 필리버스터
⑤ 포퓰리즘

23 다음 중 주요 국문학 작품과 저자가 옳게 짝지어진 것이 아닌 것은?

① 김동인 - 광염소나타
② 염상섭 - 삼대
③ 고은 - 남신의주 유동 박시봉방
④ 김소월 - 접동새
⑤ 채만식 - 태평천하

24 다음 〈보기〉의 빈칸에 들어갈 말은?

| 보기 |
미국의 경제예측전문가 해리 덴트의 저서에 의하면, (　　)이란 소비·노동·투자하는 사람들이 사라진 세상이라고 말했다. 한국은 2018년에 (　　) 시대에 다다른 것으로 추정된다.

① 인구절벽
② 인구 컨센스
③ 인구오너스
④ 인구보너스
⑤ 인구마이너스

25 소비자들이 상품 및 서비스에 관한 사용후기나 정보 등에 관해 자발적으로 입소문을 내게 하는 마케팅 기법은?

26 BCG 매트릭스에서 투자에 비해 수익이 월등한 사업은?

27 온·오프라인 상거래에서 스마트폰에 저장된 정보 등을 이용하여 간단한 방식으로 결제하는 시스템은?

28 머신러닝의 한 분야로, 인간 두뇌 신경망 구조를 모방해 마치 사람처럼 스스로 학습할 수 있는 기술은?

29 아들이 동성인 아버지는 적대적으로 대하지만, 어머니에게는 호의적이고 무의식적인 성적애착을 가지는 감정을 뜻하는 것은?

30 조선전기 「동호문답」, 「인심도심설」 등을 저술한 학자이자 문신으로, 퇴계와 함께 조선 성리학의 두 줄기를 형성했다는 평가를 받는 인물은?

31 승려 일연이 지은 삼국시대 역사서이며, 건국 이후 삼국 시대까지의 사적(史蹟)과 불교에 관한 내용 및 정사에 실리지 않은 많은 신화와 전설이 수록된 도서는?

32 1997년 세계기록유산으로 지정되었으며, 조선 임금들의 역사를 편년체로 기록한 책은?

뉴시스

1 미국을 제외하고, 오커스와 쿼드에 둘 다 참여하고 있는 국가는?

① 인도
② 호주
③ 일본
④ 캐나다

2 다음 중 당3역에 해당하지 않는 사람은?

① 당대표
② 원내대표
③ 사무총장
④ 정책위의장

3 2024년 기준 국회의원 출신 지자체장이 아닌 사람은?

① 오세훈 서울시장
② 김동연 경기도지사
③ 이장우 대전시장
④ 김영록 전남도지사

4 일론 머스크가 이끄는 우주기업 스페이스X가 달과 화성 탐사를 위해 개발한 대형 우주 탐사선의 이름은?

① 스타십
② 로제타
③ 가구야
④ 피닉스

5 2024년 8월 국회 본회의를 통과한 간호법제정안에 대한 내용으로 옳지 않은 것은?

① 국무회의를 거쳐 9월에 공포되었으며, 2025년 6월부터 시행예정이다.
② 보건복지부령으로 정하는 병원급 의료기관에서의 간호사의 진료지원업무를 금지하였다.
③ 간호인력의 양성 및 처우개선 심의를 위한 간호정책심의위원회 운영 내용도 포함되어 있다.
④ 간호사 등의 면허와 자격, 업무 범위, 권리와 책무 등에 관한 사항을 체계화했다.

6 반도체 시장의 불황을 전망하며, '반도체 겨울론' 보고서를 발표한 외국계 투자은행은?

① 뱅크 오브아메리카
② 웰스 파고
③ 모건스탠리
④ JP 모건 체이스

7 '걸리버 여행기' 소설에서 이성적이고 도덕적인 종족을 의미하며, 2024년 주최된 서울국제도서전의 주제로 선정된 것은?

① 반걸음
② 출현
③ 후이늠
④ 긋닛

8 한국 영화 사상 천만 관객을 넘은 영화가 아닌 것은?

① 명량
② 서울의 봄
③ 해운대
④ 노량

9 다음 중 2024년 파리 올림픽에 포함된 정식종목으로 옳은 것은?

① 볼링
② 자동차 레이싱
③ 야구
④ 근대5종

10 2024년 인터내셔널 부커상 최종 후보에 오른 황석영 작가의 소설은?

① 철도원 삼대
② 해질 무렵
③ 객지
④ 장길산

11 다음 중 코스피 종목이 아닌 것은?

① 현대차
② 네이버
③ 삼성전자
④ 알테오젠

12 항공 부품 및 전자 정밀 기계 업체들이 모여 있는 산업단지가 조성되어 있는 곳으로 우리나라의 우주항공청이 있는 지역은?

① 거제시
② 부산광역시
③ 사천시
④ 울산광역시

13 현대자동차와 2024년 업무협약(MOU)를 체결한 회사는?

① 혼다
② 제네럴모터스(GM)
③ 도요타
④ 폭스바겐

14 다음 중 EU 회원국이 아닌 국가는?

① 리투아니아
② 루마니아
③ 크로아티아
④ 튀르키예

15 2024년 세수 부족에 대한 설명으로 옳지 않은 것은?

① 24년 국세수입은 29.6조원이 부족할 것으로 예상된다.
② 국세수입 부족은 23년도의 기업 영업이익의 하락, 고금리 장기화에 따른 자산시장의 부진이 원인이다.
③ 23년 글로벌 교역 위축 및 반도체 업황 침체에 따른 법인세 세수 감소폭이 예상보다 컸다.
④ 법인세, 소득세, 부가가치세는 오히려 증가하여 더 걷혔다.

16 딥페이크 성범죄 대응강화를 위해 추진하고 있는 내용으로 옳지 않은 것은?

① 긴급한 경우에는 사전 승인 없이 신속 수사를 할 수 있다.
② 허위영상물 등에 따른 범죄행위로 얻은 재산 및 범죄수익을 몰수·추징한다.
③ 피해자가 성인인 경우에는 위장수사를 할 수 없다.
④ 신분비공개수사 사후승인제도를 신설하였다.

17 기후변화로 인해 농작물의 생산이 감소하여 식료품의 물가가 오르는 현상은?

① 애그플레이션
② 기후플레이션
③ 스태그플레이션
④ 하이퍼인플레이션

18 2025년 최저시급은?

19 유한양행에서 개발한 폐암치료제로, 미국 식품의약품청(FDA)으로부터 승인을 받은 첫 국산 항암제는?

20 2024년 정부조직법 개정으로 개편된 문화재청의 명칭은?

21 스타벅스 전 CEO이자 창업주인 기업인은?

22 모든 신용대출 원리금을 포함한 총 대출 상환액이 연간 소득액에서 차지하는 비중은?

조선미디어

1 남성 7인조로 세계적인 인기를 얻고 3년 연속 그래미 어워즈 후보에 올랐던 K-POP 그룹은?

① BLACKPINK(블랙핑크)
② NCT(엔시티)
③ 방탄소년단(BTS)
④ STRAY KIDS(스트레이 키즈)
⑤ TWS(투어스)

2 1971년 존 레논이 발표한 솔로곡은?

① Imagine
② Let It Be
③ Yesterday
④ Hey Jude
⑤ Love Me Do

3 '매천야록(梅泉野錄)'을 집필한 저자이며, 1910년 일제에 의해 국권피탈이 되자 절명시 4편을 남기고 음독 자결한 독립운동가는?

① 김원봉
② 박은식
③ 황현
④ 신채호
⑤ 이봉창

4 2024년 파리올림픽에서 대한민국이 금메달을 딴 종목이 아닌 것은?

① 배드민턴
② 사격
③ 양궁
④ 펜싱
⑤ 탁구

5 우리나라에서 인구수가 제일 많은 연령대는?

① 20대
② 30대
③ 40대
④ 50대
⑤ 60대

6 의열단에서 활동했으며, 식산은행, 동양척식주식회사에 폭탄을 투척하여 일본인들을 저격한 독립운동가는?

① 나석주
② 안창호
③ 김구
④ 윤동주
⑤ 서재필

7 2024년 1월부터 8,000만 원 이상의 고가 법인 차량이 붙여야 할 번호판 색은?

① 파란색
② 연두색
③ 흰색
④ 빨간색
⑤ 노란색

8 우리나라의 2023년 사망원인 중 사망률 1위는?

① 뇌혈관질환
② 심장질환
③ 암
④ 자살
⑤ 당뇨병

9 2024년 11월 기준으로 TV조선에서 방송 중이 아닌 프로그램은?

① 사건파일 24
② 트랄랄라 유랑단
③ 생존왕
④ 미스터트롯3
⑤ 강적들

10 미국 프로 역사상 처음으로 54홈런 59도루로 50홈런과 50도루를 동시에 달성하는 기록을 썼으며, 2024년 내셔널리그 최우수선수로 선정된 선수는?

① 마이크 트라우트
② 오타니 쇼헤이
③ 애런 저지
④ 앨버트 푸홀스
⑤ 알렉스 로드리게스

11 2002년 법인세율을 12.5%로 낮춘 뒤 20년 이상 같은 세율을 유지하고 있어 다국적 기업을 유치하여 경기부양에 성공했다는 평가를 받는 나라는?

① 네덜란드
② 프랑스
③ 미국
④ 이스라엘
⑤ 아일랜드

12 온실가스를 줄여 지구 온난화를 방지하자는 전 세계적 합의안으로 2015년 21차 유엔 기후변화협약 당사국총회 본회의에서 195개국이 채택하고, 2016년부터 국제법으로서 효력이 발효된 것은?

① FTA
② 교토의정서
③ 파리협정
④ 몬트리올의정서
⑤ 정전협정

13 일본의 103대 내각의 총리이며, 정계에 입문한 뒤 내리 13선에 성공한 인물은?

① 기시다 후미오
② 스가요시히데
③ 이시바 시게루
④ 아베신조
⑤ 노다요시히코

14 최근 3개월의 실업률 상승치로, 경기 침체가 임박할 가능성을 나타내는 지표는?

① EBITDA
② 샴의 법칙
③ ROE
④ 하인리히 법칙
⑤ 윈도드레싱

15 예멘의 조직 후티에 대한 설명으로 옳지 않은 것은?

① 1994년 북예멘에서 조직되었다.
② 후세인 바르레디 알후티의 사망 이후 무장단체로 변모하였다.
③ 이란식 시아파 국가를 수립하는 것을 목표로 한다.
④ 미국, 북한과 우호적인 관계를 맺고 있다.
⑤ 모태가 된 단체는 '믿는 청년들'이다.

16 2026년 북중미월드컵 아시아 지역 예선전에서 한국이랑 같은 조가 아닌 나라는?

① 중국
② 바레인
③ 태국
④ 싱가포르
⑤ 쿠웨이트

17 세계기상기구(WMO)가 열대저기압을 분류한 것으로 옳은 것은?

	중심부근 최대풍속	명칭
①	17m/s 미만	열대저압부
②	17~24m/s	강한 열대폭풍
③	17~24m/s	태풍
④	25~32m/s	태풍
⑤	33m/s 이상	열대폭풍

18 검찰수사심의위원회에 대한 설명으로 옳지 않은 것은?

① 위원회는 대검찰청에 설치한다.
② 위원회는 국민적 의혹이 제기되는 사건에 대해 불기소 처분여부의 사항을 심의한다.
③ 검찰총장은 법조계, 언론계 등 사회 각 분야로부터 위원후보자를 추천받을 수 있다.
④ 위원명부는 외부에 공개된다.
⑤ 위원회는 150명 이상 300명 이하의 위원으로 구성된다.

19 0세의 출생자가 향후 생존할 것으로 기대되는 평균 생존연수로, 사람들이 평균적으로 얼마나 오래 살 것인지 나타내는 지표는?

20 개인이 자발적으로 지자체에 기부하면 지자체는 이를 모아 지방재정을 확충하고, 지역특산품 등을 기부자에게 답례품으로 제공하여 지역경제를 활성화시키는 제도는?

21 부신에서 분비되는 호르몬으로 항염 효과를 가지고 있어 염증성 질환 치료에 주로 사용되는 성분의 이름은?

22 기상학에 따라 여름이 시작되는 기준이 되는 일평균 온도는?

23 아군과 적군을 구별하기 위한 문답신호이며, 최근 군부대의 일부 간부들이 사채업자들에게 돈을 빌리는 담보로 넘겨 논란이 된 것은?

24 주식과 채권 등의 금융투자로 얻은 일정금액 이상의 소득에 대해 전면 과세하는 제도이며, 2025년에 시행하기로 했으나 여야간의 합의로 완전히 폐지된 제도는?

25 미국에서 제정된 독점금지법 중 하나로, 가격담합, 카르텔 운영, 부당한 거래 제한을 금지하는 법의 이름은?

26 청소년들의 SNS 중독 및 폐해를 막기 위해 10대 청소년들의 계정을 일괄적으로 비공개 전환하기로 결정한 소셜미디어의 이름은?

27 구글의 자회사 딥마인드가 개발한 인공지능(AI) 바둑 프로그램은?

28 만 65세 이상, 가구의 소득인정액이 선정기준액 이하인 노인을 대상으로 일정금액의 연금을 지급하는 사회보장제도는?

29 한국의 체코 원전 수출과 관련하여 한국수력원자력과 법적 공방을 벌였으나, 합의로 분쟁을 마무리한 미국 기업은?

30 2024년 일본 전국고교야구선수권 대회인 고시엔의 결승전에 진출한 재일 한국계 민족학교의 이름은?

31 개발도상국이 경제발전 초기에는 순조로운 성장을 하다가 중진국 수준에 이르러서는 어느 순간 성장이 장기간 정체하는 현상은?

32 첨단 기술 제품이나 서비스가 일반적인 소비자들에게 널리 받아들여지기 전까지 일시적으로 수요가 정체하거나 후퇴하는 현상은?

33 종합주가지수나 선물 가격이 큰 폭으로 변동하였을 때 시장에 미치는 영향을 최소화하기 위해 도입한 제도는?

34 태평양전쟁 당시 조선인들의 강제노역 동원 현장이었지만, 2024년에 유네스코 세계유산 등재가 된 일본에서 가장 오래된 광산은?

35 소프트웨어의 설계도인 소스코드를 무료로 공개하고 수정 및 재배포할 수 있는 프로그램은?

36 과학적으로는 설명할 수 없는 신비·초자연적 현상이나 그런 현상을 일으키는 기술을 의미하는 것은?

한국일보

1 한 계좌에 예금·펀드 등 다양한 금융상품을 넣고 일정 기간 이상 보유해 발생한 소득에 대해 한도 내에서 비과세 혜택을 주는 계좌는?

① ELS
② DLF
③ ETF
④ ISA

2 〈보기〉의 빈칸에 들어갈 말은?

─┤ 보기 ├─
( ) 공식은 음주운전이 의심되는 상황에서 수학적 방법으로 운전 당시 혈중알코올농도를 추정할 수 있는 기법으로 일정 시간이 지나 정확한 알코올 농도를 측정할 수 없는 경우 요긴하게 쓰일 수 있다.

① ITS
② 위드마크
③ 그린라운드
④ UAM

3 정부가 경기 부양을 위해 정부지출을 늘릴 경우 민간에서 빌릴 수 있는 자금이 줄어들어 이자율이 높아지고 투자와 소비가 감소하는 현상은?

① 낙수효과
② 구축효과
③ 밴드왜건 효과
④ 사일로 효과

4 역대 한국일보문학상 수상자가 아닌 사람은?

① 김애란
② 편혜영
③ 손보미
④ 원도이

5 공수처의 수사 대상이 아닌 것은?

① 판사, 검사
② 교육감
③ 시장, 군수, 구청장
④ 국무총리

6 최초로 달 뒷면을 관측한 나라와 최초로 달 뒷면에 탐사선을 착륙시킨 나라를 순서대로 올바르게 나열한 것은?

① 미국, 중국
② 중국, 미국
③ 러시아, 미국
④ 미국, 러시아

7 최저임금에 대한 설명으로 옳지 않은 것은?

① 최저임금위원은 총 27명이다.
② 인상률이 최저였던 해는 2021년으로 1.5%이다.
③ 현행법상 모든 근로계약에서 차등지급이 가능하다.
④ 개인 간 사적 계약의 형태로 근무하는 경우 최저임금법을 적용받지 않는다.

8 남북정상회담이 진행되지 않은 연도는?

① 2000년
② 2007년
③ 2010년
④ 2018년

9 가요 발매와 역사적 사건의 시기를 짝지은 것으로 옳지 않은 것은?

① 최초의 문민정부 탄생 – 서태지와 아이들 「하여가」
② 1987년 박종철 사망 – 김민기 「아침이슬」
③ 서울 올림픽 – 조용필 「서울 서울 서울」
④ 2002년 월드컵 – 보아 「아틀란티스 소녀」

10 북한 미사일 이름이 아닌 것은?

① 노동
② 화성
③ 원산
④ 무수단

11 다음 〈보기〉의 빈칸 ㉠~㉢에 들어갈 숫자가 올바르게 나열된 것은?

┤ 보기 ├
- 미국 대통령 선거는 (㉠)월에 시행된다.
- 조 바이든은 (㉡)년생이다.
- 트럼프는 총 (㉢)개의 형사사건에서 재판에 넘겨졌다.

	㉠	㉡	㉢
①	8	1942	4
②	11	1942	4
③	11	1942	3
④	11	1943	3

12 일정한 상속인을 위해 법률상 남겨두어야 하는 상속재산의 일정 부분은?

_____

13 탄소나노튜브와 전기 전도율이 비슷하며 붉은색을 띤 금속 원소는?

_____

14 KBO 리그에서 최초로 도입된, 카메라 혹은 레이더 등을 이용하여 스트라이크와 볼을 자동으로 판정해주는 시스템은?

_____

15 세계 3대 문학상을 모두 쓰시오.

16 제품의 가격은 유지한 채 제품의 수량이나 크기, 품질을 낮추어 실질적인 가격 인상을 하는 방식은?

17 DRAM 메모리 여러 개를 수직으로 쌓은 광대역폭 메모리의 영문 약자는?

18 전국 14개의 사찰에서 도난당했던 불교유물이 2023년에 화엄사로 반환되었다. 이러한 경우처럼 본래의 자리로 돌아간다는 뜻의 사자성어는?

19 주식을 소유하지 않고 매도 주문을 내어 차익을 챙기는 매매기법은?

20 2024년 기준 유엔 회원국 중 한국과 수교하지 않은 국가는?

21 영국으로 입국하는 난민을 받는 국가는?

22 담보물권의 한 종류로서 타인의 물건 또는 유가증권에 관하여 생긴 채권을 가지는 경우 그 채권을 변제받을 때까지 그 목적물을 유치할 수 있는 권리는?

스튜디오S

1 다음 빈칸에 들어갈 영화와 같은 스포츠를 다룬 작품을 〈보기〉에서 모두 고른 것은?

이노우에 다케히코의 (   )은(는) 주인공 강백호의 선수 성장기를 담은 만화로, 「주간 소년점프」에 1990년 42호부터 1996년 27호까지 연재되었다. 인기를 한 몸에 받았던 (   )에 이어 같은 스포츠를 소재로 한 「리얼」도 출간되었다.

┤ 보기 ├
㉠ 가비지타임
㉡ 리바운드
㉢ 블루 록

① ㉠
② ㉡
③ ㉠, ㉡
④ ㉠, ㉡, ㉢

2 테니스 4대 메이저 대회의 개최국으로 맞게 나열된 것은?

① 영국, 미국, 프랑스, 호주
② 영국, 미국, 프랑스, 독일
③ 미국, 호주, 독일, 이탈리아
④ 미국, 캐나다, 이탈리아, 뉴질랜드

3 다음은 역사적 사건과 관련된 영화들을 개봉 순서대로 나열한 것이다. 영화를 사건의 시간 순서대로 다시 나열한 것으로 알맞은 것은?

㉠ 「택시운전사」
㉡ 「1987」
㉢ 「남산의 부장들」
㉣ 「서울의 봄」

① ㉠ - ㉡ - ㉣ - ㉢
② ㉡ - ㉢ - ㉣ - ㉠
③ ㉢ - ㉣ - ㉠ - ㉡
④ ㉣ - ㉢ - ㉠ - ㉡

4 버추얼 아이돌 그룹이 아닌 것은?

① 플레이브
② 이세계아이돌
③ REVOLUTION HEART
④ QWER

5 인공지능이 생성한 이미지가 아닌 것은?

① 스페이스 오페라 극장
② 야간 터널
③ 에드몽 드 벨라미
④ 명품패딩 입은 교황

6 파리 올림픽 신규 종목인 브레이킹에 대한 설명으로 옳지 않은 것은?

① 물구나무 서기와 같은 고난도 동작이 수행되기도 한다.
② 브레이킹은 1970년 뉴욕에서 시작된 춤이다.
③ 16명의 비보이와 16명의 비걸에 출전권이 배정된다.
④ 사전에 선택된 음악에 맞추어 브레이킹 기술을 겨룬다.

7 패럴림픽에 대한 설명으로 옳지 않은 것은?

① 일반올림픽 연금의 80%를 수령한다.
② 당초 2차 세계대전 참전 상이군인(휠체어)을 위한 대회로 시작하였다.
③ 하계, 동계 대회 모두 열린다.
④ 4년마다 올림픽 폐막 후 2주 이내 개회된다.

8 강원 2024 동계청소년올림픽대회에 대한 설명으로 옳은 것은?

① 남녀 1500m 쇼트트랙 스피드스케이팅 종목에서 은메달을 1개 획득하였다.
② 마스코트 '뭉초'는 스위스의 상징적인 동물들을 융합해서 만들었다.
③ 강릉시 스피드스케이팅 경기장과 평창군 평창돔에서 동시에 개최되었다.
④ 세계적인 록 밴드 콜드플레이(Coldplay)가 개회식에서 공연을 펼쳤다.

9 노벨문학상 수상자가 아닌 사람은?

① 알베르 카뮈
② 헤르만 헤세
③ 어니스트 헤밍웨이
④ 밀란 쿤데라

10 뉴 셰퍼드를 개발한 민간 기업은?

① 스페이스X
② 버진갤럭틱
③ 블루오리진
④ 카이로스페이스

11 칸 각본상을 받은 한국의 미드폼 드라마는?

① 티빙 몸값 6부작
② 넷플릭스 수리남 6부작
③ 넷플릭스 스위트홈 10부작
④ U+모바일tv 타로:일곱 장의 이야기 7부작

12 방송 및 편성 관련 개념이 아닌 것은?

① 해머킹
② 홀드백
③ 플래시몹
④ 코드커팅

13 수십년 전 나왔던 세계관이 지금까지 활용될 정도로 오래가는 좋은 지식재산권(IP)을 일컫는 말은?

① 슈퍼 IP
② 유니버스 IP
③ 세계관 IP
④ 락인 IP

14 팬슈머에 대한 설명으로 옳지 않은 것은?

① 단순히 구매하는 것에 그치지 않고 생산 과정에 적극적으로 참여한다.
② 적극적으로 소비하는 동시에 비판, 간섭 등도 서슴지 않는다.
③ 자신의 의견이 브랜드의 발전에 기여한다고 느낄 때 강한 충성심을 가진다.
④ 새로운 트렌드와 최신 정보에는 무관심하고 기존 제품만을 선호한다.

15 미국 팝가수 테일러 스위프트의 공연 및 활동이 지역 경제에 미치는 영향을 의미하는 용어는?

16 공연, 여행, 외식 등 오락 비용이 치솟는 현상은?

17 기업이 비용을 절감하기 위해 생산이나 서비스 등을 해외로 내보내는 현상은?

18 기업이 해외 법인에서 벌어들인 돈을 국내로 배당하는 것은?

19 신라시대 왕이 이 피리를 부니 나라의 모든 근심과 걱정이 해결되었다는 내용의 설화에서 이 '왕'과 '피리'의 이름은?

20 NBA의 림 기준 3점슛 거리는?

21 생산되는 제품이 많아 본인이 직접 선택한 제품이 실패하는 것에 대한 두려움이 커져 특정 인물 또는 콘텐츠를 따라 소비하는 트렌드는?

정답과 해설 Answer & Explanation

연합뉴스 TV

정답

01	③	02	④	03	⑤	04	①	05	③
06	①	07	④	08	②	09	⑤	10	②
11	③	12	①	13	③	14	①	15	④
16	⑤	17	②	18	④	19	⑤	20	①
21	②	22	④	23	③	24	①		
25	버즈마케팅			26	캐시카우				
27	스마트페이			28	딥러닝				
29	오이디푸스 컴플렉스								
30	율곡 이이			31	삼국유사				
32	조선왕조실록								

01 ③
슬로시티는 공해 없는 자연 속에서 전통문화와 자연을 잘 보호하면서 느림의 삶을 추구하는 국제운동이다. 이는 지역의 정체성을 찾는 것이지, 현대문명을 부정하고 반대하는 것이 아니며, 오히려 지역의 고유한 것과 새로운 것의 조화를 위해 현대문명을 활용하는 것은 지향한다.

02 ④
① 파파게노 효과는 언론이 자살에 대한 보도를 자제하면 자살을 예방할 수 있다는 이론으로 모차르트의 오페라 '마술피리'에서 자살의 유혹을 극복한 등장인물의 이름에서 유래했다.
② 피그말리온 효과는 타인의 기대나 관심을 받을 경우, 그러한 기대에 부응하여 긍정적인 행태를 보이게 되는 현상이다.
③ 로젠탈 효과는 피그말리온 효과와 같은 의미로, 칭찬의 긍정적인 효과를 설명하는 용어이다.
⑤ 나비 효과는 작은 변화가 결과적으로 엄청난 변화를 초래할 수 있다는 이론이다.

03 ⑤
골디락스는 경제가 높은 성장을 이루고 있으면서도 물가상승이 거의 없는 이상적인 상태를 의미한다.
① 방카슈랑스는 은행과 보험사가 협력하여 상품을 판매하는 전략을 말한다.
② 데드크로스는 약세장의 신호로 단기 주가이동평균선이 장기 주가이동평균선을 뚫고 아래로 향하는 상황을 말한다.
③ 블록딜은 증권시장에서 기관이나 '큰 손'들의 주식 대량 매매를 의미하는 증권용어이다.
④ 체리피커는 기업의 상품이나 서비스는 구매하지 않으면서, 부가혜택을 통해 실속을 챙기는데에만 관심을 두는 소비자를 의미한다.

04 ①
공매도는 주식을 소유하지 않고 매도 주문을 내는 것으로, 과도한 상승장에서는 방지턱 역할을 할 수 있는 반면, 시장을 교란시켜 기업·투자자에게 피해를 줄 수 있다.
② 양적완화는 경기부양을 위해 국채매입 등의 수단으로 시장에 유동성을 직접 공급하는 정책이다.
③ 서킷브레이커는 종합주가지수나 선물 가격이 큰 폭으로 변동하였을 때 시장에 미

치는 영향을 최소화하기 위해 도입한 제도이다.
④ 스톡옵션은 기업이 성과에 따라 임직원에게 자사 주식을 매입·처분 할 수 있도록 한 인센티브 제도이다.
⑤ IPO는 기업이 최초로 외부투자자에게 주식을 공개 매도하는 것이다.

05 ③

엠바고는 뉴스기사의 보도를 일정 시간까지 유보하는 것을 의미한다.
① 스쿠프는 다른 경쟁 언론사보다 앞서 독점 입수·보도하는 특종기사이다.
② 오프더레코드는 기록에 남기지 않는 비공식 발언으로, 정보 제공자가 정보를 제공할 때 보도하지 않을 것을 약속하고 제보하는 것을 의미한다.
④ 홀드백은 공중파의 본 방송 이후 다른 케이블 방송이나 다른 방송 플랫폼에서 재방송되기까지 걸리는 기간이다.
⑤ 퍼블리시티권은 자신의 성명 또는 초상을 상업적으로 이용하고 통제할 수 있는 권리이다.

06 ①

② 그레셤의 법칙은 소재의 가치가 서로 다른 화폐가 동일한 명목가치를 가진 화폐로 통용되면 소재가치가 높은 화폐는 유통시장에서 사라지고 소재가치가 낮은 화폐만 유통된다는 법칙이다.
③ 파킨슨의 법칙은 공무원의 수는 업무의 유무와 경중에 관계없이 계속 증가하며, 업무량이 감소해도 증가한다는 법칙이다.
④ 롱테일 법칙은 파레토 법칙과 반대로 80%의 다수가 20%의 핵심 소수보다 뛰어난 가치를 창출한다는 이론이다.
⑤ 세이의 법칙은 공급에서 스스로 자신의 수요를 창출하기 때문에 과잉생산은 발생할 수 없다는 이론으로, 초기 자본주의 시대에는 타당한 이론이었으나, 20세기 이후에는 더 이상 성립하지 않게 되었다.

07 ④

① 프로슈머 마케팅은 소비자가 제품에 대한 아이디어를 제안하거나 직접 제품 개발에 참여하는 마케팅 기법이다.
② 리텐션 마케팅은 기존 고객을 대상으로 재구매를 유도하는 마케팅이다.
③ 노이즈 마케팅은 고의로 구설수에 오르도록 하거나 화젯거리를 만들어 소비자들에게 인지도를 높이고자 하는 마케팅 기법이다.
⑤ 니치 마케팅은 상품 시장이 세분화됨에 따라 틈새시장을 공략하는 마케팅 기법이다.

08 ②

① 외부경제는 생산자나 소비자의 경제활동이 시장거래를 통하지 않고 직·간접적으로 제3자의 경제활동 및 생활에 영향을 미치는 것이다.
③ 미코노미는 나를 위한 혼자만의 경제활동을 의미하며, 나를 뜻하는 'me'와 경제활동을 뜻하는 'economy'를 합성한 단어이다.
④ 뱀파이어 경제는 정상적인 노동 대신 남의 정상적인 경제활동에 기생하여 살아가는 착취적 경제구조를 의미한다.
⑤ 구독경제는 일정 기간 구독료를 지불하고 상품, 서비스 등을 받을 수 있는 경제활동을 의미한다.

09 ⑤

슈바베지수는 소득이 낮을수록 전체 생계비에서 주거비용이 차지하는 비율이 높아진다는 법칙인 슈바베의 법칙에 따라 생겨난 것이다. 슈바베지수의 주거비에는 임차를 위한 실제주거비 및 주택유지 및 수선 비용, 연료비, 기타 주거 서비스 관련 비용 등도 포함된다.

① MSCI 지수는 미국의 투자은행인 모건스탠리의 자회사인 'MSCI 바라(Barra)'가 작성해 발표하는 세계 주가지수이다.
② 빅맥지수는 미국 맥도날드사의 햄버거 메뉴인 빅맥의 각국 가격을 달러로 환산한 뒤 미국 내 빅맥 가격과 비교한 지수이다.
③ 라떼지수는 커피전문점 스타벅스의 카페라떼가 각국에서 얼마에 팔리느냐를 통해 세계 도시의 물가를 가늠해보는 척도이다.
④ 패리티지수는 기준 연도의 농가 총구입가격을 100으로 하여 비교연도(가격결정시)의 농가 총구입가격 등락률을 지수로 표시한 것이다.

10 ②
세입자가 장기수선충당금을 납부한 경우에는 소유자를 대신하여 납부한 것이므로, 해당 주택의 소유자는 세입자에게 그 금액을 돌려줘야 한다.

11 ③
① 리사이클링은 단순 재활용을 의미한다.
② 제로웨이스트는 쓰레기 배출을 '0(제로)'에 가깝게 최소화하자는 운동이다.
④ 공유자원은 소유권이 개인에게 있지 않고 사회 전체에 있는 자원을 의미한다.
⑤ 프루갈리스타는 중고 옷을 사거나 지인과 바꿔 입는 등 절약하면서도 센스 있게 옷을 입으며 유행을 선도하는 사람을 말한다.

12 ①
"이 세상에는 나에게 계속 속을 사람이 나타난다."는 말은 미국 정치가이자 기업가였던 바넘이 한 말로, 미국 심리학자 버트럼 포러는 이 말에 영감을 얻어 학생들에게 심리테스트를 진행했다. 바넘효과는 일반적이고 모호해서 누구에게나 적용될 수 있는 성격 묘사 등을 자신에게만 정확히 적용되는 것으로 받아들이는 성향을 말한다.

② 베블런 효과는 상품의 가격이 상승하는 데도 불구하고 허영심이나 과시욕으로 인해 수요가 증가하는 현상이다.
③ 밴드왜건 효과는 다수의 선택에 무작정 따르게 되는 현상이다.
④ 사일로 효과는 조직에서 부서끼리 교류하지 않고, 자기 부서의 이익만을 추구하는 현상이다.
⑤ 플라세보 효과는 의사가 환자에게 진짜 약이라고 하면서 가짜 약을 투여해도 좋아질 거라는 환자의 믿음으로 병이 낫는 현상이다.

13 ③
뛰어난 자들만이 모인 조직은 정치역학적인 위험을 가지고 있기 때문에 우수 인재 집단이 모이면 높은 성과가 나는 것이 아니라 오히려 집단 전체의 성과가 낮게 나타나는 것을 아폴로신드롬이라 한다.
① 갈라파고스 신드롬은 자국시장만을 염두에 두고 제품을 만들어 글로벌 경쟁에서 뒤떨어지는 현상을 말한다.
② 님투 현상은 공직자가 자신의 임기 중에 일을 무리하게 진행시키지 않고 무사안일하게 시간이 흐르기만 기다리는 현상을 말한다.
④ 핌피 현상은 수익성 있는 사업을 자신의 지역에 유치하려 하는 지역이기주의이다.
⑤ 바나나 현상은 환경오염 시설 등 혐오시설을 자기가 사는 지역에 절대 짓지 못하게 하는 지역이기주의이다.

14 ①
모라토리엄은 국가가 경제·정치적인 이유로 긴급 사태가 발생한 경우 외국에서 빌려온 차관에 대해 일시적으로 채무 상황을 연기하는 것이다.
② 컨소시엄은 여러 국가들이 공통으로 어떤 한 국가에 차관을 제공하는 형식이다.

③ 머니 론더링은 부정한 자금을 여러 구좌로 옮겨 자금의 출처를 알 수 없도록 하는 것이다.
④ 캐리트레이드는 저금리로 빌린 자금으로 다른 국가의 특정 유가 증권 혹은 상품에 투자하는 거래이다.
⑤ 프로젝트 파이낸싱은 금융기관 등이 프로젝트의 사업성을 담보로 대출을 해주는 금융 기법이다.

15 ④

신용회복위원회 채무조정제도의 신속채무조정에서 위원회와 협약을 체결한 금융회사(채권금융회사)에 부담하는 총채무액이 15억 원(무담보채무액 5억 원 이하, 담보채무액 10억 원 이하)이하인 경우 신청할 수 있다.

16 ⑤

본래는 낙후 지역에 중산층이 들어와 지역이 다시 활성화되는 도심 재활성화를 뜻했지만, 최근에는 외부인이 원주민을 몰아내는 부정적 의미로 쓰인다.
① 엔시티피케이션은 온라인 플랫폼이 수익 창출을 우선시하게 되면서 플랫폼의 품질 및 서비스가 저하되는 현상이다.
② 게이미피케이션은 게임 외적인 분야에서 마케팅을 위해 게임의 매커니즘을 접목시키는 것이다.
③ 스트림플레이션은 온라인 동영상 서비스(OTT) 업체들의 경쟁 심화와 제작비 상승 등으로 인해 구독료를 연달아 인상시키면서 생성된 신조어이다.
④ 히트플레이션은 매년 폭염이 심해져 식량 가격이 급등하는 현상을 말한다.

17 ②

① 오마주는 영화 등에서 특정 장면이나 대사를 인용하여 해당 작품의 존경심을 나타내는 방식이다.
③ 표절은 지적 노력과 노동으로 만들어진 창작물을 훔치는 행위이다.
④ 옵아트는 추상적 무늬와 색상을 반복하여 표현하여 시각적 착시를 다룬 추상미술이다.
⑤ 스쿠프는 다른 경쟁 언론사보다 앞서 독점 입수·보도하는 특종기사를 말한다.

18 ④

① 프리퀄은 본편보다 앞선 시간대를 다룬 이야기를 말한다.
② 시퀄은 본편 이후의 시간대를 다룬 이야기를 말한다.
③ 옴니버스는 각각 독립된 짧은 이야기 여러 편이 하나의 주제를 이야기하는 형식이다.
⑤ 피카레스크는 독립된 이야기들이 같은 인물과 배경을 중심으로 전개되는 연작 구성 형식이다.

19 ⑤

피의사실 공표죄는 형법 제126조에 규정된 것으로, 검찰·경찰과 같이 범죄수사에 관한 직무를 행하는 자 또는 범죄수사를 감독하거나 보조하는 자가 수사과정에서 알게 된 피의사실을 기소 전에 공표했을 때, 성립하는 죄를 말한다.
① 배임죄는 타인의 사무를 처리하는 사람이 불법적인 방법으로 이익을 취득하거나, 제3자로 하여금 이를 취득하게 해 본인에게 손해를 가하는 죄를 말한다.
② 친고죄는 피해자의 고소·고발이 있어야 공소를 제기할 수 있는 범죄이다.
③ 탄핵소추는 대통령, 국무총리, 법관, 검사 등 고위공무원이 위법한 일을 저질렀을 때, 국회에서 그들의 위법을 고발하는 것이다.
④ 구속적부심사는 구속된 피의자에 대하여 법원이 구속의 적법성과 필요성을 법관이 심사하는 제도이다.

20 ①
풍선 효과는 풍선의 한쪽을 누르면 다른 쪽이 불룩 튀어나오는 모습에 빗댄 말로 어떤 현상이나 문제를 억제하면 다른 현상이나 문제가 새로이 불거져 나오는 상황을 가리킨다.
② 퍼펙트스톰은 두 가지 이상의 악재가 동시에 발생하는 금융·경제 위기 현상이다.
③ 스티그마 효과는 다른 사람으로부터 지속적으로 부정적인 낙인이 찍히면 실제로 부정적인 상태가 되는 현상이다.
④ 트리핀의 딜레마는 기축통화로서 미국 달러가 갖는 역설적 상황을 의미한다.
⑤ 스프롤 현상은 도시의 급격한 발전으로 인해 도시 주변이 무질서하게 확대되는 현상이다.

21 ②
금산분리는 산업자본과 금융자본이 결합하는 것을 제한함으로써 무분별한 투자 및 사업 확장을 막기 위한 원칙이다.
① 뱅크런은 금융시장이 불안정하거나 거래 은행의 재정상태가 나쁘다고 판단되어 대규모로 예금을 인출하려는 사태이다.
③ 미스매치는 빌리는 자금과 운용하는 자금의 만기가 달라 자산·부채가 규모나 만기 면에서 균형을 이루지 못하는 상태이다.
④ 콜옵션은 매입자가 매도자에게서 특정한 시점에 미리 정한 권리행사가격으로 대상 자산을 살 수 있는 권리이다.
⑤ 스와프거래는 환매매 당사자들이 현물환매매와 동시에 같은 금액의 선물환 매매를 교차적으로 행하는 거래이다.

22 ④
필리버스터는 국회에서 소수파 의원들이 다수파의 독주를 막거나 기타 필요에 따라 합법적인 방법과 수단을 동원해 의사진행을 고의로 방해하는 행위를 일컫는 말이다.
① 캐스팅보트는 의회의 표결에서 가부수가 동수인 때에 의장이 가지는 결정권으로, 양대 정당 세력이 거의 같은 경우에 제3당의 투표로 승패를 결정하는 것이다.
② 블랙스완은 발생가능성이 거의 없지만 일단 발생하면 예기치 못한 충격과 엄청난 파급 효과를 가져 오는 사건을 가리키는 말이다.
③ 플리바게닝은 피의자가 자신의 혐의를 인정하거나 타인에 대한 증언을 하면 검찰 측이 형량을 낮춰주는 제도이며, 우리나라에는 아직 법적으로 도입되지 않았다.
⑤ 포퓰리즘은 정책의 실현성이나 본래의 목적을 외면하고 대중의 인기에만 영합하는 정치 형태이다.

23 ③
'남신의주 유동 박시봉방'은 백석의 작품이다. 백석의 주요 국문학 작품으로는 '여우난 곬족', '여승', '남신의주 유동 박시봉방' 등이 있다. 또한, 고은의 대표적인 작품으로는 '만인보', '머슴 대길이', '따옥이', '땅꾼 도선이'가 있다.

24 ①
인구절벽은 국가 인구 통계 그래프에서 청장년층(생산가능인구)이 급속도로 줄어드는 것을 의미한다.
③ 인구오너스(demographic onus)는 전체 인구에서 생산가능인구(15~64세)가 줄면서 노동력과 소비가 줄고 경제 성장이 둔화되는 현상을 의미한다.
④ 인구보너스(demographic bonus)는 인구오너스와 반대 의미로 생산가능인구가 증가해 노동력과 소비가 늘면서 경제 성장이 촉진되는 것이다.

25 버즈마케팅
버즈마케팅은 입소문 마케팅이라고도 하며, 사람들이 자발적으로 상품 및 서비스의 후기나 정보 등을 서로 교류하면서, 소비자들에게 상품의 정보를 전달하는 마케팅 기법이다.

26 캐시카우
BCG 매트릭스는 기업의 경영전략 수립 분석 기법으로, 사업의 종류를 4가지로 구분한다.
- 물음표(question mark) : 미래가 불투명한 사업
- 스타(star) : 점유율과 성장성이 모두 좋은 사업
- 캐시카우(cash cow) : 투자에 비해 수익이 월등한 사업
- 도그(dog) : 점유율과 성장률이 둘 다 낮은 사업

27 스마트페이
스마트폰에 저장된 생체정보 또는 신용카드 정보 등을 이용하여 간편하게 결제가 가능한 전자 결제 서비스를 의미하며, 간편한 결제로 인해 구매자들의 결제 포기율이 상대적으로 줄어 긍정적인 매출 효과를 노릴 수 있다. 대표적으로 삼성페이, 애플페이, 카카오페이, 네이버페이 등을 예로 들 수 있다.

28 딥러닝
딥러닝은 컴퓨터가 스스로 새로운 지식을 끊임없이 습득할 수 있도록 한 인공신경망 기술이며, 대표적으로 알파고가 있다.

29 오이디푸스 콤플렉스
지그문트 프로이트가 창시한 정신분석학에서 모든 신경증의 원형이 되는 개념으로, 3~6세의 남자아이가 아버지를 배척하고, 어머니에 대한 애착을 가지는 것을 말한다. 이에 대한 반대 개념으로 엘렉트라 콤플렉스가 있으며, 이는 3~6세의 여자아이가 어머니를 배척하고 아버지에게 애정을 갖는 현상을 뜻한다.

30 율곡 이이
율곡 이이는 1558년 봄 예안의 도산으로 퇴계 이황을 방문했으며, 그 해 겨울의 문과 초시에서 「천도책」을 지어 장원하였다. 1568년 퇴계 이황은 임금에게 「성학십도」를 지어 올렸고, 1569년에는 율곡 이이가 「동호문답」을 지어 올렸다.

31 삼국유사
'삼국사기'를 정사(正史)라고 한다면 '삼국유사'는 야사(野史)라고 할 수 있다. 설화문학서라고도 불리며 고대 국문학사 연구에 절대적인 가치를 지닌다.

32 조선왕조실록
조선 태조부터 철종까지 472년간의 역사를 연월일 순서에 따라 편년체로 기록하였다. 특정한 시기에 특정한 사람들이 의도적으로 기획하여 편찬한 역사서가 아니라, 역대 조정에서 국왕이 바뀔 때마다 편찬한 것이 축적되어 이루어졌다.

뉴시스

정답

01	②	02	①	03	②	04	①	05	②
06	③	07	③	08	④	09	④	10	①
11	④	12	③	13	②	14	④	15	④
16	③	17	②	18	10,030원				
19	렉라자			20	국가유산청				
21	하워드 슐츠			22	DSR				

01 ②
오커스는 호주·영국·미국 세 국가의 외교 안보 동맹이며, 쿼드는 미국·일본·인도·호주 4개국이 참여하고 있는 비공식 안보회의체이다. 이 둘에 모두 참여하고 있는 국가는 미국과 호주이다.

02 ①

당3역은 하나의 정당에서 중추적인 역할을 수행하는 원내대표, 사무총장, 정책위의장(정책위원회의장)을 말한다.

03 ②

2024년 기준 서울시장(오세훈), 대전시장(이장우), 전남도지사(김영록)는 국회의원에 당선되었던 선거이력이 있으며, 경기도지사(김동연)는 국회의원 출신 지자체장이 아니다.

04 ①

스타십은 스페이스X가 개발한 대형 우주선으로, 달과 화성에 사람 및 화물을 보낸다는 목적으로 개발한 우주선이다. 스타십의 최종 목표는 화성 개척이며, 2019년부터 본격적으로 개발이 시작되었다. 2024년에는 5차 시험 비행이 이루어졌으며, 로켓을 재사용하기 위해 회수하는 기술이 처음으로 성공하였다.
② 로제타는 유럽 우주 기구에서 발사한 혜성탐사선이다.
③ 가구야는 일본 우주항공 연구 개발 기구에서 발사한 달 탐사선이다.
④ 피닉스는 NASA에서 발사한 화성 탐사선이다.

05 ②

정부는 2024년 간호법 제정을 통해 보건복지부령으로 정하는 병원급 의료기관에서 진료지원 업무를 수행 할 수 있도록 법적 근거를 마련하였다. 다만, 진료지원업무를 수행하려는 간호사는 전문간호사 자격이나 보건복지부령으로 정하는 임상경력 및 교육과정의 이수를 거쳐 자격을 보유해야 한다.

06 ③

모건 스탠리는 24년 9월 '반도체에 겨울이 온다'는 내용의 보고서를 발표하며, 목표주가를 대폭 하락시켰다. 하지만, 반도체 업계의 악화예상이 빗나가자 전망이 잘못되었다는 정정 보고서를 발표하였으며, 목표주가도 소폭 상승시켰다.

07 ③

2024년의 서울국제도서전 주제는 후이늠(Houyhnhnm)으로 후이늠은 걸리버가 여행한 네 번째 나라의 종족이며, 무지, 욕망, 전쟁과 같은 것이 존재하지 않는다. 한편, 서울 국제도서전은 출현, 굿닛, 반걸음 등의 주제로 도서전이 매년 열렸다.

08 ④

2023년에 개봉한 '노량'은 관객수 457만 명으로, 한국 영화 사상 천만 관객을 넘지 못했다. 명량, 서울의 봄, 해운대는 천만 관객을 넘은 영화이다.

09 ④

2024년 파리 하계올림픽 정식종목에는 근대5종이 포함되어 있다. 2024년 파리 하계 올림픽 종목으로는 골프, 근대5종, 농구, 7인제 럭비, 레슬링, 배구, 배드민턴, 복싱, 사격, 사이클, 수영, 승마, 양궁, 역도, 요트, 유도, 육상, 조정, 체조, 축구, 카누, 탁구, 태권도, 테니스, 트라이애슬론, 펜싱, 하키, 핸드볼, 브레이크댄스, 스케이트보드, 스포츠 클라이밍, 서핑, 3×3농구, 비치발리볼, 수구, 아티스틱스위밍이 있다.

10 ①

황석영 작가의 철도원 삼대는 2024년 영국 최고권위 문학상인 부커상의 최종후보에 올랐다. 철도원 삼대는 한국의 산업 노동자들이 주인공인 소설로, 한국의 근현대 노동 및 독립운동사가 밑바탕이 되는 작품이다. 황석영 작가는 2019년에도 '해질 무렵'이라는 작품으로 부커상 인터내셔널 부분 최종부분에 오른 경험이 있다.

11 ④
알테오젠은 코스피가 아닌, 코스닥 종목에 속해있으며, 기존 의약품보다 효능이 개선된 바이오베터 및 기존 의약품과 동일한 효능을 나타내는 바이오시밀러 등을 연구 개발하는 바이오기업이다.

12 ③
2024년 경남 사천에 설립된 우주항공청은 우주항공기술의 개발을 통해 혁신 기술을 확보하고, 우주항공산업 진흥을 위해 설치되었으며, 우주항공과 관련된 정책, 산업의 육성, 연구 등을 진행하는 기관이다. 경남 사천은 한국항공우주산업(KAI)을 중심으로 항공 우주 산업 클러스터가 조성되어 있는 지역이다.

13 ②
현대차는 제네럴모터스(GM)와 미국 '제네시스 하우스 뉴욕'에서 포괄적 협력을 위한 업무협약(MOU)을 체결했다. 양사는 향후 주요 전략 분야에서 상호 협력하며 생산 비용 절감, 효율성 증대, 다양한 제품군을 고객에게 신속히 제공하기 위한 방안 등을 모색하기로 했다.

14 ④
튀르키예는 EU 회원국이 아니다. 2024년 기준 EU회원국에는 독일, 프랑스, 이탈리아, 네덜란드, 벨기에, 룩셈부르크, 아일랜드, 덴마크, 그리스, 스페인, 포르투갈, 스웨덴, 핀란드, 오스트리아, 헝가리, 폴란드, 체코, 슬로베니아, 에스토니아, 사이프러스, 라트비아, 리투아니아, 몰타, 슬로바키아, 루마니아, 불가리아, 크로아티아로 총 27개국이 있다.

15 ④
법인세, 종합소득세, 양도소득세는 예상보다 덜 걷혔고, 부가가치세는 물가가 올라 예상보다 오히려 더 걷혔다.

16 ③
현행법상에는 피해자가 아동·청소년인 경우에만 가능했지만, 위장수사를 확대하여 피해자가 성인인 경우에도 가능하게 법개정을 추진하고 있다.

17 ②
기후플레이션은 기후변화로 농작물 생산량이 감소하여 식료품의 가격이 상승하는 것이다. 직간접적인 경제적 비용이 상승하므로, 경제취약계층에 더 큰 영향을 미치게 된다.
① 애그플레이션은 농업(agriculture)과 인플레이션(inflation)의 합성어로, 농산물의 가격 급등이 다른 물가에도 영향을 주어 전반적인 인플레이션을 일으키는 것이다.
③ 스태그플레이션은 경기침체에도 불구하고 물가가 오히려 오르는 현상이다.
④ 하이퍼인플레이션은 인플레이션이 상상을 초월할 정도로 과도해 화폐의 액면가치가 사실상 상실된 상태이다.

18 10,030원
2025년 최저시급은 10,030원으로, 2024 최저시급인 9,860원 보다 170원이 올랐으며, 1.7% 가량 올랐다.

19 렉라자
렉라자는 미국 FDA 승인을 받은 아홉 번째 한국 신약이며, 폐암 세포의 성장에 관여하는 성장 수용체의 신호를 방해하여 암세포의 증식과 성장을 억제한다.

20 국가유산청
2024년 국가유산기본법 시행 및 정부조직법 일부 개정에 따라 기존의 문화재청이 국가유산청으로 명칭이 변경되었다.

21 하워드 슐츠
하워드 슐츠는 이탈리아 밀라노의 에스프레소 바 문화를 미국에 적용하여, 후에 스타벅스를 인수해 매장에서 직접 커피를 만들어 판매하기 시작했다. 이러한 에스프레소 바 문화가 곁들여진 커피 매장은 인기를 끌게 되어, 나스닥에 주식을 상장했으며, 후에 미국뿐만 아니라 전세계적으로 유명한 커피 프랜차이즈로 성공시켰다.

22 DSR
DSR은 총부채원리금상환비율로 빚의 원금과 이자를 갚는 데 들어가는 돈이 소득에서 차지하는 비율로, 주택담보대출은 물론, 다른 부채 원리금 상환까지 판단하므로 DTI보다 엄격한 규제이다.

조선미디어

정답

01	③	02	①	03	③	04	⑤	05	④
06	①	07	②	08	③	09	④	10	②
11	⑤	12	③	13	③	14	②	15	④
16	②	17	①	18	④				
19	기대수명			20	고향사랑기부제				
21	스테로이드			22	20℃				
23	암구호			24	금융투자소득세				
25	셔먼법			26	인스타그램				
27	알파고			28	기초연금				
29	웨스팅하우스			30	교토국제고				
31	중진국 함정			32	캐즘				
33	서킷 브레이커			34	사도광산				
35	오픈소스			36	오컬트				

01 ③
하이브 소속의 세계적인 아이돌 그룹으로 2021년에는 유엔 총회에서 전 세계 청년과 미래세대를 대표하여 연사로 나섰다.

02 ①
Imagine은 존 레논의 두 번째 정규 음반에 들어있는 노래로, 평화를 노래하는 곡이다. 종교나 인종간의 갈등 반대, 반전, 무소유 등의 사상을 담고 있으며, 가사는 청취자들이 평화로운 세계를 상상하게 만들었다.

03 ③
황현은 조선말기 1864년부터 1910년까지 47년간의 역사를 담아 한국 근세사 연구에 귀중한 사료가 된 매천야록을 집필하였다.
① 김원봉은 일제 강점기의 독립운동가이자 북한 정치인이다. 1919년 무장 독립 투쟁 단체인 의열단, 1942년 조선의용대를 조직하였다.
② 박은식은 일제강점기의 학자·언론인·독립운동가로 '한국통사', '한국독립운동지혈사' 등을 남기며 애국계몽사상가로서 커다란 영향을 끼쳤다.
④ 신채호는 일제 강점기의 독립운동가·민족주의 사학자·언론인으로 황성신문, 대한매일신보 등에서 활동하였다.
⑤ 이봉창은 한인애국단 등에서 활약한 독립운동가로 1932년 히로히토 일왕에게 수류탄을 던졌으나 실패하고 체포되었다.

04 ⑤
2024년 파리올림픽에서 탁구는 혼합 복식과 여자단체전에서 동메달을 땄다. 금메달을 딴 종목으로는 배드민턴, 사격, 양궁, 태권도, 펜싱이 있다.

05 ④
24년 7월에 발표한 통계청의 '2023년 우리나라 인구주택총조사 결과'에 따르면 50대가 16.7%로 가장 많은 인구수를 차지했고, 그다음으로 40대가 15.4%, 60대가 14.7%의 순으로 인구수가 많았다.

06 ①

나석주는 신흥무관학교에서 군사훈련을 받은 후 항일운동을 시작했다. 의열단에 입단 후 동양척식주식회사, 식산은행을 파괴하기 위해 폭탄을 던졌으나, 불발하였고 추격을 당하던 중 일본경감 등을 사살한 후 자결하였다. 독립 후 1962년에 건국훈장 대통령장이 추서되었다.

② 안창호는 독립 운동가이자 교육자로 신민회 등 독립운동 단체의 결성과 활동을 주도하며 4대 민족개조론을 주장, 대성학교를 설립해 민족교육에 힘썼다.
③ 김구는 대한민국 임시정부 주석으로 1931년 한인애국단을 조직했고 남한 단독 총선거를 반대했다.
④ 윤동주는 일제말 암흑기의 대표적인 저항시인으로 1943년 독립운동 혐의로 검거되어 옥사하였다. 대표적인 시집으로는 「하늘과 바람과 별과 시」가 있다.
⑤ 서재필은 독립정신을 높이기 위해 정부로부터 자금지원을 받아 우리나라 최초의 민간신문이자 한글신문인 독립신문을 창간했다.

07 ②

2024년 1월부터 부가가치세를 제외한 8,000만 원 이상의 고가 업무용 승용차를 법인 명의로 신규 등록할 경우에 연두색 번호판을 부착하도록 했다. 업무용 차량인 것처럼 법인 명의로 차량을 등록하여 세제 혜택을 받으면서 사적으로 사용하는 일이 많아 이를 억제하기 위해 법인차량을 식별하기 위한 제도이다.

08 ③

통계청의 '사망원인통계'에 따르면, 2023년 기준 우리나라의 사망률 1위는 각종 암이었고, 2위가 심장질환, 3위는 뇌혈관 질환, 4위는 자살, 5위는 당뇨병이었다.

09 ④

미스터트롯3는 2024년 12월 19일부터 방영 중인 프로그램이다. ①, ②, ③, ⑤는 2024년 11월 기준으로 TV조선에서 방영중인 프로그램이다.

10 ②

오타니 쇼헤이는 LA다저스 소속의 선수로, 소속팀을 월드시리즈 우승으로 이끌었고, 미국야구기자협회 투표 결과 1위를 차지해 내셔널리그 MVP로 뽑혔다. ① 마이크 트라우트, ④ 앨버트 푸홀스, ⑤ 알렉스 로드리게스는 세 차례이상 MVP로 뽑힌 선수들이다. ③ 애런 저지는 2024년 아메리칸리그에서 MVP를 받은 선수이다.

11 ⑤

아일랜드는 친기업 정책을 표방하며, OECD 및 G20에서 합의된 15%의 글로벌 최소법인세의 수용을 거부한 이후 12.5%라는 낮은 법인 세율을 유지하고 있다. 이로 인해 다국적 기업들의 유치가 가능해져 다른 국가에 비해 높은 성장률을 기록하였다.

12 ③

파리협정은 파리기후변화협약이라고도 하며, 교토의정서의 효력이 2020년 만료됨에 따라 이를 대체하는 신기후체제이다. 이 협약은 산업화 이전 수준 대비 지구 평균 온도가 2도 이상 상승하지 않도록 온실가스 배출량을 단계적으로 감축하는 내용이 골자다.

① FTA는 제한조건을 완화하거나 제거하여 국가 간 상품의 이동을 자유롭게 하는 무역특혜를 상호 부여하는 협정이다.
② 교토의정서는 온실가스 감축목표를 규정하고 의무를 달성하지 못하면 규제를 부과할 수 있도록 한 국제규약이다.

④ 몬트리올의정서는 오존층 파괴 물질인 염화불화탄소(CFC)의 생산 및 사용을 규제하기 위해 제정된 국제 협약이다.
⑤ 정전협정은 1953년 7월 27일 국제연합군 총사령관과 북한군 최고사령관 및 중국인민지원군 사령관 사이에 맺은 한국 군사정전에 관한 협정이다.

13 ③

이시바 시게루는 102대 및 103대 내각의 총리로, 2024년 자민당 총재에 당선되며 10월에 열린 임시국회를 통해 102대 총리로 취임했고, 11월에 열린 특별국회에서 103대 총리로 재선출되었다. ① 기시다 후미오, ② 스가 요시히데, ④ 아베신조, ⑤ 노다요시히코는 역대 일본 총리들이다.

14 ②

샴의 법칙은 미국 연방준비제도의 경제학자 클라우디아 샴 박사가 고안한 지표로 최근 3개월의 실업률의 평균치가 지난 해 최저치보다 0.5%p 이상 높을 경우 경기 침체의 가능성을 의미한다.
① EBITDA는 기업이 영업활동으로 벌어들인 현금창출능력을 나타내는 지표이다.
③ ROE는 기업의 자기자본에 대한 수익성을 나타내는 지표이다.
④ 하인리히 법칙은 대형사고가 발생하기 전에는 그와 관련된 수많은 경미한 사고와 징후들이 반드시 존재한다는 법칙이다.
⑤ 윈도드레싱은 기관투자자들이 결산기를 앞두고 인위적으로 주식의 종가를 관리해 수익률을 끌어올리는 행위이다.

15 ④

후티는 예멘의 이슬람 근본주의 조직이자 이슬람 시아파 분파인 자이드파가 중심이 된 무장단체이다. 북한과는 우호적인 관계를 맺고 있지만 후티의 상징 깃발에 '미국에 죽음을(Death to America)'라는 슬로건이 적혀 있을 만큼 반미 성향을 지니고 있다.

16 ②

우리나라는 중국, 태국, 싱가포르와 2차 예선전에서 같은 조였으며, 쿠웨이트와는 3차 예선전에서 같은 조로 편성되었다.

17 ①

세계기상기구(WMO)는 열대저기압 중에서 중심 부근의 최대풍속이 33m/s 이상인 것을 태풍(TY), 25~32m/s인 것을 강한 열대폭풍(STS), 17~24m/s인 것을 열대폭풍(TS), 그리고 17m/s 미만인 것을 열대저압부(TD)로 분류한다. WMO에서의 분류와는 달리 우리나라와 일본에서는 최대풍속이 17m/s 이상인 열대저기압 모두를 태풍이라고 부른다.

18 ④

검찰수사심의위원회 운영지침 제4조 제8항에 따르면, 정책기획과장이 위원명부를 작성·관리하며 외부에 공개하지 아니한다라고 규정되어 있다.
① 검찰수사심의위원회 운영지침 제2조의 내용이다.
② 위원회는 국민적 의혹이 제기되거나 사회적 이목이 집중되는 사건에 대하여 공소제기 또는 불기소 처분여부의 사항을 심의한다(검찰수사심의위원회 운영지침 제3조 제1항의 2).
③ 검찰총장은 위원을 위촉함에 있어 법조계, 학계, 언론계, 시민단체, 문화·예술계 등 사회 각 분야로부터 위원후보자를 추천받을 수 있다(검찰수사심의위원회 운영지침 제4조 제3항).
⑤ 위원회는 150명 이상 300명 이하의 위원으로 구성한다(검찰수사심의위원회 운영지침 제4조 제1항).

19 기대수명
기대수명은 연령별 사망률 통계로 산출하며, 특정 연도에 출생한 자가 향후 생존할 것으로 기대되는 평균적인 기간을 의미한다.

20 고향사랑기부제
고향사랑기부제는 2023년부터 시행된 제도이다. 기부는 법인이 아닌 개인만 기부가 가능하고, 기부자의 주민등록 주소지 외 전국 모든 지자체에 기부가 가능하다. 1인당 연간 2,000만 원까지 기부가 가능하고, 지자체는 기부금 30% 이내에서 답례품 제공이 가능하다. 또한 10만 원까지는 전액 세액공제를 할 수 있으며, 10만 원 초과로 기부 시 10만 원 초과분 금액의 16.5% 세액공제를 할 수 있다.

21 스테로이드
스테로이드는 다양한 염증 작용에 반응하여, 치료하는 목적으로 사용된다. 하지만 최근 들어 근육강화를 위한 목적으로 약물을 오남용해 사회적 문제가 되고 있다.

22 20℃
기상청에서는 일 평균기온이 20℃ 이상 올라간 후 다시 떨어지지 않는 첫날을 여름의 시작일이라고 정의한다.

23 암구호
암구호는 3급 군사기밀로, 아군과 적군을 식별하기 위해 미리 정해놓은 문답형식의 비밀언어이다. 최근에는 불법사채업자들이 담보로 현역 군인들에게 군사기밀인 암구호를 받고 돈을 빌려줘 논란이 되었다. 불법사채업자로부터 암구호를 넘기고 돈을 빌린 현역군인들은 군사기밀보호법 위반 등의 혐의로 재판에 넘겨졌다.

24 금융투자소득세
금융투자소득세는 주식 5천만 원·기타(해외주식, 채권 등) 250만 원이 넘는 소득을 올린 투자자에게 20~25%의 세금을 매기는 제도이다. 기존에는 주식 지분율에 따라 대주주로 분류하고 양도소득세를 부과하였으나, 금융투자소득세는 대주주의 기준을 없애고 일정 금액 이상의 금융투자소득을 얻는 투자자에게 세금을 부과하는 것이다. 2020년에 도입이 결정되어 2023년부터 시행하기로 했으나, 기준금리 인상 등으로 인한 주식시장 조정으로 시행일을 2025년으로 늦췄다. 그러나 각 정당에서 금융투자소득세에 대한 폐지에 찬성하는 입장을 공식화하면서 완전히 폐지되었다.

25 셔먼법
셔먼법은 1890년대에 제정된 미국의 독점금지법 중 하나로, 미국내·외 거래를 제한할 수 있는 연합은 어떤 형태라도 불법이며, 미국 내의 거래 또는 통상에 대한 독점이 허용되지 않는다는 핵심조항을 담고 있는 법이다.

26 인스타그램
최근 메타 및 틱톡과 같은 소셜미디어들은 10대 청소년들이 SNS에 중독되도록 알고리즘을 설계하여 청소년의 정신건강에 부정적인 영향을 미친다고 비판받고 있다. 미국의 41개 주 정부는 메타를 상대로 이에 대한 소송을 낸 상황이다. 이러한 상황으로 메타는 청소년들의 SNS 중독 및 폐혜를 막기 위해 10대 청소년들의 계정을 일괄적으로 비공개 전환하기로 결정했다. 18세 미만의 청소년은 청소년 계정으로만 가입이 가능하며, 10대 사용자는 불특정 다수에게 자신의 게시물을 공개할 수 없도록 했다.

27 알파고
알파고는 컴퓨터가 스스로 새로운 지식을 끊임없이 습득할 수 있도록 한 인공신경망 기술인 딥러닝 기술이 적용되어 있다. 사람이 모든 판단 기준을 정해주지 않아도 컴퓨터가 스스로 인지, 추론, 판단이 가능하며, 음성이나 이미지 인식 및 사진 분석 등에 광범위하게 활용된다.

28 기초연금
우리나라 국민 중 소득인정액의 기준이 맞을 경우 수급할 수 있으며, 2025년 기준 월 최대 34만 2510원(독신 기준)까지 지급된다.

29 웨스팅하우스
웨스팅하우스는 한국이 체코에 대한 원전 수출을 하면서 한국수력원자력이 웨스팅하우스의 기술 사용권 및 지식재산권을 허가 없이 사용한다는 주장을 하며, 미국 법원에 소송을 제기했으나, 합의로 종결되었다.

30 교토국제고
교토국제고는 중고교생을 모두 합해 160명 정도인 소규모 재일 한국계 민족학교로, 야구부의 역사가 20년으로 짧은 역사를 가지고 있다. 2021년에 처음 본선에 진출하여 4강에 올랐지만 결승에는 진출을 실패하였고, 2024년에는 결승까지 올랐다.

31 중진국 함정
중진국은 1인당 소득이 4,000만~1만 달러 범위에 속한 국가들을 통칭한다. 중진국 함정은 주로 단기간에 성장을 주도하는 경제 관료들의 사고가 경직적으로 바뀌고, 소득이 일정수준 도달 한 경우 시장경제 도입 등을 소홀히 할 때 발생한다.

32 캐즘
캐즘은 주로 정보통신이나, IT와 같은 첨단 산업에서 나타나며, 새로운 제품이나 서비스가 대중들에게 받아들여지기까지 시간이 걸리기 때문에 캐즘이 발생한다. 캐즘을 넘어서게 되는 제품이나 서비스는 대중화되게 되는데, 캐즘을 넘은 대표적인 제품으로는 e-book이 있다.

33 서킷 브레이커
주가가 큰 폭으로 변동할 때 시장에 미치는 영향을 줄이기 위해 주식 매매를 일시정지하는 제도이다. 지수가 8%, 15%, 20% 하락 시 각각 서킷브레이커를 단계적으로 발동하게 되며 3단계 발동 시 당일 거래가 정지된다.

34 사도광산
1601년에 발굴되어 1989년 광산 고갈로 채굴이 중단되기까지 운영된 일본에서 가장 오래된 광산으로 현재는 일부 박물관으로 조성하여 관광지가 되었다. 하지만, 태평양전쟁 당시 최소 1000명 이상의 조선인들을 강제 동원한 현장이었음에도 불구하고 2021년에 유네스코 세계유산 등재가 추진되었다. 이로 인해 한일 외교갈등이 확산되었으나, 2024년 7월 31일에 등재가 이루어졌다.

35 오픈소스
오픈소스는 소스코드를 공개함으로써 유용한 기술을 공유하고, 누구나 자유롭게 소프트웨어의 개발 및 개선에 참여할 수 있게 하는 것이 우수한 소프트웨어를 만드는 데 도움이 된다는 생각에 기반한다.

36 오컬트
오컬트는 과학적으로는 설명되지 않는 신비하고 초자연적 현상이나 그런 현상을 일으키는 기술을 의미한다. 영화에서는 오컬트는 하나의 장르이며, 초자연적 현상을 소재로 삼는다. 1973년 영화 '엑소시스트'가 흥행한 후 대중적인 장르로 확산되었다.

한국일보

정답

01	④	02	②	03	②	04	④	05	③
06	①	07	③	08	③	09	④	10	③
11	②	12	유류분			13	구리		
14	자동투구판정시스템(ABS)								
15	노벨문학상, 부커상, 공쿠르상								
16	슈링크플레이션			17	HBM				
18	환지본처			19	공매도				
20	시리아			21	르완다				
22	유치권								

01 ④
개인종합자산관리계좌(ISA)는 다양한 금융상품을 한 계좌에서 운용할 수 있는 만능통장으로 2016년 3월 14일 출시됐으며 은행, 증권사 등 금융회사에서 가입할 수 있다. 운용 방식에 따라 일임형, 신탁형, 중개형 등으로 구분된다.
① ELS는 특정한 주식의 가격 또는 지수와 관련해 수익률이 결정되는 금융상품이다.
② DLF는 주가지수를 비롯해 실물자산 등을 기초자산으로 하는 파생결합증권(DLS)을 편입한 펀드이다.
③ ETF는 인덱스펀드를 일반적인 주식처럼 사고팔 수 있도록 만든 금융 투자상품이다.

02 ②
위드마크 공식은 혈중 알코올 농도를 측정하는 데 사용되는 공식이며, 개인의 체중, 음주량, 음주시간 등을 고려한다. 이 공식은 1914년에 위드마크가 창안한 방법으로, 사고 전 운전자가 섭취한 술의 종류와 음주량, 체중, 성별 등을 조사하여 사고 당시 주취상태를 계산한다. 우리나라의 경우 1996년 6월 음주 뺑소니 운전자 처벌을 위해 도입했다.

03 ②
구축효과는 내수 진작을 위한 정부지출 확대로 민간투자가 위축되는 부작용을 말한다.
① 낙수효과는 대기업의 성장을 촉진하면 중소기업과 소비자에게도 그 혜택이 돌아가 전체적으로 경기가 활성화된다는 경제이론이다.
③ 밴드왜건 효과는 다수의 선택에 무작정 따르게 되는 현상이다.
④ 사일로 효과는 조직에서 부서끼리 교류하지 않고, 자기 부서의 이익만을 추구하는 현상이다.

04 ④
한국일보사에서 주최하여 12월마다 시상식이 열리는 한국일보문학상은 한국창작문학상이라는 이름으로 출범해 제20회부터 명칭을 한국일보문학상으로 바꿨다. 심사는 상업성과 문단분파를 초월한 순수한 문학성을 최우선 기준으로 삼고 있으며, 공정성과 객관성에서 최고 권위를 인정받는 문학상으로 자리매김해왔다.
원도이는 2010년 농촌문학상을 수상, 2024년 「토마토 파르티잔」 등 5편으로 제9회 동주문학상을 수상한 시인이다.
① 김애란의 수상작은 「달려라, 아비」로 제38회(2005년)에 수상했다.
② 편혜영의 수상작은 「사육장 쪽으로」로 제40회(2007년)에 수상했다.
③ 손보미의 수상작은 「산책」으로 제46회(2013년)에 수상했다.

05 ③
공수처(고위공직자범죄수사처)는 고위공직자 및 그 가족이 범한 직권남용, 수뢰, 허위공문서 작성 및 정치자금 부정수수 등의 특정범죄를 척결하고, 공직사회의 특혜와 비리를 근절하여 국가의 투명성과 공직사회의 신뢰성을 높임으로써, 국민 모두에게 균등한 기회가 보장되는 정의롭고 공정한 나라를 만들기 위해 설치되었다. 판사, 검사, 교육감, 국무총리는 공수처법에 따른 '고위공직자'에 해당되며, 시, 군, 구의 장(長)인 시장, 군수, 구청장은 공수처법에 따른 '고위공직자'에 해당되지 않는다.

> ❖ 공수처법 제2조 제1호(고위공직자)
> - 대통령
> - 국회의장 및 국회의원
> - 대법원장 및 대법관
> - 헌법재판소장 및 헌법재판관
> - 국무총리와 국무총리비서실 소속의 정무직공무원
> - 중앙선거관리위원회의 정무직공무원
> - 「공공감사에 관한 법률」 제2조 제2호에 따른 중앙행정기관의 정무직공무원
> - 대통령비서실·국가안보실·대통령경호처·국가정보원 소속의 3급 이상 공무원
> - 국회사무처, 국회도서관, 국회예산정책처, 국회입법조사처의 정무직공무원
> - 대법원장비서실, 사법정책연구원, 법원공무원교육원, 헌법재판소사무처의 정무직공무원
> - 검찰총장
> - 특별시장·광역시장·특별자치시장·도지사·특별자치도지사 및 교육감
> - 판사 및 검사
> - 경무관 이상 경찰공무원
> - 장성급 장교
> - 금융감독원 원장·부원장·감사
> - 감사원·국세청·공정거래위원회·금융위원회 소속의 3급 이상 공무원

06 ①

최초로 지구 바깥의 천체를 관측한 유인우주선은 미국의 아폴로 8호로, 총 3명의 승무원들은 달 뒷면을 목격한 인류 최초의 인물이 되었다. 한편, 중국의 달 탐사선 '창어 4호'는 2019년에 지구에서 보이지 않는 달의 뒷면에 착륙했다. 이전에도 미국, 러시아 등이 여러 차례 달에 탐사선을 보낸 적이 있지만 모두 앞면에 착륙하거나 멀리서 달 뒷면을 관측했을 뿐 달 뒷면에 착륙한 것은 중국이 처음이다.

07 ③

1년 이상의 기간을 정하여 근로계약을 체결하고 수습 중에 있는 근로자로서 수습을 시작한 날부터 3개월 이내인 사람에 대하여 최저임금액과 다른 금액으로 최저임금을 정할 수 있다.

> ❖ 최저임금법 제5조(최저임금액)
> ① 최저임금액(최저임금으로 정한 금액을 말한다. 이하 같다)은 시간·일(日)·주(週) 또는 월(月)을 단위로 하여 정한다. 이 경우 일·주 또는 월을 단위로 하여 최저임금액을 정할 때에는 시간급(時間給)으로도 표시하여야 한다.
> ② 1년 이상의 기간을 정하여 근로계약을 체결하고 수습 중에 있는 근로자로서 수습을 시작한 날부터 3개월 이내인 사람에 대하여는 대통령령으로 정하는 바에 따라 제1항에 따른 최저임금액과 다른 금액으로 최저임금액을 정할 수 있다. 다만, 단순노무업무로 고용노동부장관이 정하여 고시한 직종에 종사하는 근로자는 제외한다.
> ③ 임금이 통상적으로 도급제나 그 밖에 이와 비슷한 형태로 정하여져 있는 경우로서 제1항에 따라 최저임금액을 정하는 것이 적당하지 아니하다고 인정되면 대통령령으로 정하는 바에 따라 최저임금액을 따로 정할 수 있다.

08 ③

분단 이후 남북 정상 간 회담(남북정상회담)은 2000년과 2007년, 2018년(3차례)에 모두 5차례 이루어졌다. 2000년과 2007년 회담은

평양에서 열렸고, 2018년 남북정상회담은 4월에는 판문점 평화의 집, 5월은 판문점 통일각, 9월에는 평양에서 진행되었다.

09 ④
2002년 월드컵 시기에 발매된 보아의 곡은 「넘버원」이다(2002년 4월 발매). 보아의 「아틀란티스 소녀」는 2003년에 발매된 곡이다.
① 서태지와 아이들의 「하여가」는 1993년 발매로, 최초의 문민정부 탄생과 맞물린다.
② 전두환 정권 말기인 1987년 1월 14일, 경찰은 서울대학교 언어학과 학생 박종철을 불법 체포하여 고문하다가 사망케 했다. 이 사건은 공안당국의 조직적인 은폐 시도에도 불구하고 그 진상이 폭로되어 1987년 6월 민주항쟁의 주요한 계기가 되었다. 「아침이슬」은 1987년 당시 시대를 대표했던 김민기의 노래이다.
③ 조용필의 「서울 서울 서울」은 1988년 조용필이 서울 올림픽 개최 기념을 위해 만든 노래이다. 다른 올림픽 관련 노래와 달리 다소 분위기가 슬픈 곡으로 올림픽 이후에 더 인기가 좋았다.

10 ③
북한은 1993년 '노동1호'를 함북 화대군 대포동에서 동해로 시험발사했다. 2007년부터는 '무수단' 40여 기를 실전 배치하고 2010년 10월 군사퍼레이드에서 이를 처음 공개했지만, 시험 발사는 2016년 4월에야 이루어졌다. 2017년 5월과 8월, 9월에는 중거리 탄도미사일급(IRBM)으로 평가되는 '화성 12형'을 시험 발사하였고, 2017년 7월과 11월에는 대륙간탄도미사일급(ICBM)으로 평가되는 '화성 14형'과 '화성 15형'을 시험 발사하였다.
2020년에는 '화성 17형'을, 2023년, 2024년에는 각각 '화성 18형' 및 '화성 19형'을 공개했다.

11 ②
㉠ 미국 대통령 선거일은 선거가 벌어지는 해의 11월 첫째 월요일 다음의 화요일이다.
㉡ 조 바이든 전 대통령은 1942년생이다.
㉢ 트럼프는 2020년 대선 등과 관련해 선거결과 뒤집기 압력 등 혐의 4개 사건 91개 혐의로 기소되었지만 모두 무죄를 주장했다.

12 유류분
유류분(遺留分)이란 상속 재산 가운데, 상속을 받은 사람이 마음대로 처리하지 못하고 일정한 상속인을 위하여 법률상 반드시 남겨두어야 할 일정 부분이다. 민법은 유언을 통한 재산처분의 자유를 인정하고 있으므로 피상속인이 유언으로 타인이나 상속인 일부에게만 유증을 하면 상속인에게 상속재산이 이전되지 않을 수 있다. 그러나 상속재산처분의 자유를 무제한적으로 인정하게 되면 피상속인 사망 후의 상속인의 생활보장이 침해되므로, 이를 방지하기 위해 민법은 유류분제도를 인정한다.

13 구리
구리는 붉은색을 띤 부드러운 금속 원소로 자연에서 순수한 금속으로 존재하며, 전기와 열의 전도성이 뛰어나다. 열이나 전기를 전달하기 위한 매개체로 주로 사용되며 그 외에도 건축 자재나 다양한 합금의 원료로 사용된다. 구리는 제조업 전반에 광범위하게 사용되어 경기가 좋을 때는 수요가 많아져 가격이 올라가고, 경기가 나쁠 때는 수요가 적어져 가격이 내려간다. 따라서 구리 가격을 보면 실물 경기를 예측할 수 있어 경제 분야에서는 닥터 코퍼(Dr. Copper)라고도 부른다.

14 자동투구판정시스템(ABS)
자동투구판정시스템(ABS)은 컴퓨터가 스트라이크와 볼을 결정하는 시스템이다. 예를 들어 스트라이크 판정의 경우 ABS에서는 투수의 볼이 홈 플레이트 스트라이크 존 중반부와 후반부를 동시에 통과해야 스트라이크 판정을 받는다. 2020년부터 퓨처스(2군)리그에서 4년 동안 시범 운용을 거치면서 노하우가 쌓였고, 선수나 지도자들의 심리적 저항도 많이 줄었다. KBO리그에 2024시즌부터 정식 도입되었다.

15 노벨문학상, 부커상, 공쿠르상

노벨문학상(스웨덴), 부커상(영국), 공쿠르상(프랑스) 이 세 가지 상은 세계적으로 문학적 가치를 인정받은 작품과 작가에게 수여되는 상으로 세계 3대 문학상으로 불린다.

16 슈링크플레이션

슈링크플레이션은 '줄어들다'라는 뜻의 '슈링크(shrink)'와 '전반적·지속적으로 물가가 상승하는 현상'을 나타내는 '인플레이션(inflation)'의 합성어이다. 기업들이 제품의 가격은 기존대로 유지하면서 제품의 크기 및 중량을 줄이거나 품질을 낮추어 생산하여 간접적으로 가격 인상의 효과를 거두려는 전략으로 소위 '질소 과자'가 그 예가 될 수 있다. 결국 슈링크플레이션은 사람들이 알아채지 못하는 사이에 가격 상승을 유발한 것이므로 숨겨진 인플레이션이라 할 수 있다. 제품의 양이 변하는 것보다 가격이 변하는 것에 더 민감한 소비자의 성향에 맞춰 제품의 가격을 인상하기 보다는 슈링크플레이션 전략을 구사함으로써 소비자들의 직접적인 저항을 낮추려는 것으로 볼 수 있다.

17 HBM

HBM 메모리란 광대역폭 메모리(High Bandwidth Memory)의 별칭으로 GDDR5 메모리 대비 높은 대역폭과 전력 효율을 보인다. 구동 속도는 GDDR5보다 7배 정도 느리지만 정보가 다니는 길인 버스 크기가 32배 높아, 실질적인 대역폭은 3.5배 이상 빠르다. 그리고 DRAM을 수직 적층 구조로 쌓아 그래픽 카드 크기를 줄이면서, 고용량으로 구현하기도 수월하다.

18 환지본처

1988년부터 2004년 사이 전국 14개 사찰에서 도난 된 불화 및 불상 32점이 2023년에 화엄사로 반환되었다. 화엄사 덕문스님은 화엄사 시왕도가 도난된 지 22년만에 환지본처되어 무거운 마음을 내려 놓을 수 있게 되었다고 심정을 전했다.

19 공매도

공매도는 주가 하락에서 생기는 차익금을 노리고 주식을 소유하지 않고 매도 주문을 내는 것이다. 공매도는 증시에 활력소가 되는 반면, 시장을 교란시켜 기업 및 투자자에게 피해를 줄 수 있다.

20 시리아

한국과 쿠바는 2024년에 미국 뉴욕에서 양국 공식 외교관계를 수립했다. 쿠바는 우리나라의 193번째 수교국으로, 유엔 회원국 가운데 북한을 제외하고 시리아만 미수교국으로 남아있다. 2025년에 들어 시리아의 국내 정세가 바뀌면서 우리나라 정부는 시리아와의 수교를 본격적으로 검토하고 있다.

21 르완다

르완다 정책은 2022년 4월 보리스 존슨 영국 총리 재임 당시 난민들이 영불해협을 통해 영국으로 불법 입국하는 것을 막기 위한 난민 정책이다. 이 정책에 의하면, 2022년 1월 이후 영국에 불법적으로 들어온 난민들은 모두 르완다에서 망명 신청 절차를 밟아야 하고, 난민 지위를 인정받더라도 르완다에 머물러야 한다. 영국 정부는 르완다와 협약을 체결하고 그 대가로 르완다 정부에 수억 파운드의 지원금을 지급하기로 했다. 그리고 2024년 4월 영국 의회는 영국으로 밀입국하는 난민들을 르완다로 보내는 '르완다 이송법'을 통과시켰다.

22 유치권
민법 제320조 제1항에 따르면 타인의 물건 또는 유가증권을 점유한 자는 그 물건이나 유가증권에 관하여 생긴 채권이 변제기에 있는 경우에는 변제를 받을 때까지 그 물건 또는 유가증권을 유치할 권리가 있다.

스튜디오S

정답

01	③	02	①	03	③	04	④	05	②
06	④	07	①	08	③	09	④	10	③
11	①	12	③	13	①	14	④		
15	스위프트노믹스			16	펀플레이션				
17	오프쇼어링(offshoring, 국외 이전)								
18	자본 리쇼어링			19	신문왕, 만파식적				
20	7.24m			21	디토소비				

01 ③
빈칸에 들어갈 작품은 슬램덩크로 슬램덩크는 드래곤볼, 유유백서와 함께 1990년대 일본 만화 전성기 작품이며 '스포츠 만화=야구만화'라는 일본만화계의 공식을 농구로 깬 메가 히트작이다.
ⓐ 가비지타임은 네이버 웹툰에서 연재된 한국 고교 농구부 웹툰이다.
ⓑ 리바운드는 웹툰 가비지타임을 영화화한 작품이다.
ⓒ 블루 록은 세계 제일의 스트라이커를 양성하기 위한 프로젝트 '블루 록'에 참가한 고교생들의 도전을 그린 일본의 축구 애니메이션이다.

02 ①
테니스 4대 메이저 대회. 개최국은 영국, 미국, 프랑스, 호주이다.

대회명	장소
호주 오픈 테니스 대회	호주 멜버른
프랑스 오픈 테니스 대회	프랑스 파리
윔블던 테니스대회	영국 윔블던
US오픈 테니스대회	미국 뉴욕

03 ③
「택시운전사」는 1980년 5·18 광주 민주화 운동 당시 현장취재를 통해 광주의 참상을 해외에 알린 외신기자인 위르겐 힌츠페터와 그를 도운 택시운전사 김사복, 그리고 광주시민의 이야기를 다루고 있다. 「1987」은 박종철 고문치사 사건을 시작으로 사람들이 힘을 합해 전두환 전 대통령의 독재정치에서 벗어나려고 하는 실제 과정 및 사건 등을 다루었다. 「남산의 부장들」은 1979년 10월 26일 과거 박정희 대통령 암살사건과 관련된 10·26 사태를 모티브한 영화이다. 「서울의 봄」은 1979년 12월 12일 서울에서 일어난 신군부 세력의 반란을 막기 위한 9시간의 사건을 그린 영화로 12·12사태를 모티브로 했다.
따라서 영화를 관련된 사건의 시간 순서대로 나열하면 ⓒ「남산의 부장들」 – ⓔ「서울의 봄」 – ⓐ「택시운전사」 – ⓑ「1987」이다.

04 ④
QWER은 2023년에 데뷔한 4인조 걸밴드로, 유튜버 김계란이 기획한 프로젝트 '최애의 아이들'을 통해 결성되었다.
① 플레이브는 2023년 데뷔했으며, 자신들의 꿈을 이루기 위해 새로운 세상을 만들어간다는 의미로 만들어진 버추얼 아이돌 그룹이다.
② 이세계아이돌은 오디션부터 활동까지 전부 가상의 세계에서 진행된 메타버스 프

로젝트로 2021년 유튜브 크리에이터 우와군의 "버추얼 아이돌 프로젝트"를 통해 결성된 버츄얼 아이돌 그룹이다.
③ REVOLUTION HEART는 카론 유니버스 소속의 4인조 남성 버츄얼 아이돌 그룹이다.

05 ②

야간 터널은 모스크바 국제사진공모전(MIFA)에서 건축부문 1등을 획득한 작가 양중한의 실제 사진 작품이다.
① 스페이스 오페라 극장은 2022년 콜로라도 박람회 미술 경연 대회에서의 디지털 예술/디지털 이미지 사진 부문 신인 아티스트 1등 수상작이다. 이 작품은 인공지능 프로그램 미드저니를 통해 생성되었다.
③ 에드몽 드 벨라미는 파리에 있는 스타트업 '오비어스'가 개발한 인공지능 엔진으로 그린 초상화 작품으로, 크리스티 경매에서 43만2500달러(약 5억 원)에 낙찰되었다.
④ 미드저니를 사용해 만들어진 프랑스 명품 브랜드 발렌시아가의 흰 롱패딩을 입은 프란치스코 교황 사진이 인터넷에 급속히 퍼져 많은 이들이 사실이라고 믿었으나 결국 가짜로 판명되었다.

06 ④

8m×8m 정사각형 크기의 바닥에서 각 선수는 무작위로 선택된 음악에 맞춰 60초 동안 번갈아 서로의 브레이킹 기술을 겨룬다.

07 ①

한국 기준으로 2004년까지는 패럴림픽 연금이 없었지만 2008년에 개최된 베이징 패럴림픽부터 연금을 비장애인 선수와 동일하게 지급하고 있다. 이러한 연금제도는 장애인 스포츠에 대한 사회적 인식을 높이고 장애인 선수들의 성과를 인정하고 발전시키는 데 기여하고 있다.

08 ③

① 2024년 1월 20일에 진행된 남녀 1500m 쇼트트랙 스피드스케이팅 여자 결승전에서는 양징루(CHN)가 금메달을 획득했고, 리진지(CHN)가 은메달, 노노미 이노우에(JPN)가 동메달을 획득했다. 남자 결승전에서는 개최국 대한민국의 주재희가 금메달을 획득했고, 은메달은 장신저(CHN), 동메달은 김유성(KOR)이 차지했다.
② 마스코트 '뭉초'는 스포츠의 핵심 요소 중 하나인 스피드를 상징하는 날아다니는 스노우볼을 형상화하여 만들었다.
④ 세계적인 록 밴드 콜드플레이(Coldplay)의 뮤직 비디오에 출연했던 앰비규어스 댄스 컴퍼니(Ambiguous Dance Company)가 강원 지역 댄스 꿈나무들과 같이 공연을 펼쳤다.

09 ④

알베르 카뮈는 1957년, 헤르만 헤세는 1946년, 어니스트 헤밍웨이는 1954년에 노벨문학상을 받았다. 밀란 쿤데라는 노벨문학상 유력 후보로 거론된 적은 있으나, 수상한 이력은 없다.

10 ③

뉴 셰퍼드는 미국 민간 우주기업인 블루오리진이 우주 관광을 위해 개발한 로켓으로 완전히 재사용이 가능한 것이 특징이다. 미국인 최초로 우주 여행을 하고 다섯 번째로 달에 발을 디딘 사람인 앨런 셰퍼드의 이름을 따서 명명되었다. 총 6명이 탑승할 수 있으며 최고 속도는 음속 3배에 달한다. 2021년 7월 20일 인류 최초로 민간인을 탑승시켜 우주 공간과 지구를 관찰할 수 있는 우주 관광에 성공했다.

11 ①
칸 국제 시리즈 페스티벌은 세계 3대 국제 영화제 중 하나인 프랑스 칸 영화제가 2018년부터 전세계 드라마를 대상으로 신설한 부대 행사 중 하나로, 매년 5월 개막되는 칸 영화제보다 약 한 달 앞서 진행된다. 티빙 오리지널 시리즈 '몸값'이 제6회 칸 국제 시리즈 페스티벌 폐막식에서 한국 드라마 최초로 장편 경쟁부문 '각본상(Best Screenplay)'을 수상했다. '몸값'은 베스트 시리즈상, 음악상, 각본상, 배우상 5개 부문 후보에 올랐으며, 최종적으로 각본상을 품에 안았다.

12 ③
플래시몹은 불특정 다수의 군중이 일정한 시간과 장소에 일시에 모여 약속된 행동을 하고 흩어지는 행위이다.
① 해머킹은 장래가 불확실한 새 프로그램이나 시청률이 낮을 것으로 예상되는 프로그램의 시청률을 높이기 위해 해당 프로그램을 인기 있는 2개의 프로그램 사이에 끼워 배치하는 편성 전략이다.
② 홀드백은 공중파의 본 방송 이후 다른 케이블 방송이나 다른 방송 플랫폼에서 재방송되기까지 걸리는 시간이다.
④ 코드커팅은 OTT서비스의 발달로 기존의 유료 유선방송 서비스를 해지하는 것이다.

13 ①
기획 단계에서부터 활용성과 확장성을 전제로 만들어진 지적 재산권을 슈퍼 IP라 부른다. 슈퍼 IP를 추구하는 콘텐츠는 웹툰, 소설, 영화, 드라마, 애니메이션, 게임 등 다양한 문화콘텐츠 분야로 확장이 가능하다. 이처럼 슈퍼 IP는 그 자체로 브랜드 경쟁력을 갖는다.

14 ④
팬슈머란 '팬(fan)'과 '소비자(consumer)'의 합성어로, 소비자가 단순히 구매하는 것에 그치지 않고 팬의 입장에서 제품의 생산 과정에 적극적으로 참여하는 것을 의미한다. 소비자가 직접 투자하거나 제조 과정에 참여함으로써 상품과 브랜드를 키워내는 것이다. 기업은 자체적으로 '팬슈머 서포터즈'를 모집해 서포터즈가 제품을 먼저 이용해보고 객관적인 비판과 평가를 반영해 제품의 품질을 더 나은 방향으로 향상시키는 작업을 하기도 한다. 따라서 컨슈머가 새로운 트렌드와 최신 정보에는 무관심하고 기존 제품만을 선호한다는 설명은 옳지 않다.

15 스위프트노믹스
'스위프트노믹스'는 미국 팝가수 '테일러 스위프트'와 경제학이라는 뜻의 '이코노믹스(Economics)'를 합친 신조어이다. 그가 투어를 다니는 도시마다 공연을 보러 온 팬들이 공연장 주변의 식당, 호텔 등의 매출을 올려 지역 경제가 살아나는 막대한 경제적 파급력을 뜻한다.

16 펀플레이션
펀플레이션은 재미를 뜻하는 '펀(fun)'과 물가 상승을 의미하는 '인플레이션(inflation)'이 합쳐져 만들어진 신조어. 코로나19로 억눌렸던, 여가 활동에 대한 수요가 증가하면서 콘서트 티켓값과 놀이공원 입장료 등 여가 활동에 드는 비용이 상승하는 현상을 뜻한다.

17 오프쇼어링(offshoring, 국외 이전)
'오프쇼어링'이란 기업의 업무 일부를 해외 기업에 맡기는 현상이다. 최근에는 해외 국가의 인건비 상승과 스마트 팩토리의 확산으로 투자 및 제조활동을 다시 국내로 이전하는 리쇼어링(reshoring)현상이 주목 받고 있다.

18 자본 리쇼어링

'자본 리쇼어링'이란 정부가 한국 기업이 해외 법인에서 번 돈을 본사 배당 형태로 한국으로 들여오는 것을 말한다. 2023년 국내 기업의 자본 리쇼어링 규모는 435억5천만달러(약 59조원)로 2022년보다 3배 이상 급증했으나 자본 리쇼어링에 대한 보조금 지급 도입이 불투명해져, 2024년에는 전년 대비 큰 하락세를 보였다.

19 신문왕, 만파식적

만파식적(삼국유사)은 신문왕이 얻은 신비한 피리로 이것을 불면 나라가 평온해졌다고 하는 설화가 전해져 내려온다. 이 설화에는 신라가 삼국통일 이후, 흩어져있던 백제와 고구려 유민의 민심을 통합해 나라의 안정을 꾀하려했던 호국사상이 담겨져 있다.

20 7.24m

'3점슛 제도'는 신장이 작은 선수에게 유리하도록 1979년부터 NBA가 도입한 제도이다. 국제 농구규칙도 NBA의 제도를 도입해 3점슛 규칙을 적용하고 있다. NBA의 3점 라인은 림에서부터 거리가 7.24m이고 KBL은 6.75m이다.

21 디토소비

디토소비는 '마찬가지'를 뜻하는 영단어 'ditto'에서 파생된 용어로, 자신의 취향 또는 가치관과 비슷한 특정 인물이나 콘텐츠의 제안에 따라 제품을 구매하는 소비 트렌드를 뜻한다. 자신의 취향에 대한 고려 없이 단순히 유명 스타나 인플루언서를 맹목적으로 따라하는 모방소비와는 달리, 자신과 외형이나 취향이 비슷한 대상의 소비를 추종하는 것을 의미한다.

에듀윌이 너를 지지할게
ENERGY

오랫동안 꿈을 그리는 사람은
마침내 그 꿈을 닮아간다.

– 앙드레 말로(Andre Malraux)

찾아보기 Index

• 숫자로 찾아보기 •

1000만 관객 영화	283
10·26 사태	307
10분위분배율	149
1차 에너지	220
2025년 중위소득	163
22대 국회 위원회 현황	122
21세기 자본	072
24절기	081
2차 전지	040
2차 피해	084
30년전쟁	309
3D 프린터	349
3·1독립선언서	304
3·1운동	100
3고 현상	166
3부 요인	122
3저 호황	166
3축 체계	142
4·19혁명	102
4대 뮤지컬	270
4대 사화	294
4대 중증질환	214
4차 산업혁명	077
5G	110
5·18 광주민주화운동	307
5대 금융지주	160
5부 요인	122
5부 요인 현황	122
6차 산업	167

• 영어로 찾아보기 •

A

ABC 제도	260
AIIB	089
APEC	241
ASEAN	245
ASEM	245
ASML	045
ASMR	347

B

BIS 자기자본비율	175
BOT	175
BTL	178
BTO	178

C

CBDC	175
CCL	265
CEO	176
CEPA	156
CES	110
CF100	113
CITES	031
CPTPP	087
CSV	160
CVID	063

D

DLF	075
DLS	176
DMZ	140
DSR	067
DTI	067

E

EBITDA	166
ELF	177
ELS	071
ELT	177
ERP	176
ESG	074
ETF	175
EU	086

F

FA	322
FAANG	149
FANG	149
FRB	179
FTA	092

G

G7	086
GDP	151
GDP 디플레이터	151
GNI	151
GNP	151
GOS	353
GPGP	200

H

HTML5	347

I

ICC	233
IFRS17	166
ILO	090
IMF	087
IPEF	028
IPO	065
IPTV	347
IPv6	343
ISD	245
ISP	344
ITS	206

J

JCPOA	243
J커브 효과	158

K

K-IFRS	166
KADIZ	063
K리그	320

L

LCC	170
LCD	346
LiDAR	112
LPGA	106
LPGA 5대 메이저 대회	106
LTV	067

M

MAGA	149
MANGO	149
MCN	265
MMORPG	350
MOU	242
MPP	263
MSCI 지수	244
MSO	263
MZ세대	085

N

NATO	236
NDF	181
NFC	345
NLL	141
NO	263
NPT	141
N스크린	279

O

O2O 마케팅	068
ODM	179
OEM	179
OLED	346
OSMU	267
OTT	098

P

P2E	113
PBR	177
PER	188
PIP	111
PP	263
PPL	097

R

RAON	337
RBC	179
RCEP	243
RE100	113
RFID	336
Rizz	044
ROA	177
ROE	023

S

SAG	264
SDR	177
SLBM	063
SO	263
SPA	178
SSD	341
SWIFT	242

SWOT	178

T
TDF	173
TIF	173
TSMC	237
TV방송 수신료	263

U
UAM	201
UEFA 챔피언스 리그	321
UHD	106
UN 안전보장이사회	229

V
VAR	317
VDT 증후군	222
VOCs	223

W
WADA	318
WHO	228

Y
YOLO	203

Z
ZD 운동	178
Z세대	203

· 한글로 찾아보기 ·

ㄱ
가면 증후군	207
가상현실	346
가스라이팅	079
가이 포크스	274
가짜뉴스	094
가치재	174
간도협약	303
간접세	131
간편결제	040
갈라파고스 신드롬	162
갑신정변	300
갑오개혁	302
강감찬	033
강화도 조약	103
개인종합자산관리계좌	024
갭투자	154
거문도사건	300
검수완박	137
게놈	332
게리맨더링	134
게이트키퍼	265
게이트키핑	265
게임시간 선택 제도	079
경상분지	046
경상수지	173
경제4단체	152
경제5단체	152
경제6단체	152
경제사회노동위원회	130
경제성장률	151
경찰국	056
경험주의	256

고교학점제	201		광역자치단체	131
고노 담화	087		광우병	222
고딕양식	269		교섭단체	119
고령사회	207		교토의정서	088
고향사랑 기부제	031		구글세	069
고용보험	213		구기종목 인원수	324
고위공직자 범죄수사처	053		구독경제	076
고전파 음악	275		구속영장	137
고조선의 8조법	289		구속적부심	137
고틀란드 섬	028		구제역	222
고희	210		구조주의	257
골든글로브상	281		구직급여의 수급 요건	213
골든 라즈베리상	281		구축효과	171
골든크로스	185		국가경찰위원회	056
골디락스	072		국가교육위원회	124
골프 용어	326		국가수사본부	056
공개시장운영	184		국가안전 보장회의	128
공공재	167		국가 의전 서열	129
공동선언	140		국경 없는 기자회	238
공리주의	266		국무위원	129
공매도	065		국무총리	129
공모펀드	160		국무회의	129
공민왕의 개혁정책	294		국민권익위원회	123
공영방송	262		국민보도연맹	041
공유경제	148		국민소환제	131
공유자원	201		국민연금	053
공정시장가액비율	155		국세	054
공직자 임기	053		국정감사	125
과학적 발전관	231		국정조사	125
광개토대왕릉비	290		국제사법재판소	240
광개토대왕함	141		국제원자력기구	089
광고총량제	264		국채보상운동	302
광기의 역사	257		국회선진화법	058
광복 이후 사건	306		국회의원 수	118

국회의원직 상실 요건	120	기초연금	055
국회의장단	134	기초자치단체	131
군사안보지원사령부	142	기축통화	180
굿뱅크	187	기펜의 역설	174
규모의 경제	174	기펜재	174
규장각	298	기회비용	160
규제 샌드박스	082	긱 이코노미	150
그라민 은행	187	긴축발작	161
그래미상	281	김구	305
그래피티	269	김부식	292
그래핀	336	김영란법	059
그랜드슬램	316	김용균법	059
그레셤의 법칙	163	김원봉	304
그레이스완	154	김유정	251
그로스해킹	168	김정은	062
그루밍 성범죄	084	김지하	251
그루밍족	194	김치본드	152
그린라운드	220	김치프리미엄	020
그린메일	188	김홍도	268
그린벨트	219	김환기	268
그린북	128	깨진 유리창 이론	197
그린워싱	221		
그린 택소노미	100		
그림자 금융	180	**ㄴ**	
근대 5종 경기	324	나노기술	330
근로기준법	214	나로우주센터	335
근로기준법상 특례업종	213	나석주	034
글로컬 대학	033	낙수 효과	065
금산분리	181	난사군도	233
금융실명제	168	남북공동연락사무소	140
금융지주회사	160	남조류	338
기소유예	137	남중국해	233
기저효과	172	내돈내산	266
기준금리	069	넛크래커	152
		네옴 시티	240

찾아보기 • **405**

네이티브 광고	264
네카라쿠배	149
넷플릭스	348
노동이사제	211
노란봉투법	217
노모포비아	079
노벨상	088
노비즘	202
노세보 효과	111
논픽션	279
농구 용어	323
높새바람	339
누벨바그	277
뉴노멀	171
뉴커런츠상	282
뉴트로	085
늘봄학교	042
니체	256
니치 마케팅	169
니트족	194
님비	193
님투	193

ㄷ

다다이즘	270
다보스포럼	241
다산 정약용	104
다우지수	157
다크웹	346
다크투어리즘	276
단군신화	102
당 3역	119
대륙붕	223
대종상	282

대체휴일제	215
대통령	050
대통령 거부권	050
대통령과 국회 동의	051
대통령 기록물	120
대통령의 권한	051
대통령제	051
대통령직인수위원회	124
대한민국임시정부	100
대한민국 해군 구축함	141
더블딥	069
더블 팬데믹	111
더피(duppies)족	194
덕종어보	295
데드덕	030
데드크로스	073
데마고기	132
데이터 3법	060
데카르트 마케팅	168
데플림픽	320
도널드 트럼프	231
도덕적 해이	192
도스토옙스키	253
도어스테핑	130
도청소재지	121
도플러 효과	333
독립신문	102
독점금지법	024
돈바스	240
동북공정	234
동의보감	298
동편제	271
동학개미운동	075
동학농민운동	301

뒷광고	266
드레퓌스 사건	232
드론	107
등기이사	172
디깅소비	162
디도스	351
디드로 효과	159
디마케팅	168
디즈니	266
디지로그	108
디지털 노마드	352
디지털 워터마크	348
디지털 코쿠닝	205
디지털 포렌식	209
디지털 시장법	022
딥시크	018
딥페이크	111
딩크족	194

ㄹ

라곰	209
라돈	331
라떼지수	157
라이칭 더	037
라이프로깅	196
라포	217
람사르협약	221
래퍼 곡선	159
랜섬웨어	344
램	341
램프 증후군	200
랩소디	275
러다이트 운동	310
러스트벨트	231

러시아-우크라이나 전쟁	230
러일전쟁	302
런치플레이션	233
레거시미디어	262
레그테크	342
레미세라블	096
레버리지 비율	161
레버리지 효과	161
레오나르도 다 빈치	268
레인코트 프로그램	259
렉라자	032
렌트푸어	216
로그롤링	127
로렌츠 곡선	159
로젠탈 효과	079
로컬푸드	217
로하스족	218
로힝야족	230
롱테일 법칙	066
루소	135
루터의 종교개혁	309
르네상스	309
르네상스 미술의 3대 거장	268
르네상스칼라	196
르포르타주	279
리그전	317
리니언시 제도	067
리듬체조	325
리디노미네이션	167
리마 증후군	078
리베로	105
리보금리	180
리볼빙	180
리셋 증후군	204

리쇼어링	077
리스본 조약	090
리엔지니어링	163
리츠	187
리플리 증후군	082
린치핀	234
립스틱 효과	162
링겔만 효과	193

ㅁ

마그누스 효과	334
마르셀 뒤샹	271
마이데이터	074
마이스 산업	179
마이크로 블로깅	350
마이크로크레디트	187
마케팅믹스	167
마키아벨리즘	094
마태 효과	197
만유인력의 법칙	332
만적의 난	293
망중립성	344
매스미디어 효과 이론	259
매슬로의 욕구단계설	193
매크로	343
맥거핀 효과	270
맨부커상	254
맹자	096
맹자의 4단	096
메기 효과	164
메르코수르	245
메세나	096
메이저리그	105
메이지유신	311
메트칼프의 법칙	351
면책 특권	126
명량해전	295
명목임금	163
모라토리엄	019
모루밍족	216
모스크바 3상회의	100
모차르트	273
목관 5중주	272
몬트리올의정서	240
몽타주	278
묘청의 난	293
무관용 원칙	197
무라야마 담화	087
무라카미 하루키	253
무상증자	185
무순위 청약	025
무어의 법칙	351
무역확장법 232조	244
물가 변동의 종류	158
뮤추얼펀드	187
미닝아웃	197
미란다	134
미러사이트	351
미세먼지	110
미세먼지 계절관리제	110
미세먼지 주의보·경보 발령기준	110
미스매치	181
미장센	093
미켈란젤로	097
미코노미	172
미투(me too) 상품	352
미필적 고의	139
미하일 고르바초프	238

민식이법	060
민정수석	123
밀레니얼 세대	208
밈	276

ㅂ

바그너	273
바나나 현상	207
바넘효과	112
바우하우스	277
바이럴 마케팅	169
바이로이트 축제	273
바젤협약	237
박수근	268
박은식	305
반달리즘	205
반덤핑	056
반론권	139
반올림	219
반의사불벌죄	059
발롱데세	136
발롱도르	038
발해	290
밥 딜런	274
방 안의 코끼리	197
방탄소년단	099
배구 용어	322
배드뱅크	187
배리어프리	278
배리어프리 영화	278
배임죄	139
배타적경제수역	242
백기사	070
백두산정계비	303
백브리핑	130
백색소음	347
백워데이션	187
밴드왜건 효과	066
뱀파이어 경제	182
뱅크런	181
뱅크시	280
번아웃 증후군	204
법관	136
법정계량단위	133
법정관리	164
법정근로시간	078
베르사유조약	237
베른조약	236
베블런 효과	064
베스트팔렌조약	309
베이다이허 회의	230
베이지북	128
벡델테스트	283
병인양요	102
병자호란	296
보궐선거	124
보아오포럼	241
보치아	325
복지 신청주의	216
볼트온	150
봉준호	099
부가가치세	065
부당노동행위	214
부르즈 할리파	038
부마민주항쟁	307
부산국제영화제	282
부양의무제	218
부족국가의 정치·경제	289

북한의 유네스코 세계유산	093
분수효과	171
분식회계	164
분양가상한제	075
불체포 특권	126
불황형 흑자	149
브래들리 효과	134
브레인 롯	198
브레턴우즈체제	153
브렉시트	090
브릭스	153
블랙 라이브스 매터	092
블랙스완	070
블랙 코미디	043
블랙핑크	280
블랙해커	350
블랭킷 에어리어	263
블록딜	178
블록버스터	278
블록체인	341
블루투스	345
비스페놀A	220
비엔날레	275
비정규직의 종류	212
비탈릭 부테린	036
비토 크라시	026
비트코인	106
빅데이터	106
빅맥지수	157
빅브라더	206
빅블러	208
빅스비	340
빅스텝	167
빅컷	041
빌드업	321
빌바오효과	282
빛의 현상	331

ㅅ

사도 광산	039
사드	143
사드 3불	143
사면권	058
사모펀드	160
사물놀이	271
사물인터넷	107
사보타주	082
사실주의	256
사이드카	186
사이버 망명	206
사이버스쿼팅	352
사이영상	325
사이코패스	205
사이클론	339
사이클링 히트	322
사이토카인 폭풍	217
사일로 효과	080
사회간접자본	133
사회계약론	135
사회적기업	070
산업혁명	310
살라미 전술	236
살리에리 증후군	273
삼강	255
삼강오륜	255
삼국사기	292
삼국유사	292
삼사	295

삼정 문란	297	세계 3대 피아노 콩쿠르	272
삼체	037	세계 4대 문명	308
상고	136	세계무역기구	243
상고대	334	세계지식재산권기구	236
상대성 이론	332	세림이법	202
상임위원회	122	세이프 가드	056
상정고금예문	291	세컨더리 보이콧	083
샐러리 캡	038	세컨드 스크린	349
생산가능인구	153	센추리 클럽	323
생활임금	218	셀프 디깅	162
생활임금제	218	셧다운 제도	079
샤오캉	244	셰익스피어 4대 비극	253
샴의 법칙	023	셰일가스	337
섀도보팅	159	소득주도성장	077
섀도캐비닛	119	소멸시효	138
서번트 증후군	203	소셜(social) TV	349
서북청년단	305	소셜 다이닝	195
서브리미널 광고	076	소셜믹스	209
서킷브레이커	071	소시오패스	205
서편제	271	소확행	209
서희	291	손흥민	323
선강퉁	164	쇼루밍족	216
선거	121	쇼비니즘	199
선거구	121	숏커버링	019
선거 용어	121	수니파·시아파	239
선거의 4대 원칙	121	수사지휘권	137
섭씨온도	333	수요집회	103
성균관	298	쉐어웨어	342
성난 사람들	037	슈바베의 법칙	162
성리학	255	슈퍼 IP	043
성인지 감수성	084	스낵컬처	094
세계 3대 신용평가기관	184	스놉 효과	152
세계 3대 영화제	280	스마트 그리드	336
세계 3대 오케스트라	272	스머핑	352

스모킹건	199	신석기 시대	103
스몸비	345	신재생에너지	220
스미싱	107	신주인수권부 사채	165
스와프거래	185	신탁통치	100
스위프트 노믹스	020	실업의 종류	212
스쿠프	261	실존주의	257
스쿨존	201	실증주의	258
스태그플레이션	070	실질임금	163
스테로이드	032	실학	255
스톡옵션	071	심리적 부검	205
스톡홀름 증후군	078	십상시	311
스튜어드십 코드	068	십자군	308
스트레스 테스트	164	싱크홀	202
스트리밍	348	쑨원의 삼민주의	310
스티키 인플레이션	022		
스파게티볼 효과	161	**ㅇ**	
스페이스 클럽	334	아나필락시스 쇼크	111
스포일러	279	아르누보	269
스푸트니크 1호	334	아람코	245
스푸핑	352	아리아	272
스피어	026	아마존	089
스핀 오프	042	아시안게임	319
슬로시티	220	아이작 뉴턴	332
승수효과	172	아카데미상	281
승자의 저주	169	아포리즘	254
시뮬레이션	346	아폴로신드롬	196
시민자유센터	265	아프리오리	254
시일야방성대곡	303	안시성전투	290
시진핑	088	안심전환대출	182
시퀄	278	안창호의 4대 정신	305
신문왕	033	알트코인	348
신문의 날	262	알파고	109
신미양요	299	애드호크라시	130
신민회	304	애자일 조직	130

액면분할	174	연담도시	039
앨빈 토플러	255	연동형 비례대표제	052
야당	119	열대야	046
약탈적 대출	182	열돔현상	221
양간지풍	339	열등재	174
양도소득세	076	엽관제	136
양심적 병역거부	142	영구채	181
양적완화	064	영해기선	242
어나니머스	200	예산안 심의 절차	056
어닝쇼크	186	오라토리오	272
언더독 효과	066	오류	255
언론의 4대 이론	258	오마주	277
언론중재위원회	262	오브제	271
언택트 마케팅	148	오이디푸스 콤플렉스	197
업사이클링	075	오징어 게임	095
업틱룰	156	오커스	142
에게문명	308	오컬트 영화	043
에마뉘엘 마크롱	232	오타니 쇼헤이	035
에미상	282	오퍼레이션 트위스트	182
에이전시 숍	211	오페라	098
에피데믹	333	오페라본드	183
엑스포	278	오프 더 레코드	097
엔데믹	111	오프쇼어링	077
엔젤계수	155	오픈 숍	211
엔젤 투자	155	오픈 프라이머리	126
엘니뇨	334	왝더독	023
엘렉트라 콤플렉스	197	온 디바이스 AI	044
엘 시스테마	273	온실가스 배출권 거래제	219
엠바고	097	올림픽	105
엠부시 마케팅	069	올림픽 마스코트	320
엥겔계수	155	올림픽 종목	319
엥겔의 법칙	155	옴부즈맨	135
여피족	194	와이파이	345
역대 대통령	052	와일드카드	317

왕훙	244
외국환평형기금	182
외로운 늑대	229
요우커	208
욜로족과 요노족	203
용적률	199
우루과이 라운드	161
우상혁	326
우에다 가즈오	036
운요호사건	103
워라밸	215
워싱턴 선언	027
워커밸	215
워크아웃	072
워킹푸어	216
웨스팅하우스	026
원내정당	135
원자력	080
월드컵 축구대회	104
위드마크	028
위안부	103
윈도드레싱	186
윔블던 효과	161
유네스코 유산	093
유니언 숍	211
유동성	064
유동성함정	067
유럽축구 4대리그	321
유로존	090
유류분	041
유비쿼터스	109
유상증자	185
유신체제	307
유신헌법	307

유치원 3법	060
유튜브 플레이버튼	349
유효수요 이론	158
육상기록	317
윤동주	251
윤창호법	058
을미사변	101
을사조약	303
이그노벨상	349
이데아(idea)설	095
이상	250
이시바 시게루	035
이안류	338
이어령	252
이원집정부제	128
이자겸의 난	293
이중섭	095
이해충돌방지법	122
인공위성	108
인공지능	109
인구 데드크로스	073
인구절벽	208
인덱스펀드	175
인사청문회 대상	126
인상주의	267
인포데믹	084
일국양제	239
일대일로	027
일론 머스크	230
일몰제	138
일본 과거사 반성 3대 담화	087
임시국회	119
임오군란	299
입소문 마케팅	168

입체파	274
잊힐 권리	206

ㅈ

자격루	296
자산어보	104
자연권	057
자율구조조정 지원	021
작계 5015	143
작전계획	143
장거리 탄도미사일	141
장보고과학기지	335
장승업	267
재무제표	166
재산권	057
재선거	124
재정신청	060
재정준칙	072
저널리즘	260
적대적 M&A	070
적색이동	333
적정기술	335
전고체 배터리	340
전시작전통제권	062
전시 효과	198
전환사채	165
절대온도	333
절약의 역설	073
정기국회	054
정당의 기능	054
정당해산 심판	054
정리해고	212
정부 조직	123
정정보도	261
제22대 국회 원내정당	135
제2금융권	172
제3의 물결	255
제너럴셔먼호 사건	299
제네바 협약	239
제로웨이스트	200
제로페이	083
제롬 파월	238
제물포조약	299
제미나이	044
젠트리피케이션	082
조각투자	157
조류인플루엔자	221
조모	204
조미수호통상조약	300
조선시대 3대 화가	267
조선왕조실록	297
조선왕조의궤	297
조선책략	300
조세희	252
조용한 해고	030
조지 플로이드 사망 사건	092
조청상민수륙무역장정	299
종합편성채널	267
주민소환제	132
주민투표제	132
주식회사	165
주택공시가격	067
준예산	125
중고제	271
중대재해기업처벌법	061
중앙선거관리 위원회	120
중앙은행	179
증강현실	346

지급준비율	185
지니계수	154
지상파 재송신	264
지소미아	062
직계비속	210
직계존속	210
직장폐쇄	213
직접세	131
직지심체요절	101
질소	331
집중투표제	188
징벌적 손해배상제	055
징비록	104

ㅊ

차등의결권	159
차상위계층	163
청교도혁명	310
청동기 시대	288
청록파	251
청룡영화상	282
청일전쟁	301
체리피커	170
초개인화	159
초거대 AI	353
초니치 마케팅	169
초미세먼지	110
초상권	099
초전도체	337
초전도 현상	337
초치	229
촉법소년	199
촌수	209
최인훈	035

최저임금 제도	068
추가경정예산	055
출자전환	021
치킨게임	203
칙릿	283
친고죄	139
친족상도례	138
침묵의 봄	254
칩4	235

ㅋ

카니발라이제이션	169
카르텔	156
카이로 회담	306
카타르시스	254
카피레프트	096
카피캣	352
칸타타	273
칸트	094
칼뱅(Calvin)의 종교개혁	309
캐러밴	235
캐스팅보트	125
캐즘	019
캘린더 효과	025
커넥티드 카	029
커버드 본드	183
커튼콜	276
컨벤션 효과	127
컴퓨터 저장용량 단위	341
케렌시아	203
케인스	073
케인스주의	158
코넥스	065
코덱	344

코드커터족	348
코로나바이러스감염증-19	112
코리아 디스카운트	021
코백스 퍼실리티	092
코쿠닝 현상	205
코피스족	195
코픽스	155
코호트 격리	217
콘솔게임	079
콘클라베	086
콘탱고	187
콜금리	184
콜라보레이션	277
콜라주	278
콜시장	184
콜옵션	183
쾨헬 번호	275
쿠르드족	237
쿠릴열도	234
쿼드	091
쿼드러플 위칭데이	183
쿼드 플러스	091
퀄리티 스타트	324
퀄리파잉 오퍼	322
크기 단위	330
크라우드펀딩	170
크로이츠펠트 야콥병	222
크리스퍼 유전자 가위	332
크림전쟁	310
클로즈드 숍	211
키스톤 콤비	318
키치문학	283
키친 캐비닛	124
킨포크족	195
킬 체인	029

ㅌ

탄력관세	150
탄력적 근로시간제	153
탄소나노튜브	336
탄소중립	085
탄핵소추	127
탕평책	297
태완이법	204
턴키	175
테이퍼링	064
테크 래시	025
톈진조약	301
토너먼트	317
토니상	281
토마 피케티	072
토빈세	157
통상임금	068
통정거래	186
통화스와프	066
투키디데스 함정	235
트라이애슬론	322
트래블룰	113
트래블 버블	084
트리플 더블	318
트리플 위칭데이	183
트리플 크라운	318
트리핀의 딜레마	174
특례업종	213
특허괴물	200
특허권	200
티나와 밀로	320
티저 광고	076

티핑 포인트	196	페이퍼 컴퍼니	165
		펜스룰	204
ㅍ		펜싱	325
파노플리 효과	198	펜트업 효과	162
파랑새 증후군	083	펭귄효과	163
파레토 법칙	066	평창 동계올림픽	320
파레토 최적	066	포모	204
파리기후변화협정	091	포스트구조주의	257
파블로 피카소	274	포에니 전쟁	308
파운드리	031	포이즌필	176
파이브 아이즈	143	포츠담 선언	306
파이어족	222	포트홀	202
파친코	260	포퓰리즘	052
파커 솔라 프로브	335	폰지사기	170
파킨슨의 법칙	130	폴리페서	128
판소리	098	푄현상	338
판옵티콘	350	푸틴플레이션	233
팝아트	270	풋옵션	183
팝업스토어	170	풍선 효과	024
팝콘브레인	210	퓰리처상	279
팟캐스트	261	프랑스혁명	310
패러디	042	프랜드	352
패리티가격	184	프레온가스	340
패리티지수	184	프레지던츠컵	321
패스트트랙	057	프렌드쇼어링	239
팬슈머	020	프로슈머 마케팅	169
팹리스	045	프로이트	257
퍼블리시티권	099	프로토콜 경제	342
퍼플칼라	198	프로파간다	032
펀플레이션	022	프로파일러	205
페그제	154	프록시 서버	343
페르소나 논 그라타	085	프롭테크	342
페어링	345	프루갈리스타	075
페이드·온드·언드 미디어	261	프리(pre) IPO	065

프리미어12	324	한미상호방위 조약	306
프리웨어	342	한성순보	102
프리츠커상	276	한스 크리스티안 안데르센상	258
프리퀄	278	한일 무역분쟁	061
플라세보 효과	111	한일병합조약	303
플라톤	095	합계출산율	030
플라톤의 4주덕	095	할랄	091
플래그십 스토어	170	할루시네이션	045
플래시 메모리	342	핫머니	154
플럭서스	279	핫미디어·쿨미디어	259
플로깅	195	해트트릭	318
플리바게닝	059	핵·WMD 대응 체계	142
플린 효과	195	핵우산	141
피그말리온 효과	079	핵티비즘	199
피아노 3중주	272	행동주의 펀드	180
피터팬 증후군	078	행정심판	132
핀테크	107	향약집성방	298
필리버스터	055	헌법개정 절차	057
필수 공익사업	214	헌법재판소	058
필즈상	099	헤게모니	132
필터버블	340	헤일로 효과	198
핌투	193	헤지펀드	160
핌피	193	현대 혁명	311
		호르무즈 해협	234
		호모 루덴스	255

ㅎ

하람	091	호스피스	218
하마스	241	호조태환권	301
하얀 코끼리	197	홀드백	265
하인리히 법칙	192	홀로그램	347
하워드 슐츠	036	홍대용	298
하이패스	040	화웨이	232
한강	252	화이트 리스트	061
한국 신용(투자)등급 현황	184	화이트스완	070
한국의 국제 슬로시티	220	화이트워싱	221

화이트해커	350
화폐단위	073
확장 억제	027
확장현실	110
확증편향	094
환율	156
황석영	034
황순원	252
황옌다오	233
황의 법칙	351
황현	034
회색코뿔소	083
후강퉁	164
후이늠	046
후진타오	231
후티 반군	039
훈민정음 해례본	250
훈요 10조	291
휘슬블로어	135
흥선대원군	296
희토류	337
힉스 입자	331

MEMO

MEMO

끝이 좋아야 시작이 빛난다.

– 마리아노 리베라(Mariano Rivera)

여러분의 작은 소리 에듀윌은 크게 듣겠습니다.

본 교재에 대한 여러분의 목소리를 들려주세요.
공부하시면서 어려웠던 점, 궁금한 점,
칭찬하고 싶은 점, 개선할 점, 어떤 것이라도 좋습니다.
에듀윌은 여러분께서 나누어 주신 의견을
통해 끊임없이 발전하고 있습니다.

에듀윌 도서몰 book.eduwill.net
- 부가학습자료 및 정오표: 에듀윌 도서몰 → 도서자료실
- 교재 문의: 에듀윌 도서몰 → 문의하기 → 교재(내용, 출간) / 주문 및 배송

최신판 에듀윌 취업 언론사 기출 최신 일반상식

발 행 일	2025년 3월 11일 초판
편 저 자	에듀윌 취업연구소
펴 낸 이	양형남
개발책임	김기철, 윤은영
개 발	이정은, 윤나라
펴 낸 곳	(주)에듀윌
I S B N	979-11-360-3679-7
등록번호	제25100-2002-000052호
주 소	08378 서울특별시 구로구 디지털로34길 55 코오롱싸이언스밸리 2차 3층

* 이 책의 무단 인용 · 전재 · 복제를 금합니다.

www.eduwill.net
대표전화 1600-6700

누적 판매량 15만 부 돌파
베스트셀러 1위 677회 달성

학사장교·항공준사관·부사관 통합 기본서

* 에듀윌 군 간부 교재 누적 판매량 합산 기준 (2016년 8월 25일~2024년 10월 31일)
* 온라인서점(yes24) 주별/월별 베스트셀러 합산 기준 (2016년 10월 4주~2024년 12월 ROTC·학사장교/육군부사관/공군부사관/해군부사관 교재)
* YES24 국내도서 해당 분야 월별, 주별 베스트 기준

꿈을 현실로 만드는
에듀윌

DREAM

공무원 교육
- 선호도 1위, 신뢰도 1위! 브랜드만족도 1위!
- 합격자 수 2,100% 폭등시킨 독한 커리큘럼

자격증 교육
- 9년간 아무도 깨지 못한 기록 합격자 수 1위
- 가장 많은 합격자를 배출한 최고의 합격 시스템

직영학원
- 검증된 합격 프로그램과 강의
- 1:1 밀착 관리 및 컨설팅
- 호텔 수준의 학습 환경

종합출판
- 온라인서점 베스트셀러 1위!
- 출제위원급 전문 교수진이 직접 집필한 합격 교재

어학 교육
- 토익 베스트셀러 1위
- 토익 동영상 강의 무료 제공

콘텐츠 제휴 · B2B 교육
- 고객 맞춤형 위탁 교육 서비스 제공
- 기업, 기관, 대학 등 각 단체에 최적화된 고객 맞춤형 교육 및 제휴 서비스

부동산 아카데미
- 부동산 실무 교육 1위!
- 상위 1% 고소득 창업/취업 비법
- 부동산 실전 재테크 성공 비법

학점은행제
- 99%의 과목이수율
- 17년 연속 교육부 평가 인정 기관 선정

대학 편입
- 편입 교육 1위!
- 최대 200% 환급 상품 서비스

국비무료 교육
- '5년우수훈련기관' 선정
- K-디지털, 산대특 등 특화 훈련과정
- 원격국비교육원 오픈

에듀윌 교육서비스 **공무원 교육** 9급공무원/소방공무원/계리직공무원 **자격증 교육** 공인중개사/주택관리사/손해평가사/감정평가사/노무사/전기기사/경비지도사/검정고시/소방설비기사/소방시설관리사/사회복지사1급/대기환경기사/수질환경기사/건축기사/토목기사/직업상담사/전기기능사/산업안전기사/건설안전기사/위험물산업기사/위험물기능사/유통관리사/물류관리사/행정사/한국사능력검정/환경TESAT/매경TEST/KBS한국어능력시험/실용글쓰기/IT자격증/국제무역사/무역영어 **어학 교육** 토익 교재/토익 동영상 강의 **세무/회계** 전산세무회계/ERP정보관리사/재경관리사 **대학 편입** 편입 영어·수학/연고대/의약대/경찰대/논술/면접 **직영학원** 공무원학원/소방학원/공인중개사 학원/주택관리사 학원/전기기사 학원/편입학원 **종합출판** 공무원·자격증 수험교재 및 단행본 **학점은행제** 교육부 평가인정기관 원격평생교육원(사회복지사2급/경영학/CPA) **콘텐츠 제휴·B2B 교육** 콘텐츠 제휴/기업 맞춤 자격증 교육/대학취업역량 강화 **부동산 아카데미** 부동산 창업CEO/부동산 경매 마스터/부동산 컨설팅 **주택취업센터** 실무 특강/실무 아카데미 **국비무료 교육(국비교육원)** 전기기능사/전기(산업)기사/소방설비(산업)/IT(빅데이터/자바프로그램/파이썬)/게임그래픽/3D프린터/실내건축디자인/웹퍼블리셔/그래픽디자인/영상편집(유튜브) 디자인/온라인 쇼핑몰광고 및 제작(쿠팡, 스마트스토어)/전산세무회계/컴퓨터활용능력/ITQ/GTQ/직업상담사

교육 문의 **1600-6700** www.eduwill.net

·2022 소비자가 선택한 최고의 브랜드 공무원·자격증 교육 1위 (조선일보) ·2023 대한민국 브랜드만족도 공무원·자격증·취업·학원·편입·부동산 실무 교육 1위 (한경비즈니스) ·2017/2022 에듀윌 공무원 과정 최종 환급자 수 기준 ·2023년 성인 자격증, 공무원 직영학원 기준 ·YES24 공인중개사 부문, 2025 에듀윌 공인중개사 오시훈 합격서 부동산공법 (핵심이론+체계도) (2025년 1월 월별 베스트) 교보문고 취업/수험서 부문, 2020 에듀윌 농협은행 6급 NCS 직무능력평가+실전모의고사 4회 (2020년 1월 27일~2월 5일, 인터넷 주간 베스트) 그 외 다수 Yes24 컴퓨터활용능력 부문, 2024 컴퓨터활용능력 1급 필기 초단기끝장(2023년 10월 3~4주 주별 베스트) 그 외 다수 인터파크 자격서/수험서 부문, 에듀윌 한국사능력검정시험 2주끝장 심화 (1, 2, 3급) (2020년 6~8월 월간 베스트) 그 외 다수 ·YES24 국어 외국어/사전 영어 토익/TOEIC 기출문제/모의고사 분야 베스트셀러 1위 (에듀윌 토익 READING RC 4주끝장 리딩 종합서, 2022년 9월 4주 주별 베스트) ·에듀윌 토익 교재 입문-실전 인강 무료 제공 (2022년 최신 강좌 기준/109강) ·2024년 중간반 중 모든 평가항목 정상 참여자 기준, 99% (평생교육원 기준) ·2008년~2024년까지 234만 누적수강학점으로 과목 운영 (평생교육원 기준) ·에듀윌 국비교육원 구로센터 고용노동부 지정 '5년우수훈련기관' 선정 (2023~2027) ·KRI 한국기록원 2016, 2017, 2019년 공인중개사 최다 합격자 배출 공식 인증 (2025년 현재까지 최고 기록)